科学出版社"十四五"普通高等教育本科规划教材

精神科护理学

主　　编　鲜于云艳　文　丽

主　　审　王高华（武汉大学人民医院）

副主编　杨冰香　邵　静　张海娟　肖爱祥

编　　者（按姓氏拼音排序）

曹　香（南京医科大学附属脑科医院）

宫　璇（武汉大学人民医院）

黄　霞（四川大学华西医院）

祁雯雯（上海交通大学医学院附属精神卫生中心）

覃凤琼（广西壮族自治区脑科医院）

邵　静（北京回龙观医院）

汪健健（中南大学湘雅二院）

王安妮（复旦大学护理学院）

王玉芳（武昌理工学院健康与护理学院）

文　丽（武汉大学人民医院）

鲜于云艳（武汉大学人民医院）

肖爱祥（广州医科大学附属脑科医院）

杨冰香（武汉大学护理学院）

张海娟（北京大学第六医院）

邹海欧（北京协和医学院护理学院）

编写秘书　宫　璇（武汉大学人民医院）

科学出版社

北　京

内容简介

本教材系统介绍了精神障碍患者护理的基础理论、基本知识和基本技能，同时融入特色板块内容，包含学术前沿、时间长廊、经验分享等，设置了“精神科护理模拟教学案例及专科操作技术”一章，有助于读者多视角了解精神障碍研究最新发展和成果，掌握相关理论和技能，综合应用到临床护理中。全书共18章，包括绪论、精神障碍的基本知识、精神科护理技能，以及神经认知障碍及相关疾病、物质使用与成瘾行为所致障碍、抑郁障碍、双相障碍、精神分裂症、应激相关障碍、焦虑与恐惧相关障碍、强迫及相关障碍、心理因素相关生理障碍、神经发育障碍、人格障碍及相关行为障碍等患者的护理，精神障碍躯体治疗的护理、心理治疗及其在护理中的应用、精神障碍患者的社区护理及家庭护理、精神科护理模拟教学案例及专科操作技术。

本教材可作为护理院校各专业本科生的教材，也可作为精神科护理相关专业研究生、教师、科研人员和临床护理人员的参考书。

图书在版编目（CIP）数据

精神科护理学 / 鲜于云艳，文丽主编. -- 北京 : 科学出版社，2025. 6. -- (科学出版社“十四五”普通高等教育本科规划教材). -- ISBN 978-7-03-080091-6

Ⅰ. R473.74

中国国家版本馆CIP数据核字第2024EU7376号

责任编辑：李　植/责任校对：宁辉彩
责任印制：张　伟/封面设计：陈　敬

科学出版社 出版
北京东黄城根北街16号
邮政编码：100717
http://www.sciencep.com
三河市骏杰印刷有限公司印刷
科学出版社发行　各地新华书店经销
*
2025年6月第　一　版　开本：787×1092　1/16
2025年6月第一次印刷　印张：21 1/4
字数：506 000

定价：88.00元

（如有印装质量问题，我社负责调换）

前　言

近年来，随着我国医疗卫生事业的不断发展和《“健康中国2030”规划纲要》的全面推进，精神卫生问题日益受到社会各界的关注。国务院发布的《“十四五”卫生与健康规划》和《全国精神卫生工作规划（2015—2020年）》明确指出，要健全社会心理健康服务体系和心理危机干预机制，提高常见精神障碍规范化诊疗能力。在这一政策背景下，精神科护理已成为临床护理工作中的重要组成部分，精神科护理人员的培养和专业水平的提升显得尤为重要。基于此，我们编写了《精神科护理学》一书，旨在为精神科护理人员和相关专业学生提供系统、全面的理论与实践指导，助力我国精神科护理事业的高质量发展。

本教材在编写过程中秉承严谨与创新相结合的原则，具有以下特点：首先，本教材以循证医学为基础，紧密结合国内外最新的精神科护理研究进展，力求在理论深度和学术广度上达到高水平，确保内容的前沿性和科学性。其次，内容编排上注重理论与实践的有机融合，通过丰富的案例分析、临床实例以及操作流程，为读者提供了从理论到实践的全方位指导，帮助护理人员在临床工作中实现知识的内化与技能的精准运用。此外，本教材特别注重对护理人文关怀理念的阐释与应用，将患者的心理需求与护理干预有机结合，体现了对患者身心健康的全面关注，旨在培养读者在专业技术与人文关怀之间取得平衡的能力。

全书共分为十八章，系统涵盖了精神科护理的各个方面。第一章“绪论”介绍了精神科护理的基本概念、发展简史、护理工作的内容与要求，以及与伦理和法律相关的知识，概括了精神科护理的发展趋势，为后续内容奠定扎实的理论基础。第二章“精神障碍的基本知识”详细阐述了精神障碍的病因学、症状学以及分类与诊断标准，帮助读者全面了解精神障碍的基础知识。第三章“精神科护理技能”则从实践角度出发，介绍了治疗性护患关系的建立、护理观察与记录、患者管理、康复护理以及专科监护技能，着重培养读者的临床护理能力。第四至第十四章分别针对神经认知障碍及相关疾病、物质使用与成瘾行为所致障碍、抑郁障碍、双相障碍、精神分裂症、应激相关障碍、焦虑与恐惧相关障碍、强迫及相关障碍、心理因素相关生理障碍、神经发育障碍、人格障碍及相关行为障碍等常见精神障碍，详细介绍了各类疾病的临床特点、护理程序与护理措施，内容深入浅出，兼具理论与实践，为读者提供针对性强的护理指导。第十五章“精神障碍躯体治疗的护理”重点讲述了药物治疗、改良电休克治疗及重复经颅磁刺激治疗等躯体治疗方法，体现了护理与医学治疗的紧密结合。第十六章“心理治疗及其在护理中的应用”则探讨了心理治疗技术在精神科护理中的具体应用，丰富了护理的手段与方法。第十七章“精神障碍患者的社区护理及家庭护理”拓展了护理的领域，强调社区与家庭护理的重要性，并为精神障碍患者的全程管理提供指导。最后，第十八章“精神科护理模拟教学案例及专科操作技术”通过模拟教学案例和操作技术的讲解，将理论与实践紧密结合，为实际操作提供指导与参考。

尽管在编写过程中，我们力求严谨，在参考借鉴相关著作的基础上，吸收了国内外最新研究成果并结合临床经验，但由于精神科护理学科的复杂性与发展迅速，本教材难免存在不足和疏漏之处。我们诚恳希望广大读者能够提出宝贵意见与建议，以便在今后的修订中不断完善。感谢您对《精神科护理学》的支持与包容，愿本教材能在您的学习与临床实践中发挥积极的作用。

编　者

2024 年 6 月

目　录

第一章 绪 论

学习目标

知识目标：

1. 掌握精神、精神健康、精神障碍、精神康复的概念，并掌握精神科护理工作内容。
2. 熟悉精神卫生法，掌握精神科护理相关伦理和法律。
3. 了解精神科护理发展简史。

能力目标：

1. 领会现代精神科护理学的主要任务。
2. 在精神科护理工作中，能注重伦理及法律原则，维护患者及自身权利。

素质目标：

1. 重视精神科护理工作中的创新和发展，将新的精神科护理模式、方法应用于精神科护理工作中。
2. 提升精神科护理伦理及法律意识，在工作中具备良好的心理素质和职业道德。
3. 具有通情和真诚的人格特征，具有解决精神障碍患者心理问题的能力。

思维导图

思维导图请扫封底二维码。

情景导入及思考

李同学，进入高中学习后感觉压力大，担心成绩不理想考不上大学，感觉学习没有意义，在一次期中考试时突然哭泣，不能完成考试。回家跟父母倾诉，不想上学了。父母一方面担心孩子的学业不能按时完成，同时也担心孩子的身心健康，因此带孩子到精神科就诊。

思考：

1. 作为一名精神科护士，如何看待李同学的精神状况？
2. 作为一名精神科护士，你认为如何促进李同学恢复心理健康？

第一节 精神科护理基本概念

一、精 神

精神（psychology），是生物进化过程中表现出来的一种特殊的生命现象，是人的大脑在反映客观环境时所进行的一系列复杂的功能活动的总称。精神是通过精神活动表现出来的，精神活动的表现形式一般划分为心理过程和个性心理特征两个部分。心理过程是指人在认识客观事物的过程中所表现出来的一系列心理现象，包括认识过程、情感过程及意志过程。个性心理特征是指在人的心理过程中表现出来的具有个人特点的、稳定的心理倾向与特征，如需要、观点、兴趣、信念、动机等心理倾向，以及气质、能力、性格等个性的特征。心理活动的各个部分相互联系、紧密协调，维持着心理活动的统一与完整。人的心理活动一般受遗传及发育水平、社会文化及历史背景、学习与文化传统等因素的影响。

二、精神健康

精神健康是健康的重要组成部分，精神健康即指心理健康，心理健康被定义为一种幸福的状态，在这种状态下，个人能够实现自己的能力，能够应对生活中的正常压力，能够富有成效地工作，并能为社会作出贡献。一个人没有精神健康就不可能健康，但是一个有身体或精神障碍的人是可以达到精神健康的。个体的精神健康不是一成不变的，是一种动态变化的过程。个体的精神健康依赖于早期的养育环境，同时后天的环境影响也会对个体的精神健康产生深远影响。在精神健康的状态下，个体不仅能获得自我安定感和安全感，还能自我实现，具有为他人的健康贡献和服务的能力。

精神健康的标志包括：

1. 对自我的肯定态度 精神（心理）健康的人能够客观地看待自我，准确认识到自身的价值。能对自我的能力、各种体验有正确的判断和认知。

2. 具有健全的人格 精神健康者诸多方面都能平衡发展，如有较好的思考问题的方式和反映自身特色的精神风貌；待人接物具有恰当的态度；平时保持良好的情绪和行为；能够与社会节奏合拍。当自己的欲望或要求未能得到满足时，具有较强的抗压能力和忍耐力。

3. 不断地自我成长和发展，达到自我实现 一个心理健康的人能正确地面对人生中的各种境遇，对未来充满希望和信心，不怕困难和挫折，能够成功地度过人生中的每一个发展阶段，努力实现自己的潜能。

4. 具有一定的自我调控能力 一个心理健康的人智力活动正常，有较强的独立性以及判断和决定的能力，不盲从依附他人，能够决定自己的发展方向。

5. 具有良好的社会适应能力 一个心理健康的人能够面对现实，适应环境，审时度势，客观地认识和评价周围的环境和事物，并以积极的态度来对待现实环境。能够保持良好的人际关系，有效地处理和解决问题，并从中体会到人生的快乐。当发现自己处于不利境地时，能够冷静面对和处理人生困难。

图 1-1 所示为健康的八个维度。

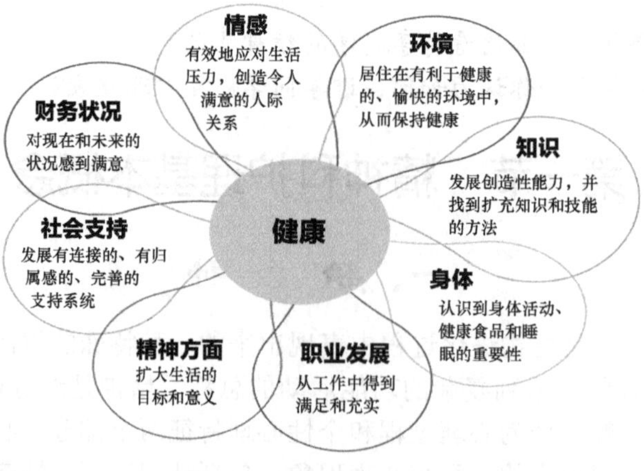

图 1-1 健康的八个维度

三、精神障碍

精神障碍（mental disorder）是人体在生物、心理和社会等多种因素的影响下，大脑的功能活动紊乱，导致认知、情感、意志与行为等精神活动不同程度的异常，有些可伴有生理功能障碍。精神障碍含义不仅包括临床症状典型、社会功能受损严重的重性精神疾病，也包括临床症状和社会功能受损轻微的神经症和适应性障碍。人们通常所称精神病（psychosis）是精神障碍中的一类疾病，指重性精神障碍，即特指具有幻觉、妄想以及明显的精神运动性兴奋或抑制等“精神病性症状”的精神障碍，最典型的精神病是精神分裂症。

心理问题与精神疾病：一般来说心理问题是指正常人遇到外界应激时会出现紧张、烦躁、沮丧、伤心、绝望、焦虑、抑郁等负性情绪的一种心理状态。同任何自然现象一样，心理是一个动态的开放系统，它不断地和自身以及外界进行信息交换，各种因素都有可能对心理产生影响。因而心理是变化的，是可能产生波动的。随着社会经济的快速发展以及生活环境的变化，心理社会因素给人类的心身健康带来极大的冲击与考验，心理问题有越来越严重的趋势。心理问题不能等同于精神疾病或心理异常，但它往往是精神疾病的早期症状，如果不及时解决，有可能发展为心理异常。因此，对心理问题的早期发现、早期干预非常重要。

四、精神康复

精神康复是精神障碍患者最重要的目标。从精神障碍中恢复是一个改变的过程，通过这个过程，个人可以改善他们的健康，过上自我指导的生活，并努力发挥他们的全部潜能。精神康复基于这样一种信念，即精神疾病和情绪障碍是可以治疗的，患者期望恢复精神健康。在以康复为导向的护理中，有精神健康问题的人与临床护士建立伙伴关系，以管理疾病，加强应对能力，并建立应对生活挑战的适应力。精神康复的基本原则如下：

（1）康复源于希望：康复是真实的，人们能够并且确实克服了他们面临的内部和外部的挑战。

（2）康复是由个人驱动的：自我决定和自我指导是康复的基础，因为每个人有自己的生活目标，并设计了自己独特的道路。

（3）康复有多种途径：每个人都是独一无二的，有不同的需求、优势、偏好、目标、文化和背景，包括影响和决定他们康复途径的创伤经历。对于那些有物质成瘾的人来说，戒断是最安全的办法。

（4）康复是全面的：康复包括个人的整个生活（思想、身体、精神和社会）。一系列帮助个体康复的措施应该是整合的和协调的。

（5）同伴和盟友对个人康复的支持发挥着宝贵作用，包括相互支持、互助团体，也包括分享经验知识和技能。

（6）完善的社会支持系统对康复很有帮助，相信个体有康复的能力，提供希望、支持和鼓励；也可以提供改变的策略和资源。

（7）康复是基于文化和受文化影响的：包括价值观、传统和信仰，是决定一个人康复之旅和独特之路的关键。

（8）通过处理创伤来帮助康复：处理个体创伤来促进安全和信任，同时促进选择、赋权和合作来帮助康复。

（9）康复涉及个人、家庭和社区支持：个人、家庭和社区都有力量和资源，可以作为康复的基础。

（10）康复以尊重为基础：社会、制度和社区对正在遭受精神健康问题的个体的接受和鼓励，包括保护他们的权利和消除歧视，对实现康复是至关重要的。

五、精神科护理学

精神科护理学（psychiatric nursing）是以临床精神病学为指导，以一般护理学理论原则为基础，结合精神障碍的具体特点，从生物、社会和心理三方面研究和帮助精神障碍患者恢复健康、研究和帮助健康人群保持健康和预防精神障碍的一门学科。

精神科护理学的主要任务包括以下几个方面：

1. 研究对精神障碍患者科学的护理理论和方法并应用于临床，以及探讨护理人员在预防精神障碍方面的作用。

2. 研究和实施接触、观察精神障碍患者的有效途径，通过各项护理工作及护理行为与患者建立治疗性护理关系，实施有效的护理措施。

3. 研究和实施对不同种类的精神障碍患者的各种治疗和护理，确保医疗任务的顺利实施。

4. 研究和实施如何维护精神障碍患者的权利和尊严，使其得到应有的尊重和合适的治疗；培养和训练患者的生活自理能力、社会交往能力、心理承受能力，在精神障碍好转后能及时重返社会。

5. 研究与实施如何密切观察有关精神心理方面的病情变化，详细记录，协助诊断，防止意外事件的发生；并为医疗、教学、科研、司法和劳动鉴定等积累重要资料。

6. 研究与实施在精神障碍患者家庭、社区中开展精神卫生宣传教育工作，对精神障碍患者做到防治结合，医院与社区结合，为患者回归社会作出贡献。

知识拓展 **脑与精神活动**

现代神经科学证明，人类所有的精神活动均由大脑调控。我们的喜怒哀乐、一言一行，皆是大脑功能的体现。正常的大脑功能产生正常的精神活动，异常的大脑功能与结构可能导致异常的精神活动与行为表现。因而大脑与精神不可分割，如果没有大脑的完整性，就不可能有完整的精神活动。脑的复杂性更在于其结构和化学活动处于变化之中（可塑性）。可塑性是神经系统的重要特征，神经系统的可塑性是行为适应性的生物学基础。神经系统的可塑性在宏观上可以表现为脑功能，如学习记忆功能、行为表现及精神活动的改变；在微观水平有神经元突触、神经环路的微细结构与功能的变化，包括神经化学物质、神经电生理活动以及突触形态亚微结构等方面的变化。

第二节　精神医学与护理发展简史

精神疾病护理学是伴随着精神医学和护理学的诞生、发展以及人类文明的进步逐渐完善起来的。经历漫长曲折，现代精神医学的发展至今只有100多年的历史。

精神医学的萌芽在公元前5世纪～公元前4世纪，在古希腊罗马时代，以希波克拉底（Hippocratēs，公元前460～公元前377年）为代表人物。他提出脑是思维活动的器官，提出了精神障碍的体液病理假说。他将各种病态的精神兴奋归于躁狂症，而将相反的情况称为忧郁症，这是精神病理现象最早的概括和分类。他认为精神障碍是人脑的产物，在精神障碍的治疗上，主张等待精神障碍的自然痊愈，不主张过多地干预。他的这些理论至今都还对现代精神医学有深远的影响。他被称为是科学的医学奠基人，也被称为“精神病学之父”。

公元3世纪后，古罗马文化衰落，医学为神学、宗教所统治，精神障碍患者被认为是魔鬼附体，异端邪恶，受到非人的虐待和惩罚。文艺复兴时期，约翰·韦耶（Johan Weyer）

（1515～1588 年）致力于人类行为的研究，他被认为是最早的精神科医师，他认为那些所谓“着魔中邪”者实际上是某种精神疾病患者，应该得到医生的治疗。

18 世纪法国大革命之后，法国第一位精神病院的院长、精神病学家菲利普·皮内尔（Philippe Pinel，1745～1826 年）首次提出要用人道主义的态度对待精神疾病患者，去除精神疾病患者身上的铁链和枷锁，从而也开创了精神疾病护理的先河，实现了精神医学的第一次革命。

有组织的护理起源于中世纪时罗马天主教会对十字军伤员的照顾，当时以护理穷人为主。专业的护理开始于 18 世纪中叶，护理学创始人南丁格尔（Florence Nightingale，1820～1910 年）女士在英国伦敦创办了世界上第一所正规的护理学校，强调护理工作是一门非宗教性的事业，南丁格尔的《人口卫生管理原则》一书中，强调病房的环境、个人卫生、新鲜空气和运动，注意病人的饮食和睡眠，以及对病人的服务态度。

直到 19 世纪末精神科护理人员的角色才开始受到重视。1873 年美国琳达·理查兹（Linda Richards）（1841～1930 年）女士制订出一项精神科护理计划，她主张护理精神障碍患者要像护理内科患者一样改善患者身体护理和生活护理，由于她的影响贡献，确定了精神障碍护理的基础模式，因此她被称为美国精神科护理人员的先驱。此阶段的精神科护理以看护、照顾以及改善病人的生活环境为主。美国最早专门为训练精神科护理人员而开办的学校创建于 1882 年，在马萨诸塞州的马克林医院，它包含两年的课程，护理教学内容主要为保护病人及病房管理的技巧，而精神科方面的课程很少，但这个时期为精神科护理的建立与发展奠定了坚实的基础。

19 世纪末 20 世纪初，出现了大批精神病学专家，如德国的埃米尔·克雷佩林（Emil Kraepelin，1856～1926 年）通过分析大量的临床病例，率先提出重症精神病的根源是大脑的生物病理学的改变，并将精神疾病进行分类，对精神疾病的病因、诊断、治疗进行了大量的研究。因此，克雷佩林被称为现代精神病学之父。奥地利心理学家西格蒙德·弗洛伊德（Sigmund Freud，1856～1939 年）利用梦的解析和自由联想治疗精神障碍患者，从而创立了精神分析学派，首次从心理学的角度探讨精神疾病的病因，提倡“心因性病因论”，被认为是精神医学的第二次革命。

20 世纪 30～40 年代，随着精神医学研究的飞速发展，许多精神科的治疗方法如深度睡眠治疗、胰岛素休克治疗、精神外科疗法、电痉挛治疗、药物治疗等先后被精神医学界广泛应用，需要更有经验的精神科护理人员为精神障碍患者实施护理。精神科护理的职能开始拓宽，护理的角色功能由协助病人日常生活及一般身体照顾，扩展到协助观察病情、详细记录，为医生诊治提供参考，护士角色也得到了肯定。1952 年，赫得嘉·佩皮劳发表了具有里程碑意义的作品《护理中的人际关系》。该书的出版将精神-心理健康护理实践引入了人际关系和治疗关系的概念。1954 年，佩皮劳还在罗格斯大学开设了第一个精神病学护理的培训项目。

20 世纪六七十年代，美国通过了《社区心理卫生中心法案》。在社区精神卫生运动的推动下，精神科护理的功能逐步由封闭的院内护理，开始走向社区、家庭和精神疾病的预防和保健。越来越多的社区心理治疗中心、家庭护理以及日间护理等项目的出现，为精神障碍患者提供了更多的医治场所，从而带来了精神医学的第三次革命。

20 世纪 50 年代，随着精神科药物的出现，人们开始研究药物、神经递质和脑中相关受体之间的关系，用科学、客观的方法诊断和治疗精神疾病，试图用生物学的理论来解释精神疾病现象，因此生物医学的发展被称为精神医学的第四次革命。随着 1977 年恩格尔提出了生物-心理-社会医学模式，现代精神科护理学也逐渐从责任制护理模式发展到生物-心理-社会三方面的整体护理模式。

我国一直有“三分治疗、七分护理”的说法。古代的精神障碍患者虽然有机会得到依据中医理论做出的诊断和相应的治疗，但关于精神科专科护理的记录极少。清末民初，精神医学随着传教士传入我国，修女们提供了大量的非专业的护理服务。新中国成立后，精神病学在薄弱的基础上发展起来，全国各地相继建立了各级精神病院，在我国卫生工作方针的指引下，精神病学的教学、医疗和科研工作得到重视，有一定的发展。精神科护理学的事业也逐渐受到重视，1990年成立了中华护理学会精神疾病护理专业委员会，定期举行全国性精神科护理工作的学术交流。随着改革开放的发展，我国精神科护理界与国际护理界的交流日益增多，精神科护理理念、临床实践及基础研究逐渐与国际接轨，先后引进了责任制整体护理、临床路径护理模式，并取得了好的实践效果。近年来，情感性精神障碍护理、老年期精神疾病护理、康复期护理模式逐渐成为研究热点，也取得了好的研究成果。

第三节　精神科护理工作内容与要求

精神科护理工作的对象是各种精神障碍的患者。在精神科从事护理工作，不仅要关注患者精神与行为方面的异常，也要关注患者的心理状态，同时合并躯体疾病也会对患者的健康造成影响。因此精神科护理的工作内容和要求有其特点。

一、精神科护理工作内容

精神科护理工作内容包括基础护理、治疗护理、睡眠护理、心理护理、危机状态的防范与护理。

（一）基础护理

精神科的基础护理包括生活护理、生命体征的监测、疾病观察等。患者个人卫生、饮食、大小便情况都属于生活护理内容。饮食护理在精神障碍患者护理中很关键，严重的精神障碍患者因症状的影响，可能会产生不吃不喝的症状，此时护士应该督促患者按时进食，必要时喂食或采用静脉营养治疗，同时定期监测患者的体重，保障患者的身体所必需的营养。患者的生活护理还包括患者的个人卫生，护士应该督促患者保持个人清洁，定时修剪指甲，定时理发等。在患者生活不能自理时，护士还需协助患者完成。长期服用经典抗精神病药的患者，有可能出现小便潴留或便秘的情况，因此要注意防范尿潴留和因长期的便秘、肠蠕动减慢而产生的肠梗阻的情况。因此护士应每天监测患者的生命体征和大小便情况，及时发现患者可能出现的生命体征异常。

（二）治疗护理

精神障碍患者住院期间，护士应该督促患者完成相应治疗。患者的治疗方式有药物治疗、物理治疗、无痉挛电休克治疗、心理治疗等。护士应该准确执行各项医嘱，督促患者按时服药。在物理治疗和无痉挛电休克治疗前，护士应督促患者做好相应的准备，并保证治疗的顺利进行；在治疗完成后，护士应观察患者的表现，如出现不良反应，应及时遵医嘱处理并记录。

（三）睡眠护理

睡眠护理在精神科护理中也是很重要的。精神障碍患者可能因为各种原因导致夜间睡眠困难。要为患者创造良好的睡眠环境，夜间睡眠时间要保持病房安静，光线柔和，护士动作轻柔，避免因为过大的声响导致患者被惊醒。夜间患者休息时，护士应按时巡视病房，发现患者有入睡困难时，应与患者交谈，了解患者失眠的原因，并给予疏导，必要时通知医生进行进一步处理。

（四）心理护理

精神障碍的发生有一定的社会心理因素，因此在对精神障碍患者的护理中要做好心理护理。心理护理的实施首先要与患者建立良好的护患关系，在日常护理过程中表现出对患者的关心和照护；同时在与患者相处的过程中，要尊重患者的人格，倾听患者的心声，正确使用沟通技巧；在良好护患关系的基础上，使用各种心理护理技术来帮助患者面对自己内心的困惑，如叙事护理、认知重建、人际沟通等方法，并进一步解决患者的心理困惑。

（五）危机状态的防范与护理

患者住院期间，由于疾病的影响，可能会出现一些危险行为。常见的有自杀自伤行为、暴力行为、外跑行为等。针对以上风险，医护应该共同配合；在良好的医患关系和护患关系的基础上评估患者上述行为发生的风险；保证病区患者的安全，杜绝危险用品的使用；与患者保持良好的沟通，在患者危险行为实施前识别患者的意图并帮助患者用其他方式替代；一旦发生上述行为，立即启动相应处理的应急预案。患者可能会出现进食过快导致噎食，或者由各种原因导致晕厥等，此时应该按照相应的处理流程尽快处理，抢救患者生命，保护患者安全。

二、精神科护理工作要求

精神科护理工作要求可以从精神科护士应具备的职业素质、精神科护士的角色功能两个方面来阐述。

（一）精神科护士应具备的职业素质

1. 尊重、关爱患者 精神科护士应该尊重、关爱患者，精神障碍患者虽然表现出一定的异常言行，但患者异常行为均受精神症状的支配，护士不能以患者异常的言行来评判患者品德的优劣，患者的人格应该被尊重和理解。

2. 心理素质 精神科护士应具备良好的心理素质。良好的心理素质包括积极而又稳定的情绪、敏锐的观察力、灵活的注意力和果断的意志力。精神科护士在与患者沟通过程中应该保持同理心并沉着冷静，关心关爱患者，并有能力面对和处理各种可能发生的突发情况。

3. 业务素质 精神科护士应该掌握扎实的专业知识，同时具备良好的沟通技巧。精神障碍患者诊断分类较多，精神科护士面对不同的患者应该运用不同的护理方法和沟通技巧，精神科护士还应掌握一定的康复技能，以更好地促进患者身心康复。

（二）精神科护士的角色功能

精神障碍患者护理工作的性质决定了精神科护士的角色功能，精神科护士常扮演和承担以下角色和功能。

1. 护理者 是精神科护士的主要角色，具体护理活动包括生活护理、安全护理、心理护理、危机状态护理、特殊治疗的护理等。

2. 治疗者 精神科护士同时还是患者的治疗者，精神科护士可以根据角色分工对患者实施心理治疗、药物治疗、物理治疗、康复治疗等，在各种治疗中运用良好的沟通技巧可以安抚患者的心理，让患者得到放松，起到治疗作用。

3. 倾听者 患者住院期间，护士与患者接触交流最多，很多时候，护士承担的是倾听者的角色。一个好的护士，应该具备倾听的能力。护士是患者主要的倾诉对象，在倾听过程中，不能随意打断患者，但可以事先商定交谈的时间，倾听过程中，不能负面去评价患者的言行，并指导患者的行为。要保持全神贯注地聆听并用心去感受。

4. 辅导者 主要体现在督促患者完成工娱治疗和康复治疗活动中，对于慢性重性精神障碍患者，护士可安排一定的工娱治疗如作业疗法、手工制作、人际交往能力培养等来辅助患者加强社会功能。

5. 教育者 精神科护士还要承担健康教育者的角色。在患者入院时、住院期间、出院前都要对患者进行健康教育，确保患者及家属能够及时了解治疗护理过程及相关注意事项。精神科护士还可以在病房、社区向患者及家属开展健康课堂，宣传和介绍有关精神疾病的病因、治疗、预防及护理等知识。

知识拓展

美国护理发展之《护士伦理守则》

《护士伦理守则》在指导护士在护理工作中将专业知识和道德规范相结合中扮演着重要的角色。在1896年美国护士协会（American Nurses Association，ANA）成立之初，就将制定伦理守则列为主要目标，内容涵盖护士注册、护士的福利、护理学校的认证程序等关键事务。正如医生的希波克拉底誓言，多年来，护士一直使用南丁格尔宣言，而没有形成正式的书面伦理守则指导护理实践。1950年《护士伦理守则》第1版正式颁布并在1960年修订之前作了部分校正。为了使它能发展专业学科、让护士明白自己的职责以及建立和维护良好健康的工作环境，反复修改成了不可缺少的一步。2015年，ANA发布了最新版的《护士伦理守则》，新版守则是ANA在日常生活以及护理实践方面对护士做出的长期承诺，一如既往地在伦理实践中为护士提供坚实的基础，它也是护士做出的一个承诺：尽最大努力为患者、社区提供护理和相互支持，体现了护士在工作中应履行的职业道德义务，同时也指出了护士应享有的权利，可为护士、患者、卫生保健服务的未来提供有效的保障。

第四节 精神科护理相关的伦理和法律

护理工作本身体现于为患者、为社会服务的道德内容，对于精神科护理工作而言，其本身具有极强的专业性和特殊性，因此必然会出现相关的法律及道德问题，相应地也对精神科护士提出了更高的要求，他们不仅要具备精神病学和一般医学专业基础理论知识，还要具备心理学、社会学等方面的知识。

一、精神科护理与伦理

（一）伦理学与护理伦理学

1. 伦理学 伦理学是哲学的一个分支，是研究道德的科学。它是关于优良道德的科学，是关于道德价值的科学。伦理学是一套道德准则或道德系统，以寻求道德判断确证的学科。伦理学可以分为规范伦理学和非规范伦理学两大类。规范伦理学分为普通规范伦理学和应用规范伦理学。非规范伦理学又分为描述性伦理学和纯伦理学。

2. 护理伦理学 护理伦理学曾被视为医学伦理学的一个分支。然而，自20世纪80年代以来，伦理学家逐渐承认护理伦理学作为一个独立的学术领域，它是指导护士进行伦理判断的法则。护理伦理学是研究护理道德的学科，借助伦理学的原则、理论和规范来引导护理实践，协调护理领域中的人际关系，并对护理实践中的伦理问题进行分析、讨论并提出解决方案。

（二）精神科护理伦理的基本原则

伦理原则为伦理决策提供了基本的指导，然而本身并不能构成完整的理论体系。每一个伦理原则在解决特定的伦理问题时都会发挥一定的作用，但在实际的决策中，这些原则可能会产生冲突。护士在伦理决策时广泛应用的伦理原则包括自主原则、无害原则、有利原则和公正原则。

1. 自主原则 强调每个人都有不受外界干扰、自由选择自己行为的权利。医护人员应当尊重有自主能力的患者自我选择、自由行动或者按照个人意愿自我管理和自我决策的权利和行为。在现代健康照护伦理方面的所有道德原则中，自主原则被赋予了高度的关注。护士在临床上应灵活应用自主原则，最大限度地尊重患者的自主权，使自己的行为更符合道德规范。

（1）尊重原则：自主原则的实质就是对人的尊重，护士应当尊重患者的人格和权利。由于精神疾病的特殊性，有些精神疾病患者经常会出现幼稚、愚蠢、粗鲁或怪异的动作。护士应该像对待普通患者那样去尊重他们，不能嘲笑和愚弄。对于患者提出的问题和合理要求，护士应该尽量地满足；对于不合理的要求，护士要婉言拒绝，不可不予理睬或哄骗患者。

（2）知情同意原则：强调所有护理措施都应得到患者及家属的同意，但前提是患者必须充分了解有关护理措施的全部内容和信息。每个人都有对某项治疗或护理措施接受与否的权利，应保证患者必须对该治疗或护理措施充分知情。在临床护理工作中，对于没有自主能力的患者，例如婴幼儿、失去知觉者和部分特殊精神疾病患者，通常由其法定代理人代表患者行使自主权。

（3）保密原则：出于诊断、治疗和护理的需要，病历中可能涉及患者的秘密和隐私。为了便于诊断和治疗，患者可能会向医护人员透露其隐私、个人信息、私人活动或私人领域，医护人员应当保守患者的秘密，未经患者本人同意不得向他人泄露。同样医护人员的相关资料，如家庭住址和医院内部事务，也应对患者保密，以免引起麻烦。

2. 无害原则 强调不要做有害于患者的事，并要求护士做到有同情心、仁慈、和蔼。在某些情况下，虽然护士不赞成或反对患者的伦理观或行为，但从无害原则出发，不能拒绝护理患者。例如，当护士面对一个罪犯时，从无害原则出发，在没有其他护士在场的情况下，应该继续给患者必需的护理。无害原则是护理伦理决策的核心之一，确保护士在提供护理服务时不仅能够提供有效的治疗，同时保护患者的福祉。

3. 有利原则 强调一切为患者的利益和健康着想、尽量做对患者有益的事情。其理论基础是被大众所接受的伦理理论之一——功利论。功利论认为个人行为的目的就是权衡其正面和负面价值，以尽量减轻痛苦和不安，带来幸福和快乐。为患者的利益着想、避免或消除对患者的伤害是护士最主要的职责之一。但护士在工作中应注意，不要过分地以有利原则为前提，而损害了患者的自主权。

4. 公正原则 强调护士要平等和公正对待每个患者，应当避免对患者进行歧视，并基于公正原则来分配医疗资源和提供护理服务。公正原则体现了对患者的公平对待，无论其社会地位、种族、性别、宗教或经济状况。公正原则是维护医疗伦理和护理质量的重要准则之一。

（三）精神科护理工作中常见的伦理问题

在面临多种选择却没有一个完美抉择的情况下，伦理问题就会产生。这些问题可能源自个人内在的价值观冲突，患者、家属或医务人员的道德价值体系冲突，或者政策、道德和法律之间的矛盾等。由于精神科护理工作的特殊性，精神科护士经常陷入道德和伦理两难的境地。伦理问题给护士和患者带来痛苦和困扰，争议是这些问题的关键。为了解决这些争议并寻求合理的解决方案，护士和患者需要认真谨慎地处理伦理问题。

1. 行为控制 指通过一定手段或方法使受控者的行为达到控制者的要求。它多用于神经科、精神科及有心理问题患者的治疗。行为控制可分为信息控制和强制控制。信息控制是控制者通过调节信息输入来刺激受控者并影响其行为，如心理治疗。强制控制是控制者通过直接操作和干预身体过程来改变受控者对刺激的反应，影响其行为，如精神药物治疗。

行为控制的目的是还给受控者自主性，但需在治疗中侵犯自主性方能奏效。在精神科治疗中，行为控制可能侵犯患者利益和自主权，引发伦理学争议。在实施行为控制时，应遵循道德原则，促使患者行为趋于正常，避免身体和理智侵害，不从根本上改变患者个性，并实行知情同意。

2. 自主决策 是指个体有权对伦理道德问题自由做出判断。个体在内在动机驱使下，达到个人目的而非取悦他人。自主决策是人的一项基本心理需求。

在精神科护理中，自主决策是指患者自主选择与健康相关行为的权利。患者的自主决策有时可能会与医护人员的建议不相符合。例如：一个20岁的男性精神疾病患者，因病情需要，定期到门诊接受抗精神病药治疗。患者因为药物的副作用要求换药。而医生认为这个治疗方案对病情最有效。患者行使了自主决策权，但同时与疾病的治疗方案发生了冲突。这种情况下，若单一地尊重患者的自主决策，可能会导致病情恶化，违背无害原则。若强迫患者继续治疗则违背了自主原则。面对这种困境，护士需要客观地体会患者的感受，作为医患之间的桥梁与双方沟通，使患者的自主决策与医生的治疗方案尽量达成一致。也就是说，护士必须想方设法在尊重患者自主决策的同时，促进患者的康复。患者的自主决策有时无章可循，例如，患者要求给予安乐死，但没有相关法律政策可循。

3. 知情同意 是指患者有权知晓自己的病情，并对医护人员采取的防治措施有决定取舍的自主权。在精神科护理中，知情同意非常重要，因为有很多治疗和护理措施，如药物治疗、电休克治疗等副作用很大。只有获得知情同意，医护人员根据相关原则所实施的治疗护理措施的法律责任才能免除。

在精神科护理中，知情同意比较复杂。行使知情同意权时，患者必须有自知力、有决策能力。精神疾病患者的决策能力经常受到疾病的影响。患者被告知治疗的副作用后，拒绝治疗可能并非因为治疗的副作用，而是对疾病本身的否认。所以患者行使知情同意权时，护士必须充分评估患者的决策能力，主要含以下部分：能够与他人进行沟通交流；能够理解相关的信息；能够评价有关的情景及后果；能够比较各种治疗方案的优缺点。为了客观评定精神障碍患者知情同意能力，国内外都开发了很多量化的评定工具，其中包括：麦克阿瑟临床研究知情同意能力评估工具、霍普金斯知情能力评估工具、半定式知情同意能力评估问卷等。

在某些情况下，知情可能对患者造成伤害，违背无害原则；但也可能有利于患者的健康和安全，与保密原则相符。这时护士会陷入两难的困境。通过与家属、患者和其他医护人员的合作，维护患者的最大利益是解决这一问题的最佳途径。基于这一点，建议在下列情况中可直接对患者实施必要的处理：对生命和健康有紧急威胁时；被认可是紧急事件时；患者无行为能力，又无法联系其法定代理人时；患者自动委托时。

4. 维护隐私 隐私权是患者享有的私人信息依法受到保护，不被他人非法侵犯、知晓、搜集、利用和公开的一种人格权。患者隐私主要包括患者为诊治疾病而告知医护人员的某些不愿让他人观察和接触的身体部位、生理特征、心理活动以及对公众无害的“过失”行为。护士应该尽量维护患者的隐私权，对于精神疾病患者的个人情况、病史和治疗过程，未经本人允许不能对外公开。但是维护隐私不是绝对的。护士往往要在维护患者隐私与维护患者或第三者的健康和安全中做出决策。精神疾病患者对自身的疾病缺乏认识，护士需要与家属、其他护士等人员一起沟通相关信息。这可能违背了患者的意愿，却有利于疾病的诊断和治疗。另外，隐私权的保护范围受公共利益的限制，即对他人和社会不能造成伤害。

二、精神科护理与法律

（一）法律及相关概念

1. 法律的概念 法律一词来源于拉丁语“jurisprudentia”，意为调整人类行为的社会规范。法律有狭义及广义之分，从狭义上讲专指国家立法机关制定的规范性文件；从广义上讲泛指由国家制定或认可并由国家强制力保证实施的行为规范的总和。它除了国家立法机关制定的规范性文件以外，还包括其他国家机关制定或认可的行为规则，如国家行政机关制定的行政法规、地方国家权力机关制定的地方性法规等。

2. 相关法律 不同的国家拥有各自的法律体系。为了能够做出合理的决策并避免违法行为的发生，护士必须了解相关的法律法规。以下主要介绍我国护理工作中可能涉及的相关法律。

宪法：是国家的最高法律，具有至高无上的法律效力，是治国安邦的总章程，对国家生活起着根本准则的作用。我国宪法规定了公民的基本权利和义务，是处理精神科相关法律问题的重要依据之一。

刑法：是关于犯罪和刑罚的法律规范的总称。当精神疾病患者实施了我国刑法所禁止的行为时，需要对其在实施该行为时的刑事法律能力进行鉴定。精神疾病患者的刑事法律能力主要包括责任能力、受审能力、服刑能力、自卫能力和作证能力等。

民法：是调整公民之间、法人之间及公民与法人之间的财产关系和人身关系的法律规范的总称。当精神疾病患者的行为涉及民事法律问题时，需要对精神疾病患者在实施该行为时的民事法律能力进行鉴定。精神疾病患者的民事法律能力主要包括行为能力、婚姻能力、合同能力和遗嘱能力等。

卫生法：是关于医疗卫生方面的法律规范的综合，由国家制定或认可，并由国家强制力保证实施。在精神科工作中，《护士条例》和《医疗事故处理条例》等都属于卫生法规范系统，在处理精神科法律问题时发挥着重要作用。

精神卫生法：我国于 2013 年 5 月 1 日实施《中华人民共和国精神卫生法》，其是我国首部专门规范精神卫生领域的法律，旨在保障精神障碍患者的合法权益，规范精神卫生服务，促进社会和谐。该法建立了多层次的精神卫生服务体系，强调预防和治疗精神障碍，保护患者权利。这部法律的颁布实施，对于规范精神卫生服务，预防精神障碍发生，维护精神障碍患者的合法权益，具有重要意义。精神科工作的医务人员可以借助这部法律更加敏锐地观察潜在的法律问题，并采取相应的防护措施，以提高护理服务质量并更好地维护患者的合法权益。

3. 护理相关的权利和义务

（1）权利和义务的概念：从一般意义上说，权利是指法律上认可或伦理上可得到辩护的权利和利益。义务是指特定的角色要求，即主体必须或应当承担的职责。权利是一个人（权利人）从他人（义务人）那里得到某种东西的资格。义务是为满足权利人的要求应该或必需的作为或不作为。

（2）患者的权利和义务：患者权利是指患者在患病后应享有的合法权利和利益，涵盖法律、道德和伦理方面的复杂概念。我国越来越重视对患者权利的保护，医学伦理学和法学领域加强了相关研究和法律保障机制的建设。虽然目前我国没有专门的患者权利法规，但在许多法律和法规中对患者权利保护有明确规定。以宪法和民法为例，《中华人民共和国宪法》第四十五条第一款规定公民在年老、疾病或丧失劳动能力的情况下，有从国家和社会获得物质帮助的权利，《中华人民共和国民法典》规定自然人享有健康权。自然人的身心健康受法律保护。

从我国的国情出发，患者的权利应包括以下方面：一是医疗、护理、保健、康复的权利；二是疾病认知和知情同意的权利；三是自由选择医疗方式的权利；四是隐私权的保护；五是免除部分社会责任和义务的权利；六是患者身体组织及遗体处置的权利；七是要求赔偿的权利；八是监督自己的医疗权利的实现。此外，2013 年 5 月 1 日起实施的《中华人民共和国精神卫生法》还对保障精神疾病患者的权利做出了具体规定，主要包括保障患者获得救助和康复的权利，保障患者接受教育和就业的权利，保障患者知情同意和申请救济的权利。

当然，患者的权利与义务是相互关联的。患者在享有权利的同时，也有自我保健、主动求医、积极配合治疗和护理，并支持医学科学的发展的责任。

（3）护士的权利和义务：护士的权利和义务除了一般特点外，还有其特殊性，即由于护士和患者的特殊角色关系，使得护士更加注重义务而非权利，始终以患者为中心。

1984 年世界卫生组织的调查报告显示，70 多个国家已经制定了相应的护理法规，规定了护士的权利和义务。我国于 2008 年 1 月 23 日通过《护士条例》，这是我国首部保护护士劳动者权益的法规，为护士劳动者提供强有力的法律保障和维权依据。

护士的权利包括：按照国家规定获得工资报酬、享受福利待遇、参加社会保险。获得与其从事的护理工作相适应的卫生防护、医疗保健服务。根据国家规定获得与其业务能力和学术水平相应的专业技术职务和职称，参加专业培训、学术研究和交流，加入行业协会和专业学术团体。享有获取疾病诊疗、护理相关信息和提出对医疗卫生机构和卫生主管部门工作意见和建议的权利。

相应的义务有遵守法律、法规、规章和诊疗技术规范。发现患者病情危急时，应立即通知医师，并在紧急情况下实施必要的紧急救护以抢救垂危患者生命。尊重、关心、爱护患者，保护患者的隐私。积极参与公共卫生和疾病预防控制工作。

（二）精神科护理工作中常见的法律问题

精神科护理中的法律问题非常复杂且关键，涉及患者权益保护、知情同意、隐私保护、人身自由、性保护和刑事责任等方面。护士必须熟悉并遵守所在地区相关的法律规定，依法履行职责。

1. 患者入院形式的问题　精神科患者住院时，其入院形式非常重要，因为患者的权利和医务人员的治疗责任会影响入院形式。自愿入院和非自愿入院是两种常见的入院形式。自愿入院指患者因自己的精神疾病状态而自愿要求住院接受治疗。当患者可能会对自己或他人造成危险，或者严重的精神疾病状态生活不能自理，但是愿意并且能够入院接受治疗时，也称为自愿入院。自愿入院患者虽然没有任何时候都可以要求自动出院的权利，但有申请出院的权利。非自愿入院包括强制入院和司法鉴定入院。非自愿入院通常包括以下几种情况：患者可能会对自己或他人造成伤害、病情需要治疗、丧失生活能力。非自愿入院会在很大程度上限制患者的权利，因此，对于非自愿入院患者必须有明确的原因，并经过相关的法律程序，才能违背患者意愿进行强制性入院。

精神疾病患者住院，一般以自愿为原则。但是，有些精神疾病患者常常由于自知力障碍，不承认有病，拒绝住院治疗。在这种情况下，需要从患者的根本利益出发，在经过相关的法律程序后，违背其意愿而强制性入院。根据我国宪法和刑法关于保护公民人身自由权利的规定，强制患者入院易被患者或家属认为是“限制人身自由”或“非法拘禁”，从而引发法律纠纷。所以对非自愿入院的精神疾病患者强制入院时，必须具备两方面的条件：①病情必须达到一定的严重程度。一般对重症精神疾病患者有严重危害他人人身安全的暴力行为，或有明显的自伤、自杀行为，或生活不能自理，或严重扰乱社会秩序的，可以采取强制入院。②符合病情严重程度的患者，可以由其亲属、监护人或法定代理人提出要求或申请，经医师检查认为确实患有精神疾病并签发住院证后，才能办理入院手续。

在许多国家的法律中，明确规定了对精神疾病患者的强制医疗措施，从而有效保障了精神疾病患者应享有的疾病治疗的权利，维护了社会的安定。目前，我国对此还没有明确的立法，护士在处理相关问题时，可以依照我国宪法、刑法、民法典等法律的有关规定执行。

2. 治疗中的知情同意问题 患者的知情同意权是一项重要的权利，根据我国相关法律规定，知情同意权是患者享有的权利之一，医务人员必须尊重患者的知情权利。医疗机构应当尊重患者对自己的病情诊断、治疗的知情权利。在实施手术、特殊检查、特殊治疗时，应当向患者作必要的解释。由于实施保护性医疗措施不宜向患者说明情况的，应当将有关情况通知患者家属。对于精神疾病患者，由于其可能缺乏完全的自主意识，无法提供有效的知情同意，因此，对于无民事行为能力的精神疾病患者，通常需要由其监护人代为签署相关的知情同意书。在某些精神疾病患者的知情同意过程中，护士可能不负主要责任，但有义务对护理方面的服务向患者作出解释，包括护理活动执行的原因和方式。在提供有关资料时，应注意与医生保持一致，防止患者或家属产生误解；并在患者或家属改变看法时，及时通知相关人员。

知情权是患者的一项基本权利，是享有其他权利的基础。从法律角度讲，以伦理学为由在保守治疗中限制和剥夺患者的知情权是不恰当的。解决问题的思路应放在提高心理护理水平和告知技巧上。当然，知情权也不是绝对的，在客观上不能履行告知义务时，医疗机构的告知义务可以免除。例如：在急、危重症患者的抢救中或当精神疾病患者可能危害自身或他人的时候，可以由护士使用保护性约束。对此，护士要在医疗文书中记录使用原因和使用经过，并及时向医生反映情况，争取适当的治疗，尽早出院。但是免除告知义务的情况必须谨慎对待，根据《上海市精神卫生条例》第四十六条规定，因医疗需要或者为防止发生意外，必须对住院治疗的精神疾病患者暂时采取保护性安全措施的，应当由精神科医师决定。实行约束性保护是为了保障患者的人身安全而采取的强制性措施，必须遵循相关标准及规范，并且在行约束性保护后告知患者或其家属。

3. 隐私权的法律问题 有人认为，医疗人员履行对患者隐私保密的义务，属于道德范畴，而非法律问题。我国有关法律规定，维护隐私是患者的权利，也是医务人员的义务。在医疗实践中，保护患者的隐私，避免患者精神、心理受各种有害因素的侵害和刺激，不仅是道德问题，也涉及法律问题。

基于对医护人员的信任，患者在治疗中向其倾吐心中的秘密。对于精神疾病患者，这种倾诉行为，有时对疾病的诊断和治疗能起到重要的作用。作为医护人员，不论患者的隐私是否与病情有关，都应保守秘密，否则可能会损害患者的名誉和家庭幸福。根据《中华人民共和国精神卫生法》的相关要求，对于精神科患者的姓名、肖像、住址、工作单位、病历资料以及其他可能推断出其身份的信息，医护人员负有保密的义务，在检查中应该做好隐私保护，不得在临床上谈笑、泄露患者隐私，避免对患者的隐私权构成侵犯。

4. 人身自由的法律问题 人身自由权利是我国公民最基本的权利之一。我国《宪法》第三十七条规定："中华人民共和国公民的人身自由不受侵犯。任何公民，非经人民检察院批准或者决定或者人民法院决定，并由公安机关执行，不受逮捕。禁止非法拘禁和以其他方法非法剥夺或者限制公民的人身自由，禁止非法搜查公民的身体。"任何人包括医务人员，对精神患者不能因为其行为乖张而非法拘禁，或以其他方法进行非法剥夺、限制其人身自由，不能非法搜身；其人格尊严也不能受侵犯，不能因其丧失理智而进行侮辱取乐、歧视或诽谤。但是由于精神科病房的特点就是封闭式管理，其间会限制一些发作期患者的自由。《中华人民共和国精神卫生法》第四十条中规定："精神障碍患者在医疗机构内发生或者将要发生伤害自身、危害他人安全、扰乱医疗秩序的行为，医疗机构及其医务人员在没有其他可替代措施的情况下，可以实施约束、隔离等保护性医疗措施。实施保护性医疗措施应当遵循诊断标准和治疗规范，并在实施后告知患者的监护人。"因此，临床上对于可能发生自伤、伤人、毁物等行为的患者，应及时给予暂时的保护性约束，约束患者应适当并且注意方式手法，避免给患者造成伤害。另外出于对患者安全的考虑，应常规检查患者衣袋、床铺等，防止危险物品的藏匿，服药时检查口腔防止藏药，以及经患者或家属同意后检查患者信件、日记等以了解病情，制订更好的治疗方案并防止意外发生，同时也应注意方式方法，以免涉及侵犯人权。

5. 女患者的性保护问题 我国对保护妇女的身心健康和人身权利极为重视。涉及患者的性关系，一般指医务人员对其治疗的女患者所发生的性关系。依据《中华人民共和国刑法》，任何人如果对患有精神疾病或重度精神发育迟滞的妇女，利用其丧失自我防卫能力或性的反常行为而与之发生性关系的，不论其自愿与否，都将作为强奸罪论处。医护人员当然也不例外。

美国的许多法院将这种性关系宣判为医疗失责。认为是医护人员不守职责，或是对女患者所产生一种"移情"关系的滥用。美国很多州的法律都禁止医患之间发生性关系，尽管如此，这种性关系还会时常发生。其结果是，被控诉的医护人员承担医疗失责的赔偿责任，还可能根据情节吊销其执照或以刑事犯罪论处。

6. 精神障碍者的违法行为问题 精神障碍者可能在疾病状态下产生违法行为，如破坏财产、伤害他人等。对于这种问题的处理涉及患者的刑事责任能力，可能需要进行司法精神鉴定。医务人员在处理此类问题时，需要遵守相关法律规定，确保患者的合法权益得到保护。

（三）预防法律问题发生的护理措施

1. 患者入院问题的护理 对于自愿入院的患者，护士应该与患者充分沟通，耐心给患者解释治疗目的和潜在的风险，并确保患者自愿签署知情同意书。

对于非自愿入院的患者，护士需要确保有明确的法律依据，并以尊重和关怀的态度对待患者，必要时可以采取安全措施保护患者和他人。

在入院过程中，护士还需要记录患者的个人物品并保护患者的隐私，为患者制订个性化护理计划，定期评估患者病情，并提供心理支持。与此同时，护士需始终尊重患者权益，合法合规开展工作，并与医疗团队合作，确保患者的安全和治疗效果。

2. 治疗中的知情同意的护理 护士应该与患者进行充分沟通，以简单易懂的语言解释治疗的目的、方法、预期效果和可能的风险，确保患者理解治疗计划。为了让患者更好地了解信息，护士还可以提供书面资料供参考。在确保患者自愿知情的前提下，护士可以口头确认或签署知情同意书。对于那些无民事行为能力的患者，需征得监护人或法定代理人的同意。

护士应该尊重患者的知情拒绝，同时协助患者与医疗团队沟通解决疑虑。定期评估知情同意的有效性，保护患者的知情隐私。

3. 保护患者隐私 护士需要遵循保密原则，不得泄露患者的个人信息和病情，以保护患者的隐私。避免在公共场合讨论患者的病情，必要时限制员工信息访问的权限，保护电子信息安全。在记录患者信息时，为了确保信息用途的得当，护士可以使用代号或编号标识患者。护士还应该为患者在病房内提供适当的隐私空间，保护患者的物理隐私。

4. 确保患者安全 护士在限制患者的人身自由时，需要遵循法律规定，确保限制合法、合理，并充分尊重患者的权益，仅在必要时才能对患者进行限制，限制期间需要确保患者的安全。

在对患者进行限制前，应该与患者沟通，解释限制原因，尊重患者尊严和人权。实施限制措施时，尽可能地采取温和方法，确保患者安全。在对患者进行限制期间，护士要定期评估患者行为和状态，并根据患者状态及时解除限制。护士还需要监督和记录措施实施情况，防止滥用和侵犯患者自由。并为被限制患者提供及时的心理支持，以减轻患者负面情绪。

5. 确保女患者的性健康 护士在为女患者提供护理时需要保护患者的身心健康和人身权益。护士可以为女患者定期开展性教育，提高女性患者的性健康意识。在与女性患者接触时，护士需以专业和尊重的态度，避免不当的性接触或言语。必要时护士还应对医院的工作人员进行性健康教育，以确保女患者在医院内的安全感。

在住院期间，护士应该为女患者提供隐私的空间，尤其女患者在进行私人活动时，要确保患者有安全的空间和条件。对于那些有创伤经历或性虐待史的女患者，护士需要提供专业和敏感的照护，并鼓励她们寻求心理咨询或辅导服务。护士需要定期监测女患者的身心状况，及时报告可能存在的性虐待或性侵害情况。定期对患者进行性健康评估，开展反性暴力教育，为患者提供相关的健康建议和指导，传达不容忍性暴力行为的重要性，鼓励患者寻求帮助和支持。同时，护士还应监测和报告可能存在的性暴力问题，为患者提供必要的支持和帮助。

6. 处理违法行为 护士在为可能会有违法行为的患者护理时，需要密切观察这些患者的行为，及时识别可能涉及违法行为的迹象或举动，并协助医生进行刑事责任能力评估。若患者被卷入刑事案件，可能需要进行司法精神鉴定，护士应配合司法程序提供相关信息和评估结果。对于涉及刑事责任的违法行为，护士还可提供法律援助信息，引导患者及家属寻求法律帮助，以确保患者的合法权益得到保护。同时，护士需要为患者提供必要的心理支持，理解其情绪和困惑，帮助患者缓解应对法律程序的压力。并及时与家属沟通，主动了解患者的家庭背景和情况，更好地了解患者的心理状态和行为背后的原因。对于有暴力倾向的患者，护士需要采取必要的安全措施，确保患者和周围人员的安全。护士还需与医疗团队、法律机构和社会服务机构等合作与协调，共同制订适合患者的综合治疗方案，帮助患者重回社会并遵守法律。

（鲜于云艳 文 丽）

第二章 精神障碍的基本知识

学习目标

知识目标：通过对课程的系统学习能熟悉精神障碍的常见病因；知晓常见精神症状的概念并掌握其症状表现特点；了解精神障碍的两大分类系统及诊断标准，即ICD-11和DSM-5。

能力目标：能区分正常或异常的精神活动，以及某些表现相似的精神症状的异同点；能将理论知识在临床中运用，做好护理观察；通过对患者临床症状的观察，及时发现患者可能存在的相关风险。

素质目标：在护理过程中体现人文关怀和保持客观，理解患者的精神症状表现仅为患者疾病的表现，尊重患者的人格特质。理解除表现出的精神症状外，患者其他精神活动是正常的。

思维导图

思维导图请扫封底二维码。

情景导入及思考

王某，18岁，大一新生。高中时渐起敏感多疑，不爱与同学交往。3个月前逐渐发展为耳边听到有人说话的声音，声音内容多为议论自己，说自己的坏话，甚至命令自己。在教室上课感觉总有人盯着自己，某些同学小声讲话是在针对自己，他们在密谋伤害自己的办法。

思考：

1. 患者存在哪些精神症状？
2. 应从哪些方面进行病史采集及评估？
3. 如何对患者实施诊断？

精神障碍是对精神疾病的总称，既包括精神分裂症、抑郁障碍、双相障碍等常见疾病，也包括神经认知障碍、物质使用与成瘾行为所致障碍、应激相关障碍、焦虑与恐惧相关障碍等。本章的内容包括精神障碍的病因学、精神障碍的症状学和精神障碍的分类与诊断标准。精神障碍的病因学主要从生物心理社会因素进行讨论，症状学描述各种精神症状具体的表现特点，精神障碍的分类与诊断主要介绍世界卫生组织《国际精神疾病分类（第11版）》精神与行为障碍分类和美国精神病学会的《精神障碍诊断与统计手册（第5版）》。

人的精神活动可分为认知、情感、意志活动等心理过程，它通过人的外显行为如言谈、书写、表情、动作行为等表现出来。所谓精神障碍，是指在各种致病因素影响下，大脑的功能活动紊乱，导致精神活动显著偏离正常，出现各种精神症状，社会功能受损以及本人感到精神痛苦，即以人的精神活动异常为主要表现的一大类疾病。人的精神活动是一个复杂的、相互联系又相互制约的过程，在病理状态下出现的精神症状也是千差万别的。精神障碍既可以表现为如精神分裂症一般感知、思维、情感意志活动障碍，也可以仅仅表现为情绪的低落、内心的痛苦，甚至仅仅是躯体的不适。

知识链接　**人格的发展**

人格的发展程度影响个体的精神健康。有五种常见的人格发展理论。弗洛伊德的心理动力学理论认为人格发展受到无意识的冲突和欲望的影响，人的人格是由本我、自我和超我组成。爱德华·斯普林格提出了人格发展的八个阶段，每个阶段都与个体的生理和心理需求相关。卡尔·荣格的分析心理学理论，认为人格的发展是通过个体与集体无意识的相互作用来实现的，个体的人格发展是一个自我实现和自我认识的过程。马斯洛的需求层次理论，认为人的人格发展是通过满足一系列需求来实现的，包括生理需求、安全需求、社交需求、尊重需求和自我实现的需求。埃里克森的心理社会发展理论，提出了八个发展阶段理论，每个阶段都与个体在社会环境中的角色和责任有关，每个阶段都有特定的发展任务和危机。

第一节　精神障碍的病因学

人脑是进行精神活动的器官，凡是能影响和损害人脑的结构和功能或影响人脑正常发育的有害因素都可能引起精神障碍。精神障碍与大部分慢性疾病一样，都是生物、心理、社会因素相互作用的结果。本节将会从生物学因素和心理社会因素展开讨论。

一、生物学因素

精神障碍的生物学因素主要分为遗传、感染、躯体疾病、创伤、营养不良、毒物等。这些致病因素可能相互作用，并在不同个体起不同的作用。

（一）遗传因素

在对精神分裂症、情感障碍、焦虑症等的家族聚集性研究中发现，这些精神疾病具有遗传倾向。基因中携带的某种易感性增加了精神疾病发病的概率。但是目前绝大多数的精神障碍都不能用单基因遗传病来解释，遗传和环境的共同作用决定了某一个个体是否患病。研究表明，即使遗传易感性较强，环境因素在疾病的发生、发展、严重程度、表现方式、预后等方面仍然起到非常重要的作用。

（二）感染、躯体疾病、创伤、营养不良、毒物等因素

这些因素可以通过影响个体的神经系统发育或者功能，从而产生精神疾病。这些精神疾病共同表现为脑结构和脑功能的可塑性改变，包括额叶、颞叶内侧及海马等脑区的灰质和白质减少及体积缩小。感染也可引起精神障碍，目前已知由病毒、细菌、寄生虫、螺旋体等导致的全身感染、中枢神经系统感染和其他系统感染均可以引起精神障碍。例如通过性传播的梅毒螺旋体首先引起生殖系统症状，在多年的潜伏后，进入脑内，导致神经梅毒。神经梅毒主要表现为神经系统的退行性变，表现为痴呆、精神病性症状及麻痹。人类免疫缺陷病毒（HIV）也能进入脑内，产生进行性认知损害，早期表现为记忆力损害，注意力不集中及情感淡漠等，随着时间的推移，可能出现缄默症、大小便失禁、截瘫等更广泛的损害。颅脑疾病如颅脑损伤、脑血管疾病、颅内肿瘤等是引起脑器质性精神障碍的主要原因。而内脏器官疾病如内分泌、代谢、营养等疾病均可间接地损害大脑功能结构，从而引起精神障碍。各种对中枢神经系统有损害的化学物质均可引起精神障碍，常见的有：成瘾物质海洛因、吗啡、大

麻、苯丙胺、酒精等，还有医用药品、工业毒物、有毒食物、一氧化碳等。

二、心理社会因素

患者人格特征、所遭受的心理应激因素、社会环境因素均构成精神疾病的社会心理因素。

（一）人格特征

人格可以定义为个体在日常生活中所表现出来的情绪和行为特征，此特征相对稳定并可以预测。包括气质、性格和能力三个方面。个体的性格特征是指个体在先天的禀赋素质（一个人出生时固有的、独特的、稳定的心理特性）和后天的社会环境共同作用下所形成的心理特征。人格障碍的发生与早期的养育环境有关。不同的人格特征易患不同的精神障碍，如有表演型人格特征的人容易罹患癔症；具有强迫型人格特征的人容易罹患强迫症；分裂样人格障碍者则患精神分裂症的可能性较大。

（二）心理应激因素

心理应激又称为精神刺激，或者称为精神创伤，来源于重大生活事件。任何个体都不可避免会遇到各种各样的生活事件，这些生活事件常常是导致个体产生应激反应的应激源。某些强烈的应激因素如火灾、地震、交通事故、重要他人的突然死亡、遭受身心虐待或伤害等可能引起个体的心因性精神障碍。

（三）社会环境因素

自然环境（如污染、噪声、交通拥挤、居室狭小）和社会环境（如社会动荡、社会变革、社会竞争激烈等）均可能会引起个体精神应激，使个体长期处于烦闷、紧张、兴奋或焦虑、抑郁、不安等状态下，可诱发精神障碍。不同的文化背景、社会风俗、宗教信仰、生活习惯等与精神障碍的发生密切关联，如某些精神障碍只见于某些特定的民族、文化地域之中。

简言之，生物学因素和心理社会因素，即内因和外因在精神障碍的发生中共同起着决定性作用。但是在不同的精神障碍中不同的致病因素所起作用大小不同，并不能一概而论。

时间长廊　　精神疾病的由来

埃米尔·克雷佩林（Emil Kraepelin）是德国精神病学家，被认为是现代精神病学的奠基人之一。他是临床和实验研究的先驱，提出了许多重要的概念和分类系统，对精神疾病的研究和诊断标准产生了深远的影响。克雷佩林在19世纪末和20世纪初的研究中，通过对大量精神疾病患者的观察和分析，系统地描述了各种精神疾病的症状和表现形式。他首次将精神疾病分为精神分裂症和情感障碍两大类。他认为精神分裂症是一种严重的疾病，表现为思维和情感的紊乱，而情感障碍则是情绪和心境异常的疾病。此外，他还提出了许多具体的精神疾病分类，如精神分裂症的亚型（如希腊字母分类系统）和情感障碍的不同类型（如抑郁症和躁狂症）。他的分类系统在当时非常先进，并为后来的精神病学研究和诊断提供了基础。

第二节　精神障碍的症状学

一、概　述

异常的精神活动通过人的外显行为如言谈、书写、表情、动作行为等表现出来，称为精神症状。研究精神症状及其产生机制的学科称为精神障碍的症状学，又称为精神病理学。当前精神疾病的诊断主要通过病史采集和精神检查，发现精神症状，根据相应的诊断标准进行诊断。对症状学的学习是精神科护理学的一个基本内容，为护理学诊断的确立提供具体依据。

判断个体的精神活动是否属于病态，一般从以下三个方面分析：①纵向比较，即与个体过去一贯表现进行比较，精神活动是否具有明显改变；②横向比较，即与大多数正常人的精神活动比较，是否具有明显差别，某种精神症状的持续时间是否超出了一定的限度；③个体的症状表现是否符合现实客观情况。

精神症状存在如下特点：①症状的出现与消失不受患者的意识控制；②症状一旦出现，难以通过转移注意力令其消失；③症状的内容与表现形式与周围客观环境不相符；④症状的出现会给患者带来不同程度的痛苦或不愉快的体验；⑤症状给患者带来不同程度的社会功能损害。异常的精神活动是一个复杂的过程，存在个体差异。

精神症状的表现受到以下因素的影响：①个体因素，如性别、年龄、文化程度、躯体状况以及人格特征均可使某一症状表现有不典型之处；②社会环境因素，如个人生活经历、目前的社会地位、文化背景等都可能影响患者的症状表现。因此，评估精神症状时，必须考虑以上因素，具体情况具体分析。

精神症状的表现按照心理过程可以概括为感觉障碍、知觉障碍、思维障碍、注意障碍、记忆障碍、智能障碍、情感障碍、意志与行为障碍、意识障碍等类别。

二、感知觉障碍

感觉（sensation）是人脑对客观事物的个别属性的反映，如形状、颜色、大小、重量和气味等。

知觉（perception）是指当前直接作用于感觉器官的客观事物的整体属性在人脑中的反映。正常情况下感知觉与外界客观事物相一致。

（一）感觉及感觉障碍

1. 感觉过敏（感觉增强，hyperesthesia） 是对外界一般强度的刺激感受性增高，产生强烈的感觉体验。如对厨房油烟味感觉特别刺鼻、对一般的开门声感觉如雷贯耳等。多见于神经症、更年期综合征等。

2. 感觉减退（感觉减弱，hypoesthesia） 是对外界一般刺激的感受性减低。见于抑郁状态、木僵状态和意识障碍。对强烈的刺激感觉轻微或完全不能感知称为感觉缺失（anesthesia），多见于癔症，如失明、失聪等。

3. 内感性不适（体感异常，senestopathia） 是躯体内部产生的各种不舒适和（或）难以忍受的异样感觉，如牵拉、挤压、游走、蚁爬感等，多见于神经症、精神分裂症、抑郁状态和躯体化障碍。

（二）知觉及知觉障碍

知觉障碍在精神科临床中很常见，是大多数精神障碍的主要症状，对精神障碍的诊断与鉴别诊断、治疗与护理觉察、病情观察具有重要意义。常见的知觉障碍有错觉、幻觉、感知综合障碍。

1. 错觉（illusion） 指对客观事物歪曲的知觉。即把实际存在的事物感知为与实际完全不相符的事物。正常人在光线暗淡、情绪紧张、恐惧、期待和暗示等心理状态下也可产生错觉。临床上多见错听和错视。如杯弓蛇影、草木皆兵等。

2. 幻觉（hallucination） 指没有现实刺激作用于感觉器官时出现的知觉体验，是一种虚幻的知觉。按照涉及的感觉器官，幻觉可以分为幻听、幻视、幻嗅、幻味、幻触等，常与妄想合并存在。

（1）听幻觉：即幻听，是一种虚幻的听觉体验，临床上最为常见的幻觉。患者听到了并不存在的声音。幻听的内容多与患者本人有关，声音内容可为评论性的、议论性的，或者命令性的。最常见于精神分裂症。患者常因产生幻听而苦恼，可表现为与幻听内容对话，情绪激动，甚至在命令性幻听的驱使下产生相应行为。

（2）视幻觉：即幻视，是指患者看到了实际不存在的事物。幻视的内容可以是单调的光、色或者片段的形象，也可以是复杂的人物、景象、场面等。意识清晰时出现的幻视多见于精神分裂症，意识不清晰时出现的幻视多见于谵妄状态。谵妄状态时的幻视常常形象生动鲜明，且多具有恐怖性质，如看到墙上有壁虎在爬、房间内有龙在飞舞等。

（3）嗅幻觉：即幻嗅，患者闻到实际环境中不存在的难闻的气味，如农药味、汽油味、腐败的尸体气味等，多见于精神分裂症和癫痫性精神障碍。

（4）味幻觉：即幻味，患者尝到食物或水里有实际不存在的某种特殊的怪味，因而拒食或拒饮。幻嗅与幻味常同时出现，并经常与被害妄想联系在一起，如认为食物中的“怪味道”是被人投了毒，多见于精神分裂症和脑器质性精神障碍。

（5）触幻觉：即幻触，患者在没有任何刺激作用于皮肤的情况下感到皮肤或黏膜上有某种异常的感觉。如虫爬感、针刺感等。多见于精神分裂症和脑器质性精神障碍患者谵妄状态时。

（6）内脏幻觉（visceral hallucination）：患者躯体内部某一部位或某一脏器出现虚幻的知觉体验，表现为患者感到自己的某一脏器或部分扭转、穿孔、破裂等，还可能感觉昆虫在腹腔内游走等。多见于精神分裂症、疑病症和抑郁症。

幻觉还可以分为真性幻觉和假性幻觉。真性幻觉是指患者可以通过感觉器官感受到，而且幻觉形象与真实事物完全相同，幻觉表象清晰生动，存在于外在空间。故患者常常说是自己亲耳听到或者亲眼看到。患者对幻觉内容深信不疑，并可做出相应的情感与行为反应。假性幻觉是指患者所感受到的幻觉形象不够清晰、不够鲜明生动且不完整，存在于主观空间，患者常描述此种幻觉是自己脑子的，不需要通过感觉器官就能感受到。

3. 感知综合障碍（psychosensory disturbance） 是指患者对客观事物的整体属性能正确感知，但对这一客观事物的个别属性如大小、形状、颜色、距离、空间位置等产生错误的感知。常见的感知综合障碍包括：

（1）视物变形症：患者看到周围的人或物体大小、形状、体积等发生了变化。看到物体的形象比实际增大称作视物显大症，如看到家中的宠物猫就像老虎一样大；看到的物体的形象比实际缩小称为视物显小症，如看到母亲就像小娃娃一样大，多见于癫痫。

（2）空间感知综合障碍：指患者对周围事物的距离、空间位置等感知错误，如以为椅子就在旁边，想坐在椅子上，却因为椅子实际距离较远，坐在了地上。

（3）时间感知综合障碍：患者对时间的快慢出现不正确的知觉体验。如感觉时间凝固了，岁月不再流逝，外界事物停滞不前；或者感到时间在飞逝，似乎身处“时空隧道”之中，外界事物的变化异乎寻常的快。可见于抑郁发作、躁狂发作、精神分裂症等。

（4）自身感知综合障碍：患者感到自己的躯体或个别部位的长短、粗细、大小等发生了明显的改变。如患者感觉到自己手臂变得特别长，可以伸手抓到空中的小鸟；有的患者则感到自己的面部发生了扭曲，眼睛大小不一致，鼻子像蒜头一样，故反复照镜子。

（5）非真实感：指患者感到外界的事物或周围的一切变得模糊、不清晰且缺乏真实感。如患者感到周围的房屋、树木好像是纸板糊的，没有生机等。

三、思维障碍

思维（thinking）是人脑对客观事物间接概括的反映，是人类特有的认识活动的最高形式，主要通过语言和文字来体现。正常人的思维有以下几个特征：目的性，思维指向一定的目的，解决某一问题；连贯性，指思维过程中的概念是前后衔接，相互联系的；逻辑性，指思维过程符合思维逻辑规律，有一定的道理；实践性，正确的思维是能通过客观实践检验的。

思维障碍主要包括思维形式障碍和思维内容障碍，思维障碍常常从语言中去识别。

（一）思维形式障碍

思维形式障碍（disorder of the thinking form）指思维过程的速度、数量、结构、表现形式等方面的障碍，包括联想障碍以及思维逻辑障碍。

1. 思维奔逸（flight of thought） 又称观念飘忽，指联想速度加快、数量增多、内容丰富生动。患者表现为讲话滔滔不绝，口若悬河，感到脑子特别灵活，一个话题接另一个话题，讲话主题极易受环境的吸引而改变，随境转移，可出现音联意联，患者自觉脑子像是“抹了油的机器，转得特别快”。多见于躁狂症。

2. 思维迟缓（inhibition of thought） 即联想抑制，与思维奔逸相反，表现为思维活动显著减慢，联想困难，思考问题费力，语量少，语速慢，反应迟钝。患者感觉“脑子像是生了锈的机器，转不动”。多见于抑郁症。

3. 思维贫乏（poverty of thought） 指联想数量减少，概念与词汇贫乏。患者表现为沉默少语，交谈时内容空洞、单调，常常以“不知道”“没有什么”作答，因而难以进行正常交流。患者自觉“脑子空虚，不知道说什么”。多见于精神分裂症、器质性精神障碍及精神发育迟滞。

4. 病理性赘述（circumstantiality） 指思维活动停滞不前、迂回曲折，作不必要的过分详尽的累赘的描述，思维进程缓慢，最终虽能达到所要说的主题，但重点不突出。见于癫痫、脑器质性及老年性精神障碍。

5. 思维中断（blocking of thought） 又称思维阻滞。患者在无意识障碍，又无外界干扰等原因的情况下，思维过程突然出现中断，表现为说话突然停顿、片刻之后又重现开始。多见于精神分裂症。

6. 思维不连贯（incoherence of thought） 表现与语词杂拌类似，但产生背景不同，是在意识障碍背景下出现的言语支离破碎和杂乱无章状态。多见于谵妄状态。

7. 强制性思维（forced thought） 又称思维云集。表现为患者脑内不由自主涌现出大量无现实意义、不属于自己的联想，是被外力强加的。这些联想常常突然出现，突然消失，内容多变。主要见于精神分裂症。

8. 思维散漫（looseness of thought） 又称思维松散。指患者意识清晰，但思维活动表现为联想松弛、内容散漫。每句话完整、意义可理解，但整体内容没有中心，缺乏主题，话题转换缺乏必要的联系。多见于精神分裂症。

9. 思维破裂（splitting of thought） 患者在意识清楚的情况下，思维松弛进一步加重，表现为思维联想缺乏内在的连贯性和应有的逻辑性。主题与主题之间、句子与句子之间无任何内在意义上的联系，严重时出现一些词语的堆积，形成语词杂拌。如问患者：“你叫什么名字？”答：“我喜欢小狗和小猫。”多见于精神分裂症。

10. 思维插入（thought insertion）和思维被夺（thought deprivation） 前者指某种不属于自己的思维被强行塞入自己的脑中，并且是不受自己的意志控制的，是被他人强加的。后者指自己的思维在思考过程中，某些思想（灵感或思想火花）突然被外界力量夺走了。两者均不受个人意志所支配，多见于精神分裂症。

11. 强迫观念（obsessive idea） 又称强迫思维（obsessional thought），指患者脑中反复不自主地出现的某一概念或相同内容的思维，明知不合理和没有必要，但又无法摆脱，常伴有痛苦体验。可伴有仪式动作来减轻内心痛苦。强迫性思维可以表现为：①反复出现某些想法，如担心被别人传染某种疾病；②总是怀疑自己的言行是否正确、得当（强迫怀疑）；③反复回忆做过的事情或说过的话（强迫回忆）；④反复出现一些对立的思维（强迫性对立思维），如听到“和平”就不自主联想到“战争”；⑤反复考虑毫无意义的问题（强迫性穷思竭虑），如为什么 2+3=5 等。强迫性思维常伴有强迫性动作。多见于强迫障碍，也可以见于精神分裂症。

12. 逻辑倒错性思维（paralogic thinking） 以推理缺乏逻辑性为特点，表现为患者推理过程或缺乏前提依据，或因果倒置，推理依据古怪，令人感到不可理解。多见于精神分裂症。

13. 语词新作（neologism） 是指概念错误地融合、浓缩以及无关概念的拼凑。患者自创一些奇特的文字、图形、符号或语言，并赋予其特殊的含义，他人无法理解。多见于精神分裂症。

14. 病理性象征性思维（pathological symbolic thinking） 是指患者将一些普通的概念词句或动作、物品赋予某种特殊意义，抽象概念具体化及形象化，这种思维除患者本人外，别人无法理解。如患者经常反穿衣服，表示自己“表里如一”。多见于精神分裂症。

（二）思维内容障碍

思维内容障碍主要表现为妄想。

妄想（delusion）是一种病理性的歪曲信念，其内容与现实不符，与患者的文化水平及社会背景也不符合。但患者仍坚信不疑，难以用摆事实、讲道理的方法加以纠正。是病态的推理和判断的结果。妄想是精神科临床上常见且重要的精神症状之一。

妄想的特征：①信念的内容与事实不符，没有客观现实基础，但患者坚信不疑；②妄想内容均涉及患者本人，且与个人利害有关；③妄想具有个人独特性，是个体的心理现象，并非集体信念，不同于亚文化群体所共有的信念，如宗教信仰、迷信思想等；④妄想内容因个体的文化背景和个人经历而有所差异，但常有浓厚的时代色彩。

临床上患者存在的病理性观念在未达到坚信不疑的程度时，不能确定为妄想，称为类妄想观念，如牵连观念、被害观念、嫉妒观念等，这些类妄想观念多数为妄想的早期表现。而超价观念一般都是以某种事实作为基础，由于强烈的情绪的存在，患者对此事实做出寻常的评价并坚持此种观念，因此在逻辑上接近正常思维，从内容上讲是某些现实的反映，且这些观念往往与切身利益有关。多见于人格障碍。

妄想应注意与幻想区别。幻想是一种超现实的遐想，将不同的元素或是内容组合在一起的思考形式。部分人遇到挫折或难以解决的问题时，往往想入非非，把自己放到想象的世界中，以应对挫折，获得心理上的满足。但幻想通常具有一定的目的性，易于纠正。

妄想是精神科临床上常见且重要的精神症状之一，可根据其起源、结构和内容进行分类。妄想的分类如下：

按照发生背景可分为原发性妄想与继发性妄想。原发性妄想是指没有发生基础的妄想。表现为突然发生，内容不可理解，与既往经历、当前处境无关，妄想与其他心理活动和症状之间缺乏任何实质上的联系。原发性妄想是精神分裂症的典型症状，具有重要的诊断价值。多见于急性起病的精神分裂症，也可见于一些器质性精神病，如癫痫。继发性妄想是指继发于其他病理性心理活动基础上的妄想，或在其他妄想基础上产生的另一种妄想。如在抑郁基础上产生的罪恶妄想；因亲人死于某种疾病后过分关注自己的身体健康，而逐渐产生疑病妄想等。见于多种精神障碍。

按照妄想的结构可分为系统性妄想和非系统性妄想。系统性妄想是指内容前后相互联系，结构严密的妄想。此类妄想形成过程较漫长，逻辑性强，与现实具有一定联系或围绕某一核心思想，如不仔细辨别，往往难以发现。非系统性妄想是指一些片段，零散、内容不固定、结构不严谨的妄想。此类妄想往往产生较快、缺乏逻辑性，内容明显脱离现实，且易发生变化，甚至自相矛盾。

按照妄想内容分类，一般分为夸大妄想、罪恶妄想、被害妄想等。

1. 被害妄想（delusion of persecution） 患者坚信自己被某些人或组织迫害，如被跟踪、被监视、被投毒、被隔离等。患者在被害妄想的影响下出现拒食、逃跑、报警、自伤、伤人等行为。多见于精神分裂症和其他妄想性障碍。

2. 关系妄想（delusion of reference） 患者将周边环境中发生的与他无关的事物均认为是与自己有关的。如认为周围的人谈话是在议论自己，别人的咳嗽是在针对自己等。多见于精神分裂症。

3. 物理影响妄想（delusion of physical influence） 又称被控制感。患者觉得他自己的思想、情感和意志行为都受到外界某种力量的控制，如受到电波、超声波，或特殊的先进仪器控制而不能自主。是精神分裂症的重要症状。

4. 夸大妄想（grandiose delusion） 患者认为自己有特殊的才能、至高无上的权力和地位，巨大的财富和发明创造，或是名人的后裔等。常见于躁狂症，也见于精神分裂症、器质性精神障碍。

5. 罪恶妄想（delusion of sin） 又称自罪妄想。患者毫无根据地坚信自己犯了严重错误、不可宽恕的罪行，应受严厉的惩罚。患者在此妄想的影响下出现拒食、自杀等行为。主要见于抑郁症，也可见于精神分裂症。

6. 疑病妄想（hypochondriacal delusion） 患者毫无根据地坚信自己患了某种严重躯体疾病或不治之症，因而到处求医，即使通过一系列详细检查和多次反复的医学验证都不能纠正。常见于抑郁症，也见于精神分裂症。

7. 钟情妄想（delusion of being loved） 患者坚信自己被异性或许多异性钟情，对方的一言一行都是对自己爱的表达。有时患者会对这种“爱的表达”做出相应的反应而去追求对方，即使遭到对方的严词拒绝，患者仍认为对方是在考验自己对爱情的忠诚。多见于精神分裂症。

8. 嫉妒妄想（delusion of jealousy） 患者无中生有地坚信自己的配偶对自己不忠实，另有外遇。患者因此常常翻看配偶的手机短信和通话记录，跟踪和监视配偶的日常活动，检查配偶的衣物等生活用品。常见于精神分裂症、偏执性精神障碍。

9. 被洞悉感（experience of being revealed） 又称内心被揭露。患者认为其内心所想的事，未经语言文字表达就被别人知道了，但是通过什么方式被人知道的则不一定能描述清楚。常见于精神分裂症。

10. 非血统妄想（delusion of non-consanguinity） 患者毫无根据地坚信自己不是父母亲

生的，虽经反复解释和证实，仍然坚信不疑。患者有时认为自己是被抱养或者寄养的，但是又说不清楚具体情况。多见于精神分裂症。

四、注意、记忆和智能障碍

（一）注意障碍

注意（attention）是指个体的精神活动集中地指向一定对象的过程。分为主动注意和被动注意，主动注意是指自觉的、有目的的注意；被动注意又称为无意注意，是外界刺激所激发的、没有目的的注意。注意过程与感知觉、记忆、思维和意识等活动密切相关。

注意障碍通常有以下表现：

1. 注意增强（hyperprosexia） 为主动注意的增强。表现为过分关注某些事物。如有被害妄想的患者，对周围的环境保持高度的警惕，过分注意别人的一举一动。有疑病妄想的患者则对身体的各种细微的变化十分敏感，过分注意自己的健康状态。见于神经症、偏执型精神分裂症、更年期抑郁症等。

2. 注意减退（hypoprosexia） 主动及被动注意兴奋性减弱，注意的范围显著缩小，注意的稳定性也显著下降。多见于神经衰弱、脑器质性精神障碍及伴有意识障碍时。

3. 注意涣散（divergence of attention） 为被动注意的兴奋性增强和注意稳定性降低。患者难以集中于某一事物并保持相当长的时间，容易受到外界干扰而分心。多见于神经衰弱、精神分裂症和儿童多动综合征。

4. 注意转移（transference of attention） 为注意转换性增强和稳定性降低，表现为主动注意不能持久，注意很容易受外界环境的影响而注意的对象不断转换。可见于躁狂症。

5. 注意狭窄（narrowing of attention） 为注意广度和范围的显著缩小，患者表现十分迟钝。当患者注意集中于某一事物时，不能再注意与之有关的其他事物。正常人对事物缺乏兴趣或疲劳时也会出现注意狭窄。临床上多见于意识障碍或智能障碍患者。

（二）记忆障碍

记忆（memory）为既往事物经验在大脑中的重现。记忆是在感知觉和思维基础上建立起来的精神活动，记忆包括识记、保持、回忆、再认四个基本过程。识记是事物或经验在脑子里留下痕迹的过程，是反复感知的过程。保持是识记痕迹保存于大脑免于消失的过程。回忆是既往痕迹的重新活跃或复现。再认是现实刺激与既往痕迹的联系过程。识记是记忆痕迹保存的前提，再认和回忆是记忆痕迹的显现过程。临床上常见的记忆障碍如下：

1. 记忆增强（hypermnesia） 是病理的记忆力增强。患者对过去很远的、极为琐细的事情都能回忆出来，常常包括很多事件细节。多见于躁狂症发作和精神分裂症等。

2. 记忆减退（hypomnesia） 是指记忆的基本过程普遍减退，早期往往是回忆减弱，主要表现为近记忆（短时记忆）减退，患者表现为记不住刚见过人的名字。后期近记忆和远记忆（长时记忆）均减退，如难以回忆个人经历等。多见于脑器质性精神障碍。也可见于正常老年人。

3. 遗忘（amnesia） 是记忆痕迹在大脑中的丧失，表现为对既往感知过的事物部分或全部地不能回忆。根据是否能够恢复，遗忘可分为暂时性遗忘和永久性遗忘。在适宜条件下还可能恢复记忆的遗忘为暂时性遗忘。不经过重新学习就不可能恢复记忆的遗忘为永久性遗忘。根据对事件遗忘的程度，遗忘可分为部分性遗忘和完全性遗忘，一段时间的全部经历的丧失称作完全性遗忘，仅仅是对部分经历或事件不能回忆称作部分性遗忘。在临床上，通常按照遗忘与疾病时间的关系分为：

（1）顺行性遗忘（anterograde amnesia）：即紧接着疾病发生以后一段时间的经历不能回忆，但对疾病发生前的事则保持着较好的记忆。如脑震荡、脑挫伤的患者。

（2）逆行性遗忘（retrograde amnesia）：指回忆不起疾病发生之前某一阶段的事件，多见于脑外伤、脑卒中发作后，遗忘时段的长短与外伤的严重程度及意识障碍的持续时间长短有关。

（3）界限性遗忘（circumscribed amnesia）：即心因性遗忘。指对生活中某一特定阶段的经历完全遗忘，通常与这一阶段发生的不愉快事件有关，而与此无关的记忆则保持相对完好。见于癔症，又称为癔症性遗忘。

（4）进行性遗忘（progressive amnesia）：指随着疾病的发展，遗忘逐渐加重。主要见于老年痴呆，患者除有遗忘外，同时还伴有日益加重的痴呆和淡漠。

4. 错构（paramnesia） 是记忆的错误，对过去曾经历过的事件，在发生的地点、情节，特别是在时间上出现错误回忆，坚信不疑，并予以相应的情感反应。多见于多种原因引起的痴呆和酒精中毒性精神障碍。

5. 虚构（confabulation） 是指由于遗忘，患者以想象的、未曾亲身经历过的事件来填补自身经历的记忆的空白。由于虚构患者有严重的记忆障碍，因而虚构的内容自己也不能再记住，所以其叙述的内容常常变化，且容易受暗示的影响。多见于各种原因引起的痴呆及慢性酒精中毒所致精神障碍。

（三）智能障碍

智能（intelligence）是人们获得和运用知识解决实际问题的能力，包括在经验中学习或解决问题的能力，获得和保持知识的能力，迅速而又成功地对新情境做出反应的能力，运用推理有效地解决问题的能力等。智能涉及感知、记忆、注意和思维等一系列认知过程。临床上常常通过检查患者的一般常识、理解力、判断力、分析概括力、计算力、记忆力等对智能水平进行初步判断。当然也可以通过智力测验方法检查患者的智商，对其智力水平进行评价。

临床上，智能障碍可分为精神发育迟滞和痴呆两大类。

1. 精神发育迟滞（metal retardation） 是指先天或者发育成熟以前（18 岁以前），由于各种原因影响智能发育所造成的智力低下和社会适应困难状态。随着年龄增长，患者的智力水平可能有所提高，但仍明显低于正常同龄人。影响智能发育的原因包括遗传、感染、中毒、缺氧、脑外伤、内分泌异常等。

2. 痴呆（dementia） 指智力发育成熟后，由于各种原因损害原有智能所造成的智力低下和社会适应困难状态。痴呆的发生往往具有器质性病变的基础，如脑外伤、颅脑感染、脑缺氧、脑血管病变等。临床主要表现为记忆力、计算力、理解力、判断力下降，工作和学习能力下降，后天获得的知识与技能的丧失等，严重时甚至出现生活不能自理。老年痴呆患者还往往伴有人格的改变、情感淡漠、行为幼稚及本能意向亢进等。

根据大脑病理变化的性质，以及所涉及的范围和智能范围的广度，可分为全面性痴呆、部分性痴呆和假性痴呆。

（1）全面性痴呆：表现为大脑弥漫性损害，智能活动的各个方面均受累及，从而影响患者全部的精神活动。常表现出人格改变、定向力障碍及自知力缺乏。多见于老年痴呆和梅毒性痴呆等。

（2）部分性痴呆：大脑的病变只侵犯大脑的局部，患者可产生部分记忆力减退，理解力减弱或综合分析困难等，但其人格保持良好，定向力完整，有一定的自知力，可见于血管性痴呆和脑外伤后痴呆的早期。

（3）假性痴呆：是指在强烈精神创伤后，部分患者可产生一种类似痴呆的表现，而大脑组织结构无任何器质性损害。经过治疗后，痴呆样表现容易消失。可见于分离障碍和应激障碍等。有以下两种特殊类型：

1）甘瑟综合征（Ganser syndrome）：又称为心因性假性痴呆，表现为对简单问题给予近似而错误的回答，往往给人以故意或开玩笑的感觉。如当问患者“2+2=？”时，患者回答“5”。行为问题也可能出现类似的错误，如将钥匙倒过来开锁等。但对某些复杂的问题，患者却往往能正确应对，如上网、下棋、打牌等，一般生活也能自理。

2）童样痴呆（puerilism）：患者以行为幼稚、模仿幼儿的言行为特征。表现为成人患者的言行类似儿童一样，如一位40岁的女性患者会嗲声嗲气说话，称自己才5岁，见了医生护士喊叔叔阿姨，像儿童一样走路。

五、情感障碍

情感（affection）和情绪（emotion）在临床上常作为同义词，它是指个体对客观事物的主观态度和因之而产生的相应的内心体验。两者既有区别又有联系，情感主要指与人的社会性需要相联系的体验，具有稳定性、持久性，不一定有明显的外部表现，如爱与恨等。情绪则主要指人与自然性需要相联系的体验，具有情景性、暂时性和明显的外部表现，如喜、怒、哀、乐等。一般来说，情感是在多次的情绪体验中形成的，并通过情绪表现出来。心境（mood）是指一种较弱而持续的情绪状态，是一段时间内精神活动的基本背景。情感障碍通常包括情感性质的改变、情感稳定性的改变和情感协调性的改变。

临床常见的情感障碍有：

1. 情感高涨（elation） 指正性情感活动明显增强。表现为不同程度的自我感觉良好，有与环境不相符的过分的愉快、欢乐。患者自我感觉良好，整日喜笑颜开，谈话时语音高昂，眉飞色舞，表情丰富。这种欢乐情绪有一定的感染力，常被人理解，且易引起周围人的共鸣，同时伴有思维奔逸，意志活动增多。表现不易理解的、自得其乐的情感高涨状态称为欣快，多见于脑器质性疾病或醉酒状态。

2. 欣快（euphoria） 是指在智能障碍的基础上出现的与周围环境不协调的愉快体验。表现为患者自得其乐，似乎十分幸福。但由于智能障碍的影响，表情比较单调刻板，往往会给人以呆傻、愚蠢的感觉。多见于痴呆。

3. 情感低落（hypothymic depression） 为负性情绪的明显增强。患者表情忧愁、唉声叹气、无愉快感、对一切悲观失望，对生活毫无兴趣，觉得自己前途灰暗，严重时悲观绝望而出现自杀观念及企图。常伴有思维迟缓、动作减少及某些生理功能的抑制，如食欲不振、闭经等。常见于抑郁症。

4. 焦虑（anxiety） 是指在缺乏相应的客观刺激情况下，患者出现内心极度不安的状态，常伴有大祸临头的紧张恐惧感，表现为坐立不安，惶惶不可终日，伴有心悸、出汗、手抖、尿频等自主神经功能紊乱症状。严重的急性焦虑发作称惊恐发作（panic attack），患者常体验到濒死感、失控感，伴有呼吸困难、心跳加快等自主神经功能紊乱症状，一般发作持续数分钟至十数分钟。焦虑是日常生活中常见的现象。正常人在预期不利的情况、执行无把握的任务时均可出现相应的焦虑表现。

5. 恐惧症（phobia） 是指个体在面临并企图摆脱某种危险情景而又无能为力时产生的情绪体验。表现为紧张、害怕、提心吊胆，伴有明显的自主神经功能紊乱症状，如心悸、气急、出汗、四肢发抖，甚至大小便失禁等。它由明确的刺激物引起，并随着刺激物的消失而结束。恐惧常导致抵抗或逃避。对特定事物的恐惧是恐惧症的主要症状。恐惧亦可见于儿童情绪障碍及幻觉、错觉、妄想状态。

6. 情感不稳（liability of affect） 表现为情感反应（喜、怒、哀、愁等）容易变动起伏，与周围环境不协调，显得喜怒无常，变幻莫测。与外界环境有关的轻度的情感不稳可以是一种性格的表现；与外界环境无相应关系的情感不稳则是精神疾病的表现，多见于脑器质性精神障碍。

7. 情感淡漠（apathy） 是情感活动减退的表现。患者对外界刺激缺乏相应的情感体验，即使对自身有密切利害关系的事情也如此。患者对周围发生的事物漠不关心，面部表情呆板，内心体验贫乏。可见于单纯型及慢性精神分裂症。

8. 易激惹（irritability） 是指情感活动的激惹性增高，表现极易因小事而引起较强烈的情感反应，通常表现为发怒、争吵不休，以致与他人发生冲突。持续时间一般较短暂。常见于躁狂症、人格障碍、神经症或偏执型精神病患者。

9. 情感倒错（parathymia） 是指患者的情感表现与其内心体验或环境刺激不相协调，甚至截然相反。如某精神分裂症患者在听到令人高兴的事时，反而表现痛哭流涕；或在描述自己被人跟踪、遭受迫害时，却表现为喜悦快乐。多见于精神分裂症。

10. 情感矛盾（affective ambivalence） 指患者在同一时间对同一人或事物产生两种截然不同的情感反应，但患者并不感到这两种反应是矛盾和对立的，没有痛苦和不安。多见于精神分裂症。

六、意志与行为障碍

意志（will）是指人们自觉地确定目标，并克服困难用自己的行动去实现目标的心理过程。意志是人类特有的心理现象，是在人类认识世界和改造世界的需要中产生的，也在人类不断深入认识世界和更有效改造世界中得到发展。意志与认知活动、情感活动及行为紧密相连而又相互影响。认知过程是意志的基础，而人的情感活动则可能成为意志行动的动力或阻力。

动作（movement）是指简单的随意和不随意运动，如挥手、点头等。行为（behavior）是一系列动作的有机组合，是为达到一定目的而进行的复杂的随意运动。两者既有区别，又有联系，故往往被同时联合使用，称为动作行为。人们的动作行为受到动机和目的的制约，并与认知、情感和意志活动保持协调一致。

（一）意志障碍

常见的意志障碍有以下几种：

1. 意志增强（hyperbulia） 指意志活动增多。表现为在病态情感或妄想的支配下，患者顽固地坚持某些行为，例如有嫉妒妄想的患者坚信配偶有外遇而对配偶进行跟踪、监视、检查；有疑病妄想的患者到处求医；被害妄想者反复诉讼上告等。多见于精神分裂症。

2. 意志减退（hypobulia） 指意志活动的减少。表现为动机不足，患者缺乏主动性和进取心，常与情感淡漠或情感低落一起发生，对周围一切事物无兴趣、生活懒散以致意志消沉，不愿活动，工作学习感到非常吃力，甚至不能工作，整日呆坐或卧床不起，患者一般能意识到，但总感到做不了。常见于抑郁症及慢性精神分裂症。

3. 意志缺失（abulia） 指意志活动缺乏。表现为对任何活动都缺乏明显的动机，没有明确的目的和要求，生活处于被动状态，处处需要别人督促和管理。严重时对饮水、进食等本能的要求也没有，行为孤僻、退缩，且常伴有情感淡漠和思维贫乏。多见于精神分裂症、智力发育障碍和痴呆。

4. 矛盾意向（ambitendency） 表现为对同一事物，同时出现两种完全相反的意向和情感，但患者并不感到不妥。例如，碰到朋友时，一面想去握手，一面却把手马上缩回来。多见于精神分裂症。

（二）行为障碍

行为障碍又称为精神运动性障碍。常见的行为障碍如下：

1. 精神运动性兴奋（psychomotor excitement） 指患者的动作行为及言语活动明显增多。可分为协调性和不协调性精神运动性兴奋两类。

（1）协调性精神运动性兴奋（coherent psychomotor excitement）：患者的动作和行为的增加与思维、情感活动协调一致时称作协调性精神运动性兴奋状态，并和环境密切联系。患者的行为是有目的的，可理解的，整个精神活动是协调的，多见于躁狂症。

（2）不协调性精神运动性兴奋（incoherent psychomotor excitement）：是指患者的言语动作增多与思维及情感不相协调。患者动作单调杂乱，无意义、无目的性，使人难以理解，精神活动是不协调的，与外界环境是不配合的。如紧张型精神分裂症患者在无诱因情况下突然发生冲动、攻击或破坏行为。也见于青春型精神分裂症的愚蠢淘气的行为和装相、鬼脸等。谵妄状态时患者也可出现明显的不协调性精神运动性兴奋行为。

2. 精神运动性抑制（psychomotor inhibition） 是指患者的整个精神活动的抑制。表现为行为动作和言语活动的减少。多见于精神分裂症、抑郁症。临床上包括木僵、蜡样屈曲、缄默症和违拗症等。

（1）木僵（stupor）：指动作行为和言语活动的完全抑制或减少，并经常保持一种固定姿势。患者不言、不动、不饮不食、呆坐或终日卧床，肌张力增高，面部表情固定，问话不答，大小便潴留，对刺激缺乏反应，如不予治疗，可维持很长时间。严重的木僵见于精神分裂症，称为紧张性木僵（catatonic stupor）。轻度木僵称作亚木僵状态，表现为少语、少动、表情呆滞，但在无人时能自主进食，能自主大小便。可见于严重抑郁症、反应性精神障碍及脑器质性精神障碍。

（2）蜡样屈曲（waxy flexibility）：是在木僵的基础上出现的，患者的肢体任人摆布，即使是不舒服的姿势，也可长时间保持不变，形似蜡塑一般，故称为蜡样屈曲。如将患者头部抬高似枕着枕头的姿势，患者也不纠正，可维持很长时间，称为“空气枕头”，此时患者意识清楚，病情好转后能回忆。见于紧张型精神分裂症。

（3）缄默症（mutism）：指患者言语活动明显抑制。表现为缄默不语，不回答任何问题，有时仅以手示意或者用书写交流。如某患者入院后一直不说话，精神检查时患者仅用书写的方式回答医生的提问。多见于癔症及紧张型精神分裂症。

（4）违拗症（negativism）：指患者对他人要求他做的动作不但不合作，反而表现抗拒或相反的行为。若患者的行为反应与他人的要求完全相反时称作主动违拗症（active negativism），例如要求患者张开口时他反而紧闭口。若患者对他人的要求都加以拒绝而不做出行为反应，称作被动违拗症（passive negativism）。多见于紧张型精神分裂症。

3. 刻板动作（stereotyped act） 指患者机械刻板地反复重复某一单调的动作，如长时间反复地将苹果拿起和放下。常与刻板言语同时出现。多见于精神分裂症、孤独症谱系障碍等。

4. 模仿动作（echopraxia） 指患者对别人的动作进行无目的的模仿，常与模仿言语同时存在。如医生咳嗽一下，患者也跟着咳嗽一下。多见于精神分裂症。

5. 作态（mannerism） 是指患者做出古怪的、愚蠢的、幼稚的动作、姿势、步态与表情，如做怪相、扮鬼脸等。多见于青春型精神分裂症和器质性精神障碍。

6. 强迫动作（compulsive act） 是指患者明知没必要，但又难以克制而去重复地进行某个动作，如果不做患者就会产生严重的焦虑不安，如强迫性的洗涤、强迫性检查等。强迫动作同时伴随着强迫思维。主要见于强迫症，也见于精神分裂症和抑郁症。

七、意识障碍

意识（consciousness）是指个体对周围环境、自身状态感知的清晰程度及认识反应能力。大脑皮质及上行网状激活系统的兴奋性对维持意识起着重要的作用。

意识障碍（disturbance of consciousness）表现为意识清晰度的降低、意识范围缩小及意识内容的变化。意识清晰度下降时，患者可出现感知觉迟钝、注意力不集中、理解困难、判断能力降低、记忆减退、情感反应迟钝、行为缺乏目的性、定向力障碍等。其中定向力障碍是判断意识障碍的重要指标。意识障碍主要见于脑器质性损害所致的精神障碍、躯体疾病所致的精神障碍及中毒所致精神障碍等。常见的意识障碍包括：

（一）以意识清晰度降低为主的意识障碍

1. 嗜睡（somnolence） 是指意识清晰度水平轻微降低。表现为患者在安静环境下经常处于睡眠状态，但接受刺激后可以立即醒转，并能进行简单的交谈，刺激消失时患者又入睡。此时患者的吞咽、瞳孔、角膜反射存在。见于功能性及脑器质性疾病。

2. 意识混浊（clouding of consciousness） 是指意识清晰度轻度受损，表现为患者反应迟钝、思维缓慢，注意、记忆、理解困难，有周围环境定向障碍，能回答简单问题，但对复杂问题则茫然不知所措。存在时间、地点、人物等周围环境定向障碍。此时吞咽、角膜、对光反射尚存在，也可出现原始动作如舔唇、伸舌、强握、吸吮和病理反射等。多见于躯体疾病所致精神障碍。

3. 昏睡（sopor） 是指意识清晰度水平较前者更低，表现为患者的周围环境定向力和自我定向力均丧失，没有言语功能。患者对一般刺激没有反应，只有强痛刺激才引起防御性反射，如以手指压患者眶上缘内侧时，可引起面肌防御反射。此时角膜、睫毛等反射减弱，对光反射、吞咽反射仍迟钝，深反射亢进，病理反射阳性。可出现不自主运动及震颤。

4. 昏迷（coma） 意识完全丧失，以痛觉反应和随意运动消失为特征。任何刺激均不能引起反应，吞咽、防御甚至对光反射均消失，可引出病理反射。多见于严重的脑部疾病及躯体疾病的垂危期。

（二）意识清晰度降低伴范围缩小或内容变化的意识障碍

1. 朦胧状态（twilight state） 指患者的意识范围缩小，同时伴有意识清晰度的降低。患者在狭窄的意识范围内，可有相对正常的感知觉，以及协调连贯的复杂行为，但除此范围以外的事物都不能进行正确感知判断。表现为联想困难，表情呆板或迷惘，也可表现为焦虑或欣快的情绪，有定向障碍，片断的幻觉、错觉、妄想以及相应的行为。常忽然发生，突然中止，反复发作，持续数分钟至数小时，事后遗忘或部分遗忘。多见于癫痫性精神障碍、脑外伤、脑缺氧及癔症。

2. 谵妄（delirium）状态 在意识清晰度降低的同时，还有记忆障碍和时间、地点定向障碍，出现大量的错觉、幻觉，以幻视多见。视幻觉及视错觉的内容多为生动而鲜明的形象性的情境，如见到昆虫、猛兽等。有的内容具有恐怖性，患者常产生紧张、恐惧情绪反应，出现不协调性精神运动性兴奋。思维不连贯，理解困难，有时出现片断妄想。患者的定向力全部或部分丧失，多数患者表现自我定向力存在而周围环境定向力丧失。谵妄状态往往夜间加重，昼轻夜重。持续数小时至数日，意识恢复后可有部分遗忘或全部遗忘。多见于躯体疾病所致精神障碍及中毒所致精神障碍。

3. 梦样状态（oneiroid state） 指在意识清晰程度降低的同时伴有梦样体验。患者完全沉湎于幻觉幻想中，与外界失去联系，但外表好像清醒。对其幻觉内容过后并不完全遗忘。持续数日或数月。

八、定向障碍

定向力（orientation）指一个人对时间、地点、人物以及自身状态的认识能力。前者为对周围环境的定向力，后者称为自我定向力。对周围环境的定向力包括：①时间定向：即对当前时间的认识，如年、月、日，白天或晚上、上午或下午的时间判断；②地点定向：即对所处地点的认识，如城市的名称、地点方位等；③人物定向：即对周围环境中人、物的识别和判断。自我定向力包括对自己姓名、性别、年龄及职业等状况的认识。

定向障碍（disorientation）是指对环境或自身状况认识能力的丧失或认识错误。定向障碍是意识障碍的重要标志，但是有定向障碍者并不一定存在意识障碍。精神分裂症患者也可能在意识清晰的状况下出现定向障碍，老年痴呆患者也可出现定向障碍，但意识清晰。

九、自知力障碍

自知力（insight）又称领悟力和内省力，是指对自己精神状态的认识和判断能力。自知力缺乏（lack of insight）又称领悟力或内省力缺乏，是指患者对自己精神疾病认识和判断能力的缺乏。精神分裂症等重性精神障碍患者一般均有不同程度的自知力缺失，他们不认为自己患病，更不承认患有精神疾病，因而拒绝治疗。临床上将有无自知力及自知力恢复的程度作为判定病情轻重和疾病好转程度的重要指标。自知力完整是精神疾病病情痊愈的重要指标之一。自知力缺乏是精神疾病特有的表现。自知力恢复的判断标准：患者知道自己的部分表现为异常现象，是精神障碍导致，并愿意接受治疗。

第三节　精神障碍的分类与诊断标准

知识拓展　　**诊断的转变——研究领域标准计划**

研究领域标准（Research Domain Criteria，RDoC）计划是由美国国家心理健康研究所开发的一项计划。与美国精神病协会提倡的《精神障碍诊断与统计手册》（DSM）基于对临床症状群诊断的共识不同，RDoC旨在为理解精神障碍提供有效的生物框架。

RDoC主要包含以下几个方面：负价系统（恐惧、焦虑、失落、挫败）；正价系统（奖励学习、奖励估价、习惯）；认知系统（注意，知觉，陈述性记忆，工作记忆，认知控制）；社会系统（依恋形成、社会交往、自我感知、他人感知）；觉醒/调节系统（昼夜节律，睡眠和觉醒）。每个方面均可以使用不同的变量（或分析单元）来进行研究，指定了七个分类单元，分别是：基因、分子、细胞、神经回路、生理学、行为、自我评估。RDoC 不是从基本的定义出发，寻求其神经生物学基础，而是从目前对行为-大脑关系的理解出发，并将其与临床现象联系起来。

一、概　　述

疾病的分类学的目的是把种类繁多的不同疾病按照各自的特点和从属关系，划分为类、种、型，并归成系统。分类就是按照某种规则将事物纳入一种类目系统的方法。疾病分类的基轴有多种，对疾病按照病因、病理改变进行诊断和分类，是医学各科所遵循的基本原则。但在精神医学实践工作中，只有 10% 左右的精神障碍病例的病因、病理改变相对明确，而 90% 左右的病例则病因不明。因此精神障碍的诊断和分类无法全部贯彻病因病理学分类的原则。德国神经精神病学家克雷佩林（Kraepelin）从临床症状、躯体检查所见和疾病病程三个方面，来进行精神障碍的分类。他对精神病学的各个方面差不多都有详细的讨论，对偏执状态、更年期精神障碍、麻痹性痴呆、中毒、感染性精神障碍都有详细的叙述。尤为重大的贡献是他明确区分了两种最常见的精神疾病，一个是躁狂抑郁性疾病（现称双相障碍）；另一个是早发性痴呆（现称精神分裂症）。他所建立的分类系统改变了过去精神障碍分类的混乱状态，至今对精神障碍的国际分类、美国精神障碍诊断分类系统、我国精神障碍诊断分类系统仍产生着深刻的影响。

目前，影响最大的两大精神疾病分类系统，是世界卫生组织（WHO）的《国际疾病分类（第 11 版）》（ICD-11）与美国的《精神障碍诊断与统计手册（第 5 版）》（DSM-5），主要按照症状学分类原则，兼顾可能病因学、病理生理特征进行分类。

1. 病因、病理生理学分类原则　病因、病理生理学分类与诊断是根据疾病病因和病理生理改变建立诊断。同一病因可有不同的症状，如酒精所致精神障碍，此种分类有利于病因治疗。神经认知障碍及相关疾病、物质使用与成瘾行为所致障碍、神经发育障碍可认为是以病因学、病理生理命名与分类的。

2. 症状学分类原则　症状学分类是根据共同症状或综合征建立诊断，症状或综合征发生改变时，临床诊断会做相应改变。同一症状或综合征可能有不同的病因，病因不同但症状相似时，可以得出相同的诊断，此种分类有利于对症治疗。大部分精神障碍虽然可能存在遗传相关病因和神经生理、神经生化等病理生理改变，但至今确切的病因、病理生理机制仍然不明，只能按临床表现的主要症状或症状群的不同进行分类，例如精神分裂症、双相障碍、抑郁障碍等。

二、精神障碍的常用分类系统

（一）WHO 疾病及有关保健问题的国际疾病分类（ICD 系统）

ICD 是 WHO 编写的《疾病和有关健康问题的国际统计分类》（International Statistical Classification of Diseases and Related Health Problems）英文名称的缩写，简称国际疾病分类。

ICD-11 中提出了两个概念，即“基础组件”（foundation component）和“线性组合”（linear combination）。基础组件是所有 ICD 分类单元的总和，包含了 ICD 全部的内容。由于 ICD 分类单元具有不同的用途属性（分类属性），可以根据使用目的不同从基础组件中衍生出不同的子集，这称为线性组合。ICD-11 主要分类如下：

L1-6A0　神经发育障碍。
L1-6A2　精神分裂症或其他原发性精神病性障碍。
L1-6A4　紧张症。
L1-6A6　心境障碍。
L1-6B0　焦虑或恐惧相关障碍。
L1-6B2　强迫或相关障碍。
L1-6B4　应激相关障碍。
L1-6B6　分离障碍。
L1-6B8　喂养及进食障碍。
L1-6C0　排泄障碍。
L1-6C2　躯体忧虑或躯体体验障碍。
L1-6C4　物质使用或成瘾行为所致障碍。
L1-6C7　冲动控制障碍。
L1-6C9　人格障碍。
L1-6D1　破坏性行为或品行障碍。
L1-6D3　性欲倒错障碍。
L1-6D5　做作性障碍。
L1-6D7　神经认知障碍。
L1-6E2　与妊娠、分娩和产褥有关的精神或行为障碍。
L1-6E6　与其他疾病分类相关的继发性精神或行为综合征。

（二）美国精神障碍诊断与统计手册（DSM 系统）

美国精神病学会于 1952 年出版了《精神障碍诊断与统计手册》（Diagnostic and Statistical Manual of Mental Disorders，DSM）。目前最新版本为 2013 年的 DSM-5。DSM-5 是按照疾病的谱系障碍进行分类，舍弃了 DSM-4 的多轴系统，改为非轴性的诊断记录，并对重要的心理社会和背景因素的注解进行记录。DSM-5 主要疾病分类如下：

（1）神经发育障碍。
（2）精神分裂症谱系及其他精神病性障碍。
（3）双相及相关障碍。
（4）抑郁障碍。
（5）焦虑障碍。
（6）强迫及相关障碍。
（7）创伤及应激障碍。
（8）分离障碍。
（9）躯体症状及相关障碍。
（10）喂食及进食障碍。
（11）排泄障碍。
（12）睡眠-觉醒障碍。

（13）性功能失调。
（14）性别烦躁。
（15）破坏性、冲动控制及品行障碍。
（16）物质相关及成瘾障碍。
（17）神经认知障碍。
（18）人格障碍。
（19）性欲倒错障碍。
（20）其他精神障碍。
（21）药物所致的运动障碍及其他不良反应。
（22）可能成为临床关注焦点的其他状况。

三、精神障碍的诊断标准

诊断标准是将基本的症状按照不同的组合，以条理化的形式列出的一种标准化条目。诊断标准包括内涵标准和排除标准两个主要部分。内涵标准又包括症状学、病程标准、病情严重程度、社会功能损害等指标，其中症状学指标是最基本的，又分必备症状和伴随症状。下面以 ICD-11 精神分裂症的诊断标准为例，说明各种标准的意义。

6A20 精神分裂症

症状学及病程标准：在持续至少 1 个月的精神病性发作期的大多数时间内（或大多数日子里的某些时间），存在下述第（1）项中的综合征、症状和病症至少 1 条，和（或）下述第（2）项中的症状和病症至少 2 条。

（1）至少存在下述中的一条

1）思维鸣响、思维被插入或被剥夺及思维被广播。

2）被控制、被影响或被动妄想，明显地与躯体或肢体运动、特色思维、行为或感觉有关；妄想性知觉。

3）言语幻觉，对患者的行为持续不断的评论或声音，对患者进行相互讨论或来自躯体某些部分的言语性幻觉。

4）其他持久的与文化不相应的和完全不可能的妄想，如具有某种宗教或政治身份，具有超人的力量和能力（如具有控制气候的能力，或能与来自另一个星球的人交流信息）。

（2）至少存在下述中的两条

1）任何形式持久的幻觉，每天发生，至少 1 个月；并伴有短暂的或未充分形成的无明显情感内容的妄想；或伴有持久的超价观念。

2）思维过程中断或插入无关语，导致言语不连贯或不切题，或语词新作。

3）紧张症行为，如兴奋、特殊姿势或蜡样屈曲、违拗、缄默和木僵。

4）“阴性”症状如显著的情感淡漠、言语贫乏及情绪反应迟钝或不适切（必须明确这些情况不是由于抑郁或抗精神病药引起）。

排除标准：需除外分裂型障碍（6A22）和急性短暂性精神障碍（6A23）。

需要强调的是，诊断标准仅仅是工具，可靠的病史，仔细的体格检查及神经系统检查，尤其是精神状态检查，以及必要的实验室检查等辅助检查是正确使用诊断标准做出正确诊断的必要条件。

（鲜于云艳　文　丽）

第三章　精神科护理技能

学习目标

知识目标：通过对课程的系统学习，能掌握精神科的常用护理技能内容与要求，包括与患者建立治疗性护患关系、实施护理观察和记录、患者组织管理和分级护理、精神康复和精神科急危状态的监护技能。

能力目标：能将所掌握的理论知识运用于建立适宜的治疗性护患关系，全面安全的护理观察，客观如实的护理记录，依据病情程度、能力水平和个性化需求组织患者活动、提供级别护理和康复训练，在护理过程中预防不良事件的发生，以及发生不良事件时为患者提供及时、有效的救护。

素质目标：实施精神科护理技能中融入人文关怀，尊重患者权利和个性化需要，认真细致观察病情，护理记录符合法律和专业要求，促进患者康复和回归社会。具有强烈的安全意识，致力于提供安全的治疗性环境和护理服务，在患者发生急危状况时要积极救治，体现救死扶伤的人道主义精神。

思维导图

思维导图请扫封底二维码。

情景导入及思考

患者李某，女，21岁，无业。1年前感觉周围的人都在看自己，总是觉得耳边嗡嗡作响，认为生活没有希望，有自杀的念头但是没有实施。半年前开始凭空闻声，称听到同学常常议论自己，感到很绝望，开心不起来，也感觉自己反应变慢，睡眠差。1周前患者称听到有一个男性的声音叫自己吃药，自己没办法控制，于是顿服大量药物。患者目前表现为情绪低落，少言少语，存在入睡困难，浅睡易醒的睡眠问题。

思考：

1. 如何与该患者建立信任的治疗性关系？
2. 该患者入院后，除了与其建立治疗性关系，还可能使用哪些精神科护理技能？

第一节　治疗性护患关系与沟通

美国护理学家佩普劳（Peplau）在1952年出版的《护理的人际关系》提出了人际护理理论，该理论将精神科护理看作是人际互动的过程，认为治疗性关系的建立要以满足患者的需要为导向，建立这种关系的过程是一种有益的、治愈性的、人际互动的过程。目前治疗性护患关系（therapeutic nurse-patient relationship）指一种以护士和患者人际关系建立过程为基础的、有一定界限的、持续性的、照护互动关系，旨在实现患者高效率的康复过程和高质量的健康结果。

一、建立治疗性护患关系的要求

与患者建立治疗性护患关系，护士应遵循以下要求：

（一）及时掌握患者信息

在接触患者前，通过病历资料、接触过患者的知情者获得患者的大致信息，包括一般情况和疾病情况。一般情况包括患者的姓名、性别、年龄、文化程度、职业、婚姻、出生地、民族、成长经历、宗教信仰、兴趣爱好、生活习惯、家庭情况等。疾病情况既包括精神疾病情况和身体疾病情况，同时了解患者对疾病的认识和对治疗的态度，并注意患者有无自伤自杀、暴力攻击、色情骚扰等危险性行为。掌握患者信息，有利于选择合适的方式与患者沟通，也有利于寻找患者容易回答且拉近关系的话题，了解患者的需求。

（二）体现真诚和尊重

护士接触患者时应表达自己的思想和感受，发自内心地想帮助患者。患者只有体验到护士的真诚，才会表露和倾诉自己的心理需求。护士对患者的尊重可体现在人格和权利方面的尊重。在人格方面，可根据患者的身份特点和心理需要，采取合适的称谓同他们交谈，如：“张老师”“陈教授”等称谓。在权利方面，在与患者接触互动的过程中应尊重患者的权利。

（三）运用合适的沟通技巧

护士应根据患者的心理和病情状况采取合适的沟通技巧，既要合理使用提问、核实、共情、解释等言语性沟通技巧，也要注意非言语性沟通技巧的运用，如与患者沟通时身体前倾，面带微笑，眼神自然地停留在患者眉眼与肩膀之间等；当患者积极配合治疗护理或有其他积极正面的表现时，应及时给予赞扬的动作及眼神，使患者从中获得自信及成就感。

（四）良好的人文与专业素养

护士要在护理患者的过程中，不断地审视修正自己。假如对患者产生了反移情，对患者过度地保护或厌恶，又无法及时识别并处理，必将影响治疗性护患关系的建立。例如，急性子的护士一直催促抑郁症的患者赶快行动起来，当患者无法达到护士期望时，很容易造成双方都很不愉快。因此护士应不断加强人文知识和专业技能的学习，提高自身素质，从而在与患者的互动中保持积极的态度和稳定的情绪，让患者感到信赖和安全。

二、建立治疗性护患关系的过程

从治疗性护患关系开始建立到结束的全过程，可分为介绍期、工作期和结束期三个阶段。

（一）介绍期

介绍期是护士与患者逐渐建立相互信任的时期，双方都在了解对方。患者希望了解护士的业务水平、责任心、性格等，护士通过观察、询问、体格检查等方式全面了解患者的情况。介绍期最主要的工作目标是建立治疗性护患关系，使患者对护士具有信任感与安全感，此阶段其他的目标包括：协助患者尽快熟悉环境，鼓励患者以语言表达其思想及感觉，并加强其沟通能力；确立患者的需要及问题所在，并进一步确定阻碍患者进步的根本原因，订立工作目标。介绍期的主要任务包含收集资料、病情评估、确立问题以及共同制订治疗目标。

（二）工作期

工作期是护患关系最重要的时期，时间跨度相对较长。此期护士与患者已建立相互信任关系，也确立了患者的问题，患者的病情渐渐稳定并已有意愿做出改变，此阶段工作目标包括：

1. 进一步探讨患者的护理问题、计划及措施 此期护理人员同理心及沟通技巧的应用会更明显、更广泛，因为针对患者的具体问题，如幻听、焦虑、睡眠障碍、药物不良反应等，可较深入地探讨其行为、感觉、期望、挫折与困难等问题，及时减少或去除导致患者健康问题的诱因，以适当的方式解决问题。

2. 引导学习新的行为模式 患者过去的行为模式无法适应现实社会，并且精神疾病也带来了负面的影响。因此，应与患者共同讨论并正视其问题，引导患者产生改变动机，安排开展社交技巧训练、症状的自我管理或情绪表达训练等帮助患者改变行为模式。

3. 加强疾病知识宣教 精神障碍患者存在不同程度的自知力损害，否认患病和拒绝指导，容易产生愤怒、焦虑、退缩、无助、失望等情绪反应。因此，护士要多观察并了解患者这些不当行为或情绪反应背后所隐藏的意义，并教导患者认识自己的疾病，增加其对症状的认识。

（三）结束期

结束期是治疗性护患关系的最后阶段，此期护士应再次评估患者是否达到预期目标。患者可能会对出院感到不适应甚至出现焦虑不安，护士应主动与患者沟通，探讨可能面临的新问题，护士应评估患者家属对患者回归社会的支持能力，有针对性地做好健康教育，帮助患者更好回归社会。同时，还应妥善处理护患双方已经建立的情感与情绪，顺利结束关系。

三、治疗性沟通

治疗性沟通是护患双方围绕患者的健康问题进行的有目的、高度专业化的相互沟通交流过程，是对治疗起积极作用进行的信息传递和理解过程。

（一）治疗性沟通的概述

治疗性沟通可以帮助建立互相信任的、开放的护患关系，有利于收集患者的有关资料，评估患者需要，明确健康问题，保证治疗与护理的顺利完成，从而增强患者健康意识和自我护理能力，促进疾病康复。此外，护士通过治疗性沟通可提供心理社会支持，促进患者的身心健康。

治疗性沟通是以促进患者健康为目的，护士应选择适宜的沟通方式和交谈内容，使患者易于理解和接受，沟通过程中应尊重患者的感受和选择，尽量满足患者的合理要求。护士应认真倾听患者反馈的意见和建议，同时做好患者隐私保护，不在医疗护理范围之外进行扩散。需要注意的是，治疗性沟通有别于一般的社交性沟通，沟通内容应限于与患者健康相关的，护士也不宜过多自我暴露，否则不利于治疗护理的安全开展。

（二）治疗性沟通的实施过程

治疗性沟通一般分为四个阶段。

1. 准备与计划阶段 此阶段主要是了解患者的病史，熟悉患者的相关资料，准备安全、安静、舒适的交谈环境，确定本次沟通目的。

2. 开始交谈阶段 此阶段应做好充分的心理和言谈举止的准备，仪容端庄，举止稳重大方，语调平和，态度友善，礼貌地进行自我介绍并称呼患者，告知患者本次交谈的目的和大约时间。护士应提前对患者的病历资料进行详细阅读，告诉患者在交谈的过程中有问题能够随时提出、澄清，以便制订适合患者的护理计划。

3. 引导交谈阶段 此阶段护士应根据沟通的目的和计划，运用各种沟通技巧与患者进行交谈，采集有助于患者治疗、康复的信息。这是实现沟通目的的关键阶段，也是良好护患关系能否形成和发展的关键所在。

4. 结束交谈阶段 沟通即将结束时，避免提出新问题以便能按时结束，最后把本次交谈的内容进行小结，邀请患者核实，适当地安慰和鼓励，并且暗示本次交谈很顺利，感谢患者的合作。结束交谈阶段过程中，护士不可突然停止交谈或无故离开，否则会使患者感到不安，产生疑虑，影响以后的交谈。

沟通记录应在交谈间隙及时进行，特别是重要的内容，以免补记时遗漏。记录前，应告知患者记录的目的和作用，并说明隐私的内容会保密，以征得患者的理解和同意。

（三）治疗性沟通的常用技术

1. 倾听 是指全神贯注地听，设身处地地去感受，通过倾听了解患者所要表达的信息，从而有针对性地帮助患者。倾听在治疗性沟通中非常重要，是交流的基础。倾听时护士需要注意保持眼神的交流，及时做出反应，表示对患者的谈话感兴趣，不要打断对方谈话和急着做判断。

2. 提问 在治疗性交谈中具有十分重要的作用，它可以快速地围绕主题进行信息收集与核实。封闭式提问可以将患者的应答限制在特定的范围，如“您今天排便了吗？”“您的咽喉还疼吗？”其特点是护士能够得到明确的信息，但患者得不到充分解释自己想法和表达情感的机会。开放式提问不限制患者的回答内容，如“请您谈谈对治疗护理方案的看法？”“您今天感觉怎么样？”开放式提问的优点是有利于患者自由表达，但收集信息时间较长，并且对思维奔逸或思维破裂的患者，很难获得需要的信息。

3. 核实 护士对于一些模棱两可、含糊不清的陈述，需要和患者及时核实，将患者所说的话，加以综合整理后再将重点重述一遍。当交谈告一段落或一个主题结束时，将患者所述内容按事情的轻重或发生的先后顺序进行归纳，有助于找出患者问题的症结，还可以引导患者整理混乱的思绪，反省问题。

核实后，应注意留有一些停顿的时间，以便对方进行纠正、修改。核实技巧的适当运用有助于高效获得真实信息，促进信任感的建立。

4. 共情 又称“同理心”，是将自身置于对方的个人精神领域，并能理解对方的精神世界。用在护患关系当中，就需要护士对患者的处境、情感和需要等进行仔细观察和辨别后，设身处地站在患者的角度去思考问题，去理解、感受患者的情感体验，采取适当的措施帮助患者解决现存的问题。护士和患者之间情感联系越紧密，患者越能感受到护士的理解，护患之间则可产生思想和情感的共鸣。

5. 解释 面对患者关心的问题，如住院时间、诊断依据、操作风险、治疗反应和疾病预后等，护士不能避而不谈，了解患者提出问题的原因和期望得到的答复，从而理解患者的需求并帮助解决患者遇到的困惑。解释时，要用委婉的语气表达观点和想法，表明对方可以选择接受或拒绝，使患者感受到真诚、尊重和关心。

6. 引导 适时地对话题做必要的引导，利用简短的字句加入沟通的过程，如“然后呢？”“请继续说下去”，使患者觉得护士对他的话题感兴趣并已参与其中。应注意，对患者不愿交谈的问题切忌追问，否则会使谈话陷入僵局。对思维散漫的患者漫无边际的话题，要抓住机会将患者引向预定的谈话主题。

7. 反馈 护士将观察到的患者的某些行为如实告诉患者，既能使患者感到自己是注意的中心，了解自己言行举止是否得体，也可表达护士对患者的关心，有利于拉近双方的距离。

8. 沉默 会谈过程中适度保持沉默有利于护患沟通，但沉默时间过长会使双方显得尴尬。

患者在精神病症状支配下可能导致其思维缓慢，因此在交谈过程中允许适当的停顿或沉默，使患者有充分的思考及调整的机会。而面对悲伤哭泣的患者，静静地陪伴并给予纸巾擦拭眼泪，有助于患者宣泄情绪并感到被关心。

（四）特殊情况下的沟通技巧

处于特殊状态的患者，在沟通过程的侧重点有所区别。

1. 对兴奋躁动有暴力攻击行为的患者 首先将其安置在安全的环境中，了解兴奋躁动的原因，尽量满足患者的合理要求，婉转请求患者配合安全管理。同时应多加诱导，转移其注意力，使患者尽快安静下来。护士沟通时应以温和的姿态，避免语言激惹患者，不能与患者独处一室或站在患者的正面，防止患者突然冲动伤人。

2. 对消极抑郁的患者 护士应耐心启发、诱导患者诉说内心体验和痛苦感受，用同理心去感受患者的抑郁心境，多安慰患者，启发患者回顾快乐的往事，运用优势资源，唤起其快乐的记忆，调整情绪。

3. 对幻觉患者 护士应认真倾听患者诉说对幻觉的体验，理解患者受幻觉影响产生感受的真实性，给予同情和安慰，可设法转移话题或患者的注意力，但不能随意附和、认同或否定患者的精神症状。

4. 对妄想患者 在和患者交谈时，要以倾听为主，对患者所阐述的病态思维，不要评论、争辩，不要在患者面前交头接耳，以免成为患者妄想的对象，同时了解妄想的对象是否涉及工作人员或病友，与患者探讨准备采取什么方法应对妄想内容，从而针对性地预防安全风险。

5. 对缄默不语的患者 尽管患者不言语，不理不睬，护士要关切地坐在患者的身旁，表达对患者的关心，此时患者也会感到护士对他的理解和安慰，患者也能体会到被重视。

6. 对木僵患者 木僵患者虽然终日卧床、缄默不语，但患者始终意识清晰。切忌在患者面前讨论其病情，对患者实施任何治疗护理前，应认真向患者作好解释，征得患者的同意和配合，治疗完成后也要反馈治疗过程和完成情况，感谢患者对治疗的配合。

7. 对异性患者 护士态度要自然、谨慎、稳重大方，避免患者把正常的关心误认为是恋情，注意避免不必要的肢体接触，以免产生误会。对异性患者体格检查时，需要第三方在场见证。如果沟通过程中，患者出现越界行为，护士应及时制止，必要时结束会谈。

第二节　精神障碍患者的护理观察与记录

护士与患者接触机会最多、时间最长，及时观察病情变化并书写护理记录是精神科护理工作的重要内容。

一、精神障碍患者的护理观察与评估

（一）观察与评估的重要性

护士在护理评估中常需透过“观察”去搜集患者资料，及时掌握动态的病情变化，了解患者的需要，从而有针对性地、及时地对患者提供护理，为诊断、治疗提供有价值的依据。

（二）观察与评估的对象

观察与评估的对象应包括护士职责范围内的所有患者，依据重要程度又分为一般对象和重点对象。

1. 一般对象　通常为处于稳定期、康复期的患者，主要包括意识清醒，生命体征稳定，精神症状缓解，生活基本能自理，无明显自伤自杀、冲动伤人和擅自离院等危险性行为的患者。

2. 重点对象　为病情严重或急性发作期患者，主要包括：有意识障碍，存在兴奋状态或木僵状态的患者；有自伤自杀、冲动伤人、擅自离院等危险性行为的患者；生活不能自理的患者；有特殊治疗和检查的患者，如无抽搐电休克治疗、血管造影检查等；合并严重躯体疾病和药物不良反应、生命体征不稳定的患者。

（三）观察与评估的内容

1. 一般情况　观察患者的仪容、衣着、步态、饮食、睡眠、排泄及月经情况、个人卫生、与人接触时的态度等，初步评估患者的合作性、生活自理能力和护理风险。

2. 环境状态　观察并评估环境是否安全和适宜，包括床单元和患者活动空间有无危险物品、设施状态是否良好等，环境是否整洁、安静及舒适等。

3. 精神状态　观察患者意识和认知情况，有无感知觉、思维、情感、行为和意志等方面的精神症状，症状性质、严重程度、出现频率以及对行为的影响，有无规律或周期性变化，有无自知力等。

4. 躯体情况　观察并评估患者的体温、脉搏、呼吸、血压等生命体征，有无外伤及躯体疾病的症状表现，营养状况，面容，姿势及体位等，了解患者的躯体健康整体状况。

5. 治疗情况　观察并评估患者对治疗和护理的合作程度、是否安心住院、服药依从性、治疗效果及药物不良反应、有无药物过敏及躯体不适感。

6. 心理社会情况　观察并评估患者的学习、工作、人际交往和活动情况，了解患者对医护人员、亲属心理支持的需求情况，以及患者可以利用的优势资源和社会支持情况。

（四）观察与评估的方法

临床上护士可以根据患者的疾病表现和合作程度灵活采用观察与评估的方法，以便获得更丰富和更准确的病情资料，常用的观察与评估方法包括：

1. 直接法　是护理工作中最重要的，也是最常用的方法。护士通过与患者面对面地交谈或通过护理体查，从中了解患者的思维、情感、躯体等情况。也可观察与人交往时的言语、表情和行为来了解患者精神活动、心理需求等情况。通过直接法获得的资料相对客观、真实、可靠，是收集资料的主要途径。

2. 间接法　护士可通过患者的知情人士，如监护人、亲属、朋友、同事、陪护等了解患者的情况，也可在征得患者或其监护人同意后，通过患者的日记、书信、绘画、手工作品、社交账号资料等了解患者的精神心理状态。间接法可用于不愿暴露内心活动的患者。

（五）观察与评估的要求

1. 客观性　护士应在综合病史资料、检查检验结果、交接班情况、医生和知情人提供信息等的基础上，全面、认真细致地观察与评估，客观如实反馈患者的情况，切不可随意加入个人的猜测，以免误导其他医务人员对患者病情的了解和掌握。

2. 整体性　对患者而言，观察与评估的整体性体现在要从这个患者的生理、心理、社会和精神方面了解观察与评估其表现，也要从成长经历、从入院期到出院期纵向结合不同时期来观察与评估，以便对患者情况进行全面的掌握。

3. 目的性　护士应事先了解患者的病情，明确观察和评估的目的，针对患者的问题重点观察和评估，提高观察与评估效率。如了解到患者有自杀风险，观察和评估要针对患者的情绪状态、自杀的想法和行为、预防自杀的措施是否到位等方面。

4. 观察与评估技巧 对精神症状的观察与评估要有适当的技巧，护士可以利用晨晚间护理、进食、治疗操作期间、康复训练等场景进行观察与评估，也可在患者参加各种集体活动时在旁进行。观察过程中要做好对患者隐私的保护，对正在上厕所的患者，不要直接推门张望，可主动询问表达关心，如“你在厕所有些时间了，是有什么不舒服吗？”“谁在厕所呢？需要纸巾吗？”通过患者回答的声音和语调是否正常、自然，结合患者的病情表现判断是否有危险。

二、护理记录

护理记录是护士对患者病情观察、护理评估、护理过程和护理干预效果的客观记录，是医护人员之间交流病情信息的主要渠道，也是判定护理质量和医疗纠纷的重要依据。

（一）记录的要求

1. 记录内容应客观、真实 护理记录必须与真实情况相符，保持客观，应注重描述接触患者过程中观察到的病情表现，记录中避免主观判断及缺乏依据的医学术语，按实际情况对病情进行定性描述（如出现咳嗽）和定量描述（如咳痰30ml）。

2. 记录内容应规范、准确 护理记录应依据卫生政策法规及有关制度书写，使用公认或已统一的文字符号，表述准确，字迹清晰、工整，语句通顺，尽量避免涂改，记录完毕要签上全名并注明时间。

3. 记录内容应及时、完整 注意时效，动态地反映患者病情变化，不可拖延或提早记录，如因抢救患者不能及时书写病历的，应在抢救结束后6小时内如实补记并加以说明。另外，护理记录应完整，不能遗漏重要的安全事件、治疗与药物的不良反应。

（二）记录的类型与内容

精神科临床常用的护理记录单包括以下几种类型：

1. 入院健康评估单 包括患者一般情况、生命体征、精神症状、躯体疾病、既往病史、药物过敏反应史、护理体检情况、日常生活状况、社会心理等，以表格打钩和文字叙述相结合的方式记录。

2. 护理风险评估单 包括自杀和自伤风险、暴力风险、擅自离院风险、跌倒/坠床风险、压力性损伤风险、噎食风险、管路滑脱风险等，以表格勾选方式记录。

3. 保护性约束单 用于约束患者的记录，包括实施约束的评估、解除约束的评估、实施约束的原因、约束的时间、约束带数量、约束部位、约束部位皮肤情况以及相应护理措施落实情况，以表格勾选方式记录。

4. 日常生活活动能力评估单 包括进食、洗澡、穿衣、排泄、床边移动、平地步行、上下楼梯等，以表格勾选方式记录。

5. 一般护理记录单 主要用于记录患者的精神症状、躯体症状等病情动态变化的情况，治疗护理措施及其效果，药物不良反应，生活自理状况，饮食、睡眠情况等，以文字叙述方法记录为主。

6. 特殊护理记录单 主要用于记录特殊患者的护理，如危重患者的生命体征、出入液量、精神与躯体症状、治疗护理措施、饮食和睡眠情况等，以表格填写和文字叙述相结合的方式记录。

7. 健康教育记录单　记录患者在入院、住院、出院不同阶段，护士对其进行精神卫生知识、疾病认识、症状管理、药物不良反应的观察和预防、健康生活方式等方面健康教育的落实情况。

知识拓展　**临床护理文书表格设计的基本原则**

2010年《卫生部办公厅关于在医疗机构推行表格式护理文书的通知》中要求各省级卫生行政部门组织推进表格式护理文书的实施，切实减轻临床护士的书写负担，保证临床护理质量。随后各地对表格式记录的设计进行了有益的探索。2022年《临床护理文书规范（第2版）》对这些设计原则进行了总结，其基本原则要点有：全方位反映护理工作；整合一般患者和病危（病重）患者护理记录，以病情观察及反映病情动态变化为重点；反映护士为患者提供护理服务的全过程，包含健康护理评估记录、病情观察记录、护理措施的记录、反映护理制度的落实、注重反映并落实临床护士分层级管理制度、反映护士行为正确与否、名称的统一规范。

第三节　精神科患者的管理

精神疾病患者住院期间可发生伤人毁物、自伤自杀、擅自离院等危险行为，其所需要的住院环境和管理模式与非精神科病房往往不同，因此精神科病房要满足患者舒适和人性化的需要，又要兼顾安全的需要。精神科住院患者的管理模式主要包括封闭式管理和开放式管理，临床上需要依据患者病情来选择管理方式。

时间长廊　**精神疾病患者管理的历史变迁**

史前时代人们认为精神疾病是由于邪恶力量或恶魔的附体，与神秘力量有关，主要采用囚禁的方式管理患者，患者身负手铐脚镣，与罪犯、乞丐等关在一起。文艺复兴至19世纪初，科学、艺术和人文思想发展，法国医生菲利普·皮内尔（Philippe Pinel）作为世界上第一位精神病院的院长，提出用人道主义的态度对待精神病患者。随后，精神疾病的生物学基础和心理因素影响开始受到重视，治疗方法极大丰富。1898年广州成立了中国第一所精神病专科医院，精神病患者的管理方式从封闭式管理逐步向开放式管理发展。现阶段管理方法也比较成熟，针对疾病不同的阶段给予不同的个性化的管理方法，多专业团队与家庭、社区等共同做好患者的管理，旨在全面促进患者的康复和社会融入。

一、封闭式管理

精神科封闭式管理是指在某些特定情况下，为了确保患者和他人的安全，采取限制自由出入的隔离措施，以确保患者的安全并获得适当的治疗护理及康复措施。封闭式管理比较注重医护人员的专业知识和决策权，医护人员在封闭式管理中扮演着决策者和指导者的角色。

（一）封闭式管理的目的及适应证

1. 目的　通过限制患者活动空间，减少不可控制因素影响，有利于患者的病情观察、组织诊疗工作和治疗管理，同时有利于治疗护理措施的落实，可以有效地预防不良事件的发生，以确保患者和他人的安全。

2. 适应证　主要适合精神障碍急性发作、兴奋躁动、冲动伤人、毁物、自伤、自杀、行为紊乱及因病情不稳定而生活不能自理的患者。

（二）封闭式管理的实施方法

1. 制度建设 封闭式管理应建立各项管理制度和流程，包括知情同意及告知制度、病房安全制度、保护性约束制度、陪护制度、患者的作息制度（如用餐时间、睡眠时间、服药时间、通信时间、生命体征测量时间、康复治疗时间等）、探视制度、人文关怀制度等。定期评估管理制度的有效性，并进行必要的调整和改进，以持续改进管理质量。

2. 环境管理 确保病房的物理环境符合安全规定，包括有适当的门禁系统、防护窗格、封闭插座、安全门锁等，病房只有经过授权的人员才能进出。定期进行安全巡视，检查病房内的安全设施和环境。患者入院、外出检查及活动返回时均应进行安全检查，禁止危险物品的带入，及时清除病房中危险物品，如尖锐物品、玻璃、陶瓷、易燃物品、打火机、药物和绳索等。

3. 严密监测 密切观察和监护患者的意识、生命体征、动作行为、情绪状态、饮食、睡眠、大小便、药物反应等情况。及时进行风险评估和心理评估，评估患者有无自伤、自杀、冲动、伤人等风险，了解患者的思维、情绪和心理状况有无特殊变化，并针对性地实施干预措施。

4. 人文关怀 注重人文关怀，提供积极的心理支持，与患者建立良好的关系。鼓励患者表达内心的困扰和愿望，用合理的方式表达情感，如通过绘画、写作、音乐等方式释放负面情绪，引导患者找到情感宣泄的出口，增强其情绪调节能力。

为了让精神障碍患者从医院的封闭式管理——高度保护的管理顺利过渡到适应家中自由、开放的管理，在患者回家之前可先进入“中途宿舍”学习适应。

知识拓展

中途宿舍

中途宿舍又称“中途之家”“社区矫正中心”，是为精神疾病康复者提供临时安置的生活场所。通过个性化的康复指导，模拟家居、社区和工作的环境，为住院治疗痊愈或好转后进入康复期的精神康复者提供回归社区前的过渡期住宿及康复服务，培养他们适应日常生活的自理能力，促进回归社会。

目前中国内地已有多个城市开展“中途宿舍”，由政府出资，免费为康复出院的精神患者提供回归社会的缓冲带和临时庇护所。在这里，精神疾病康复者们可以慢慢恢复生活自理能力，提升社交能力，同时给康复者家庭成员留出时间做好接纳准备。

二、开放式管理

开放式管理提供轻松而富有温情的环境，使得患者在住院期间也能感受到家庭的温暖和与外界的接触，保持住院前的社会交往能力。开放式管理需要医护人员具备较高的沟通能力，主动倾听患者的意见和反馈，准确理解和解读患者的言辞和行为。

（一）开放式管理的目的和适应证

1. 目的 开放式管理的主要目的是保证患者有自由的活动空间，减少对正常的社会交往限制，提高其生活自理和疾病自我管理能力。

2. 适应证 开放式病房收治的主要对象是目前有自知力、自愿接受治疗并遵守病房管理制度的精神分裂症缓解期、抑郁障碍、焦虑与恐惧相关障碍、睡眠-觉醒障碍、酒精使用所致障碍等患者。

（二）开放式管理的模式

开放式管理的模式分为半开放式管理和全开放式管理。

1. 半开放式管理 是指精神障碍患者从封闭式管理向开放式管理过渡的一种管理模式。经评估，精神科低护理风险的患者，在取得患者家属的同意和支持后，医生开具医嘱，患者可每日由家属陪同进行自由外出活动，并在商定的时间返回病房。护士会记录患者外出和返回病房的情况，并进行物品安全管理。护士定期评估患者的病情，并在发现异常情况时及时告知医生，必要时取消外出活动。半开放式管理满足了患者自由活动的需求，保证了患者正常的社会交往，使患者感到自己的人格得到尊重，得到平等对待，消除抵触住院心理，更好地配合治疗和护理。

2. 全开放式管理 在全开放式管理下，住院环境完全开放，病房更加倾向于家庭化和社会化，可以添置一些家庭用品，如吹风机、微波炉、晾衣架、充电器等，同时需要一位家属陪同，以让患者时刻感受到家人的关怀和陪伴。患者可以独自或在家属陪同下外出活动。收治于全开放式管理病房的患者应具备良好的自知力，自愿接受治疗，同时在生活和物品管理方面有较强的能力。全开放式管理赋予患者更高的自由度，加强生活技能和社交技能的训练，为患者提供有效的家庭和社会支持系统。

（三）开放式管理的实施方法

1. 完善开放式管理各项制度 管理制度的完善和严格执行为开放式病房管理的安全落实保驾护航。需建立一套完整的管理制度，包括入院与出院管理制度、陪护管理制度、探视管理制度、药品及物品管理制度、作息管理制度、请假与外出管理制度等。定期召开民主座谈会，加强与患方的沟通，在制度落实的过程中取得其理解和认可，并鼓励其提出意见和建议，可以设置意见箱或意见栏、问卷调查等方式，拓宽患方反馈意见的渠道。此外，严格执行管理制度对于开放式病房的管理也必不可少，如患者未在请假时间内回院，护士需要电话联系患者及家属并备案，嘱咐患方避免类似事件的发生，共同遵守管理制度，营造良好的住院秩序。入住开放式管理病房的患者及家属须签署各类治疗和护理的知情同意书，详细告知其住院的管理制度，明确入住开放式管理病房应承担的责任和义务，配合各种治疗和护理工作的开展，提高依从性，减少意外事件和医疗纠纷的发生。

2. 加强医护培训和合作 对医护人员进行系统的知识培训，包括精神疾病知识、病房管理制度、心理治疗及心理护理知识、康复技能、健康宣教等；重点加强护理人员对各种精神科护理风险的识别、评估及应对能力，包括伤人、毁物、自伤自杀、外走等，能早期发现风险并及时干预，减少不良事件的发生；严格筛查入住开放式管理病房的患者，把好入口关，对于有明显冲动、自伤等行为风险的患者建议入住封闭式管理病房，对于入住开放式管理病房而出现明显冲动、自伤等行为倾向的患者及时转移至封闭式管理病房。同时，加强医护人员的沟通和协作能力，以提高团队的整体效能。

3. 开展个性化的康复训练 入住开放式病房的患者有着较好的疾病自知力，自控力和配合度也较高，因而在住院期间应该根据患者个人的兴趣爱好制定个性化的康复治疗措施，对于缺乏自信心、紧张焦虑的患者应该鼓励、支持、引导其投入康复训练，积极参与社会活动。根据病情的不同，提供读书、看报、绘画、唱歌、舞蹈、有氧运动等康复训练项目；一对一或者集体指导患者进行手工作业、农疗作业、园艺疗法，恢复其学习技能和生活技能；指导患者进行正念冥想放松训练，减轻焦虑和抑郁情绪；在自我管理方面，充分对患者赋能，激发其内在动力，树立积极的自我健康管理信念。

4. 开展多种形式的健康宣教 在开放式管理病房，应开展形式多样的健康宣教，如讲座、主题座谈会、宣传手册、宣传栏、科普视频等，系统地从病因、症状、治疗、护理、康复、心理应对技巧、社会交往及家庭护理等多方面对患者及家属进行宣教，提高患者及家属的精神健康素养，使其充分认识疾病并且接纳疾病，提升患者应对疾病的技能及治疗依从性，从而改善治疗和康复效果。

三、精神科分级护理

分级护理是指患者在住院期间，医护人员根据病情严重程度（躯体和精神状况两方面）和自理能力等级（Barthel 指数）两者共同确定护理级别，并根据患者的情况变化进行动态调整。

（一）特级护理

1. 特级护理的适用对象

（1）精神障碍患者伴有严重躯体疾病，病情危重者，如伴有严重的心力衰竭、高血压危象、严重外伤等，生活完全不能自理者。

（2）精神药物引起严重不良反应（如急性粒细胞减少、恶性综合征、严重药物过敏等），出现危象，危及生命者。

（3）有意识障碍，或者严重的痴呆、抑郁、躁狂、木僵状态等可能导致衰竭、危及生命者。

（4）受伤或自杀未遂而造成严重后果，生命体征还未稳定者。

（5）有严重的暴力、自杀、自伤行为需要重点监护，可能需要抢救的患者。

2. 特级护理的护理要点

（1）安排有监护条件的房间，专人看护，24 小时严密观察病情变化及生命体征。

（2）制订护理计划，严格执行各项诊疗及护理措施，严防并发症，及时准确填写危重患者护理记录。

（3）备好急救物品和药品，以备抢救需要。

（4）保持患者的舒适和功能体位，落实基础护理。

（5）落实床旁交接班。

（二）一级护理

1. 一级护理的适用对象

（1）特级护理的患者病情控制好转，仍需要严密观察者。

（2）病情不稳定，有危险行为或评估有高风险情况的患者，如自伤、自杀、伤人、毁物行为、外走、噎食、木僵等。

（3）严重药物不良反应者。

（4）特殊治疗需要观察病情变化者。

（5）自理能力重度依赖的患者。

2. 一级护理的护理要点

（1）安排入住一级护理单元或易观察的病室。

（2）严格执行各项诊疗及护理措施，至少 30 分钟巡视一次，密切观察病情变化及用药后的反应和效果。

（3）落实基础护理和安全护理，防止并发症发生，必要时遵医嘱进行保护性约束。

（4）落实床旁交接班，及时书写护理记录。

（5）提供针对性的健康指导。

（三）二级护理

1. 二级护理的适用对象

（1）一级护理患者经治疗后症状缓解者。

（2）精神症状缓解期，对自己、他人无威胁，仍需观察，且自理能力轻度依赖的患者。

（3）轻度药物不良反应，或轻度痴呆，且自理能力轻度依赖的患者。

（4）病情相对稳定，或处于康复期，且自理能力中度或重度依赖的患者。

2. 二级护理的护理要点

（1）安置在一般病室，生活物品可由患者自行管理。在病室内可以自由活动，在工作人员陪护下参加各种户外活动。

（2）至少每1小时巡视一次，评估病情和治疗反应。

（3）遵医嘱按时完成治疗和用药并指导患者正确用药。

（4）协助或督促其进行生活料理。

（5）有计划地安排患者参加工疗、娱疗、体疗等各项有利于患者康复的活动。

（6）进行针对性的健康教育，做好心理护理。

（四）三级护理

1. 三级护理的适用对象 病情稳定或处于康复期，且自理能力轻度依赖或无需依赖的患者。

2. 三级护理的护理要点

（1）安置在三级护理单元，生活用品自行管理。根据医院和患者的实际情况，在征得医生同意和由监护人签好协议书后，在规定时间内可以由家属陪同外出散步或购物。

（2）至少每2小时巡视一次，评估病情，了解患者出院前的心理状态，加强心理护理。

（3）邀请患者参加休养员委员会，与其商讨制订劳动技能训练计划，鼓励每天参加院内工娱及康复活动，为出院后适应工作、学习等做适应性准备。

（4）对患者进行疾病治疗、预防复发和社会适应等方面的健康教育。

第四节 精神科康复护理

精神科康复护理以训练技能为主，配合必要的教育、心理干预、环境支持及综合协调，旨在改善患者的精神症状和社会功能缺损。其目的是使患者恢复正常的社会功能和重新获得技能，具有独立生活的能力，最终回归社会。

一、精神障碍不同阶段的康复重点

精神障碍患者的康复工作应贯穿疾病全程，在疾病不同时期康复重点有所不同，在康复训练前先要对患者疾病症状、社会功能水平、兴趣爱好等进行评估，制定适合患者疾病不同阶段的训练方案。

急性期精神障碍患者的康复目标主要为控制症状，可鼓励患者通过各种正确的方式表达自己内心的感受、想法及痛苦等，教会患者应对症状的技巧。稳定期的患者可以予以“认知功能训练”、“独立生活技能训练”和“疾病自我管理”为主的能力训练，以提高患者药物治疗的坚持性，提高患者的自我管理能力。出院期患者的康复重点是预防疾病复发，因此康复工作应着重帮助患者提高自我管理疾病的能力，可以给予“症状自我监控”“独立生活技能训练”“社交技能”“职业技能训练”等能力训练，预防疾病复发和恢复社会功能。

二、精神科康复训练程序

精神障碍患者的康复训练有一定的训练程序，主要包括全面评估患者、康复计划的制订与实施、康复疗效评定三个阶段。

（一）全面评估患者

评估是精神康复工作开展的关键。评估需要了解患者既往的经历，目前社会功能，所处的家庭、社会环境，躯体及精神状况，还需要了解患者对疾病和未来的态度和希望，同时注意评估患者的优势资源。

1. 一般情况评估 包括患者性别、年龄、知识水平、宗教信仰、对疾病康复及未来生活的态度和希望等。

2. 临床症状及存在风险评估 患者入院后，由主管医生对其病情进行评估，包括目前的精神病性症状，是否存在伤人、毁物、自伤自杀及出走等风险。根据评估结果确定是否适合参加康复训练。

3. 社会功能评估 常用的评定工具有以下几种：

（1）住院精神病患者康复疗效评定量表（inpatient psychiatric rehabilitation observing scale，IPROS）：见表 3-1。

表 3-1 住院精神病患者康复疗效评定量表（IPROS）

（0=正常，1=轻度，2=中度，3=较重，4=重度，9=无法评分）

分量表	评定项目	0	1	2	3	4	9
工疗情况	1. 工疗主动性						
	2. 工疗持久性						
	3. 相互合作						
	4. 完成定量如何						
	5. 工疗质量						
	6. 工疗工艺复杂程度						
	7. 对工疗的学习态度						
	8. 工疗的综合评分						
生活能力	9. 合理用钱						
	10. 饮食安排						
	11. 冷热衣着调整						
	12. 空余时间的利用						
	13. 对自身健康关心						
	14. 院外活动						
	15. 时间观念						
	16. 生活能力的综合评分						

续表

分量表	评定项目	0	1	2	3	4	9
社交能力	17. 集体活动减少						
	18. 交往程度						
	19. 语言交流						
	20. 相互帮助						
	21. 礼貌						
	22. 社交综合评分						
讲究卫生能力	23. 大小便料理						
	24. 衣着整洁						
	25. 梳洗						
	26. 做室内外卫生和整理床铺						
	27. 饮食卫生						
	28. 卫生综合评分						
关心和兴趣	29. 看电影、电视或书报						
	30. 知当代国家重要人物						
	31. 知最近重要消息						
	32. 思念亲人						
	33. 有今后学习工作或生活安排						
	34. 对集体心理咨询的兴趣						
	35. 对文体活动的兴趣						
	36. 关心和兴趣的综合评分						
分量表得分情况	得分	总分		平均分			
	工疗情况						
	生活能力						
	社交能力						
	讲究卫生能力						
	关心和兴趣						

（2）康复状态量表（modified rankin scale score，MRSS）：该量表是为评定精神障碍的康复效果而设计的，主要用于评价精神障碍患者的总体功能水平。量表评分等级为0～7级，0分为无异常；7分为状态极差或极度残疾状态，得分越高表示状态越差（表3-2）。

表3-2 康复状态量表（MRSS）

	条目	得分							
I依赖量表	1. 住所	0	1	2	3	4	5	6	7
	2. 同住者在患者依赖表现中所起的作用	0	1	2	3	4	5	6	7
	3. 家务安排：a. 购物，用膳　b. 一般杂务（洗衣等）	0	1	2	3	4	5	6	7
	4. 如何承担经济责任	0	1	2	3	4	5	6	7
	5. 个人习惯：日常的卫生、衣着整洁、起床等	0	1	2	3	4	5	6	7

续表

	条目	得分							
Ⅰ依赖量表	6. 专业人员访视：a. 监护支持　b. 定期　不定期　c. 患者主动接触	0	1	2	3	4	5	6	7
	7. 医疗安排：a. 由通科医生处理　b. 肌内注射药物何处获得	0	1	2	3	4	5	6	7
	8. 其他专业人员接触情况	0	1	2	3	4	5	6	7
Ⅱ活动能力量表	1. 工作：a. 工种　b. 地点　c. 时间　d. 报酬形式	0	1	2	3	4	5	6	7
	2. 培训表现	0	1	2	3	4	5	6	7
	3. 工作主动性	0	1	2	3	4	5	6	7
	4. 每天常规：a. 起床就寝　b. 家务　c. 晨间活动　d. 午后　e. 规律如何	0	1	2	3	4	5	6	7
	5. 空闲时活动：室内/外（周末/平日）	0	1	2	3	4	5	6	7
	6. 兴趣爱好（读书、看电视、听收音机）	0	1	2	3	4	5	6	7
Ⅲ社交量表	1. 住所伴侣	0	1	2	3	4	5	6	7
	2. 与同住者的友谊：a. 结伴外出　b. 经常接触或比较友好	0	1	2	3	4	5	6	7
	3. 熟悉邻居？关系如何？	0	1	2	3	4	5	6	7
	4. 目前与家庭成员的接触	0	1	2	3	4	5	6	7
	5. 其他社交活动（游戏、运动等）	0	1	2	3	4	5	6	7
	6. 工作时的社交接触	0	1	2	3	4	5	6	7
	7. 亲密的朋友	0	1	2	3	4	5	6	7
	8. 社交困难或无能：a. 同亲属　b. 工作时　c. 对熟人和陌生人	0	1	2	3	4	5	6	7
Ⅳ目前症状和异常行为量表	1. 主观症状（焦虑/抑郁、动力缺乏、无兴趣，注意力受损）	0	1	2	3	4	5	6	7
	2. 询问时引出的其他严重症状	0	1	2	3	4	5	6	7
	3. 服药态度	0	1	2	3	4	5	6	7
	4. 别人观察到的症状（在社交过程中出现困窘、烦恼、痛苦或困扰的行为）	0	1	2	3	4	5	6	7
	5. 其他异常行为（强迫观念、强迫行为、妄想所造成的后果）	0	1	2	3	4	5	6	7
	6. 筹划日常生活时发生困难	0	1	2	3	4	5	6	7

4. 躯体状况及生活自理能力评估　躯体健康评估内容包括患者血压、血脂、体重指数、躯体疾病等情况。生活自理能力评估使用的工具为Barthel指数，根据患者实际情况给出相应分值。

5. 对疾病认知评估　通过患者服药态度，有无自知力，是否愿意接受服药训练以及对精神医学常识掌握程度等评估患者对疾病的认知情况。

6. 优势评估　制订康复计划前应评估患者的优势和特长，结合患者的兴趣爱好开展各项康复训练，尽力发挥他们的能动力，提高康复效果。

（二）康复计划的制订与实施

康复目标的确定应根据个体功能缺陷、护理问题、患者家庭及社会对其的要求，以及患者实际存在的能力综合评估而确立。康复目标要清晰具体，不可模棱两可。在制定康复目标时要与患者达成共识，取得患者的合作。康复计划包括所要达到的目标，具体实施的康复类型及方法，每次康复训练的时间，训练的频率、场地和道具要求，负责训练人员的要求等。在康复计划的实施过程中应及时观察患者的参与度，了解患者的康复训练感受，对康复方案及时进行评估和调整。

（三）康复疗效评定

康复疗效的评估应贯穿整个康复的过程，是一个动态连续的过程。对康复疗效进行评估可观察是否达到预期目标。根据评价的结果确定新的康复目标，制订新的康复计划。

三、常见精神康复训练项目简介

（一）独立生活技能训练

这类训练主要是针对病程较长的慢性衰退患者。针对患者会出现居家料理等独立生活技能下降的情况，可在洗衣、做饭、整理卫生、娱乐休闲、公共设备使用等日常生活方面对患者进行康复训练，恢复患者日常基本的生活技能。根据完成的情况给予患者一定的言语或物质强化，如运用口头表扬、代币等激发患者参与的积极性，并且患者通过代币可以换取某些个人所需的生活用品，从而获得满足感，进一步激励患者的参与，无形中就提高了患者的生活技能。

（二）疾病自我管理

1. 药物自我管理训练 目的是帮助慢性精神障碍患者独立运用精神药物治疗，提高患者的服药依从性。训练内容多采用美国精神康复专家利伯曼（Liberman）等编制的药物自我监控技能训练程式，主要内容包括：①学习获得抗精神病药作用的相关知识。②学会正确管理药物的方法和评估自己所服用药物的作用。③识别并处置药物副作用。④与医务人员商讨药物治疗有关的问题。

2. 症状识别与处置 主要介绍精神康复中的症状自我管理技能训练，其主要适用于各种急、慢性精神障碍的间歇期或恢复期，病情趋于稳定的患者。目的是帮助患者学习精神疾病常见的症状；帮助患者识别自己的症状，帮助患者寻找有效应对自己症状的方法；帮助患者学会获取症状管理所需的社会支持。包括以下技能：①识别疾病复发先兆的技能；②监控疾病复发的先兆症状技能；③识别和处置持续症状的技能。

（三）职业技能训练

精神障碍患者受疾病影响，可存在原有工作胜任困难，难以承受工作压力，病后自行辞职或遭辞退，因此，患者的职业技能训练非常重要。职业技能训练的内容包括：

1. 简单作业训练 在患者进行就业行为训练的初期阶段进行，训练的项目工序相对简单，技术要求低，适合大多数患者。如给画涂色、折纸、串珠子、物品分类等。

2. 工艺制作训练 又称为“工艺疗法”，训练患者进行手工的艺术性操作。工艺制作训练可以激发患者的创造力、提高兴趣和注意力、稳定情绪。工艺制作训练大致有以下种类：编织、绘画、书法、摄影、园艺种植等。

3. 工作训练 通过简单的作业治疗和工艺制作治疗训练后，可为患者提供进一步的职业支持。常见的院内职业技能训练有超市收银员、零售服务、洗车行职员等。在训练过程中帮助其调整职业心态，提高患者的职业能力，适应规律的职业生活。

4. 支持性就业 帮助出院后的精神障碍患者尽可能在竞争性市场中找到并从事他们喜欢的工作，从专业工作者那里获得所需技能的培训，和正常人一样工作并获得收入，得到长期的持续支持。

（四）心理康复训练

心理康复训练能帮助患者面对挫折时自我调适，主要包括情绪管理和压力管理训练。情绪管理训练通过帮助患者体察自我情绪，并通过适当表达及其他建设性的方式自我排解情绪，常见方法有心理暗示法、注意力转移法等。压力管理是帮助患者分析患者心理问题的根源时，认识到压力与健康的关系，学习在生活中正确排解压力。

第五节　精神科专科监护技能

患者在精神症状支配下或受到外界刺激时容易产生偏激及冲动行为，如暴力、自杀、出走、吞食异物、木僵等，准确评估风险并及时采取相应的措施是精神科护士重要的专科监护技能。

一、暴力行为的防范与护理

（一）护理评估

1. 暴力行为风险评估

（1）疾病因素：严重精神障碍患者存在情绪不稳定、易激惹等特点，导致其暴力攻击行为发生率增加。精神疾病患者的暴力攻击行为与精神病性症状紧密联系，如幻觉、妄想、偏执、敌对等，患者可在幻觉和妄想支配下出现伤人毁物行为。此外，精神障碍患者普遍缺乏情绪管理的能力，一旦情绪失控极有可能出现暴力行为。

（2）个人因素：严重精神障碍患者发生暴力攻击行为有明显的社会人口学特征，男性、文化程度低、无业、未婚、无家可归或居住环境差、非自愿入院、既往有暴力行为史都是暴力行为增加的危险因素。部分精神障碍患者会滥用精神活性物质或大量饮酒，使得精神病性症状加重，导致暴力行为的发生。

（3）诱发因素：精神障碍患者发生暴力行为受各种诱发因素的影响，如环境嘈杂、无法接受封闭式环境、治疗导致的不适感、人际交往障碍、合理要求不能得到满足、工作人员态度不佳、沟通不当、患者服药依从性差导致疗效不佳、药物副作用难以忍受等均可能导致暴力行为的发生。

2. 暴力行为先兆评估

（1）生理：呼吸心跳加快、肌肉紧张、鼻孔扩张、瞳孔散大等兴奋的状态。

（2）行为：违拗、对各项治疗均不合作、踱步、坐立不安、凝视、目露凶光、紧握双拳或用手挥拳等冲动行为先兆。

（3）情感：猜疑、敌意、愤怒、极度焦虑、恐惧、不满、情绪激动等即将失控的情感表现。

（4）语言：诉妄想或偏执想法的内容有证据；威胁真实或想象的对象；哗众取宠；大声强迫；提出无理要求；歪曲是非，辱骂工作人员等冲动言语。

（5）意识：思维混乱、无定向力、谵妄、记忆损害等均提示暴力行为发生的可能。

3. 暴力行为评估工具　布罗塞特暴力风险评估量表（Brøset violence checklist，BVC）（表 3-3）：对于需要进一步评估的重点患者，采用 BVC 量表进行暴力风险的连续动态评估，为进一步防范提供依据。

表 3-3 布罗塞特暴力风险评估量表（BVC）

条目	说明	得分
混乱	患者出现明显的言语、行为混乱和定向力丧失。如分不清时间、地点、人物	不存在 0 存在 1
易怒	患者容易生气或恼怒，极易因为小事而发火，无法容忍别人的存在	不存在 0 存在 1
喧闹	患者活动时发出较大的声音或吵闹，如摔门、说话时大声喊叫	不存在 0 存在 1
肢体威胁	患者有明显意图地用肢体威胁他人，如摆出攻击的姿势、拽别人衣服、挥动手臂、抬腿、握紧拳头或做出要用头顶人的样子	不存在 0 存在 1
语言威胁	患者说话声音突然提高并有恐吓和威胁他人的明确意图，如语言攻击，说粗话，谩骂，以咆哮、攻击的方式表达中立看法	不存在 0 存在 1
攻击物品	患者攻击对象为物品但不是人，如乱扔物品、砰砰地敲打或砸窗户，踢、敲打或用头撞击物品、砸家具等	不存在 0 存在 1

注：①当患者不出现某种行为评分为 0，出现某种行为评分为 1。②得分为 0 为低风险；1～2 分为中风险，应采取预防措施；＞2 分为高风险，应立即采取应对措施。

（二）常见护理诊断/问题

1. 有对他人施行暴力的危险 与情绪失控、幻觉、妄想等有关。

2. 个人应对无效 与幻觉、妄想等精神症状及缺乏情绪管理的技巧有关。

（三）护理目标

1. 短期目标 患者能主动向工作人员告知幻觉、妄想等内容及内心情感体验，叙述产生暴力行为的原因及感受；患者通过已学技巧控制暴力行为；患者情绪趋于平稳，攻击性言行减少或消失。

2. 长期目标 患者能对情绪及行为进行有效管理，不发生暴力伤人毁物的行为。

（四）护理措施

1. 暴力行为发生前的预防

（1）安全管理：入院时向患者及家属做好危险物品管理的告知，邀请他们一同参与其中，做好病区的安全管理工作。每日交接班时进行安全检查，清除危险物品，如绳索、锐器、打火机等，每周一次安全大检查，减少安全隐患。

（2）合理安置：置于易于观察的床位，将躁动、激惹的患者分开管理，专人看护，严格做好交接班。保证患者居住环境安静、宽敞、整洁、舒适，避免声音、光源刺激，做好风险防范标识，严格遵循巡视制度，密切关注患者的动态变化。

（3）风险评估：掌握精神障碍患者发生暴力行为的危险因素及诱发因素，动态评估暴力风险，学会识别暴力行为的先兆，在暴力发生前予以干预。

（4）减少诱因：与患者沟通时使用礼貌用语，放缓语速并降低语调，充分尊重患者，仔细聆听患者的合理需求并尽力满足。当患者情绪不稳或提出不合理要求时不责备患者，应安抚患者情绪，进行各项治疗前应向患者做好充分的告知并获取其同意。

（5）控制精神病性症状：加强沟通并掌握患者妄想、幻觉的内容，一旦发现患者情绪激动或存在暴力行为高风险时，及时报告医生，遵医嘱予调整治疗方案或对症处理。

（6）加强心理疏导：运用共情能力与患者建立良好的护患关系，获取患者的信赖与支持。

认真倾听患者的主诉，引导其诉说内心想法，满足其情感需求。引导患者正确面对疾病和挫折，改善其负面情绪。

（7）加强人员培训：精神障碍患者的暴力行为发生与工作人员的专业素养、服务态度及沟通方式有着密不可分的关系。因此应定期组织医护人员培训暴力防控知识与技能，如沟通技能及缓和技术，以提高暴力行为的预防能力。

2. 暴力行为发生时的处理

（1）现场评估：评估有无呼救设施，需要呼叫支援人员的人数，有无安全防护用具及所需数量；评估四周环境是否安全，患者所处的位置，有无手持危险物品，有无便于逃脱的安全出口、周围有无患者或家属围观。

（2）维持秩序：清除环境中的危险物品及障碍物，引导就近的工作人员疏散围观的人群，保证其他患者及家属的安全。

（3）寻求支援：使用随身携带的通信设备或就近的呼救设施寻求其他工作人员的帮助，与患者保持安全距离，尽可能选择患者的侧面以及靠近安全出口的位置。

（4）安抚沟通：①保持沉着冷静的态度，用温和友好关切的方式与患者进行沟通，争取使患者放下戒备心和敌意。②接纳患者当下的症状，通过对患者表示尊重与理解，获取患者对工作人员的信任。③鼓励患者表达自己的情绪，对患者进行适时恰当的反馈，平复患者激动的情绪。④礼貌地询问并耐心倾听患者的需求，邀请患者共同商讨替代暴力行为的方案。⑤若患者提出无理要求且不同意医护人员提出的解决方案，则告知患者需向上级报告，请患者等待。运用拖延策略，让患者有充裕的时间进行冷静，同时让医护人员有充分的时间等待支援人员到场。

（5）迅速脱身或保护性约束：①当缓和技术无效，患者已开始采取暴力攻击行为，且护士孤立无援无法控制场面时，应采用脱身法迅速逃离现场。②当患者经过安抚沟通后仍难以平复情绪，且暴力行为的风险依然很高或者患者已经采取暴力攻击行为时，在无其他可替代措施的情况下遵医嘱予保护性约束。

3. 暴力行为发生后的宣教与重建

（1）加强宣教：耐心向患者及其家属讲解疾病发病机制、预防、临床症状、治疗、药物不良反应等疾病相关知识，纠正患者的错误认知，使其认识到治疗的重要性，帮助患者学会应对压力和控制情绪的方法。

（2）行为重建：通过与患者分析本次暴力行为的相关因素，帮助患者重新建立应对方式，如情绪管理、人际交往技巧、应对挫折能力等。

（五）护理评价

1. 患者暴力风险评分有无下降。

2. 患者是否能有效掌握应对技巧，做好情绪的自我管理。

3. 患者是否出现暴力攻击行为，有无伤害他人或威胁周围环境安全的行为。

经验分享　　暴力缓和技术

精神科是遭受工作场所暴力最多的科室，患者的暴力行为通常是突发性和盲目性的。暴力行为给患者自身、家属、医务人员等均带来不同程度的伤害。其中，护士受伤害的比例最高。暴力缓和技术是精神科护士需要学习并掌握的一项技能，通过采取人际沟通，自我调节，风险评估，行动策略及安全维护的一系列手段，从而减少或消除患者不顾后果的暴力行为，进而达到减少强制性措施的效果。面对暴力冲突时要头脑清醒，保持冷静、从容，语调柔和，不评论，不争论，以真诚、谦逊的态度面对，是降阶技术取得成功的重要一步。沟通是缓和的重要手段，采用换位思考，以同理心感受患者的感受，以患者的角度去看待正在发生的暴力情境，认真聆听患者的话语，理解患者。

二、自杀行为的防范与护理

（一）护理评估

1. 自杀的风险评估

（1）疾病因素：大多数自杀行为的发生与患有精神障碍相关，有文献报道，90%以上的自杀人群患有符合临床诊断的精神障碍，其中包括抑郁障碍、精神分裂症、躁狂发作、物质使用障碍等。精神障碍患者的自杀风险高于普通人群，是一般人群的几倍甚至几十倍。自杀行为的发生受多种因素影响，包括年龄、性别、经济收入、未婚、家庭因素、社会支持、自杀实施的便捷性等。既往研究表明精神病性症状与自杀意念和自杀行为有关联，精神病性症状越多，出现自杀意念和自杀行为的可能性越高。酒依赖和吸毒患者伴有严重的抑郁情绪或出现酒精性幻觉或妄想容易引发自杀行为。合并躯体疾病和低经济收入也是引起精神障碍患者自杀的危险因素。研究还发现住院精神障碍患者的自杀率明显高于非住院患者，其中患者在住院期间及出院后3个月内的自杀风险较其他时期更高。

（2）应激/负性生活事件：遭遇自然灾害等突发公共事件，如地震、海啸等；人际压力、工作/学习压力、失恋、丧偶、考试失利等。

（3）保护性因素：包括患者的家庭支持与社会支持，评估患者是否具备应对不良情绪或挫折的资源，如亲朋好友的关爱与支持，心理咨询师的帮助等。评估患者应对模式，即在内外环境变化或遇到情绪困扰事件时采取的有效方法、策略和手段。

2. 自杀意念、尝试和准备行为

（1）自杀意念：已被证明是自杀的严重危险因素之一，同时也是日后自杀企图和自杀完成的先兆和远端预测因子。研究发现饮酒及物质滥用，消极的家庭关系，童年的不良经历，睡眠障碍等因素都会加重自杀意念。

（2）自杀尝试：是指采取了有意威胁和残害自己生命的自杀行为，但由于种种原因未造成实际的死亡，自杀尝试也包括那些并不想结束自己生命但有自杀表现的行为。自杀未遂者极易再次发生自杀行为，因此自杀未遂史也是一大风险因素，医护人员需予以警惕和关注。病史中或近期有过自我伤害或自杀未遂的行为，表明患者将自杀行为作为解决问题的一种应对方式，其自杀死亡的成功率要比无自杀史的患者高出10倍。

（3）自杀准备行为：许多具有自杀倾向的患者感到非常矛盾，内心冲突异常激烈。具有自杀倾向的人会吐露一些线索，暗示他们的严重问题，或以某种形式寻求帮助，这些线索可能是言语的、行为的、情绪的或综合的。详见表3-4。

表3-4 自杀准备行为

线索	表现
情绪	情绪不稳定或低沉或亢奋。焦躁不安，容易激怒。疲惫冷漠，自卑自责，易流泪吁叹。焦虑无助，绝望不满，抑郁孤独，常常极度悲伤，死前几天有严重的人际关系冲突
语言	直接的（如“现在我想死了算啦”），也可能是间接的（如“活着真没意思”）。有意或无意以口头或日记、作诗、绘画、短信方式透露（暗示）想死或告别意味的信息。书面或网络上写下类似遗嘱的文字，交代后事。偶尔自言自语说些令人费解的话，如果透露出自杀计划内容则自杀危险极高

续表

线索	表现
行动	搜集绳索、水果刀、安眠药等自杀工具，有自我伤害的举动。突然结束重要的人际关系与朋友道别，无理由地收拾东西，赠送纪念品，删除所有短信与通话记录。反复在危险区逗留，如频繁在高层建筑平台徘徊，光顾无人深水区等，并将信息透露给朋友
综合症状	被害妄想症，指令性幻听，强制思维症状。沉默少语，呆若木鸡，记忆与学习能力下降。抑郁症严重或抑郁症毫无理由地消失

3. 自杀评估的询问技巧

（1）自杀意念的询问：不能单刀直入地问“有没有自杀？”可以从情绪情感部分自然切入，如问“当你如此的痛苦时，是否觉得活着没有意思，而有了不想活的想法？”“当你情绪糟糕的时候，会不会觉得活不下去了？”

（2）自杀计划的询问：如问“你想过怎么死吗？”“会用什么样的方式？”“你试过吗？”

（3）亲属自杀史的询问：如问“你认识的人当中有过自杀未遂或自杀死亡的吗？”“是谁？什么时候？发生了什么？这件事目前对你有什么影响？”

（4）痛苦情感体验询问：如问“如果1～10分代表你痛苦的不同程度，你可以给自己现在感受到的痛苦程度打多少分呢？与以往的经历相比较，这次痛苦的程度怎么样？”

（5）保护性因素询问：如问“你认为现在能让你继续坚持活下去的理由是什么呢？你认为目前什么对你有帮助？现在谁最能给你帮助和支持？”

4. 自杀评估的工具

（1）自杀风险筛查工具：最常用的筛查工具包括哥伦比亚自杀严重程度评定量表（Columbia suicide severity rating scale，C-SSRS）、自杀风险综合评估护理量表（nurses global assessment of suicide risk，NGASR）（表3-5）、患者安全筛查问卷（patient safety screener，PSS）。

表3-5　护士用自杀风险评估量表（NGASR）

条目	赋分
1. 绝望感	3
2. 近期负性生活事件（如失业、经济困难、面临诉讼）	1
3. 被害妄想或有被害内容的幻听	1
4. 情绪低落、兴趣丧失或愉快感缺乏	3
5. 人际和社会功能退缩	1
6. 言语流露自杀意图	1
7. 计划采取自杀行动	3
8. 严重精神问题和（或）自杀的家族史	1
9. 近亲死亡或重要亲密关系丧失	3
10. 精神病史	1
11. 丧偶	1
12. 自杀未遂史	3
13. 社会-经济地位低下	1
14. 酒瘾或物质滥用史	1
15. 罹患晚期疾病	1
总分	25

注：①计分方式，该量表共有15个条目，如果答“否”则计0分，答“是”则计赋值分数，总分为25分。②评分说明：0～5分为低风险，6～8分为中风险，9～11分为高风险，≥12分为极高风险。

（2）自杀风险评估工具：自杀风险五步评估分级法（suicide assessment five-step evaluation and triage，SAFE-T）是由美国自杀预防资源中心等多个机构共同研制的，该工具包括 5 部分：识别自杀危险因素、识别自杀保护因素、询问自杀相关情况、确定自杀风险等级和干预措施、总结，每个部分都通过标准化表格来帮助评估者收集信息。

预防导向自杀风险评估模式（prevention-oriented risk formulation）以自杀危险静态因素、自杀危险动态因素、可应对资源、潜在的触发因素 4 个方面来归纳所收集的临床信息，并针对这 4 个方面形成干预措施。

（二）常见护理诊断/问题

1. 有自杀的危险　与严重的悲观情绪、无价值感、幻听等有关。

2. 睡眠形态紊乱　与精神压力造成入睡困难或早醒有关。

3. 无效性应对　与内心冲突（内疚、自尊低下）和被拒绝感有关。

（三）护理目标

1. 短期目标　患者自伤/自杀风险评分降低，住院期间不发生自伤/自杀行为；患者能主动向工作人员表达内心痛苦体验。

2. 长期目标　患者无自杀意向，不再发生自伤/自杀行为；患者能纠正不当认知，消极信念减少，能积极面对生活；掌握处理不良情绪的技巧，用合理的应对方式取代自我伤害行为。

（四）护理措施

1. 自杀的防范措施

（1）提供安全的住院环境，消除自我伤害的途径：①病床安置：安置患者于护士易于观察的病房（如监护室），检查并移除病房内的危险物品。②病情观察：掌握患者情绪变化规律，发现患者有自伤、自杀先兆时，提供专人看护，患者的活动不能脱离工作人员的视线范围。③严格交接班，夜间巡视时观察患者的睡眠情况，避免蒙头睡觉，如厕超过 5 分钟则需引起警惕并及时查看。④病房内的设施、电器每日执行安全检查，如有损坏，及时维修，维修工具清点无误后带出病房，以杜绝隐患。

（2）动态进行风险评估：连续评估自杀风险，直至自杀风险消除。对已有自杀计划的患者，须有技巧地询问其方法、地点、时间，了解患者获得自杀工具和发生自杀行为的可能性。对于自伤/自杀高风险的患者，做好警示标识，加强巡视，尤其在夜间、凌晨、午睡、进餐和交接班时段及节假日等病房医务人员少的情况下，必要时予专人看护。

（3）口服药管理：①认真执行口服药派发制度，派发口服药过程中，认真检查，防止患者藏药；②观察患者服药后的效果，观察是否出现头晕、便秘、肌张力增高等药物副作用，并积极处理相关的症状。

（4）调动患者的能动性：鼓励患者参与病区内的康复娱乐活动以分散注意力，邀请患者协助工作人员整理病区内务，如打扫床单位、扫地等。对患者的优点予以肯定及鼓励，提升其自尊心、价值感及成就感。

（5）提供行为干预治疗或心理治疗：根据患者的病情，与患者做好沟通，合理应用心理治疗协助患者消除不合理信念及自动思维等，改变既往错误的个人应对方式，协助其通过正确的方式应对不良情绪。训练患者学习新的应对方式，教会其在无能力应对时如何求助，如告诉医护人员“我已坚持不住了”而不是采取自杀行动。

（6）增加社会资源的支持：①构建以家庭为中心的协同护理，逐步建立良好的社会保障，利用家人、朋友和其他人员帮助患者缓解不良情绪；②指导家属正确对待患者，主动参加和介入对患者有利的医疗康复活动中，以减轻患者的压抑情绪和心理负担，帮助患者康复及预防复发；③向家属宣教与患者有效沟通的技巧及解决问题的方法。

（7）尊重患者，保护隐私：尊重患者，保护其隐私，对自伤带来的情感痛苦要有同理心；为患者提供辅助决策的选择。

2. 自杀意念的干预

（1）提供心理护理：①及时向患者及家属告知所患疾病知识；②使用通俗语言引导患者表达，总结关键信息，帮助患者掌握解决问题的方法，增强患者的信心，弱化自伤、自杀的念头；③表现同理心，谈及既往自伤、自杀行为时，勿使用“你要坚强”等空洞言语，而是表现出感同身受，辅助眼神交流、肢体语言和面部表情促进信任；④强调系统治疗的重要性，不合理的、绝望的和无用的想法会随着疾病的好转和认知的改变而改善。

（2）协助患者缓解压力，促进日常活动，恢复社会功能：①与患者建立良好的护患关系，评估患者压力源产生的原因，接纳患者的痛苦体验；②指导患者养成良好的作息规律，能有效改善睡眠质量；③根据患者的饮食特点、爱好，选择合适的饮食，保障营养的摄入；④鼓励患者重新开始以前喜欢的活动，激活患者之前的社交活动，提供相应的社会心理支持。

（3）药物指导：①鼓励患者遵医嘱服药。告知患者治疗目标、使用的药物及起效所需要的时间。向患者及家属阐明药物的性质、作用及不良反应处理措施，争取主动配合，遵医嘱按时间、剂量服药。②告知患者药物治疗对改善情绪的重要性。药物治疗通常需要2～4周才能观察到患者情绪、兴趣或精力的改善，在服药前期指导其树立正确的服药观念，避免前期因药物起效慢导致服药依从性差。③告知患者不能自行停药或减药。

（4）协助患者改善睡眠：①向患者解释睡眠障碍的出现是疾病所致，随着治疗疾病逐渐好转，睡眠的情况会得到明显改善，以此树立起患者治疗的信心；②鼓励患者白天减少卧床，积极参加病房组织的康复活动；③做好睡前的准备工作，有研究表明，艾灸对患者的睡眠障碍有较好的临床效果，可采用温水泡脚、足底艾灸等方式辅助睡眠。睡前勿进行运动，勿喝茶、咖啡等提神饮料，必要时可服用镇静安眠类药物。

3. 常见自杀行为的紧急处理 精神障碍患者多采用自缢、服毒/过量服药、割腕、咬舌等方式进行自杀。当自杀行为发生时，医护工作者应立即对患者实施抢救。

（1）自缢：①发现患者自缢，立即呼叫支援同时立即抱住其身体向上托举，尽快解除绳套对颈部的压迫，快速松解或剪断绳套。松解绳套后注意保护患者，避免坠落摔伤。②将患者就地平放或置于硬板床上，松开衣扣、腰带，清除呼吸道分泌物，保持呼吸道通畅。检查呼吸、心搏，如已停止，立即进行除颤和心肺复苏，直至患者呼吸、心跳恢复。③配合医生抢救，按医嘱给氧，注射呼吸兴奋剂、强心剂等。④患者复苏后，给予支持性治疗，密切观察病情变化并做好抢救记录。加强对患者的心理支持，稳定患者情绪，严防再次出现自杀行为。

（2）服毒/过量服药：①评估患者的意识状态、生命体征、既往病史、口鼻腔黏膜、心理状态、合作程度、服用毒物或药物种类、剂量及时间等。②洗胃是减少药物或毒物吸收中关键和首要的措施。对服用抗精神病药和镇静安眠药者，可首选1∶20 000～1∶15 000的高锰酸钾溶液，对毒物性质不明者，首选清水。③意识清醒的患者可先通过刺激咽喉部促使其呕吐，对刺激不敏感者，可先口服适量洗胃液后，再催吐，继后洗胃。④对于意识不清或休克的患者，应一边洗胃一边配合医生进行抢救。⑤洗胃过程中留取胃内容物送检。

（3）割腕：一旦发现患者割腕，立即检查伤口并予以止血包扎，做好生命体征监测，观察患者神志、面色、口唇等，同时检查是否还有其他部位的伤口。根据现场环境、受伤时间及患者实际状态判断失血量，通知医生进行应急处理。对于失血量大的患者，应立即建立静脉通道，就地进行抢救。

（4）咬舌：①发现患者咬舌，立即呼叫支援同时用“额颌双压法”固定患者牙关咬合肌防止患者继续咬舌。②若患者持续牙关紧闭时，可置入开口器协助开口，臼齿无法打开时可使用短暂窒息法，通过捏住患者的鼻腔使其打开口腔，开口器支开上下牙齿，牙垫迅速置入并固定，保持呼吸道通畅。③置入口咽通气管后更换牙垫，予以妥善固定。④对患者进行评估，遵医嘱启动快速镇静治疗方案，迅速镇静咬舌患者，防止损伤扩大化。但要注意缓慢给药，注意禁忌证，加强对血压、呼吸等的监测。⑤给予患者行侧卧位，迅速用吸引器清除口腔凝血块、呕吐物、唾液以及其他异物。以防口腔内残余血及分泌物逆流造成窒息。监测生命体征和血氧饱和度，遵医嘱吸氧、必要时吸痰，维持患者生命体征的平稳。⑥患者镇静后，彻底清理口腔内的积血、异物，予3%双氧水，1∶5000呋喃西林液或1∶5000氯己定液做口腔护理，注意保持口腔的清洁。伤口较深，由外科医生会诊后进行舌面的清创缝合，必要时送外院进一步治疗。⑦抢救完毕后，安抚患者，稳定患者情绪，需24小时专人看护，落实保护性约束的护理，及时书写抢救记录。

（五）护理评价

1. 患者自伤/自杀的风险有无下降，有无再次出现自我伤害的行为。

2. 患者的抑郁情绪有否好转，能不能主动向他人倾诉并表达自己内心痛苦体验。

3. 患者消极信念有无减轻，有无掌握应对不良情绪的技巧。

三、出走行为的防范与护理

（一）护理评估

1. 出走的原因评估

（1）疾病因素：精神障碍患者大多缺乏自知力，无法正确认识自己的精神病理状态而不安心住院。部分患者在情绪不稳定的情况下可能出现冲动出走行为。有幻觉、妄想等精神病性症状的患者可能因症状影响而出走。躁狂发作患者可能因急于“完成宏伟计划”而出走。有些抑郁障碍患者认为医院防范严密，达不到自杀目的，为寻找自杀机会而离开医院。物质依赖患者可能因难以忍受戒断症状而寻求机会逃离医院。

（2）环境因素：患者对病房环境不满意；医院环境内的规章制度较多，感到被管束；住院生活枯燥乏味，难以与病友建立良好的人际关系。

（3）情感因素：没有家属陪同，思念家人，尤其是爱人和子女。

（4）服务因素：医护人员没有与患者建立良好的关系，态度强硬，缺乏同理心，进行诊疗活动时没有予以充分的解释及征得患者同意，导致患者感到不被尊重，对治疗感到恐惧和排斥，或医护人员工作疏忽导致患者可以出走。

2. 出走的征兆评估

（1）意识清楚患者：此类患者善于隐藏内心真实想法，通过与护士建立良好关系，使护士放松警惕。他们会特别关注护士的排班安排、病区外出活动和探视等，以此寻找出走的机会。

（2）朦胧状态或意识不清楚患者：此类患者通常没有任何计划性，一旦出走成功可能无法找到回家的正确道路，对患者的人身安全有一定威胁。在住院期间曾有不想住院的言语。

行动上可能表现为在门口徘徊或尾随工作人员外出等行动。

（3）受精神病性症状支配的患者：此类患者通常是非自愿入院，可能会受各种妄想和幻觉的影响，认为住院环境不安全，或认为有人在医院外等自己，或听到有人让他逃出医院等。该类患者通常情绪不稳定，有冲动言行，四处寻找可出走的地方，如不结实的门、围墙等。

3. 出走的风险评估 表 3-6 一共包含了患者性别、文化程度、外走史、幻听妄想等精神症状、自知力缺失等 9 项风险因素，可以帮助工作人员筛查精神障碍患者的出走风险，并将风险程度分为不同等级，根据不同等级制定相应的护理干预措施。

表 3-6 出走风险评估

相关因素	分值	
	否	是
1. 青年男性/初中以下文化	0	10
2. 住院曾经发生出走	0	20
3. 听到有人叫他出去，感觉外面有人等他	0	20
4. 认为医院不安全	0	20
5. 认为无病，不需要住院	0	20
6. 抱怨药物副作用	0	10
7. 不知道或不认为是在住院	0	10
8. 目前有出走/冲门的言语和行为	0	50
9. 对住院环境和服务挑剔	0	20

注：①计分方式：该量表共有 9 个条目，如果答“否”则计 0 分，答“是”则计赋值分数，总分为 180 分。②评分说明：0～40 分为低风险，≥50 分为高风险。

（二）常见护理诊断/问题

有出走的危险 与患者自知力缺乏，精神病性症状、意识障碍等有关。

（三）护理目标

1. 短期目标 患者出走风险评分降低，能安心住院，住院期间未发生出走行为。

2. 长期目标 患者能正确认识自身疾病及正确看待住院治疗。

（四）护理措施

1. 出走的防范措施

（1）对住院患者进行出走风险评估，对高风险的患者设置警示标识。每班清点患者人数，加强巡视，做好交接班，尤其夜班，保证患者活动时不脱离工作人员的视线。

（2）患者外出检查及进行治疗活动时，应佩戴好手腕带，身着病号服，由工作人员陪同外出，工作人员保证视线不离患者。外出检查治疗过程中，落实至少 1 名工作人员陪伴 1 名患者。

（3）每天对病房设施进行安全检查，尤其是大门和窗户，严格管理工作人员的钥匙，每日进行清点，一旦遗失，立即报备并予以相应处理。做好大门的管理工作，防止患者在门口徘徊，养成随手关门的良好工作习惯，防止患者尾随工作人员造成的出走事件。

（4）与患者建立良好的治疗性信任关系，观察患者的病情变化，了解其不安心住院的原因和想法，给予安慰与解释，指导患者正确解决生活中的矛盾和问题，满足其合理需求。

（5）创造舒适的休养环境，介绍住院环境和同室病友，消除其紧张、恐惧心理。丰富患者的住院生活，鼓励其参加集体活动，分散患者出走的意念。

（6）与家属取得联系，获得家属的支持。在病情许可的情况下，鼓励患者家属经常来院探访患者，主动向患者表达关爱，鼓励患者安心住院。若家属无法来院探访，则改用电话、视频探访等形式满足患者的合理需求，让患者获得安全感和归属感，促进患者的康复。

（7）每天通过采访、诱导、启发、角色扮演等形式给予患者认知干预，及时纠正患者的错误认知，帮助患者逐渐建立真实、正确、客观的认识，进而配合诊疗及护理工作。

2. 出走的应急预案

（1）发现患者出走，应立即启动应急预案，如马上制止或组织工作人员追回，同时报告病区相关人员。

（2）不确定患者是否离开医院，立即组织院内寻找，及时报告上级部门，通知患者家属共同寻找。

（3）确定患者已离开医院，扩大范围寻找，必要时报警协助。

（4）患者返回病房后应予劝导安慰，切忌责备，加强护理，及时书写护理记录。

（五）护理评价

1. 患者出走风险评分有无降低，有无安心住院并配合各项治疗，住院期间有无出走的行为。

2. 患者是否能正确认识自己的疾病，能否正确认识住院治疗的重要性。

四、噎食的防范与护理

（一）护理评估

1. 噎食的相关因素

（1）疾病因素：精神障碍患者受情绪和精神症状的影响可能会有抢食、暴饮暴食、大口进食的表现；部分精神类药物可能导致患者因饥饿感增加而进食过快或未充分咀嚼食物；服用精神类药物可能会出现锥体外系反应，使唾液分泌减少，引起吞咽肌肉运动不协调，抑制吞咽反射；脑器质性疾病，如中、重度痴呆，癫痫发作史及脑血管后遗症者可能因认知障碍、抽搐、动作不协调等影响正常进食过程。

（2）患者因素：精神科住院老年患者理解能力差，对宣教知识接纳程度低；牙齿脱落影响咀嚼；咳嗽、吞咽反射减退；既往有噎食史。

（3）食物因素：研究表明，馒头、鸡蛋、汤圆、粽子、苹果、排骨等食物在不充分咀嚼的情况下容易发生噎食，而且噎食后导致死亡的发生率也较高。

（4）医护因素：对于噎食的风险评估不足，相关知识宣教不到位；护士对于精神类药物副作用相关知识掌握不足，缺乏相关培训和指导，没有重点看护及记录，没有与主管医师进行良好的沟通；对噎食的识别及急救技能不过关。

（5）家属/陪护因素：缺乏噎食的相关知识；对噎食的风险认识不足；给予患者过大、过硬且不易消化的食物。

2. 噎食风险评估工具　应用住院精神疾病患者噎食风险评估表（表 3-7），每位入院患者必须如实进行噎食风险评估。

表 3-7 住院精神疾病患者噎食风险评估表

项目	导致噎食的危险因素	评分
既往史	既往发生过噎食	2
药物副作用	药物导致锥体外系反应	3
	唾液分泌减少、口干	1
脑器质性疾病	中、重度痴呆者	1
	脑血管意外后遗症	1
	有癫痫发作史	1
精神症状	极度兴奋、抢食行为	3
	饥饿感增加、暴食暴饮	3
	进食速度快且未充分咀嚼	3
生理因素	牙齿脱落影响咀嚼功能者	1
	咳嗽、吞咽反射减退者	3

注：①计分方式：该量表共有 11 个条目，如果存在以上危险因素则计赋值分数，总分为 22 分。②评分说明：风险度Ⅰ级（1～6 分）：患者有发生噎食的可能；风险度Ⅱ级（7～14 分）：患者容易发生噎食；风险度Ⅲ级（≥15 分）：患者极有可能发生噎食。

3. 吞咽障碍筛查工具 当患者因抗精神病药或脑器质性损害等因素导致吞咽功能异常时，应进一步完善吞咽障碍的筛查，常用筛查工具有：多伦多床旁吞咽筛查试验、急性卒中吞咽障碍筛查、洼田饮水试验和 3 盎司饮水试验等。

（二）常见护理诊断/问题

1. 有窒息的危险 与吞咽障碍、抢食或进食过急有关。

2. 吞咽障碍 与患者年龄或长期服用抗精神病药所致副作用有关。

3. 有误吸的危险 与患者咳嗽及吞咽反射减弱有关。

（三）护理目标

1. 短期目标 患者噎食风险评分降低，对噎食高危人群采取预防措施，住院期间不发生噎食。

2. 长期目标 患者吞咽功能障碍情况较前改善，咳嗽及吞咽反射较前增强。

（四）护理措施

1. 噎食的防范措施

（1）患者管理：①对入院患者进行噎食的风险筛查，对于噎食高风险患者做好警示标识，加强健康宣教。②进食区域设立噎食预防专座，进食时专人看护，对噎食做到早识别、早发现、早抢救。③严密观察患者病情及药物的不良反应，对有严重锥体外系反应的患者，除遵医嘱给予拮抗药物外，还应指导合适的食物和进食方式，必要时遵医嘱予鼻饲。④对于卧床需在床上进食的患者在喂食时应摇高床头 30°～45°，采取头稍前倾 45° 或头部转向一侧 80° 姿势，以进食半流质饮食为宜。⑤对于吞咽功能障碍的患者应予以吞咽功能康复训练，如空吞咽法、鼓腮法、左右伸舌法以及伸舌抗阻力法等。

（2）食物管理：①对于有噎食风险的患者避免进食带刺、黏性、坚硬的食物，避免食用易引起噎食的食物。②对抢食及进食速度过快的患者，应单独进食，专人管理，禁止患者将食物带回病室。

（3）医护管理：①对于噎食高风险患者要做好交接班制度，提升责任心并养成良好的工作习惯，医护人员在患者进食期间做好巡视工作。②加强对噎食识别及应急抢救的培训，制定培训考核制度，保证医护人员熟练掌握噎食的抢救技能。

（4）家属/陪护管理：加强对家属或陪护的健康教育，内容包括抗精神病药物的副作用、噎食的危险因素、噎食患者的食物选择及吞咽功能康复训练等，使他们了解噎食的原因和防范措施，共同参与噎食的防范。

2. 噎食的急救处理

（1）一旦患者发生噎食，护士应立即就地抢救，对现场进行评估并对患者噎食程度进行判断。

（2）轻度噎食：患者意识清楚，可自行呼吸和咳嗽，协助叩击胸背部并鼓励患者咳嗽，清除其口咽部食物，同时观察患者是否恢复呼吸与解除噎食。

（3）重度噎食：患者意识不清，无法呼吸和咳嗽，护士应立即用手或汤匙抠出口腔和咽部内积存的食物。若食物无法掏出，可用汤匙或筷子刺激咽喉部催吐或置患者于侧卧位，头低45°拍击胸背部，协助患者吐出食物。若噎食仍未解除，则采用海姆利希法进行抢救，同时请麻醉科医生会诊，通知医生和其他支援人员。

（4）海姆利希急救法：①立位腹部冲击法（意识清醒）：救护者从背后环抱患者，施救者以前腿弓，后腿蹬的姿势站稳，前腿放在患者两腿之间，患者靠在施救者弓起的腿上，保持身体前倾。救护者一手握拳，将拇指侧抵住其剑突下缘与肚脐之间。另一只手握住握拳之手，利用突然冲击腹部——膈肌下软组织，增加腹内压，产生向上的压力，压迫两肺下部，从而驱使肺部残留空气形成一股气流，反复冲击直至异物排出。②仰卧位腹部冲击法（意识丧失）：将患者置于仰卧位，救护者骑跨在患者髋部两侧。一只手的掌根置于患者腹部正中线、脐上方两横指处，不要触及剑突。另一只手直接放在第一只手的手背上，两手掌根重叠。两手合力快速向内、向上有节奏冲击患者的腹部。连续5次冲击后，检查患者噎食是否解除，如果仍旧存在，继续重复冲击，直至患者噎食解除。

（5）环甲膜穿刺术：严重窒息者应立即将患者体位改为平卧，垫高双肩，使头部后仰，取较粗的穿刺针（16～20号针头）在喉结下（环状软骨下缘1～2cm的部位）稳、准地刺入气管，可暂缓呼吸困难和缺氧状态，以便争取抢救时间。应迅速与麻醉科等急救科室联系，做好气管插管或气管切开准备，使呼吸道阻塞物得到彻底清除。

（6）心脏停搏：应立即实施心肺复苏。

（7）如噎食解除，自主呼吸恢复，应立即氧气吸入，防止吸入性肺炎，专人持续监护，给予心理安抚。

（五）护理评价

1. 各种预防措施是否有效，患者噎食风险评分有无降低，住院期间有无发生噎食。

2. 患者吞咽障碍情况是否改善，咳嗽及吞咽反射有无增强。

五、吞食异物的防范与护理

精神障碍患者吞食异物可能由思维障碍引起，也可能是一种冲动行为，或者想以此作为自伤、自杀的方法。患者吞服的异物各异，小的如别针、图钉、戒指、玻璃片、刀片等，大的如体温计、筷子、剪刀等；除金属外，也可以是塑料、布片或棉絮片等。吞服异物可导致严重后果，在临床工作中做好防范工作，及时发现和正确处理。

（一）护理评估

1. 疾病因素 精神障碍患者可在幻觉、妄想等精神病性症状的支配下出现吞食异物的行为；人格障碍和抑郁症患者可能将吞食异物作为结束生命的一种方法；痴呆及智力发育迟滞的患者则可能由于缺乏分辨能力而出现吞食异物的行为；部分不安心住院的患者希望借吞食异物达到出院的目的；也有存在异食癖的患者无明显动机和诱因吞食异物。

2. 吞食异物的表现 根据吞食异物的种类、性质的不同而有不同的表现，严重程度也因异物不同而不同。吞食玻璃片或金属会导致血管或重要脏器受到损伤，进而导致胃肠道大出血或穿孔，吞食塑料又会因为纤维堆积物大量堆积形成肠梗阻；吞食洗涤剂、消毒液等可引起中毒。

（二）常见护理诊断/问题

1. 有受伤的危险 与吞食异物有关。

2. 应对无效 与患者应对技巧缺乏、社会支持不足等有关。

（三）护理目标

1. 短期目标 患者住院期间未发生吞食异物的行为。

2. 长期目标 患者认识到吞食异物的危害，能采取合理的方式替代吞食异物以应对生活里的事件。

（四）护理措施

1. 吞食异物的防范

（1）患者方面：①通过询问患者病情、既往史、内心真实想法等对患者进行吞食异物的风险评估，对于高风险患者应妥善安置于便于观察的床位，做好交接班并加强巡视。②既往有吞食异物或自杀行为病史的患者，他们再次吞食异物或自残的可能性较大，医护人员应与患者建立良好的医患关系，了解吞食异物的原因，同时应适时地进行心理疏导，可预防吞食异物行为的发生。

（2）物品方面：①病房的基础设施应尽量避免使用容易拆卸的物品，每周进行一次安全大检查，消除安全隐患。②加强对各类危险物品的管理，严格执行安全制度，为患者治疗时，应保管好安瓿和消毒剂，防止患者吞食。患者如果使用剪刀、针线、指甲钳等物品时，应在护理人员的视线范围内进行。

（3）家属方面：当家属来院探访时应与家属沟通，避免在医护人员不知情的情况下患者私下保管物品。必要时在探访前对家属携带的物品进行检查并加强宣教。

2. 吞食异物的处理

（1）医护人员需沉着冷静，妥善安置患者，劝说患者讲清吞食异物的种类及数量，关注患者的主诉，询问其有无腹痛、恶心等不适。

（2）请有关科室医生进行会诊，进行 X 线检查或胃镜检查。

（3）吞食异物后的应急处理：①固体物质：异物较大，无法从肠道排出，要密切评估患者的生命体征和主诉。确定无法从肠道排出者，应采用外科手术取出。有腹痛或内出血征兆应立即请外科会诊处理。异物较小但锐利，应卧床休息，并尽快进食含较多纤维的蔬菜，如韭菜、芹菜，以便粗纤维包绕异物，防止或减少异物对胃、肠壁的损伤，促进肠蠕动以利于异物排出，可同时给予缓泻剂。较小异物多可自行从肠道排出。②液体物质：第一时间根据吞食液体的性质选择合适的洗胃液进行洗胃，防止毒性吸收。

（4）观察生命体征，关注患者的主诉，做好病情记录，如患者面色苍白，血压下降，伴有腹痛及柏油样便等症状，提示有内出血，应立即请外科会诊。

（5）自吞食异物起，患者排便应排在便盆里。医护人员要仔细检查患者大便，查找异物并做好相关记录。

（6）异物排出或取出后，严密观察患者的病情变化，严防再次吞食异物。观察有无出血、感染等并发症，给予相应的积极处理。近期内给予半流质饮食，有利于受损胃肠黏膜尽快恢复正常功能。

（五）护理评价

1. 患者在住院治疗期间有无发生吞食异物行为，能否认识到吞食异物的危险。

2. 患者是否掌握了行之有效的应对技巧。

六、木僵患者的护理

（一）护理评估

1. 木僵的原因 严重的木僵常见于精神分裂症，也称紧张性木僵；严重抑郁的患者也可能出现抑郁性木僵，程度通常比较轻；心因性木僵多在精神创伤后出现行为和言语活动的抑制状态；器质性木僵是指中枢神经系统器质性病变引起的木僵状态，常见于感染、中毒、脑瘤、脑血管疾病、脑外伤及脑变性疾病，是一组以普遍抑制现象为特征的临床综合征。药物反应也可以引起木僵。

2. 木僵分类及临床表现

（1）紧张性木僵：症状较轻的人员会出现语言、动作减少情况，症状较重的人员会出现不言不语，严重时还会发生不吃不喝，整天为固定姿势。临床症状为行为和思维高度不协调、不一致，严重时可能出现肌张力升高情况，外界任何刺激均不出现肢体反应。持续时间长短不等，短者数日，长者可数年，木僵解除后能清楚回忆病程经过。

（2）抑郁性木僵：患者呆坐不动或卧床不起，无自主活动和要求，反应极端迟钝，且缄默不语。在反复劝导和追问下，可获得微弱的回答，或做出相应的反应，如点头或摇头。患者情感反应，如表情和姿势与他们内心体验相符。

（3）心因性木僵：行为抑制表现为呆若木鸡，面无表情，全身僵住不动，缄默少语，对外界刺激反应减弱。常伴有自主神经功能失调的症状，如心跳加速、面色苍白、瞳孔散大。一般表现为亚木僵状态，持续时间短暂，或转为兴奋，或迅速恢复正常。

（4）器质性木僵：具有不语、不动、不主动进食、面无表情、常睁眼凝视或眼球随外界物体转动、呼之不应、推之不动等一般木僵状态的特点，可有肌张力增高、违拗和蜡样屈曲等表现，同时常伴有中枢神经系统损害的症状、体征及大小便失禁。

（5）药源性木僵：通常是药物副作用引起的，常见于大剂量使用抗精神病药、骤停或骤换抗精神病药、不恰当地联用多种抗精神病药的患者，尤其是儿童、老年人、脑损伤的患者、癫痫患者以及有躯体疾病的患者。值得注意的是，药源性木僵出现前患者往往已有药物副作用，经停药、减药或换药后症状可改善。

（二）常见护理诊断/问题

1. 自理能力缺陷 与精神运动抑制有关。

2. 营养失调：低于机体需要量 与不能自行进食有关。

3. 有对他人施行暴力的危险 与受到刺激突然进入兴奋状态有关。

4. 沟通障碍 与重度木僵状态有关。

5. 有压力性损伤的危险 与长期卧床、精神运动抑制有关。

6. 有受伤的危险 与自我保护能力缺失有关。

7. 有感染的危险 与抵抗力下降和长期卧床等有关。

8. 有便秘、尿潴留的危险 与精神运动抑制有关。

（三）护理目标

（1）患者自理能力恢复。

（2）营养供给满足患者机体需求量。

（3）患者未发生攻击伤害他人的行为。

（4）患者恢复沟通能力。

（5）患者木僵期间没有发生皮肤压力性损伤。

（6）患者没有发生受伤。

（7）患者木僵期间未发生肺部等感染。

（8）患者大小便正常，未发生尿潴留及便秘。

（四）护理措施

1. 基础护理

（1）个人卫生护理：协助做好晨晚间护理，及时更换污染的衣物，保持皮肤的清洁，做好床单位的整理，保证干燥、整洁。患者进食后要做口腔护理，同时应及时清除口腔分泌物，保持口腔的清洁。

（2）饮食护理：病情较轻的患者可督促进食或喂食，病情较重的患者则按医嘱予鼻饲以保证营养摄入，必要时予静脉滴注等方式维持水电解质平衡。

（3）皮肤护理：帮助患者定时翻身拍背及改变体位，并注意床铺及身体清洁，防止压力性损伤及呼吸道炎症的发生。

（4）排泄护理：护理人员需时刻观察患者的表情状态，并记录其日常排便情况，以此掌握患者的大小便规律，及时诱导其进行排泄，减少便秘的产生。对于有尿意也无法排出的患者，需给予导尿处理，避免尿潴留形成；而针对大便无法排出的患者需给予清洁灌肠。

2. 安全护理 根据患者的病情、木僵类型及表现做好各项风险评估；将患者安置于易于观察的监护室，清除周围危险物品，防止患者因突然进入兴奋状态或缓解状态而出现伤害他人或自我伤害等意外事件；做好床旁交接班，加强巡视，动态掌握患者的病情变化，如有异常，及时告知医生对症处理。

3. 心理护理

（1）认知行为干预：目标在于缓解患者不正确的认知，修正其错误的思维，引导其认识到自身的症状，学会放松，提升患者治疗依从性，改善患者木僵及拒食的症状。护理人员可通过语言进行引导，激发患者的情感共鸣，逐渐恢复患者的认知功能。

（2）心理疏导：进行护理与治疗前先向患者做好解释工作，注意安抚患者的情绪，消除其恐惧、紧张以及害怕的情绪，减轻心理负担。大部分处于木僵状态的患者能感知病房环境，尤其是周围人员的言语，因此在护理过程中，护士需注意个人的言行举止，充分考虑到患者的自尊心及情绪波动状况，尊重患者人格，平等对待所有精神疾病患者，采取与正常人相同的沟通方式进行交流，避免使其感受到歧视，提高其配合程度。

4. 功能锻炼　帮助患者定期训练肢体功能，当患者完全处于被动状态时，可将其肢体放置于功能位，并给予肢体按摩及关节活动，防止肌肉萎缩及关节僵硬。此外，将硬枕置于患者足底，并指导家属进行每日按摩，避免被褥长期压力导致的足下垂。每日帮助患者做踝泵运动，防止下肢静脉血栓的发生。

5. 健康宣教　鼓励病患家属进行陪伴与引导，促使患者感受到家庭的关爱与支持，获得精神慰藉，缓解其负面情绪。

（五）护理评价

患者有无恢复自理及沟通能力，营养状况是否良好，有无受伤或发生压力性损伤，有无发生肺部感染，大小便是否正常，有无尿潴留和便秘。

七、精神科身体约束与护理

（一）定义

身体约束是指使用任何物理或机械设备、材料或工具附加来限定患者的身体，患者不能轻易将其移除，达到限制患者自由活动或使患者不能正常接近自己身体某部位的目的。

（二）适用范围

精神障碍患者在医疗机构内发生或者将要发生伤害自身、危害他人安全、扰乱医疗秩序的行为，医疗机构及其医务人员在没有其他可替代措施的情况下，可以实施约束、隔离等保护性医疗措施。

（三）实施原则

1. 知情同意原则　使用前向患者及监护人解释所需保护的具体原因、目的、种类及方法，取得患者和家属的同意与配合，如非必须使用，则尽可能不用。

2. 最小化约束原则　使用保护工具要确保患者的安全，且只宜在其他替代措施无效时实施。

3. 动态评估原则　应随时评价保护具的使用情况，评价依据如下：①患者、家属了解约束用具使用目的，可接受并积极配合；②满足使用者身体的基本需要，患者安全，舒适，无血液循环障碍、皮损、坠床撞伤等并发症；③各项检查、治疗及护理措施能够顺利进行。

（四）基本要求

1. 人员要求

（1）应具备护士执业资格，接受过约束相关沟通与操作技能培训，具备专业的沟通能力和防护技术。

（2）约束前要与患者保持1米左右的安全距离，避免与患者进行长时间目光接触。

（3）充分尊重与关怀，应先由言语干预或自愿用药逐步转移至强制措施，紧急情况时呼叫支援。

（4）重点观察患者愤怒和愤怒的警告信号，接近患者并控制自己的情绪。

2. 环境要求

（1）患者所处的环境和位置，周围是否有其他患者，是否有贵重的器材或物品、空间是否开阔、是否有利于医护人员对患者实施保护性约束。

（2）患者是否手持或周边有无可作为武器的器具或其他工具，所有可能有潜在危险的物品都应该被尽量移除。

（五）实施过程

1. 评估

（1）患者的性别、年龄、病史、意识、活动能力、精神心理状态、合作程度、需要约束部位的皮肤和血液循环情况。

（2）约束用具选择、约束带数量、所需工作人员人数。

（3）约束环境是否足够安全及保护患者隐私。

2. 约束准备

（1）医护人员做好风险评估，如自杀、暴力、出走、扰乱医疗秩序等风险，进行查对和身份识别，由医生开具医嘱；紧急情况下可先实施保护性约束，约束后立即补开医嘱并完成病程及护理记录，需详细说明原因。

（2）向患者、家属或其他监护人做好解释告知工作，签署知情同意书。紧急情况下可先实施再告知。

（3）床单位准备：安置于易于观察的监护床位，约束患者和非约束患者不可安置于同一间房，铺上橡胶单和中单。

（4）约束用具准备：根据评估结果选择合适的约束用具，临床上常用的约束用具有肢体约束带（磁扣式与棉布）、腰部约束带、肩部约束带及约束衣等。

3. 实施约束

（1）工作人员分工合作，将患者肢体摆放于功能位置，同时予以解释约束的目的，安抚患者情绪以争取其配合。

（2）根据患者的病情及表现选择合适部位约束并固定，约束顺序：上肢—下肢—肩部。

（3）调整约束部位松紧度（普通约束带推荐以伸入1～2指为宜，磁吸约束带推荐以轻贴皮肤可旋转为宜，注意保护腋下，避免臂丛神经受损）。

（4）再次复核约束部位活动度与范围，做好约束巡视、记录与交接班，记录约束的原因、部位、起止时间、约束部位状况，做好床边交接班。

（六）约束后护理

1. 床位安置 将患者安置于易于观察的重点监护病房，原则上约束与非约束的患者应分开房间放置，无条件的应有专人陪护，避免被约束的患者受到伤害。

2. 落实巡视 严格遵循巡视制度，每15～30分钟巡视一次，重点观察患者的约束效果、约束部位皮肤、末端循环情况、有并发症时及时告知医生并予以处理。

3. 保护约束部位 保持约束部位处于功能位置并有一定活动度，约束部位应1～2小时松解一次予以肢体活动或按摩，可根据实际情况适当更换约束部位。

4. 基础护理 做好基础护理，保证患者营养水分摄入、大小便护理及协助保持好个人卫生清洁。

5. 隐私保护与心理护理 要注意对患者隐私部位的保护，做好心理上的护理，满足其合理的需求，定期与其沟通解释实施约束的重要性，可列举同类案例来增强患者信心及配合度。

6. 记录与交接班 约束性保护实施后要认真填写保护性约束记录单，做好护理记录，并在交接班时做好床旁交接工作。

7. 重视长时间约束 患者连续约束达24小时后，应当由具有高级技术职称的精神科执业医师对患者是否需要继续约束进行评估，如需继续约束，应再次开具一次临时医嘱。对长时间约束的患者，应进行医护联合查房以尽快控制病情后及时解除约束。

8. 健康教育　对患者及陪住家属进行解释工作和健康教育。

（七）常见并发症和预防措施

1. 皮肤破损/肿胀/压力性损伤　因患者过度挣扎或约束过紧、时间过长所致。约束用具选择质地软及透气性好的材质；遵医嘱使用镇静剂，减少患者因挣扎、反抗造成的损伤；加强巡视，重点观察约束部位的皮肤颜色、温度及完整性，观察约束部位的松紧度，定时更换约束部位，尽可能缩短约束时间；对局部皮肤受压可能超过 4 小时的患者，要设立床头翻身卡，每 1～2 小时翻身一次，关心满足二便需要，保持局部皮肤清洁干燥，防止压力性损伤发生。

2. 局部骨折/关节脱位　常因约束过程中患者极力反抗、工作人员缺乏约束技巧、按压不当、用力过猛所致。做好风险评估，配备充足的人力，分工合作，配合默契，注意保护患者重要部位。制订相应的培训体系，加强情绪管理和沟通技能培训，提高医护人员防暴技能及安全约束技能。

3. 臂丛神经受损　常表现为肩外展及屈肘功能障碍，上肢下垂，不能内旋和外旋。常因未将肢体摆放于功能位置，肩部约束过紧，牵拉时间过长所致。肩部约束时应选用特定的肩部约束带，可在腋下垫上棉垫或毛巾予以保护，加强巡视，关注患者有无疼痛、麻痹等主诉，尽可能缩短肩部约束时间。

4. 自尊受损　做好解释与告知，耐心沟通，充分尊重患者并保护患者隐私。采取人性化护理，满足患者的合理需求，做好约束患者的人文关怀，不仅有助于重建护患之间的信任，更有利于减少约束给患者带来的不良后果及促进患者的康复。

（八）保护性约束评估表

为了规范约束程序和确保约束护理质量，实施保护性约束前可使用相应工具进行必要性评估（表 3-8）。

表 3-8　保护性约束实施评估表

项目		分值
自伤自杀行为	出现自伤、自杀行为（割腕、撞墙、用拳击墙、划破手臂等）	4
	有自杀、自伤观念，有行动计划，准备付诸行动	3
	有自杀、自伤观念，无计划，未见行为	2
	情绪低落，目前无自杀、自伤观念，未见行为	1
	无以上任何表现	0
攻击行为	明确的毁物、用身体或持物攻击他人、放火、扔危险物品等行为	4
	激惹性增强，如摔门、拍桌子、对周围人有强烈敌意、动作粗暴、出现推搡他人等身体接触	3
	对他人语言攻击，侮辱、咒骂、威胁、恐吓、咆哮等	2
	无对象地发牢骚、抱怨、发出怪异声音，偶有喊叫、语言违拗等	1
	无以上任何表现	0
意识状态	意识障碍伴有翻越床栏、拉扯导管、行为莽撞、杂乱无章等激越行为	4
	意识障碍伴有情绪激动、胡言乱语、大喊大叫、坐立不安等躁动不安行为	3
	安静淡漠、退缩、注意力不集中、反应性降低、活动减少	2
	意识模糊，朦胧、嗜睡状态	1
	无以上任何表现	0

续表

项目		分值
精神症状	有精神症状，伴有冲门外走、故意制造事端等行为，劝说无效	4
	有精神症状，伴有冲门外走、故意制造事端等行为，劝说有效	3
	有精神症状，行为违拗，对治疗护理不接受	2
	有精神症状，对治疗护理工作被动配合	1
	对治疗护理工作主动配合	0

注：①同一条目中包含多项症状时，符合一项即可按该项评分；②自杀、自伤行为或攻击行为单项≥3 分或总分≥6 分实施约束。

思考题

1. 精神障碍患者的冲动行为包括哪些？如何进行防范？
2. 如何与精神障碍患者建立良好的关系？
3. 暴力行为的先兆表现有哪些？如何进行暴力行为风险评估？
4. 木僵的患者如何做好护理？
5. 如何对噎食的患者进行急救处理？
6. 实施保护性约束后的观察要点有哪些？如何做好约束后的护理？

（肖爱祥）

第四章 神经认知障碍及相关疾病患者的护理

学习目标

知识目标：

1. 通过对课程的系统学习能充分掌握神经认知障碍及相关疾病的护理。
2. 能掌握神经认知障碍的基本概念和常见临床综合征。
3. 能掌握与神经认知障碍有关常见疾病的临床表现、治疗和护理。

能力目标：能运用所掌握的理论知识对神经认知障碍患者进行护理评估，制订护理计划，并对患者实施个性化护理措施。

素质目标：正确认识神经认知障碍，关心和帮助患者及家属，以创新理念和方法服务患者，为患者及家属提供系统及个性化的帮助。

思维导图

思维导图请扫封底二维码。

情景导入及思考

李先生，男，72岁，已婚，退休干部。2年前开始出现记忆力问题。初时表现为好忘事，记不住刚看过的新闻、刚说的话转眼就忘记。记忆下降逐渐明显，常走错房间，烧水忘了关火而将水壶烧干险些失火。拿起刚倒的开水就喝而烫伤自己。总是找不到家中的钱物，并发展到遗失贵重物品包括钱包和存折等。同时人格改变，出现懒散、敏感多疑。1个月前症状加重，外出找不到回家的路，怀疑孩子偷他的钱，怀疑年老的妻子有外遇，发脾气，甚至打骂家人。

思考：

1. 患者可能的诊断是什么？
2. 应从哪些方面进行病史采集及护理评估？
3. 该患者主要的护理问题是什么？主要的护理措施包括哪些？

第一节 概 述

一、神经认知障碍的临床特点

根据ICD-11，神经认知障碍（neurocognitive disorder，简称NCD）表现为获得性认知功能缺损，是一组以谵妄、遗忘、痴呆等认知缺陷为主要临床表现的综合征，具有相对明确的病理与病理生理机制，涉及多种脑部和躯体疾病。神经认知障碍反映的是先前认知水平的下降，不包括出生或生长发育过程中出现的认知障碍（它们应当归类于神经发育障碍）。尽管许多精神障碍均可以出现认知障碍（如精神分裂症、双相障碍等），但只有那些以认知为核心的障碍才会被归类于神经认知障碍。

时间长廊　　对痴呆和阿尔茨海默病的认识

现代医学中“痴呆”即英文“dementia”，起源于法国著名医生菲利普·皮内尔博士。皮内尔于1801年首先报告了一例34岁女性患者，该患者表现出一些奇怪的临床症状，例如记忆力严重减退，言语功能丧失，不能行走，且忘记如何使用日常用品如梳子、刀、叉等；皮内尔描述其病情为“demence”或脑功能不连贯。该患者最终死亡，尸检发现其脑组织中“充满液体，大脑明显萎缩”。

1877年，让-马丁·沙可（Charcot）首先报告了帕金森病患者同时存在认知功能和性格的改变。

1901年，爱罗斯·阿尔茨海默（Alois Alzheimer）在德国法兰克福精神病院接诊了一例51岁的女性患者澳杰斯特·狄特（Auguste Deter）夫人，她表现为奇怪的行为异常症状，短期记忆缺失，在以后的数年，该例患者的临床表现一直困扰着他。直至1906年4月，狄特夫人去世，阿尔茨海默将其病历和脑组织标本送到德国慕尼黑的Kraepelin实验室进行病理学检查，发现该患者脑组织中有神经原纤维缠结（NFT）形成和神经炎性斑［NP，亦称老年斑（SP）］。

阿尔茨海默报告首例阿尔茨海默病患者后，虽然世界各地报告的病例逐渐增多，但直至20世纪80年代美国才陆续建立了29所阿尔茨海默病中心，明确了构成老年斑的β-淀粉样蛋白（Aβ）之氨基酸系列，并于1991年报告了β-淀粉样前体蛋白（APP）基因突变可导致家族性阿尔茨海默病。1995年，加拿大多伦多大学的St George-Hyslop研究小组发现了早老素1（PS-1）突变家系；同年，美国西雅图退伍军人事务医疗中心的科学家发现了早老素2（PS-2）突变家系。

神经认知障碍的临床特征与原发疾病之间并不存在特异性的关系，神经认知障碍的出现和器质性病变的进展存在时间上的联系，神经认知障碍的出现晚于器质性病变，且它会随着原发疾病的改善而改善。此外，神经认知障碍患者往往有体征及阳性辅助检查结果。

神经认知障碍的治疗原则为病因治疗及对症治疗并重。在应用精神科药物对症治疗时应慎重，要注意剂量宜小，避免对身体脏器的损害，大剂量长期使用抗精神病药会引起认知损害。

二、常见综合征

常见的神经认知障碍临床综合征包括谵妄、遗忘综合征和痴呆（重度认知障碍）。

（一）谵妄

根据ICD-11，谵妄（delirium）表现为短时间内出现注意力紊乱（例如，指向、集中、维持和转移的能力下降）和意识紊乱（例如，对周围环境的定向减弱），在一天当中多具有波动性，并常伴认知功能受损（如记忆、定向力的受损），以及语言功能、视空间能力、感知觉的损害及睡眠-觉醒周期的改变等。

谵妄是一个综合征，常伴随着广泛的认知障碍和相应的精神及行为症状，通常起病较急且具有可逆性，也被称为急性脑综合征（acute brain syndrome）。

1. 病因和发病机制　谵妄是在非特异性病因作用下出现的脑功能活动紊乱，目前较为公认的病机理论是“应激-易感模型”，认为谵妄的发生涉及患者自身的易感因素和外界的促发因素的相互作用。谵妄的易感因素包括高龄、认知功能损害、严重躯体疾病或脏器功能失代偿（如感染、心力衰竭、癌症、脑血管病）、抑郁症、视听障碍、营养不良、水电解质失衡、药物/酒依赖等。谵妄的促发因素包括手术、外伤、严重生活事件、疲劳、睡眠不足、外界刺激过大或过多、环境的改变、药物影响等。

谵妄的发病机制迄今尚不十分清楚。有较多证据支持的是胆碱能低下-多巴胺能过度活动假说，该假说支持多种病理生理因素转化为神经环路的功能活动异常，引发一系列临床症状。与血浆乙酰胆碱等神经递质合成减少也有相关性。

在社区一般人群中，谵妄总患病率为1%～2%，随着年龄增加，85岁以上老年人患病率可高达14%。在急诊老年患者中，患病率为10%～30%，住院患者中为6%～56%，在老年病房、急诊室和重症监护病房中较常见，术后谵妄发生率在15%～53%，重症监护病房发生率高达70%～87%。

2. 临床表现　谵妄以注意障碍和意识障碍为特征性表现。在傍晚及夜间加重，呈昼轻夜重的特点。

（1）意识障碍：为其核心症状，表现意识水平下降，对环境及自身定向能力减弱。

（2）注意障碍：为定向、聚焦、维持以及变换注意力的能力下降，容易出现不恰当的转移注意力或被无关刺激影响而分神。

（3）学习或者记忆障碍：以近期记忆明显。

（4）定向障碍：时间、地点定向障碍，严重者可出现人物定向障碍。

（5）知觉障碍：如错觉或幻觉，以视幻觉常见。

（6）睡眠-觉醒障碍：日间困顿、夜间激越、入睡困难及整夜清醒，部分患者可出现昼夜颠倒。

（7）情绪行为障碍：如焦虑、抑郁、恐惧、易激惹、愤怒、欣快和情感淡漠，上述情绪状态间会有快速、不可预测的转换，夜间会出现呼喊、尖叫、咒骂、呻吟等或制造出其他声音。

3. 诊断要点　根据典型的临床症状做出诊断：即急性起病、意识障碍、定向障碍、伴波动性认知功能损害等，认知评估可提示认知功能的全面紊乱。还需根据病史、体格检查及辅助检查来明确谵妄的病因，如躯体疾病、电解质紊乱、感染、酒精或其他物质依赖等。

4. 治疗与预后　谵妄的治疗首先需要纠正谵妄病因，即针对原发脑器质性疾病或躯体疾病的治疗。营造良好的治疗环境——病室环境应“昼夜分明”（白天光线充足，夜晚黑暗安静）。若患者存在严重的感知觉紊乱或妄想，可使用抗精神病药，但应小剂量起始，如有可能，尽早停用。与酒精或镇静催眠类药物戒断相关的谵妄推荐使用苯二氮䓬类药物。

谵妄的预后一般良好，病程短暂，多数持续数小时或数天，常随原发病的好转而好转，但是老年患者中病程持续数月者也并非罕见。谵妄迁延的高危因素包括谵妄症状严重、高龄、罹患痴呆、共病及使用躯体约束。

（二）遗忘综合征

遗忘综合征（amnestic syndrome）又称科尔萨科夫综合征（Korsakoff syndrome），是脑部器质性病变导致的选择性或局灶性认知功能障碍，以近事记忆障碍为主要特征或唯一临床表现的综合征。患者意识清晰，为弥补记忆障碍或遗忘的缺陷，常出现错构或虚构现象，其他认知功能保持完好。

1. 病因　最常见的病因是长期大量饮酒导致酒中毒，酒中毒引起维生素B族缺乏，造成间脑和边缘颞叶结构损害，如乳头体、海马、穹隆、视丘内背侧核群等。但胃癌以及严重营养不良所致硫胺缺乏亦可导致本症。其他原因如脑外伤、外科手术、血管性病变（海马区梗死）、缺氧、一氧化碳中毒、第三脑室肿瘤、单纯疱疹病毒性脑炎、服用镇静催眠药、抗癫痫药等。

2. 临床表现 特点是记忆能力障碍，时间定向力障碍，虚构症和顺行性或逆行性遗忘症。患者开始时表现为对其发病后的事件，或刚做过的事情不能回忆。遗忘综合征常可和记忆错误结合在一起，患者常以错构症或虚构症的方式去填补既往经历中记忆脱失的空白部分。

3. 治疗与管理 遗忘综合征因为大脑已经发生局灶性器质性病理改变，故即使发现与治疗及时，预后往往仍欠佳。目前主要是针对病因治疗，如酒精依赖所致者需戒酒并补充维生素 B_1，积极治疗原发疾病。大剂量的硫胺可以改善许多患者的定向障碍和虚构，但是记忆障碍改善不明显。有临床研究报道提示可乐定、血管升压素可能对遗忘综合征的记忆障碍有效，但需进一步临床研究证实。鼓励患者制订、参与康复训练计划，如每天坚持读写任务，记忆数字训练等，帮助康复。

（三）痴呆（重度认知障碍）

痴呆（dementia）是一种获得性脑综合征，表现为认知功能从先前的水平持续下降，是较严重的、持续的认知障碍。临床上以缓慢出现的智能减退为主要特征，伴有不同程度的人格改变，但无意识障碍。痴呆有两个或以上的认知领域的损害（例如，记忆、执行功能、注意、语言、社交认知及判断、精神运动性的速度、视觉感知能力、视觉空间能力的损害）。这些认知损害不能完全归因于正常的衰老，且显著影响个体独立进行日常生活的功能。痴呆起病缓慢，病程较长，又称为慢性脑综合征（chronic brain syndrome）。

知识链接 **轻度认知功能障碍**

轻度认知功能障碍（mild cognitive impairment，MCI）是介于正常衰老与痴呆之间的中间状态。在 65 岁以上的老年人中轻度认知功能障碍患病率为 16%～20%，是一个庞大的群体。

MCI 是指记忆力或其他认知功能进行性减退，但不影响日常生活能力，且未达到痴呆的诊断标准。

MCI 诊断标准主要包括四点：

（1）患者或知情者报告，或有经验的临床医师发现认知的损害；

（2）存在一个或多个认知功能域损害的客观证据（来自认知测验）；

（3）复杂的工具性日常能力可以有轻微损害，但保持独立的日常生活能力；

（4）尚未达到痴呆的诊断。

MCI 的诊断流程与痴呆概念相似，MCI 是一种症状性诊断，是多种原因导致的综合征。

1. 病因 引起痴呆的病因很多（表 4-1），且治疗效果欠佳。内分泌障碍、神经梅毒以及部分颅内占位性病变等所致的痴呆如能及时发现、及早治疗，在针对病因的治疗后可获得部分程度的改善。

表 4-1 引起痴呆的病因

病因	疾病
中枢神经系统变性疾病	阿尔茨海默病、额-颞叶痴呆、皮克病、路易体痴呆、帕金森病、亨廷顿病、皮质-纹状体-脊髓联合变性等
脑血管病	多发梗死性痴呆、颈动脉闭塞、皮质下动脉硬化性脑病、血栓性血管炎等

续表

病因	疾病
代谢性疾病	黏液水肿、甲状腺功能亢进或减退、甲状旁腺功能亢进或减退、肾上腺皮质功能亢进、肝豆状核变性、尿毒症、慢性肝功能不全、艾迪生病、库欣综合征、高胰岛素血症
颅内感染	各种脑炎、脑膜脑炎、神经梅毒、艾滋病及库鲁病等
颅内占位性病变	肿瘤、硬膜下血肿等
低氧和缺氧血症	包括缺血性（心搏骤停、严重出血和贫血）、缺氧性（呼吸衰竭、哮喘、窒息、麻醉）、瘀滞性（心力衰竭）和组织中毒性等各类低（缺）氧血症
营养缺乏性脑病	硫胺缺乏性脑病、糙皮病以及维生素 B_{12} 和叶酸缺乏等
中毒性脑病	酒精、重金属、一氧化碳中毒及有机物中毒等
颅脑外伤	头部的开放性或闭合性外伤、拳击员痴呆等
其他	正常压力性脑积水、类肉瘤病等

2. 临床表现 痴呆发生多缓慢隐匿，近记忆受损是最早的核心表现之一，主要是铭记功能受损，患者无法记住约定好的事情或者任务，记不住最近发生的事情。随着病情的进展，患者远记忆也受损，思维缓慢、贫乏，抽象思维丧失，对一般事物的理解力和判断力越来越差，注意力日渐受损，可出现计算困难以及时间、地点和人物定向障碍。

患者的另一个早期症状是学习新知识、掌握新技能的能力下降，在面对不熟悉的工作时会有疲乏、沮丧与易激惹的表现。此外，患者的抽象思维、概括、综合分析和判断能力进行性减退。当记忆全面受累、理解判断力受损时可能会出现继发性妄想（不系统、片段、不持久），内容常与被窃、遗失、疑病、被害或配偶不忠等有关。

患者的另一组表现是情绪变化和人格改变。患者情绪不稳定，易怒、易哭易笑，或焦虑不安等。随着疾病的进展逐渐表现为淡漠、迟钝或易于消极。患者的人格改变明显，多疑、固执、斤斤计较，甚至会有违反道德准则的行为，家人常觉得难以接受。

除了认知功能损害外，痴呆患者还常常表现出情感表达及行为举止方面的异常。1996年，国际老年精神病学学会将其定义为“痴呆的行为精神症状（behavioral and psychological symptom of dementia，简称 BPSD）”。痴呆的精神（心理）症状指焦虑、抑郁和精神病性表现，行为症状指攻击、淡漠、激越、脱抑制行为、游荡、昼夜作息紊乱以及咒骂和言语攻击行为等。

有 80%～90% 的患者在病程中至少存在一种症状。BPSD 容易使患者、家属或照料者照料负担增加，影响其生活质量；而且容易造成患者早期住院治疗，增加照料成本。因此，科学治疗和管理 BPSD 是痴呆诊疗工作的重要内容。

知识链接 **痴呆的行为精神症状（BPSD）的干预策略**

痴呆的行为精神症状的七级管理模式

分级	临床主要特点	管理方式
第一级	无痴呆	常规预防
第二级	痴呆，不伴 BPSD	抗痴呆药物治疗 选择性预防 BPSD
第三级	痴呆，伴轻度 BPSD	抗痴呆药物治疗 非药物干预（照料者）

续表

分级	临床主要特点	管理方式
第四级	痴呆，伴中度 BPSD	抗痴呆药物治疗 非药物干预（记忆门诊指导）
第五级	痴呆，伴重度 BPSD	抗痴呆药物治疗 非药物干预（记忆门诊指导） 专业指导的个案管理
第六级	痴呆，伴较严重 BPSD	抗痴呆药物治疗 非药物干预（记忆门诊） 转诊至老年精神科
第七级	痴呆，伴极严重 BPSD	抗痴呆药物治疗 重症特护住院管理

BPSD“交通信号灯系统”分级管理模式

绿——无症状	简单预防措施	预防
黄——轻度或中度症状	轻度一般性干预	密切观察
红——重度症状	特殊干预措施和抗精神病药使用指南	特殊干预措施 抗精神病药处方

当智能全面衰退、痴呆严重时，患者自理能力丧失甚至失去言语交流能力，会有大小便失禁的现象，最终会因感染、内脏疾病或衰竭而死亡。

3. 治疗与管理 研究共发现 12 种可改变的危险因素，包括教育程度低、听力下降、脑外伤、高血压、过量饮酒、肥胖症、吸烟、抑郁症、缺乏社交、缺乏运动能力、空气污染、糖尿病。其中，早年受教育程度较低、中年失聪和晚年吸烟，是与痴呆症关联程度最大的几项危险因素。这些因素如果能够得到控制，就会大大降低痴呆和轻度认知障碍的患病率。及早针对病因治疗，积极评估患者的认知功能和社会功能的损害程度，治疗精神行为症状，提供专业的照护。如利用评估工具如简易智力状态检查量表（mini-mental state examination，MMSE）和认知量表等评估患者的认知损害程度。

治疗原则是提高患者的生活质量，减轻患者给家庭带来的负担。对照料者进行培训及支持同样非常重要。注意对患者伴发的精神行为症状，如有妄想、激越攻击行为等给予抗精神病药对症处理。

目前尚缺乏治疗认知障碍的特效药物，虽然部分益智药短期内能改善患者接受新事物的能力，延缓痴呆的进一步加重，但长期效果仍有待观察。应加强康复训练、护理，减轻或延缓其功能残缺。

我国痴呆患者仍以居家照料体系为主，痴呆照料者普遍感到心理负担、照料任务和经济负担都比较繁重。故帮助患者和照料者产生积极情绪，并使其长期保持非常重要。

建立跨专业照护团队（包括医生、护士、护理员、社工、专业治疗师等），以患者及其家庭照护者为中心，提供全面而个性化的服务。全面评估患者，根据患者的能力和需要，制订照护计划。实施并及时评价照护效果。根据老年人的生活能力、行为和沟通的变化，采取有效的应对策略。保证照护计划和方法符合个体需要。配置恰当的照护团队，提供适合患者生活的友好环境，确保患者安全、舒适与愉悦，尽可能支持其独立性。养老机构或社区服务人员与患者的家庭成员建立伙伴关系，便于实施照护计划，提升照护品质。

知识拓展　　神经认知障碍的认知干预

认知干预（cognitive intervention）主要是指采用非药物干预手段对认知功能进行直接或间接治疗。认知干预分为三种类型，即认知刺激（cognitive stimulation）、认知康复（cognitive rehabilitation）和认知训练（cognitive training），其采用的干预方法、靶向治疗人群和治疗的目的各不相同。认知干预是药物治疗的有效补充。一方面，针对痴呆患者，特别是轻中度痴呆患者，联合应用认知干预和胆碱酯酶抑制剂可以让患者更多获益。另一方面，随着痴呆与认知障碍疾病干预的重点转移到痴呆前阶段，目前仍无有效的针对痴呆前阶段进行干预的药物，而认知干预，特别是认知训练，有望成为痴呆前阶段患者和痴呆风险人群的早期干预和预防手段。

第二节　与神经认知障碍有关的常见脑部疾病的护理

一、阿尔茨海默病

阿尔茨海默病（Alzheimer disease，AD）是一种不可逆的神经系统变性疾病，其病理特征为老年斑、神经原纤维缠结、海马锥体细胞颗粒空泡变性及神经元缺失。临床特征为隐袭起病，进行性智能衰退，多伴有人格改变，病程通常为8～10年。

阿尔茨海默病是老年期重度神经认知障碍（痴呆）的常见类型，约占重度神经认知障碍总数的50%以上。阿尔茨海默病常见于65岁以上的老年人，患病率随着年龄的增长而升高，65岁以上患病率约5%，85岁以上是20%～50%。本病通常为散发，女性多于男性。

（一）病因及发病机制

阿尔茨海默病的病因与发病机制尚未明确，目前已发现如下的因素参与了阿尔茨海默病的发生发展：

1. 遗传因素　约5%的患者有家族史，患者的一级亲属中阿尔茨海默病的发病率是普通人群的4.3倍。近年发现，三种早发型家族性常染色体显性遗传的阿尔茨海默病致病基因，分别是21号染色体的*APP*基因，14号染色体的早老素1（presenilin 1，PS-1）及1号染色体上的早老素2（presenilin 2，PS-2）。19号染色体的载脂蛋白E（*APOE*）基因是晚发型阿尔茨海默病的重要危险基因。

2. β-淀粉样蛋白（β-amyloid，Aβ）代谢异常　Aβ生成和清除失衡是神经元变性和痴呆发生的始动因素，可诱导tau蛋白过度磷酸化、炎症反应、神经元死亡等一系列病理过程。

3. 神经递质障碍　阿尔茨海默病患者存在广泛的神经递质异常，包括乙酰胆碱、单胺、氨基酸类及神经肽等。其中比较明显的是乙酰胆碱，随着疾病进展，患者乙酰胆碱水平迅速下降，这也是目前阿尔茨海默病获得有限疗效的药物治疗基础。

（二）病理改变

阿尔茨海默病患者的大体病理呈弥漫性脑萎缩，重量减轻，脑回变窄，脑沟增宽，尤以颞、顶、前额叶萎缩更明显，第三脑室和侧脑室异常扩大，海马萎缩明显。镜下病理以老年斑、神经原纤维缠结和广泛神经元缺失为主要特征。

1. 老年斑（senile plaque，SP）　SP的中心是β-淀粉样蛋白，周围缠绕着大量的蛋白和细胞碎片。老年斑通常是从海马和基底前脑开始，逐渐累及整个大脑皮质和皮质下灰质。老年斑形成的同时，还有广泛的进行性大脑突触丢失，这与短时记忆障碍有关。

2. 神经原纤维缠结（neurofibrillary tangle，NFT） 电镜下为螺旋样细丝，主要由高度磷酸化的微管相关蛋白（tau 蛋白）组成。磷酸化 tau 蛋白不利于微管蛋白聚合成为微管，而高度磷酸化的 tau 蛋白丧失了对微管的稳定作用，可导致细胞骨架结构分解破坏。

3. 广泛神经元缺失 神经元缺失，代之以星形胶质细胞增生和小胶质细胞增生。

4. 其他病理特征 包括海马锥体细胞颗粒空泡变性，轴索、突触异常断裂和血管淀粉样变等。

（三）临床表现

1. 核心症状 阿尔茨海默病多在老年前期和老年期起病，通常起病隐匿，为持续性、进行性病程，无缓解，由发病至死亡平均病程 8～10 年，有些患者病程可持续 15 年或以上。核心症状为三部分，即认知功能下降，痴呆的行为精神症状，日常生活能力的逐渐下降。

（1）认知功能下降：典型的首发症状为记忆障碍，早期以近记忆力受损为主，远记忆力受损相对较轻。早期常被忽略，被认为是老年人爱忘事，但逐渐会影响患者日常生活。同时语言功能逐渐受损，出现找词、找名字困难的现象，可出现计算困难、时间地点定向障碍、执行功能下降等。

（2）痴呆的行为精神症状（behavioral and psychological symptom of dementia，BPSD）：包括抑郁、焦虑不安、幻觉、妄想和失眠等心理症状，踱步、攻击行为、无目的徘徊、坐立不安、行为举止不得体、尖叫等行为症状。发生率为 70%～90%，影响患者与照料者生活质量，是阿尔茨海默病患者住院的主因。

（3）日常生活能力的逐渐下降：表现为完成日常生活和工作越来越困难，吃饭穿衣上厕所也需要帮助，简单的财务问题也不能处理，日常生活需要他人照顾，最后完全不能自理。

2. 临床分级 根据疾病的发展和认知功能缺损的严重程度，可分为轻度、中度和重度。

（1）轻度：近记忆障碍常为首发及最明显症状，患者对新近发生的事容易遗忘，学习新知识、新技能困难，忘记重要的约会及已许诺的事，看书读报后不能回忆其中的内容。常有时间定向障碍，患者记不清具体的年月日。计算能力减退，很难完成简单的计算，如 100 减 7、再减 7 的连续运算。思维迟缓，思考问题困难，特别是对新的事物表现出茫然难解。早期患者对自己记忆问题有一定的自知力，并力求弥补和掩饰，例如经常做记录，避免因记忆缺陷对工作和生活带来不良影响，可伴有轻度的焦虑和抑郁。随着记忆力和判断力减退，患者对较复杂的工作不能胜任，例如妥善地管理钱财和为家人准备膳食。尚能完成熟悉的日常事务或家务。患者的个人生活基本能自理。此期病程持续 3～5 年。

（2）中度：到此阶段，患者不能独自生活。表现为日益严重的记忆障碍，用过的物品随手即忘，日常用品丢三落四，甚至遗失贵重物品。刚发生的事情也遗忘。忘记自己的家庭住址及亲友的姓名，但尚能记住自己的名字。有时因记忆减退而出现错构和虚构。远记忆障碍越来越明显，不能回忆自己的工作经历，甚至不知道自己的出生年月。除有时间定向障碍外，地点定向也出现障碍，容易迷路走失。甚至不能分辨地点，如学校或医院。言语功能障碍明显，讲话无序，内容空洞，不能列出同类物品的名称；继之，出现命名不能，在命名测验中对少见物品的命名能力丧失，随后对常见物品的命名亦困难。失认以面容认识不能最常见，不认识自己的亲人和朋友，甚至不认识镜子中自己的影像。失用表现为不能正确地以手势表达，无法做出连续的动作，如刷牙动作。患者已不能工作、难以完成家务劳动，甚至洗漱、穿衣等基本的生活料理也需家人督促或帮助。

患者的精神和行为障碍也比较突出，情绪波动不稳；或因找不到自己放置的物品，而怀疑被他人偷窃，或因强烈的嫉妒心而怀疑配偶不贞；可伴有片段的幻觉；睡眠障碍，部分患者白天思睡、晚上活动。大部分患者需要专人照料。此期的病程约为3年。

（3）重度：记忆力、思维及其他认知功能皆严重受损。忘记自己的姓名和年龄，不认识亲人。语言表达能力进一步退化，患者只有自发言语，内容单调或反复发出不可理解的声音，最终丧失语言功能。患者活动逐渐减少，并逐渐丧失行走能力，甚至不能站立，最终只能终日卧床，大、小便失禁。晚期患者可出现原始反射如强握、吸吮反射等。最明显的神经系统体征是肌张力增高，肢体屈曲。

阿尔茨海默病病程呈进行性，一般经历8～10年，罕见自发缓解或自愈，最后发展为严重痴呆，常因皮肤压力性损伤、骨折、肺炎、营养不良等继发躯体疾病或衰竭而死亡。

（四）诊断要点

阿尔茨海默病病因未明，诊断首先应根据临床表现做出中度或轻度神经认知障碍的诊断，然后对病史、病程的特点、体格检查及神经系统检查、心理测查与辅助检查的资料进行综合分析，排除其他原因引起的神经认知障碍，才能诊断为阿尔茨海默病。

（五）治疗与预防

目前尚无法逆转或阻止阿尔茨海默病的病情进展，现实施的治疗方法基本上都属于对症治疗。

1. 心理社会治疗 鼓励患者尽可能地参加各种社会活动，进行认知刺激疗法、行为疗法等心理社会治疗以延缓衰退速度，提供合适的环境，防止摔伤等意外情况的发生，有效的护理干预措施能够延长患者的生命及改善生活质量。

2. 辅助支持治疗 给予扩张血管、改善脑血液供应、营养神经和抗氧化等辅助用药。

3. 药物治疗 主要包括胆碱酯酶抑制剂（acetylcholinesterase inhibitor，AChEI）及*N*-甲基-*D*-天门冬氨酸（*N*-methyl-*D*-aspartate，NMDA）受体拮抗剂两大类。

（1）胆碱酯酶抑制剂：主要用于治疗轻中度阿尔茨海默病患者，可以改善患者的认知功能和日常生活能力，还对轻-中度、中-重度阿尔茨海默病的早期精神行为异常治疗有效。包括多奈哌齐、卡巴拉汀、加兰他敏、石杉碱甲等。

（2）NMDA受体拮抗剂：如美金刚，被推荐用于中、重度阿尔茨海默病。

在使用促认知药物后精神症状无改善时可酌情使用抗精神病药治疗，用药原则是低剂量起始，缓慢增量，增量间隔时间稍长，尽量使用最小有效剂量，治疗个体化，注意药物间的相互作用等。

本病应早期发现、早期诊断、早治疗，加强照护，积极预防意识障碍和躯体合并症的发生，一旦出现应及时处理。

二、血管性神经认知及精神障碍

血管性神经认知障碍（vascular neurocognitive disorder，VCI）是一种由脑血管病变（缺血或出血性）导致的显著的脑组织损伤，涉及至少1个认知域受损的临床综合征，分为血管性非痴呆性认知障碍（vascular neurocognitive impairment no dementia，VCI-ND）和重度血管性神经认知障碍（又称血管性痴呆，vascular dementia，VD），也包括合并阿尔茨海默病等混合性病理所致的不同程度的认知障碍，称混合性痴呆（mixed dementia，MD），本节主要介绍血管性痴呆。

血管性痴呆是VCI范畴中病情较重的群体，是一种常见的重度神经认知障碍。65岁以上老年人群中，血管性痴呆的患病率为1.50%，是仅次于阿尔茨海默病的常见痴呆类型。发病与年龄有关，男多于女。导致血管性痴呆的危险因素与脑卒中类似，如高血压、冠状动脉疾病、房颤、糖尿病、高胆固醇血症、吸烟、高龄、卒中史等。血管性痴呆的自然病程为5年左右，其预期寿命较普通人群甚至阿尔茨海默病患者短。

（一）临床表现

与阿尔茨海默病比较，血管性痴呆的起病相对较急，病程可呈阶梯式恶化且波动较大。血管性痴呆较多出现夜间精神紊乱，少数患者可出现人格改变，早期自知力存在，可伴发抑郁、情绪不稳和情感失控等症状。患者有卒中或短暂性脑缺血发作（TIA）的病史或有脑血管障碍危险因素病史，体格检查可有局灶性神经系统症状和体征。痴呆和脑血管病有相关性，临床特征需要符合下列之一：①认知障碍的发生在时间上与1个或多个脑血管事件相关（认知障碍的发生往往是突发的，并随着多次类似脑血管事件的发生而表现为阶梯式进展或波动性，并且认知障碍在脑血管事件发生后3个月仍然持续存在）。②如果没有卒中事件的病史，那么需要受损的认知域主要是信息处理速度、复杂注意力，和（或）额叶执行功能，以下特征可作为支持点：早期出现的步态异常，包括行走不平衡感或反复的跌倒；早期出现尿频、尿急或其他不能用泌尿系统疾病解释的症状；人格或情绪改变，如意志力丧失、抑郁或情绪失禁。CT及MRI可见多发性梗死灶。

（二）预防与治疗

VCI预防的关键是脑血管病和痴呆危险因素的防治，主要包括生活方式干预与血管危险因素的控制。锻炼、健康饮食、戒烟和教育可能降低VCI的风险。高危老年人群的多因素干预（锻炼、饮食、认知训练及血管危险因素控制）很可能对预防VCI有益。

VCI的治疗包括药物治疗和非药物治疗。目前对于VCI的药物治疗研究多集中在血管性痴呆（重度VCI）。胆碱酯酶抑制剂与NMDA受体拮抗剂用于VCI的治疗效果有待进一步临床评价。对于VCI合并阿尔茨海默病的混合性痴呆，胆碱酯酶抑制剂与美金刚也是治疗选项。

VCI患者如果存在行为精神症状，应分析其原因，尽量首选非药物治疗，包括环境和社会心理干预等；胆碱酯酶抑制剂与NMDA受体拮抗剂对行为精神症状有一定的改善作用。

三、由创伤性脑损伤所致的神经认知及精神障碍

由创伤性脑损伤所致的神经认知障碍是指对大脑的冲击或其他机制引起颅内大脑快速移位造成脑损伤而导致的神经认知障碍。常见的创伤是交通事故、高处坠落、运动、战争等引起的颅脑损伤。颅脑损伤的高发年龄为15～25岁，男性明显多于女性（2～3倍）。

（一）临床表现

认知障碍在创伤性脑损伤或意识恢复后立即出现，并在急性脑损伤后持续存在。患者的神经认知损害可表现在多个方面，如复杂注意力、执行能力、学习和记忆力下降，信息加工速度缓慢和社会认知障碍。严重的创伤性脑损伤患者可有神经认知缺陷，如失语、结构性失用等。

脑损伤的急性期症状以意识障碍为主，持续数秒至长期不等。若丧失意识时间超过数小时，完全康复的机会可能降低。昏迷患者往往要经历一段外伤后精神混乱状态（post-traumatic confusional state）才能完全恢复。脑外伤后遗忘（post-traumatic amnesia，PTA）常见，通常持续数分钟至数周不等。

轻度创伤性脑损伤患者的神经认知症状及其他伴随症状可能会在数天至数周内恢复，通常在3个月后恢复。而重度创伤性脑损伤患者通常会出现持续的神经认知障碍，甚至可能出现痴呆。

患者还可伴有情感障碍（抑郁、易激惹、紧张焦虑、情绪不稳）、精神症状（分裂样症状或偏执症状）、人格改变（脱抑制、情感淡漠、多疑、攻击性）、躯体障碍（头痛、疲劳、眩晕、耳鸣、对声光敏感、睡眠障碍）及神经系统的症状和体征（惊厥、偏瘫、视觉障碍等）。

（二）治疗

颅脑外伤急性阶段的治疗主要由神经外科处理。危险期过后，应积极治疗谵妄，有意识障碍者慎用精神药物。有幻觉、妄想等精神症状者可给予抗精神病药。人格改变的患者可尝试行为治疗，并帮助患者家属正确认识及接纳患者的行为。支持性心理治疗、行为或认知行为治疗配合适当的药物治疗（如抗抑郁药、抗焦虑药等）都可用于此类患者。

颅脑外伤后癫痫可加重颅脑外伤所致的各种精神症状，尤其是情绪和行为问题，应当积极控制癫痫发作。

四、颅内感染所致的神经认知及精神障碍

很多颅内感染患者可出现神经认知障碍，如在疾病的急性期较容易出现谵妄，而在疾病的恢复期及后遗期则可能出现轻度神经认知功能障碍或痴呆，同时在整个疾病过程中会伴有较复杂的精神行为异常。主要是由病毒、细菌、螺旋体、真菌、原虫或其他微生物、寄生虫等直接侵犯脑组织引起的精神障碍，受侵脑组织可分为蛛网膜下腔（脑膜炎）、脑实质（脑炎）或局限于脑或脑膜并形成包围区域（脑脓肿），但实际上损害很少呈局限性而不互相影响。

（一）病毒性脑炎

病毒性脑炎是因病毒感染而引起的脑实质炎症，其中单纯疱疹病毒性脑炎最为常见。一般发病无季节性与区域性，故常为散发性病毒性脑炎。

多为急性或亚急性起病，神经认知障碍主要出现在急性期，在头痛、疲乏、发热等一般症状的基础上，表现为不同程度的意识障碍（如嗜睡、神志恍惚、定向障碍甚至昏迷）和认知损害（记忆、计算、理解能力减退），有些可出现谵妄。

除神经认知障碍表现外，精神运动性抑制症状较多见，表现为言语减少，情感淡漠、迟钝、呆板等。也可表现为精神运动性兴奋，如躁动、言语增多、行为紊乱、欣快、无故哭泣或痴笑等，可有幻觉和妄想。癫痫发作相当常见。可出现比较明显的神经系统症状和体征，如瘫痪、共济失调、震颤、眼球运动障碍、吞咽困难等。

早期抗病毒治疗是关键，能有效降低患者死亡率。积极对症治疗合并激素治疗和支持治疗也十分重要。对兴奋躁动、幻觉妄想等症状可给予适当抗精神病药治疗。

（二）脑膜炎

1. 化脓性脑膜炎　常见病原菌有脑膜炎双球菌、肺炎球菌、链球菌、葡萄球菌、流感杆菌和大肠埃希菌。起病急，有高热、头痛、呕吐、怕光、易激惹、癫痫发作等。临床症状以谵妄为主，可表现为嗜睡、昏睡或昏迷，可伴有幻觉、精神运动性兴奋等。严重者在24小时

内即出现惊厥、昏迷。颈强直及克尼格征阳性是诊断的重要依据。治疗以抗生素为主，配合对症治疗和支持疗法。

2. 结核性脑膜炎 由结核分枝杆菌侵入脑膜引起。前驱期（早期）以情感症状为主，如烦躁、易怒、好哭，或精神倦怠、呆滞、嗜睡或睡眠不宁，两眼凝视，食欲不振、消瘦，并有低热，便秘或不明原因的反复呕吐，随后可伴有发热、呕吐、意识障碍等神经损害等症状。治疗以抗结核药物为主。

（三）脑脓肿

脑脓肿主要由葡萄球菌、链球菌、肺炎球菌或大肠埃希菌等引起。可经血液或头部感染灶直接蔓延入脑。典型症状为头痛、呕吐和谵妄。脓肿较大者可有颅内高压症状。不同部位的脓肿会有不同发热症状，如额叶脓肿会表现为记忆障碍和人格改变，颞叶脓肿可引起语言障碍等。治疗以抗生素控制感染，对症治疗，治疗原发病灶为主。

五、颅内肿瘤所致的神经认知及精神障碍

颅内肿瘤可损害正常脑组织、压迫邻近脑实质或脑血管，造成颅内压增高，出现神经系统的病理症状、癫痫发作或精神症状。但有部分颅内肿瘤患者早期缺乏神经系统的定位体征而只有精神症状，易导致误诊而延误患者治疗。这些精神症状除了神经认知障碍的表现外，情感和精神症状也表现明显。

（一）临床表现

1. 神经认知障碍 颅内肿瘤所致的精神症状中神经认知障碍最常见。患者可表现为注意力不集中、记忆减退或思维迟缓，严重者可出现类似痴呆的表现。

2. 精神症状 颅内肿瘤患者精神症状常见。肿瘤的性质、部位、生长速度、有无颅内高压及患者的个性特征等因素均可影响精神症状的产生与表现。

（1）幻觉：不同部位的肿瘤可产生不同种类的幻觉，如枕叶肿瘤可产生简单的原始性幻视；颞叶肿瘤可出现较复杂的幻视和幻听，亦可产生幻嗅、幻味；而顶叶肿瘤则可产生幻触和运动性幻觉。但不同部位的肿瘤也可产生相同的幻觉，如额叶肿瘤常因影响邻近的颞叶而出现幻视和幻听。

（2）其他精神症状：包括焦虑、抑郁、躁狂、分裂样或神经症性症状。

3. 局限性症状 精神症状的表现与颅内肿瘤的位置有关，但并非绝对。颅内某个区域的肿瘤不一定都会产生特定的精神症状。但若表现特定的精神症状，却有助于定位诊断。额叶肿瘤患者精神症状较其他部位肿瘤多见，症状出现亦较早，容易导致误诊；颞叶肿瘤患者易出现颞叶癫痫，常伴有智力缺损，也可出现与额叶受损类似的人格改变；顶叶肿瘤较少引起精神症状；枕叶肿瘤最特定的症状是视幻觉；第三脑室附近的肿瘤典型症状是遗忘综合征；间脑肿瘤的特征性症状是嗜睡；垂体肿瘤可造成内分泌障碍，继而出现相关的精神症状；天幕下肿瘤比天幕上肿瘤较少产生精神障碍，患者可出现全面性智能障碍，其程度与颅内压成正比。

（二）治疗

确诊颅内肿瘤的患者，应及时转入神经外科进行手术治疗。若出现精神症状可给予精神药物治疗。对于不宜手术治疗的患者，可以采用化学治疗或者放射治疗。

六、癫痫性神经认知及精神障碍

癫痫是一种慢性反复发作性短暂脑功能失调综合征，以神经元异常过度放电引起反复癫痫性发作为特征。癫痫的临床表现复杂多样，可有意识、运动、感觉、精神、行为和自主神经功能紊乱。癫痫发作前、发作时、发作后、发作间期患者都可能出现精神症状，继发性癫痫和长期、严重的癫痫患者还可能出现记忆衰退、注意困难和判断能力下降等神经认知功能障碍。

（一）临床表现

1. 发作前精神障碍　表现为先兆和（或）前驱症状。先兆是一种部分发作，在癫痫发作前出现，通常只有数秒，很少超过1分钟。不同部位的发作会有不同的表现，但同一患者每次发作前的先兆往往相同。前驱症状发生在发作前数小时至数天，患者可表现为易激惹、烦躁不安、心境恶劣、情绪抑郁，尤以儿童较多见，通常随着癫痫发作而终止。

2. 发作时精神障碍

（1）自动症（automatism）：指发作时或发作刚结束时出现的意识混浊状态，此时患者仍可维持一定的姿势，在无意识中完成简单或复杂的动作和行为。80%患者的自动症发作少于5分钟，少数可长达1小时。自动症发作前常有先兆，如头晕、流涎、咀嚼动作、躯体感觉异常和陌生感等。发作时突然变得目光呆滞、无目的咀嚼舔唇、解系纽扣、动作笨拙等，偶可完成较复杂的技术性工作。事后患者对这段时间发生的事情完全遗忘。

（2）神游症（fugue）：比自动症少见，历时可达数小时、数天甚至数周。意识障碍程度较轻，异常行为较为复杂，对周围环境有一定感知能力，亦能做出相应的反应，可在相当长一段时间从事复杂、协调的活动，如购物、简单交谈、乘车或坐船到处漫游等。发作后大都完全遗忘或回忆困难。

（3）朦胧状态（twilight state）：突然发作，通常持续一至数小时，有时可长至1周以上。发作时意识不清，伴有情感和感知觉障碍，如恐惧、愤怒等，也可表现情感淡漠，思维及动作迟缓等。发作结束时意识突然清醒，并有完全遗忘。

3. 发作后精神障碍　癫痫发作后可出现自动症、朦胧状态，或有短暂的偏执、幻觉等症状，通常持续数分钟至数小时不等。

4. 发作间期精神障碍　人格改变较为常见，癫痫性人格改变被认为是多种因素综合作用的结果，一般认为与社会心理因素和文化教育的影响、初发年龄小、脑器质性损害、长期癫痫发作、长期应用抗癫痫药物有关。一般是慢性和严重的病例才有这种变化，表现为人际关系紧张、敏感多疑、思维黏滞等。

少数癫痫患者会出现记忆衰退、注意困难和判断能力下降，可伴有行为障碍。常见于继发性癫痫和长期、严重癫痫患者。

（二）治疗

治疗癫痫的一般原则是尽可能单一用药，鼓励患者遵医嘱服药，定期进行血药浓度监测。依据癫痫的类型来选择药物，严密观察不良反应。癫痫性精神障碍的治疗需在治疗癫痫的基础上根据精神症状选用药物，注意选择致癫痫作用较弱的药物。

七、与神经认知障碍有关的常见脑部疾病的护理程序

（一）护理评估

1. 生理功能 神经认知障碍患者既有原发疾病的症状体征，又有不同类型的精神症状，需要护理人员更加全面地评估患者的情况。

（1）一般状况：评估患者的生命体征是否正常；饮食、营养状况，有无进食障碍、体重变化；睡眠情况，有无入睡困难、早醒、醒后难以入睡等。

（2）意识状况：评估意识清晰度、意识范围、意识内容、定向力及意识障碍发作时间、表现及有无规律等。

（3）原发疾病情况：主要症状、治疗情况、与精神症状的关系等。

（4）神经系统症状：观察肌力、肌张力是否正常，有无震颤、偏瘫、病理性反射等。

（5）自理能力：运用 Barthel 指数评估量表、日常生活活动能力（ADL）量表等评估患者进食、大小便、沐浴、活动等日常生活自理能力。

2. 神经认知评估方面 评估患者的执行功能、学习和记忆、感知运动功能、语言、复杂注意力和社会认知等。简易智力状态检查量表（MMSE）是目前临床应用最广泛的认知功能评估量表（表 4-2），与 MMSE 相比，蒙特利尔认知评估量表（MoCA）区分老年人正常认知与轻度认知障碍（MCI）更为敏感。推荐阿尔茨海默病评定量表-认知分量表（Alzheimer's disease assessment scale-cognitive score，ADAS-cog）用于轻、中度老年阿尔茨海默病患者的评估；推荐临床痴呆评定量表（clinical dementia rating，CDR）用于老年阿尔茨海默病患者的严重程度评估。血管性痴呆评估量表（vascular dementia assessment scale-cog，VaDAS-cog）侧重注意/执行功能等总体认知功能的评测，对脑小血管相关认知功能障碍具有较好的评估作用。

（1）执行功能：评估患者完成指令性任务的能力。

（2）注意障碍：评估患者有无注意狭窄、注意涣散、注意固定等。在与患者谈话的过程中，评估者可以给予一定的刺激并观察患者的反应。

（3）学习和记忆障碍：评估患者学习新知识、新技能的能力，评估即刻记忆、近记忆和远记忆的完好程度，注意将远近记忆的评估结合起来，一般来说近记忆较远记忆先受累。

（4）智能障碍：评估患者的理解力、计算力、判断力，可以让患者进行一些数字计算、物品分类、故事复述等任务。

表 4-2 简易智力状态检查量表（MMSE）

定向力（10 分）	1. 现在是（5 分）	星期几？	1 分
		几号？	1 分
		几月？	1 分
		什么季节？	1 分
		哪一年？	1 分
	2. 我们现在在哪里（5 分）	省市？	1 分
		区或县？	1 分
		街道或乡？	1 分
		什么地方？	1 分
		第几层楼？	1 分

续表

即刻记忆力（3分）	3. 现在我要说三种东西，在我说完后，请你重复说一遍，请你记住这三样东西，因为几分钟后要再问你的（3分）	皮球	1分
		国旗	1分
		树木	1分
注意力和计算力（5分）	4. 请你算一算100–7=？连续减5次（若错误，但下一个答案正确，只记一次错误）（5分）	93	1分
		86	1分
		79	1分
		72	1分
		65	1分
回忆能力（3分）	5. 请你说出我刚才告诉你让你记住的那些东西（3分）	皮球	1分
		国旗	1分
		树木	1分
语言能力（9分）	6. 命名能力（2分）	出示手表，问这个是什么东西？	1分
		出示钢笔，问这个是什么东西	1分
	7. 复述能力（1分）	我现在说一句话，请跟我清楚地重复一遍（四十四只石狮子）	1分
	8. 阅读能力（1分）	（闭上你的眼睛）请你念念这句话，并按上面意思去做！	1分
	9. 三步命令（3分）我给您一张纸请您按我说的去做，现在开始	用右手拿着这张纸	1分
		用两只手将它对折起来	1分
		放在您的左腿上	1分
	10. 书写能力（1分）	要求受试者自己写一句完整的句子（句子必须有主语、动词、有意义）	1分
	11. 结构能力（1分）	（出示图案）请你照下面图案画下来！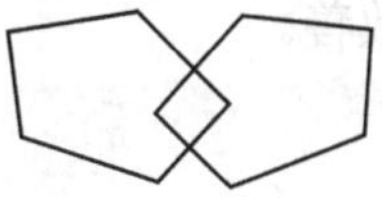	1分
评估总分			

注：总分30分，得分越高，说明认知功能越好。通常认为24分及以下为认知障碍，而等于或低于20分为轻度认知障碍，15分以下为中度认知障碍，10分以下为重度认知障碍。

3. 精神症状　神经认知障碍所表现的精神症状常因中枢神经系统受损的部位不同而有很大差别。一般从知（感知觉、注意、思维、智能等）、情（情感）、意（意志、行为）三方面评估。神经精神科问卷（NPI）是临床最常用的评估BPSD的量表。

（1）感知觉障碍：评估患者有无感知觉过敏或减退，以及是否存在感知综合障碍。重点评估患者有无幻觉，评估幻觉出现的时间、频率、内容及其对患者的影响。

（2）思维障碍：重点评估患者是否存在妄想，妄想的种类、出现的时间、内容、对患者行为的影响等。

（3）情感障碍：可通过患者的客观表现，如表情、言语、音调和姿势等，以及患者的主观体验判断其情感反应是否协调、有无抑郁情绪等。

（4）意志行为障碍：观察患者是否有意志行为减退，有无攻击、自杀、伤人等行为。

4. 心理社会功能　神经认知障碍的严重程度也与患者的个性特征、应对方式、人际关系、家庭支持等心理社会因素有关。

（1）个性特征：评估患者病前性格、兴趣爱好、生活、学习、工作能力等。

（2）应对方式：评估患者入院前应对悲伤和压力的方式。

（3）对住院的态度：评估患者是否主动住院、治疗依从性，对疾病的自知力。

（4）人际关系：评估患者的人际关系情况，与亲属、朋友、同事等人员的相处情况。

（5）家庭支持：评估患者的居住环境、家庭成员之间的关系、家庭成员的照护能力以及家庭成员对疾病的了解程度等。

（6）经济状况：评估患者家庭经济收入、对医疗费用支出的态度。

（二）常见护理诊断/问题

1. 急性/慢性意识障碍 与颅内感染、脑外伤、脑变性改变、颅内肿瘤等疾病有关。

2. 营养失调：低于机体需要量 与生活自理能力差导致营养摄取不足有关。

3. 睡眠型态紊乱 与脑部病变导致缺氧、情绪不佳、躯体不适、环境改变有关。

4. 卫生/穿着/进食/如厕自理缺陷 与意识障碍、痴呆、原发脑部疾患、精神症状有关。

5. 有走失的危险 与意识障碍、痴呆、记忆力下降有关。

6. 有伤人、毁物的危险 与精神症状如激越、幻觉、妄想有关。

7. 社会交往障碍 与原发疾病、思维过程改变有关。

（三）护理目标

（1）患者意识恢复正常，生命体征平稳。

（2）患者能够摄入足够的营养。

（3）患者的睡眠状态改善，恢复正常睡眠型态。

（4）患者的生活自理能力逐步提高。

（5）患者住院期间未发生走失事件。

（6）患者住院期间未出现伤人、毁物行为。

（7）患者的社会功能得到改善。

（四）护理措施

1. 病情观察 观察患者的生命体征、意识变化，颅内感染、脑外伤、颅内肿瘤等患者要密切关注其体温变化，通过观察患者的血压、脉搏、呼吸及瞳孔变化，判断其是否发生颅内压增高、脑疝等。定期检查患者的时间、地点、人物及自我定向力，并根据患者对疼痛刺激和言语刺激等反应判断其意识情况。

2. 营养支持 对意识障碍的患者，可通过鼻饲或静脉输液补充营养，待患者意识障碍恢复，经过吞咽功能评估后，逐渐过渡经口进食。癫痫伴精神障碍的患者应避免过饱，防止诱发癫痫发作。有吞咽功能障碍的患者，应专人看护，给予软食或流食，并适当控制患者的进餐速度，防止发生噎食或误吸。

3. 睡眠护理 评估导致患者睡眠型态紊乱的原因和患者的睡眠型态，运用支持性心理护理，帮助学会自行调节情绪，正确面对心理因素，消除失眠诱因。创造良好的睡眠环境，为患者提供适当的照明，以避免因光线不足而令患者产生错觉或感到恐惧不安及辨认困难。为患者建立有规律的生活，日间为其安排适当的活动，以减少白天卧床、睡眠的时间。避免睡前兴奋，不宜看刺激、紧张的电视，不宜喝浓茶、咖啡等。晚餐不宜吃得过饱，不宜多饮水。夜间巡视应仔细观察患者的睡眠情况，对于睡眠障碍严重的患者，可根据医嘱给予药物干预。

尽量避免使用约束带限制患者的行动，对不合作或兴奋躁动影响睡眠的患者，除加强治疗措施外，可采取保护性措施，防止意外事件发生，保证治疗的顺利进行。

4. 生活护理　对于压力性损伤风险高的患者，应做好皮肤护理，保持床单元的整洁干燥，防止压力性损伤及感染的发生。对于有部分自理能力的患者，则应指导、协助其料理生活，以维持患者的日常生活能力。

5. 预防走失的护理　密切观察患者的病情变化，做好巡视工作，当患者外出治疗及检查时，应专人陪护。有走失史的患者，指导家属在患者的衣服里放救护卡（包括患者的姓名、年龄、住址、家属的联系电话、血型、疾病史等），避免单独外出。

6. 预防伤人、毁物的护理　评估患者发生冲动性行为的风险，对于冲动行为明显的患者，应安置在便于观察的房间内，保持环境安静，减少不良刺激，管理好各种危险物品。当精神症状导致患者伤人、毁物时，护理人员要冷静应对，必要时遵医嘱给予镇静剂及保护性约束，保证患者及他人的安全。实施保护性约束后的患者，应加强巡视，满足生活需要，观察约束肢体的循环情况，定时翻身，防止发生肢体血运不良、压力性损伤或坠积性肺炎。

7. 改善社会功能的护理　对患者开展难度适宜的社会功能训练，如生活技能训练、职业技能训练、人际交往训练、应对应激技能训练、认知技能训练等，增强患者对社会环境和家庭的适应能力。对近期记忆和短时记忆受损的患者，可将训练方案与患者的日常生活习惯相结合，同时，使用日历、记事本等辅助工具，帮助患者记忆。对于远近记忆均受损的患者，可将患者置于熟悉的环境中，尝试以做代说来唤起患者的记忆。

8. 健康教育

（1）病情观察：精神症状的严重程度跟随原发疾病的性质及轻重程度而变化。当原发疾病得到控制以后，精神症状可以减轻或者消失。为了使患者的精神症状尽快地改善，应积极地治疗原发疾病。若发现患者有意识模糊、情绪激动、抑郁、焦虑、幻觉、妄想、自伤、伤人等症状或表现，家属应尽快带患者到医院接受治疗。

（2）药物相关知识：告知家属患者所服药物的名称、剂量、服药方法、常见的不良反应等。告知家属督促患者按照剂量服药，不可自行减药或停药，以免病情加重、复发或发生严重的不良反应。

（3）照护技巧：在疾病的慢性期，患者主要以记忆力减退、智能减退和人格改变为主，此时家属应照顾好患者的日常生活，连续监测患者的服药情况以及日常生活自理情况。

知识链接　　**如何照顾阿尔茨海默症患者？牢记“4+1”模式**

一、掌握正确护理技巧，做好4件事

1. 注意患者的人身安全　患上阿尔茨海默病，患者的记忆力和判断力都会下降，有时会忘记自己在做的事，有时无法做出正确的判断，因此也就无法保障自己的安全。要注意患者的安全。

把家中的危险物品都妥善保管好，如尖锐的、带电的、易燃的物品；防止患者误食误吸危险物品；不要让患者单独外出，制作记录患者姓名、病情、地址和家属联系方式的卡片，放在患者身上；时刻关注患者的情绪，警惕他们的自杀倾向，最好做到24小时陪护。

2. 注意和患者的沟通　阿尔茨海默病患者不仅记忆力和认知能力会下降，性格也会发生极大的改变，因此一定要注意和患者的沟通。

要有足够的耐心，同样的事情可能要说上好几遍；说的时候语调要温和、口齿要清晰，和患者保持眼神接触；通过鼓励患者让他们尽己所能地去做一些事，如果做得好要多加赞美；不要突然大声地和患者说话，以免他们误以为被斥责而产生负面情绪；不要忽视患者的另类“沟通方式”，比如发脾气、自言自语、一言不发等，这时要耐心地向患者询问或是检查患者有什么不适。

3. 安排好患者的日常活动 从早上起床后的洗漱、穿衣到晚上入睡前的洗澡，家属都应该尽可能帮患者安排好，让他们养成规律的生活，提高生活质量。

在白天，则应该为患者安排一些能放松身心的活动，比如看电视、听音乐、聊天、画画、散步等，既能平复患者的情绪，又能帮助消耗精力，使得晚上入睡更加容易。

4. 合理安排患者的饮食 首先，在食物选择上不仅要考虑到一些饮食禁忌（比如不宜吃辣），还要考虑到患者的喜好；其次，保证食物营养均衡、易消化；另外，尽量让患者养成规律的饮食习惯，一日三餐定时、定量；最后，对于轻、中度的患者，鼓励他们自己缓慢进食，以免噎住，对于重度患者可以耐心喂食。

如果患者不想进食，也不要勉强，应该更有耐心，可以先转移一下患者注意力，等其态度缓和了，再继续喂食。

二、做好宣教，指导家属要时刻关注自己的心理健康

人们总是认为阿尔茨海默病患者是最痛苦的，但一项研究表明，据不完全统计，阿尔茨海默病患者的照顾者中有20%患有抑郁症，65%倾向于抑郁，许多照顾者甚至依赖药物治疗。

一般来说，家属会面临很多压力，比如长期的经济压力、精神压力和情绪困扰等。

可以说，他们就是“隐形”患者。

因此，家属在照顾患者的同时还要注意自己的身心健康。如果觉得自己的生活或情绪出现问题，一定要及时和人沟通，必要时寻求专业的帮助。

（五）护理评价

（1）患者生命体征和意识是否稳定。

（2）患者是否摄入足够的营养。

（3）患者的睡眠是否得到改善，可运用匹兹堡睡眠质量指数量表（Pittsburgh sleep quality index，PSQI）或者多导睡眠图（polysomnography，PSG）等评价睡眠质量。

（4）运用Barthel指数评估量表、ADL量表等评价患者进食、大小便、沐浴、活动等日常生活自理能力是否逐步提高。

（5）患者住院期间是否发生走失事件。

（6）患者住院期间是否出现伤人、毁物行为。

（7）患者的社会功能是否得到改善和维持。

第三节 躯体疾病所致神经认知及精神障碍的护理

一、概 述

常见躯体疾病，如躯体感染、内脏器官疾病、内分泌障碍、营养代谢疾病等除引起一系列躯体症状外，还可能导致神经认知功能损害。这种由脑以外的躯体疾病引起脑功能紊乱而产生的神经认知障碍称为躯体疾病所致神经认知障碍（neurocognitive disorder due to physical disease）。

（一）病因及发病机制

躯体疾病是该病的主要病因，而性别、年龄、遗传、人格、营养状况、环境因素、应激状态、社会支持以及精神疾病既往史等也可以影响神经认知障碍的发生。其特点是颅内只有一些程度较轻的非特异性病理变化，如水肿、充血等；或只有亚细胞性质的改变，包括神经化学或神经生理失调等。

发病机制主要是由于毒素作用、能量供应不足、中枢神经系统缺氧、水和电解质代谢紊乱、酸碱平衡失调、神经递质改变等影响了脑功能而产生一系列精神症状。

（二）临床特征

躯体疾病所致神经认知及精神障碍的临床表现主要包括学习困难、记忆减退、语言障碍、运动功能障碍等，还可出现焦虑、抑郁、精神病性症状等，同时伴有相应躯体疾病的症状表现和阳性体征。

不同躯体疾病所致神经认知及精神障碍具有一些共同的特征：

（1）精神障碍表现无特异性，同一疾病可以有不同的精神症状，不同疾病又有类似的精神症状。

（2）精神障碍与原发躯体疾病的病情严重程度呈平行关系，躯体疾病与精神障碍在发生、发展、转归上有时间和病情严重程度上有平行的关系。即随躯体疾病的发生而出现、随躯体疾病加重而明显、随躯体疾病的缓解或治愈而消失。

（3）精神病性症状通常出现在躯体疾病的高峰期。躯体疾病急性期主要表现为急性脑病综合征，多为昼轻夜重，夜晚患者的意识清晰度下降和精神症状较白天更为明显，尤以谵妄常见。

（4）慢性躯体疾病常引起智能障碍和人格改变，智能障碍和人格改变也可由急性期迁延而来。在疾病的急性期、慢性期和迁延期均可以出现精神病性症状、情感症状及神经症症状等。

（5）有相应的躯体疾病的症状、体征及实验室检查的阳性发现。

（6）积极治疗原发疾病并及时处理精神障碍，可使精神症状好转。

（三）诊断与治疗

躯体疾病所致神经认知及精神障碍的诊断可依据以下几点：原发疾病的诊断、精神障碍的诊断以及有证据显示精神障碍系该躯体疾病导致。

积极治疗原发疾病，停用可能引起精神障碍的药物。注意营养和支持疗法，营养和保护脑细胞。控制患者的精神症状，慎重选用抗精神病药，症状稳定时，及时减少或停用。有智能障碍和性格改变的患者则以行为治疗和教育训练为主，并进行心理治疗和工娱治疗等康复措施。

（四）病程与预后

躯体疾病所致神经认知及精神障碍的病程与预后主要取决于原发躯体疾病的疗效。如果原发躯体疾病获得良好的改善，一般预后较好，时间不会太长，也不会留下后遗症状。原发躯体疾病控制不良，可能使精神症状迁延，转为慢性脑病，出现智能减退、记忆缺陷和人格的改变。

二、躯体疾病所致神经认知及精神障碍的临床表现

躯体疾病所致神经认知及精神障碍的临床表现可以涉及感知、思维、情感、行为、人格等多方面精神活动的障碍。患者多急性起病，不同阶段可出现有一定规律可循的临床表现。

（一）主要临床表现

1. 急性脑病综合征 多由急性躯体疾病引起，主要表现起病急，有意识障碍（如谵妄）。

2. 慢性脑病综合征 是由慢性躯体疾病引起或急性脑病综合征迁延而来，其特点是缓慢发病、病程迁延和无意识障碍，主要表现为智能障碍、人格改变、遗忘综合征。

3. 脑衰弱综合征 一般发生在躯体疾病的初期、恢复期或慢性躯体疾病过程中，主要表现为疲乏、注意力难集中、反应迟钝、情绪不稳定、情感脆弱，常伴有头晕、头痛、心慌、心悸、胸闷、气短、出汗、食欲减退等躯体不适感。

4. 从疾病的急性期到慢性期过渡时间内，可有抑郁、躁狂、幻觉、妄想、兴奋、木僵等精神症状，具有复杂多变的特点。

（二）常见躯体疾病所致神经认知及精神障碍的临床表现

1. 躯体感染所致神经认知及精神障碍 指由细菌、病毒、真菌、螺旋体、原虫等感染病原体引起躯体感染所致的认知功能障碍，感染病原体没有直接感染颅内，认知障碍的发生可能由病原体的毒素作用于中枢神经细胞以及由感染引起的代谢异常及脑缺氧、脑组织水肿、出血所致。

（1）流行性感冒所致神经认知及精神障碍：早期患者可出现睡眠形式改变，如嗜睡或失眠，同时伴有头痛、疲乏等。高热时可以出现意识障碍或谵妄状态，恢复期患者可残留睡眠问题以及抑郁焦虑样症状。

（2）肺炎所致神经认知及精神障碍：多在高热时，以意识障碍最为多见。多数是意识模糊，少数可见谵妄。

（3）伤寒所致神经认知及精神障碍：神经认知及精神障碍出现在伤寒的极期，可持续到恢复期，主要表现为急性脑病综合征，情感淡漠多见。有些患者以精神症状为首发症状。

（4）病毒性肝炎所致神经认知及精神障碍：患者在疾病过程中可出现脑衰弱综合征，也可出现情感障碍，表现为焦虑、易激惹、抑郁、自我评价低、有轻生观念等；在病情严重时，可出现意识障碍、谵妄，甚至昏迷。

（5）感染性心内膜炎所致神经认知及精神障碍：在发热期可有轻微的精神症状，少数患者可出现谵妄。心内膜炎伴发脑膜炎时，常会出现激越、意识障碍等，亦可伴有局部神经系统体征。

2. 内脏器官疾病所致神经认知及精神障碍 指由重要内脏器官（心、肺、肝、肾等）严重疾病造成大脑功能紊乱所产生的精神障碍。

（1）肺部疾病所致神经认知及精神障碍：大多数严重的呼吸系统疾病都可产生精神症状，主要为焦虑、抑郁、认知功能障碍，甚至木僵、谵妄、昏迷。

慢性阻塞性肺疾病（COPD）患者焦虑、抑郁症状常见，重度患者或急性加重时甚至可出现惊恐障碍。COPD 患者可有注意力难集中、记忆力下降乃至定向力障碍，症状轻重常取决于慢性低氧血症的严重程度。治疗 COPD 患者需慎用苯二氮䓬类药物，因其呼吸中枢抑制副作用会加重患者的缺氧。

肺性脑病（pulmonary encephalopathy）是由严重的肺部疾患引起的重度肺功能不全或呼

吸衰竭时的精神障碍的总称。早期表现为脑功能衰弱症状，随着病情发展出现意识障碍，伴有幻觉和错觉，还可以出现类似焦虑症、抑郁症或躁狂的状态。

（2）心脏疾病所致神经认知及精神障碍：冠心病患者的精神症状以焦虑和抑郁最常见，可有易激动、紧张、恐惧、烦躁不安、疲乏、失眠、疑病观念和心境低落，多数随病情好转而改善，少数患者长期存在焦虑和抑郁的症状，伴有社会功能明显减退。心绞痛和心肌梗死发作时，患者可伴有明显的急性焦虑发作，出现烦躁、惊恐和濒死感等症状。在严重血液循环障碍时患者可出现幻听、被害妄想等精神病性症状。

风湿性心脏病可引起脑缺血而出现不同程度的意识障碍，表现嗜睡、谵妄，甚至昏迷，还可出现情绪低落、言语动作减少、疲乏无力等症状，部分患者可有幻觉妄想；二尖瓣脱垂的患者常出现急性焦虑发作。心律失常可引起大脑缺血缺氧，患者可出现抑郁状态、烦躁不安的焦虑状态，还可表现自言自语，出现幻听、幻视、被害妄想等精神病性症状，以及出现意识模糊。另外，长期心功能不全导致大脑缺血缺氧还可引起认知功能减退，表现为整体的认知功能下降，其中语言流畅性较为明显，尤其以词汇学习的能力差。

（3）肝脏疾病所致神经认知及精神障碍：肝性脑病（hepatic encephalopathy）是由严重肝脏疾病引起的以代谢紊乱为基础的中枢神经系统综合征，其临床表现分为四期：①前驱期以情绪和行为异常为主，患者表现为欣快激动或情感淡漠等情绪症状，意志减退、生活懒散等行为问题。②昏迷前期主要表现为嗜睡、定向障碍和认知功能减退，甚至谵妄。临床表现为错觉、幻觉及不协调精神运动性兴奋。③昏睡期的患者意识清晰度明显下降，不能被完全唤醒。④昏迷期的意识清晰度严重障碍，对言语和非言语的刺激均完全无反应。

3. 内分泌疾病所致神经认知及精神障碍 常见有肾上腺功能异常、甲状腺功能异常、甲状旁腺功能异常、嗜铬细胞瘤、糖尿病等所致的神经认知及精神障碍。

（1）肾上腺功能异常所致神经认知及精神障碍：库欣综合征（Cushing syndrome）常伴有认知障碍，包括注意力不集中和记忆减退。部分患者可出现幻觉、妄想和人格解体。使用类固醇治疗 2 周内可出现精神病性症状或者躁狂样表现，症状随着类固醇剂量的增加而加重。突然停止使用类固醇时，可出现抑郁、情绪不稳、记忆损害、谵妄等。皮质醇增多症所致认知功能损害的恢复需时较长，可加强认知训练促进认知功能的好转，其他精神症状或情感症状严重时可予对症处理。

肾上腺皮质功能减退症（adrenocortical insufficiency）因肾上腺的三种类固醇激素（糖皮质激素、盐皮质激素和雄性激素）分泌不足所致。精神症状的原因与三种类固醇激素全面下降，躯体出现低血糖、低钠血症有关。急性肾上腺皮质功能减退症常威胁生命，严重时可表现为谵妄、木僵或昏迷。慢性肾上腺皮质功能减退的症状隐匿，与抑郁症类似。可表现为易疲劳、肌肉痉挛、乏力、体重减轻、食欲下降、情感淡漠、情绪低落和易激惹等，还有注意和记忆障碍、意志行为减退、人格改变，幻觉、妄想少见。积极治疗原发病，替代疗法可快速缓解躯体和精神症状。对原发性肾上腺皮质功能减退，应同时给予泼尼松和盐皮质激素治疗。抑郁症状可用抗抑郁药治疗。

（2）甲状腺功能障碍所致神经认知及精神障碍：甲状腺功能减退（hypothyroidism）多见于女性，亚临床型甲状腺功能减退患者甲状腺激素浓度正常，但促甲状腺激素（TSH）水平升高，可出现认知功能减退并伴有抑郁症状。研究发现其与快速循环型双相障碍有关，可使发生抑郁症的危险增加 2 倍。

甲状腺功能减退所致精神障碍常表现抑郁、思维迟缓、言语缓慢、反应迟钝、记忆力下降和注意力难集中等症状。严重的可出现淡漠、退缩和痴呆，可有幻觉和妄想等精神病性症状，甚至出现黏液性水肿性昏迷。婴儿期甲状腺功能减退症患者会出现智能发育迟滞和（或）明显缺陷。

甲状腺功能亢进（hyperthyroidism）简称甲亢，是甲状腺素分泌过多所致。女性多见，好发于20～30岁的女性。甲状腺功能亢进所致神经认知及精神障碍患者主要表现为精神运动性兴奋，出现情绪易激惹、活动增加、睡眠需要减少等躁狂综合征的表现，还可出现幻觉、妄想等精神病性症状。在甲状腺危象时，可出现意识障碍、谵妄。淡漠型甲状腺功能亢进较少见，多发生于中、老年人。表现为淡漠、迟滞性抑郁、体重下降、食欲降低、注意力不集中和记忆力减退，类似老年期神经认知障碍。患者的甲状腺功能正常时，焦虑和抑郁症状常不需治疗即可消失。精神症状持续者应给予精神药物对症处理，同时也需注意心理治疗对患者的作用。

（3）性激素异常所致神经认知及精神障碍：主要指女性在月经、妊娠、分娩、绝经等情况下，由于性激素平衡失调所致的神经认知及精神障碍，如在月经前期出现的情绪不稳、抑郁、焦虑、易激惹、睡眠障碍等症状；妊娠期出现的焦虑、抑郁、睡眠障碍和脑衰弱综合征等；围绝经期出现抑郁、焦虑、偏执和脑衰弱综合征等。

（4）糖尿病所致神经认知及精神障碍：其所致的慢性脑认知功能障碍越来越受到重视。糖尿病所致神经认知及精神障碍的发生风险随年龄增加而升高。女性糖尿病患者认知功能更易受损，研究表明，高胰岛素血症与认知功能减退以及痴呆相关。糖尿病患者普遍存在焦虑抑郁情绪，还常有轻度认知障碍，瞬间记忆或者延迟记忆均有明显损害。在发生严重并发症（如酮症酸中毒和高渗性昏迷）的早期可出现急性认知损害，表现为行为紊乱，病情加重后可出现意识障碍，包括谵妄。

4. 结缔组织疾病伴发的神经认知及精神障碍 结缔组织病（connective tissue disease，CTD）属于自身免疫病，以血管和结缔组织慢性炎症的病理改变为基础，病变常累及包括神经系统的多系统和多脏器，常有神经精神障碍，甚至以神经精神症状为首发表现。

（1）类风湿性关节炎所致神经认知及精神障碍：类风湿性关节炎（rheumatoid arthritis，RA）是累及周围关节为主的慢性、进行性、多系统炎症性的自身免疫病。患者的工作、家庭生活常受限，而引发情绪障碍，如焦虑和抑郁。治疗药物有出现精神症状的副作用。如非甾体抗炎药（NSAID）可引起认知功能损害、谵妄、抑郁、躁狂和精神病性症状，糖皮质激素可引起情绪不稳、睡眠障碍、谵妄和精神病性症状。心理治疗可改善精神症状、增加对治疗的依从性、缓解疼痛和改善心理社会功能。

（2）系统性红斑狼疮所致神经认知及精神障碍：系统性红斑狼疮（systemic lupus erythematosus，SLE）是有多系统损害症状的慢性系统性自身免疫病。累及中枢神经系统时，可产生神经精神症状，并称为神经精神狼疮（neuropsychiatry lupus，NP狼疮）或狼疮脑病。

研究发现神经认知功能与患者受教育的年限成正比，与病程及既往有过精神症状成反比。认知功能障碍常起病隐袭，直至出现严重的认知损害时才被诊断。系统性红斑狼疮所致神经认知及精神障碍的症状颇为复杂，主要表现为空间认知与执行功能、命名能力、注意力、记忆力以及定向力等方面。可出现急性脑病综合征、慢性脑病综合征、躁狂综合征、抑郁综合征、分裂样精神障碍、各种类型的焦虑等症状。治疗系统性红斑狼疮的药物类固醇本身也可引起精神症状。需要注意的是系统性红斑狼疮好发于年轻女性，疾病和治疗药物的副作用都对患者的心身状况、工作学习影响较大，出现严重心理反应的患者不少，甚至有患者抑郁自杀。治疗上精神症状可适当使用抗精神病药和心境稳定剂，焦虑和抑郁状态可使用新型抗抑郁药。

三、躯体疾病所致神经认知及精神障碍的护理程序

（一）护理评估

1. 生理功能　对于躯体疾病所致神经认知与精神障碍的患者，要求护理人员全面评估患者原发疾病的症状体征和精神症状。

（1）一般状况：评估患者的生命体征是否正常；饮食、营养状况，有无进食障碍、体重变化；睡眠情况，有无入睡困难、早醒、醒后难以入睡等。

（2）原发躯体疾病：包括躯体疾病的主要症状、治疗情况、与精神症状的关系等。

（3）自理能力：包括患者进食、如厕、沐浴、活动等日常生活自理能力，多采用 Barthel 指数评估量表进行评估。

2. 神经认知功能、精神状况及行为方式

（1）神经认知功能：评估患者学习新知识、新技能的能力，评估即刻记忆、近记忆和远记忆的完好程度；评估患者是否存在语言障碍、运动功能障碍等。可利用 MMSE 量表来评估患者的认知程度。

（2）精神状况：感知觉症状，如幻觉等；思维障碍，如妄想等；情感状态，如有无抑郁、焦虑、恐惧等；评估患者的意识状态、定向力和自知力等。

（3）行为方式：有无冲动、伤人、自杀、自伤、木僵等行为。

3. 心理社会功能

（1）患者病前的个性特征、兴趣爱好、生活方式、职业及受教育情况等。

（2）患者是否存在应激、长期的心理矛盾，患者对压力事件的处理方式等。

（3）对住院的态度：评估患者是否主动住院、治疗依从性如何，对疾病的自知力等。

（4）家庭关系：包括家庭成员对患者疾病的认识、态度，对患者的关怀支持程度等。

（5）经济状况：评估患者家庭经济收入、对医疗费用支出的态度等。

（二）常见护理诊断/问题

躯体疾病所致神经认知及精神障碍患者应同时考虑原发躯体疾病和精神障碍相关的护理问题，主要的护理诊断有：

1. 营养失调：低于机体需要量　与患者生活自理能力差引起营养摄入不足有关。

2. 睡眠型态紊乱　与情绪不稳、环境改变、躯体不适等有关。

3. 卫生/穿着/进食/如厕自理缺陷　与意识障碍、智能障碍、躯体疾病等导致患者活动受限或受精神症状引起行为紊乱等有关。

4. 有受伤的危险　与意识障碍、神经系统症状（肢体震颤、痉挛等）、精神症状有关。

5. 社会交往障碍　与原发疾病、思维过程改变有关。

6. 有自伤、自杀的危险　与意识障碍、精神症状如幻觉、错觉、妄想有关。

（三）护理目标

1. 患者能够摄入足够的营养。

2. 患者的睡眠状态改善，恢复正常睡眠型态。

3. 患者的生活自理能力逐步提高。

4. 患者住院期间未发生跌倒事件。

5. 患者的社会功能得到改善或维持。

6. 患者住院期间未发生自伤、自杀事件。

（四）护理措施

1. 营养支持 结合原发性疾病的情况，为患者提供易消化、营养丰富的饮食，同时注意水分的摄入。有吞咽功能障碍的患者，应专人看护，给予软食或流食，并适当控制患者的进餐速度，防止其因吞咽困难而发生噎食或误吸。

2. 睡眠护理 为患者创造安静、舒适的睡眠环境，避免强光刺激。指导患者建立良好的睡眠规律和习惯，如避免白天卧床，增加适当的娱乐活动，睡前避免谈兴奋刺激的话题，避免看刺激的电视，避免喝刺激性饮料如咖啡、浓茶等；运用支持性心理护理，帮助患者认识心理刺激、不良情绪对睡眠的影响，使患者学会自行调节情绪，正确面对心理因素，消除失眠诱因；夜间巡视应仔细观察患者的睡眠情况，对于睡眠障碍严重的患者，可根据医嘱给予药物干预。

3. 生活护理 患者受躯体疾病和精神症状的影响，生活自理能力明显下降，应加强患者的生活护理。定时督促或协助患者料理个人卫生，保持床单元的整洁和干燥。对于生活不能自理的患者，应保持皮肤清洁干燥无破损，每日为患者进行口腔护理，防止并发症的发生。对有认知障碍的患者应定时督促如厕，训练患者养成规律排便的习惯。对长期卧床的患者，定时给予排便器，使患者适应床上排泄。对有尿潴留者可按医嘱给予导尿，定期对其进行膀胱功能训练。

4. 预防跌倒的护理 对于神经系统存在的不同程度损害的患者，如出现手指颤抖、共济失调，应加强照顾，防止发生跌倒。呼叫器和经常使用的物品应置于床头患者伸手可及处，地面应干燥、防湿、防滑，无障碍物阻挡。嘱患者穿防滑软橡胶底鞋，站立时要缓慢，不要突然改变体位。下肢肌力下降，步态不稳者，应选用手杖等合适的辅助工具，并有人陪伴，防止受伤。有意识障碍的患者应加床栏保护。

5. 改善社会功能的护理 鼓励家人和朋友经常探望患者，鼓励患者参与一些能够唤起以往技能的活动，如跳舞、唱歌、看电影，避免患者参与竞技性活动。针对患者的情况，开展相应的技能训练活动，如认知功能训练、社交技能训练等，促进患者社会功能的恢复。

6. 预防自伤自杀的护理 与患者建立良好的护患关系，给予患者心理支持，鼓励患者表达内心的感受，如不良的情绪、消极厌世的想法等，帮助患者建立新的认知模式和应对技巧，改善其消极情绪。同时严密观察患者的病情变化，做好安全检查工作，禁止患者及家属将危险物品带入病房。对于自杀、自伤风险高的患者，当其出现在某一地点徘徊、忧郁、拒食、卧床不起、心情豁然开朗等情况时，应给予足够的重视，避免患者单独活动。意外事件多发生于夜间、节假日、周末及工作人员忙碌的时候，护理人员必须给予高度的重视，加强防范意识。

7. 健康教育

（1）向家属介绍药物治疗的相关知识，包括所服药物的名称、剂量、服药方法、常见的不良反应等。指导家属督促患者按照剂量服药，不可自行减药或停药，否则会使病情加重、复发或发生严重的不良反应。

（2）指导家属掌握观察病情变化的方法，如发现患者情绪激动、冲动、自伤、自杀，出现幻觉、妄想等应及时到医院就诊。

（五）护理评价

1. 患者是否摄入足够的营养。

2. 患者的睡眠是否得到改善，可运用 PSQI 或者 PSG 等评价睡眠质量。

3. 运用 Barthel 指数评估量表、ADL 量表等评价患者进食、大小便、沐浴、活动等日常生活自理能力是否逐步提高。

4. 患者住院期间是否发生跌倒事件。

5. 患者的社会功能是否得到改善和维持。

6. 患者住院期间是否发生自伤、自杀事件。

思考题

1. 谵妄和痴呆的区别有哪些？
2. 阿尔茨海默病和血管性神经认知障碍的临床表现有什么异同点？
3. 躯体疾病所致神经认知及精神障碍的临床特征有哪些？
4. 神经认知障碍的护理管理措施有哪些？

（曹　香）

第五章 物质使用与成瘾行为所致障碍患者的护理

学习目标

知识目标：通过对课程的系统学习能充分掌握物质使用与成瘾行为所致障碍的临床表现、治疗和护理措施。

能力目标：能将所掌握的理论知识运用于病情观察、护患沟通、健康教育及个性化的护理程序中。

素质目标：树立为患者健康服务的信念，在护理过程中融入人文关怀，以创新理念和方法服务患者。

思维导图

思维导图请扫封底二维码。

情景导入及思考

张先生，男，35岁，建筑工人，已婚，妻子在家照看2岁的女儿。张先生从15岁开始饮酒，慢慢发展到每天早晨起床后必须先喝几杯酒才能去工地。最近6个月饮酒量有增无减，已经达到每天饮用半斤白酒的程度。长期喝酒导致张先生经常忘事，工作也粗心马虎，而且脾气也越来越差，经常和工友吵架，甚至有时候醉酒后还打骂妻子和儿女，事后又常常感到后悔。

某日，张先生醉酒后再次与同事发生争执，并在工地上摔倒受伤。张先生被送医院诊治，体检发现肝脏轻度酒精性损害。医生诊断为酒精依赖，建议住院戒酒治疗。张先生刚开始否认自己是酒精依赖，拒绝入院治疗，但在妻子的恳求下终于同意住院戒酒。

住院后，张先生自诉身体出现了一系列不适，感到烦躁，睡不着觉，还感到双手颤抖、头晕胸闷、恶心、食欲下降等。

思考：

1. 患者存在哪些症状？
2. 应从哪些方面进行病史采集及评估？
3. 针对该患者应该实施哪些护理措施？

第一节 概 述

物质使用或成瘾行为所致障碍（disorder due to substance use and addictive behaviour），是一组精神行为障碍，在使用占主导地位的精神活性物质（包括药物）后出现，或在反复尝试某特定的奖励或强化的行为后出现。成瘾主要分为物质成瘾和行为成瘾，物质成瘾包括酒精、烟草、毒品等，行为成瘾包括游戏成瘾、赌博成瘾等。全球15岁及以上人群酒精使用障碍（包括依赖症）的患病率估计值为5.1%。中国酒精使用障碍的总体患病率为4.4%，主要集中在中年男性人群。中国是世界第一大烟草消费国，我国吸烟人数超过3亿，根据WHO

的估计，到2025年，我国吸烟人口将占总人口数的25.2%。2020年全球约有2.84亿人口（15～64岁）使用过非法药物。中国现有吸毒人员112.4万名，占总人口的0.08%。虽然我国毒品滥用人数持续下降，但烟草和酒精的使用者人数却长期维持一个较高水平，因此带来的医疗和社会问题不容忽视。游戏障碍被纳入ICD-11的最新修订版，包含不同国家研究数据的系统分析表明全球游戏障碍患病率为3.05%～6.04%。赌博障碍的患病率为0.2%～0.3%，而其他常被提及的过度行为，如网络、智能手机、购物、性成瘾等，由于诊断标准尚不明确，因此不在本章的描述之内。

一、基本概念

成瘾性物质包括酒精、阿片、烟草等7大类。这些物质过度摄取后可直接激活大脑的奖赏系统，产生愉悦感，形成依赖。每类物质的药理机制不同，但都能激活奖赏系统。自控能力较弱的个体更易成瘾。物质相关障碍可分为使用障碍和所致障碍，后者包括中毒、戒断反应和其他精神障碍。物质使用或成瘾行为所致障碍中包含的基本概念包括：

1. 精神活性物质（psychoactive substance） 指来自体外，能影响人类情绪、行为，改变意识状态，并有致依赖作用的一类化学物质。毒品是社会学概念，指具有成瘾性，国家立法禁止非法买卖和使用的化学物质，常见的有鸦片、大麻、可卡因、海洛因、苯丙胺类兴奋剂等。

知识延展 **精神活性物质分类**

WHO根据药理特性，将精神活性物质分为7大类，即阿片类、可卡因类、大麻类、中枢神经系统兴奋剂类、中枢神经系统抑制剂、致幻剂类、挥发性溶剂类、烟草类。

1. 中枢神经系统兴奋剂（stimulant） 对中枢神经系统呈现兴奋效应的，并且具有精神依赖成瘾的药物，如可卡因、咖啡因、苯丙胺、甲基苯丙胺（冰毒）等。

2. 中枢神经系统抑制剂（depressant） 第一种为酒精，即乙醇，第二种为中枢神经抑制药，临床多用于镇静、催眠、治疗焦虑、解除肌肉痉挛、控制癫痫发作等的镇静催眠药物，主要包含苯二氮䓬类、巴比妥类。

3. 阿片类（opioids） 此类就是从罂粟蒴果的产物提取以及合成制作成的药物和毒品，包含鸦片、吗啡、海洛因、芬太尼、哌替啶、美沙酮等。

4. 大麻类（cannabis） 大麻属植物大麻叶提炼而成的大麻脂、大麻烟、大麻油。

5. 致幻剂（hallucinogen） 这是一类能引起精神症状的药物，用药后可改变正常情绪、感知和思维状态，亦称为“似精神病药”，包含麦角酸二乙酰胺（LSD）、二甲基色胺（DMT）、裸盖菇素、苯环利定（PCP）、氯胺酮（K粉）等。

6. 挥发性溶剂（solvents） 来自人们日常生活使用的各种液体以及各种气溶胶剂等，包含氯仿、乙醚、汽油、嗅胶、一氧化二氮（笑气）、清洁剂、稀释剂中的挥发性有机溶剂。

7. 烟草类（tobacco） 烟草为使用最广泛的合法物质，其主要含有尼古丁、焦油、一氧化碳等。除传统香烟外，烟草类还包含电子烟、尼古丁贴片及其他烟草制品。

2. 依赖（dependence）/成瘾（addiction） 指反复过量使用某种精神活性物质后，在认知、情感和行为上出现一系列症状的病理状态。这种状态表现为使用者虽然明知药物的危害，但仍难以停止使用，这种失控导致成瘾行为持续反复出现，并严重干扰正常生活。依赖主要包括两个方面：①生理依赖，又称身体依赖。它是由于药物长期作用于机体，导致机体为适应药物效应而发生的一系列病理性调整反应。这种调整会导致药物耐受性增加和停药后出现明显的戒断反应。②心理依赖，又称精神依赖。它指使用者对药物效果形成的一种主观依恋和渴求，表现为强烈的药物追求欲望，即所谓“心瘾”。心理依赖导致自控力丧失，表现为即使明知危害也会不顾一切地获取和使用药物。除了物质类成瘾，还有非物质相关的行为成瘾。行为成瘾指某些非药物相关的冲动行为反复发生，如赌博、网瘾、性成瘾等。这些成瘾行为同样导致生理、心理和社会功能的障碍。

3. 滥用（abuse） 指一种不适当地使用物质的方式，在ICD-11分类系统中称为有害使用（harmful use）。滥用的特征是反复使用导致无法完成工作或学业，并损害身心健康和社会功能。但滥用者通常没有显著的耐受性增加或戒断反应。

时间长廊　　物质使用障碍名称的演变

《精神障碍诊断与统计手册》（第5版）（DSM-5）作为当前被广泛使用的精神障碍分类工具，在描述药物和酒精滥用问题时，意识到“滥用”“依赖”这一术语存在负面影响，可能导致对患者的误解、污名化和歧视。因此物质滥用与依赖这一术语在DSM-5中已经消失，取而代之的是物质使用障碍（substance use disorder）。与物质相关这一类也被改为“物质相关及成瘾障碍”，并包括病理性赌博等行为障碍综合征。

学者认为，“滥用”“依赖”在许多语境中常常与个人意志力弱、道德败坏等联系在一起，这些负面评价不利于鼓励患者寻求治疗。放弃使用“滥用”“依赖”这一术语，改以更加中性、客观的“物质使用障碍”来描述不同严重程度的药物和酒精问题，这有助于鼓励患者主动求助，采取适当的心理治疗、行为治疗、戒断治疗等综合策略，帮助他们重建健康生活。

4. 耐受（tolerance） 指需要显著增加物质的剂量以达到预期的效应，或使用通常剂量的物质会显著降低效应。

5. 戒断（withdrawal） 是长期大量使用物质的个体，当其血液或组织中的物质浓度下降时，发生的一种综合征。当戒断症状出现后，个体很有可能使用该物质来缓解症状。

二、物质使用与成瘾行为的相关因素

导致物质使用与成瘾行为所致障碍的确切原因还不完全清楚，但可能与多种因素有关。一方面，遗传因素在酗酒等药物依赖中的作用已经得到研究。另一方面，心理、社会和环境因素对物质使用障碍也有重要影响。

1. 遗传因素 研究显示，父母有酒精依赖史的孩子，其自身酒精依赖的风险更高。这种风险提升既由环境影响造成，也与遗传因素相关。同卵双胞胎研究发现，若一方患酒精依赖，另一方的发生率较异卵双胞胎更高。收养研究也显示，生父有酒精依赖史会增加被收养者的酒精依赖风险。据此，理论认为酒精依赖存在遗传易感性，后续受环境影响。遗传因素可解释约60%的酒精依赖发生变异，环境因素解释余下部分。

2. 神经生化因素 动物研究显示，某些物质通过激活脑内多巴胺等神经递质，刺激中枢奖赏系统，产生愉悦感觉，这种正强化作用导致继续摄入该物质。长期来看，物质摄入改变大脑情绪控制和奖赏的神经递质平衡。研究提出，个体差异可能源自内在警示信号的不同。一部分人似乎具有内在的警示信号，这可以将他们的饮酒量限制在一两杯之内，达到适度愉悦而不继续饮酒。而另一些人缺乏这种内在信号，他们在最初的兴奋后会持续大量饮酒，直至出现中枢神经系统功能抑制，最终导致醉酒。

3. 心理因素　一些理论认为，父母在物质使用中提供负面榜样，可能导致子女采取类似不良适应方式，如药物滥用。即使不认同家庭榜样的子女，成年后也可能酗酒，因为他们缺乏应对技巧和人际关系能力。有些人用酒精作为一种应对机制，或用来缓解压力和焦虑，增加控制感，减少心理痛苦。

4. 社会因素　文化态度、社会规范、同伴压力、法律政策、可及性等环境因素，影响物质的初次和长期使用。如酒精、烟草等易获得物质常成为年轻人初次使用的选择，可卡因、海洛因的贩卖和使用则受到各国法律的严厉打击。近年来互联网使新型毒品更易获得，让儿童和青少年也成为了目标人群，给毒品预防带来了新的挑战。

知识链接　**与文化相关的饮酒行为**

因为历史和宗教等原因，不同文化对物质使用的态度、模式差异巨大。在评估物质使用所致障碍时，了解当地文化背景下的信念非常重要。

以饮酒为例，在伊斯兰国家，因为宗教信仰的原因，法律明令禁止饮酒。如伊朗、沙特阿拉伯等国家，酒精完全非法。但许多西方国家，成年人可以在公共场合饮酒。法国、意大利等产酒国，酿酒工艺高度发达。德国啤酒节等活动，与酒文化紧密相连。美国各地酒吧林立，是人们社交的重要场所。中国古代就有以糯米、小麦等谷物酿制米酒、黄酒的习俗。酒被视为节日或喜庆的象征，许多古诗词歌颂美酒。

但饮酒对人类健康的危害日益凸显。酒精相关疾病、酒后驾驶造成的道路伤害显著增加。

三、物质使用与成瘾行为所致障碍的分类

ICD-11 对成瘾行为所致障碍作出较大调整，新增了“成瘾行为所致障碍”这一类。至此将物质使用与成瘾行为所致障碍分为了两大类：物质使用所致障碍（disorder due to substance use）和成瘾行为所致障碍（disorder due to addictive behavior）。物质使用所致障碍，包括由酒精、烟草、违法药物等引起的中毒、戒断与有害使用等问题。这类继承了ICD-10的诊断标准。而成瘾行为所致障碍，则指一些非药物行为的成瘾问题，如赌博障碍、游戏障碍等。这些现象与药物依赖类似，同样导致社会功能障碍，机制关联大脑的奖赏系统。

1. 物质使用所致障碍　包括：①单次有害性使用；②物质使用障碍，即物质的有害性使用模式和物质依赖；③物质所致障碍，包括物质中毒、物质戒断或撤药反应、物质所致精神障碍，也包括物质所致的性功能障碍及睡眠-觉醒障碍。

2. 成瘾行为所致障碍　一组已知的、临床显著的综合征，在反复重复进行某奖励性活动（不属于使用成瘾物质的）后出现，导致痛苦或各功能领域的障碍。包括赌博障碍及游戏障碍。

（1）赌博障碍（gambling disorder）：表现为持续而反复的赌博行为模式，包括在线的（即互联网上进行的）或线下的。

（2）游戏障碍（gaming disorder）：表现为反复而持续的游戏行为（“电子游戏”或“视频游戏”），包括在线的或线下的。

要诊断成瘾行为所致障碍，还需要患者表现出：①控制能力受损；②成瘾行为在生活中的优先程度不断增加，超出其他的兴趣或日常活动；③虽然已出现负面后果，但成瘾行为仍持续或不断升级。

四、物质使用与成瘾行为所致障碍的防治原则

（一）物质使用所致障碍的防治原则

1. 脱毒治疗 是物质使用所致障碍治疗的首要环节。它针对停用物质后出现的生理性戒断症状，帮助患者安全度过急性脱毒期。常用的脱毒方法有逐渐减低剂量、使用替代药物等。过程中需要密切监测患者生命体征，并对不适症状给予对症治疗。成功的脱毒治疗将患者身体状态恢复到一个较为稳定的水平，为后续的康复治疗奠定基础。

2. 康复治疗 物质使用所致障碍治疗需要持续时间较长的康复过程。康复治疗通过心理辅导、行为治疗等，帮助患者建立无药物依赖的生活方式，增强应对压力和情绪问题的能力。在康复后期及出院后，需要采取预防复发的对策。如建立患者支持小组，定期随访，以及设立无毒环境等。最后，要帮助患者逐步重返健康的家庭、工作和社会生活。

3. 综合干预 物质使用所致障碍不仅导致生理性戒断和药物滥用问题，还会造成一系列相关问题，如人际关系紧张、工作能力下降、法律纠纷等。这需要采取综合性的治疗策略。药物治疗可以舒缓戒断反应，减少药物渴求。心理治疗如认知行为辅导可以增强应对技巧和自控能力。家庭治疗可以协调亲友支持。职业康复可以帮助重建自信和生活规律。必要时采取法律援助。整个治疗和康复进程需要医生、护士、心理师、社工跨学科团队进行长期合作，定期评估和调整策略，才能达到良好的效果。

（二）成瘾行为所致障碍的防治原则

针对成瘾行为所致障碍，当前主张药物治疗与心理治疗相结合。药物治疗方面，可以酌情使用抗抑郁药物等，但更多是针对相关症状的控制，直接针对成瘾行为的药物证据还不充分。心理治疗是成瘾行为所致障碍的主要手段，可以采用个体治疗或团体治疗形式，也可以根据患者具体情况选择或联合使用多种心理治疗方法。例如，精神动力学治疗可以分析成瘾行为的心理动因，增强自我调控能力；认知行为治疗可以识别触发依赖的认知模式，建立新的行为策略；动机治疗可以强化改变依赖行为的内在动机等。

第二节 物质使用与成瘾行为所致障碍的临床特点

一、酒精使用所致障碍

酒精是一种能迅速被血液吸收的中枢神经系统抑制剂。起初作用是放松和失去抑制。随着血液浓度升高，会出现语言不清、步态不稳、协调力下降的症状，表现出明显的中枢神经系统功能障碍。当血液酒精浓度继续提高时，酒精会损害注意力、记忆力和判断力。醉酒者会出现意识混乱、反应迟缓，对外界刺激难以做出正常反应，部分人在酒后还会出现攻击性行为或不当性行为。

（一）酒精使用所致障碍的临床表现

1. 酒精中毒（alcohol intoxication） 发生在饮酒期间或之后不久的一种临床上具显著性的短暂性精神障碍状态。其主要表现为意识、认知、感知、情绪、行为或协调功能的紊乱。这些症状是由酒精所具有的中枢神经系统抑制作用直接引起的，其严重程度与饮酒的剂量高度相关。这种中毒状态持续时间较短，随着体内酒精的代谢清除而逐步恢复。

具体临床表现可能包括：对外界刺激注意力下降、出现不符合社会规范的或具攻击性的

行为、情绪激动而不稳定、判断力和自控能力下降、肢体活动协调性功能障碍、步态不稳、言语表达含混不清等。在酒精中毒较为严重的情况下，可能出现意识丧失的昏迷状态。

2. 酒精依赖（alcohol dependence） 对酒精出现强烈的、不自主的内在渴求，这导致对酒精使用的控制能力受损，酒精使用成为生活的优先事项，即使已经出现负性后果也无法停止饮酒。通常还伴有对酒精的主观强烈渴求感。

酒精依赖也表现出躯体成瘾性特征，包括对酒精的耐受性增强，需要饮用更多更浓的酒精才能达到预期效果。在停止或减少饮酒后，会出现典型的戒断反应症状，需要继续饮酒或服用其他药物来缓解这些症状。

3. 酒精戒断（alcohol withdrawal）

（1）单纯性酒精戒断反应（uncomplicated alcohol withdrawal）：长期大量饮酒者在断酒6～12小时后，开始出现手、舌、眼球震颤，并有恶心、呕吐、失眠、头痛、焦虑、情绪不稳和自主神经功能亢进等症状，少数患者可出现短暂性幻觉或错觉。这些症状在断酒后48～72小时达到高峰，之后逐渐减轻，4～5天后基本消失。

（2）酒精性癫痫（alcoholic epilepsy）：约30%患者在戒酒期可出现癫痫发作，多在断酒12～48小时后发生，表现为突然意识丧失、四肢抽搐、眼球上翻等，持续时间一般为5～15分钟。

4. 酒精所致谵妄（alcohol-induced delirium） 在酒精中毒、戒断期间或之后不久出现的一种急性谵妄状态，也可能在仍在持续饮酒过程中出现。其主要表现为意识状态和注意力突然紊乱，并伴有谵妄的典型特征：意识模糊、定向力障碍、注意力障碍、生动恐怖的幻觉与错觉、失眠、妄想、情绪激越、冲动行为、肌肉震颤，并发高热、感染等危险。严重酒依赖者常在断酒3～4天后出现震颤谵妄，部分患者可能进一步恶化为严重的谵妄状态。

5. 酒精所致神经系统损害

（1）科尔萨科夫综合征（Korsakoff syndrome）：酒精依赖患者特有的一组神经系统损害表现，其主要特征包括近期记忆力障碍、虚构和定向力障碍三大方面。患者还可能出现夜间谵妄、幻觉等精神症状。科尔萨科夫综合征的记忆力障碍主要表现为近期记忆损害大于远期记忆损害，学习和掌握新信息的能力下降。虚构是指患者说出一个可信但想象的场景来弥补记忆丧失。定向力障碍表现为对时间、地点、人物的判断出现障碍。

（2）韦尼克脑病（Wernicke encephalopathy，WE）：是慢性酒精依赖患者常见的一种代谢性脑病，一般发生在有酒精依赖史的个体，在连续几天大量饮酒但不进食的情况下引起维生素B_1缺乏而致。其典型表现为眼球震颤、眼外展肌麻痹、明显的意识障碍，还伴有定向力障碍、近期记忆障碍以及震颤谵妄等。进行大剂量维生素B_1补充治疗后，眼球症状可以很快改善，但记忆力障碍的恢复比较困难，部分患者后期可发展为科尔萨科夫综合征。

（3）酒精中毒性痴呆（alcoholic dementia）：是长期过量饮酒后出现的一种持续性智力减退，其主要表现包括短期和长期记忆力障碍、抽象思维和理解判断能力下降、人格改变，部分患者还可出现失语、失认、失用等症状。疾病晚期患者生活不能自理。酒精中毒性痴呆一般不可逆转，预后较差。

（二）酒精使用所致障碍的治疗

对于酒精所致各种障碍，特别是长期酒精依赖所致疾病，治疗需采取综合方法，既要积极治疗原发症状，也要针对并发症进行处理，同时重视患者的营养支持。

1. 酒精中毒的治疗 主要采取以下措施：①在确保气道通畅的前提下，及时采取催吐或洗胃排出胃肠道中的乙醇；②密切监测生命体征，维持呼吸循环功能的稳定；③加强代谢，促进乙醇清除；④使用阿片受体拮抗剂纳洛酮提高清醒状态，一般肌内注射 0.4～0.8mg 每次，或溶解后静脉滴注，可重复使用直至患者清醒。上述综合措施旨在尽快降低血液中的乙醇浓度，减轻其对中枢神经系统的抑制作用，维持生命体征的稳定性。

2. 戒断症状的治疗

（1）单纯戒断症状：对于酒精戒断时的单纯性戒断症状，常用苯二氮䓬类药物（如地西泮）进行治疗。用药原则包括：①足量用药，初期剂量不宜太低；②不要缓慢递增剂量；③地西泮通常首次可用 10mg，之后每次 10mg，一日 3～4 次。足量用药不仅可抑制戒断症状，还可预防发生戒断性癫痫和震颤性谵妄。注意用药时间不要过长，以免发生对苯二氮䓬类药物的依赖。

（2）震颤谵妄：为患者营造安静、光线柔和的环境，如果出现明显的意识障碍、冲动行为、恐怖性幻觉与错觉，需要专人看护照料，以防发生各种意外情况。药物治疗上首选苯二氮䓬类药物如地西泮来帮助镇静，初期剂量可达 10mg 每次，每日 2～3 次；如果因意识障碍无法口服，则选择肌内注射给药。必要时联用抗精神病药，例如氟哌啶醇或奥氮平。

（3）酒精性癫痫：戒断期或恢复期出现癫痫发作均应积极给予抗癫痫药物治疗，首选苯二氮䓬类药物，必要时可联合使用丙戊酸钠缓释片或左乙拉西坦，调整至最低安全有效剂量。

3. 酒精所致神经系统损害的治疗

（1）韦尼克脑病和科尔萨科夫综合征：积极通过非肠道方式补充 B 族维生素，包括维生素 B_1 注射液肌内注射及甲钴胺注射液肌内或静脉注射，用量为 1000μg，1 日 1 次。

（2）慢性酒精中毒性痴呆：胆碱酯酶抑制剂多奈哌齐和 NMDA 受体非竞争性拮抗药，如美金刚。

4. 酒增敏药 双硫仑为戒酒硫类药物的通名，是一种治疗酒精使用所致障碍的药物。但双硫仑的作用机制不是直接治疗酒精有害使用，甚至也不是直接治疗酒精中毒，而是通过产生一种双硫仑样反应来阻止患者饮酒。患者使用该类药物后饮酒，可出现皮肤潮红、结膜发红、发热感、口干、头晕、头痛、目眩、心慌、胸闷、气急、出汗、呼吸困难、恶心呕吐等不适，严重者可能出现呼吸抑制、心血管衰竭、心律失常、心肌梗死、急性充血性心力衰竭、意识丧失、惊厥及死亡。因此必须告知服药者注意生活中避免意外摄入酒精，如葡萄酒、麦芽醋、烘焙食品、非酒精啤酒及其他饮料，并避免使用含酒精的霜或乳液。

5. 综合治疗 多数患者的神经损害与维生素 B_1 缺乏有关，建议采用非肠道给药方式，如每天 500mg 静脉注射维生素 B_1，前期持续 3 天，以快速纠正维生素 B_1 的缺乏状态。同时要积极纠正患者的营养失调状态，包括静脉补充水、电解质和维生素；帮助患者恢复食欲，保证饮食营养均衡并富含维生素。此外，采取脑保护治疗对改善症状也有帮助，可以使用大剂量维生素 C、B 族维生素、自由基清除剂等药物保护神经细胞。

（三）酒精使用所致障碍的病程及预后

酒精使用障碍的起病年龄峰值期在青少年中后期至 20 多岁，绝大多数个体在 30 岁以后出现酒精相关问题。该疾病病程呈周期性重复的缓解与复发，青少年容易出现品行问题和中毒，戒断症状往往出现在这些问题之后。老年人因大脑及肝脏代谢功能下降，饮酒后更容易出现严重中毒和并发症，危及生命。

二、阿片类物质使用所致障碍

阿片类物质包含天然的阿片碱类和其半合成衍生物，也包含完全合成的阿片类物质。它们对机体有着类似吗啡的镇痛镇静作用，可用于治疗中重度疼痛等多种疾病。但同时因为它们能减少生理和心理上的疼痛感，并引起欣快感，阿片类药物也容易被滥用。常用的合法阿片类止痛药包括吗啡、哌替啶等；而非法的阿片类药物则有海洛因等。近年来，在西方国家，合成阿片类药物芬太尼由于效力强，被非法生产和滥用现象激增，这也被认为是全球过量使用阿片类药物导致死亡增加的一个重要原因。

（一）阿片类物质使用所致障碍的临床表现

1. 阿片类物质中毒　可在最初的欣快感后不久出现，临床表现包括冷漠、嗜睡、无精打采、判断力障碍、精神运动迟钝、瞳孔缩窄、语言不清等。这些症状是由阿片类已知的药理作用所致，其严重程度与阿片类使用量密切相关。严重中毒或过量可导致呼吸抑制、昏迷，甚至死亡。

2. 阿片类物质戒断　是长期大量使用或依赖阿片类药物的个体，在停止或显著减少药物使用后出现的一系列显著的临床症状和体征。它也可由使用阿片类药物拮抗剂引起。

常见的戒断症状包括：烦躁心境、对阿片的渴求、焦虑、恶心或呕吐、腹部绞痛、肌肉酸痛、哈欠、出汗、寒冷潮热、流泪、流涕、嗜睡（通常在初始戒断）或失眠、腹泻和毛发竖立等。短效阿片类药物如海洛因，其戒断症状会在停药后 8～12 小时出现，并在 2～3 天达到高峰，持续 7～10 天。长效药如美沙酮，戒断症状出现会稍晚，常出现于停药后 1～3 天，并可持续 2 周。

（二）阿片类物质使用所致障碍的治疗

阿片类物质依赖治疗是一个长期过程，包括急性脱毒治疗、脱毒后维持治疗、预防复吸和心理社会干预。

1. 阿片类物质中毒的治疗　对于阿片类物质急性中毒，要积极抢救，密切监测生命体征，保持患者呼吸道通畅，必要时进行气管插管。当出现极度嗜睡、呼吸缓慢或失去意识时，尽快给予纳洛酮进行解毒治疗。纳洛酮是一种阿片类药物的拮抗剂，它可以逆转由阿片类药物引起的呼吸抑制、镇静和低血压。纳洛酮经静脉、肌内或鼻内注射。当静脉给药时，药理效果一般在 2 分钟内明显。在必要的情况下，纳洛酮可间断重复给药。

2. 阿片类物质脱毒治疗　脱毒是通过药物治疗减轻戒断反应，预防因突然停药引起的健康问题。对阿片类依赖者的脱毒治疗通常在封闭环境下进行，分为替代治疗和非替代治疗。

（1）替代治疗：利用与毒品有类似作用的药物来替代毒品，以减轻戒断反应，从而帮助患者更好地耐受戒断过程。常用的替代药物有美沙酮和丁丙诺啡。

美沙酮维持治疗是每日给予成瘾患者稳定剂量的美沙酮。由于其半衰期较长可达到 15～30 小时，美沙酮能满足对阿片类药物的渴望，不会产生主观愉悦感。解毒通过逐步减少美沙酮剂量完成。初始量视严重程度而定，一般为 20～30mg 口服。可根据反应调整，但超过 40mg 可能引起不适。治疗剂量因人而异，合适的剂量要既避免患者中毒，也能抑制戒断反应。

丁丙诺啡和美沙酮一样，是一种长效部分激动剂，作用于与海洛因和吗啡相同的受体，在低剂量下，丁丙诺啡可产生足够的激动剂作用，使鸦片类药物瘾者能在不出现戒断反应的情况下停止滥用鸦片类药物。丁丙诺啡与血浆蛋白高度结合，经肝脏代谢，其半衰期为 24～60 小时。丁丙诺啡口服生物利用度较差，舌下利用度中等。用于治疗阿片类药物成瘾的剂型包括舌下片、皮肤贴片或颊片。

（2）非替代治疗：应用 α_2 受体激动剂如可乐定和洛非西定来减轻戒断症状，主要适用于轻中度依赖者。此类药物常见不良反应有低血压、口干、疲劳等。此外，还可以用中药、针灸等方法改善食欲和机体状况，用镇静催眠药减轻焦虑、改善睡眠。

3. 预防复吸 纳曲酮与纳洛酮类似，已被成功用于治疗阿片类药物成瘾。它能与中枢神经系统中的阿片类受体结合，竞争性抑制阿片类药物的作用。与纳洛酮不同的是，纳曲酮作用时间更长，配制为50mg/片，每日1次。纳曲酮不用于治疗阿片类药物过量导致的呼吸抑制，而是让患者即使滥用阿片类物质也不会产生欣快作用，进而减轻心理渴求。但是如果在完全解毒前使用纳曲酮，患者可能出现戒断反应。

（三）阿片类物质使用所致障碍的病程及预后

阿片类药物使用障碍可发生在任何年龄，但最常见于青年时期。一旦成瘾，常持续多年。虽然成瘾者常有短期戒断，但即便在治疗群体中，戒后复发仍较为普遍，不少个案症状可持续数十年。阿片类物质使用所致障碍患者的长期死亡率可达每年2%，随着年龄增长，患病率降低，原因可能与早期死亡有关。

三、兴奋剂使用所致障碍

中枢神经系统兴奋剂，或称精神兴奋剂（psychostimulant），主要包括可卡因和苯丙胺类药物，也包括咖啡或茶中所含的咖啡因。

苯丙胺及苯丙胺类兴奋剂包括含替代苯基乙胺结构的物质，如苯丙胺（安非他明，amphetamine）、甲基苯丙胺（冰毒，methamphetamine）、3,4-亚甲二氧基甲基苯丙胺（MDMA，ecstasy，摇头丸）、麻黄碱（ephedrine），也包括结构不同但效应相似的物质，如哌甲酯。这些物质常经口服或静脉注射，甲基苯丙胺也可吸入。除合成化合物外，也有来源于植物的天然兴奋剂，如卡特叶。处方兴奋剂用于治疗肥胖、注意力缺陷多动障碍和发作性睡病，可能流入市场。可卡因有多种制剂，如可可叶、可卡因盐酸盐、精炼可卡因等，由于纯度和起效时间不同，效应各异。但主要活性成分均为可卡因。

可卡因盐酸盐粉末常经鼻吸入或溶于水后静脉注射。兴奋剂使用模式包括间歇性使用或每日（或近乎每日）使用。间歇性使用倾向于间隔2天或更长时间不使用，如周末或工作日大量使用。“爆发性使用”是指连续数小时或数天的高剂量使用，常与身体依赖相关。爆发性使用通常只在药物供应枯竭或出现衰竭时停止。

（一）兴奋剂使用所致障碍的临床表现

吸入或注射可卡因或苯丙胺类药物后，会产生片刻的幸福、自信和欣快的感觉。追寻快感体验使许多人定期使用。兴奋后是强烈的失望反应（“沮丧期”），使用者感到烦躁、抑郁、疲惫，并渴求更多药物。尽管可卡因或苯丙胺类可增强精力、减轻焦虑，但也可能导致惊恐发作，甚至冲动行为。

1. 兴奋剂中毒 可卡因及苯丙胺类兴奋剂中毒引起的中枢神经系统症状和程度取决于剂量和给药途径。随着剂量增加，症状从轻微的不安发展为震颤、躁动，然后是抽搐和中枢神经系统抑制，致死剂量引起的呼吸衰竭可能引起患者死亡。此外，患者还会表现出现精神症状，如偏执、幻觉、情绪障碍、暴力行为、重复性运动，以及中枢神经系统刺激体征，如心动过速、高血压、心律失常、出汗、发热、惊厥等。

可卡因使用有关的精神紊乱经常在停止使用后的数小时到数天内消退，但也可能持续1个月。可卡因与酒精合用可能产生危险反应。两者在体内转化为己烷，其在大脑中的作用时间更长，毒性大于单独使用任一药物。因此可卡因与酒精的混合常导致与药物相关的死亡。

2. 兴奋剂戒断　强烈的焦虑和烦躁不安是中枢神经系统兴奋剂戒断的主要症状。患者会迅速寻找更多此类药物或其他药物如酒精、大麻或安眠药以摆脱戒断反应带来的痛苦。长期使用中枢神经系统兴奋剂可耗尽去甲肾上腺素，停药时导致崩溃，患者先出现睡眠增加，可达 12～18 小时。醒来后可能出现戒断症状，包括快速眼动睡眠增加、疼痛、性欲下降、严重的抑郁（可能导致自杀）、快感缺失、注意力不集中和心理渴求。

（二）兴奋剂使用所致障碍的治疗

1. 兴奋剂中毒的治疗　中枢神经系统兴奋剂中毒没有特异性的解毒药，治疗上主要以对症为主。将患者置于安静环境，减少刺激；严密监测生命体征，保持呼吸道通畅，维持水电解质平衡，必要时给氧，发热时进行物理降温，鼓励患者多饮水；服药时间不超过 4 小时可考虑洗胃催吐；可以口服氯化铵酸化尿液，加速药物排泄，但若患者出现高热、出汗、代谢性酸中毒则不宜酸化；出现惊厥、激越、谵妄可缓慢静脉注射苯二氮䓬类药物如地西泮 10～20mg，并观察有无呼吸抑制；可以用氟哌啶醇控制激越、幻觉、妄想症状，但剂量不宜过大，以免加重意识障碍。

2. 兴奋剂脱毒治疗　目前还没有推荐使用的替代药物。大部分患者可通过休息和营养补充在 1 周内自行康复。对于抑郁、乏力、药物渴望等症状严重的患者，可以用抗抑郁药物进行对症治疗。如果出现精神病性症状如幻觉、妄想，可以使用抗精神病药短期治疗，待这些症状消失后逐渐停用。

（三）兴奋剂使用所致障碍的病程及预后

中枢神经系统兴奋剂使用障碍常见于青少年，中老年相对少见。部分人起初使用兴奋剂是为了控制体重或提高学业、工作和运动表现，但随着静脉注射或吸入使用，兴奋剂使用障碍会快速形成。

基于使用途径，可能出现多种身体疾病。鼻内使用者常见鼻窦炎、过敏、鼻黏膜出血和鼻中隔穿孔。吸入使用者可见呼吸道问题如咳嗽、支气管炎。静脉注射和不安全性行为会增加艾滋病、肝炎和其他性传播疾病等感染风险。另外，患者常有体重减轻和营养不良。同时，为获取药物，患者可能涉及盗窃、卖淫或贩毒等非法行为。总之，中枢神经系统兴奋剂使用障碍戒断困难，1 年内复发率超过 60%，使用时间越长则戒断越困难，长期使用者并发的躯体和精神疾病等也较多见，依从性差和社会支持缺乏是导致预后不良的关键因素。

四、致幻剂和分离性药物使用所致障碍

致幻剂和分离性药物是指会产生欣快或焦虑，扭曲身体感觉、视觉和听觉感知，引起协调性受损、判断力和记忆力下降的药物。致幻剂会引起强烈的幻觉，扭曲个体对现实的感知。分离性药物可引起精神和身体的分离感（因此称为“离体”），高剂量则可导致僵直和昏迷。致幻剂和分离性药物起初多影响自主神经和中枢调节系统，增加心率、体温，轻度升高血压。使用者可出现口干、头晕、感觉过热或过冷等主观感觉。随后这些生理变化消失，但感知解离和幻觉变得明显。

这些药物可来源于植物和蘑菇，也可人工合成。最早的人工合成药物用作分离性麻醉剂，但在 20 世纪 60 年代逐渐成为街售毒品。典型的致幻剂包括麦角酸二乙基酰胺（lysergic acid diethylamide，LSD）、裸盖菇素、三甲氧苯乙胺（mescaline，又称麦司卡林、北美仙人球毒

碱）、二甲基色胺（dimethyltryptamine、DMT）等。解离性药物包括苯环定（phencyclidine，PCP）、右美沙芬、鼠尾草、氯胺酮等。右美沙芬是某些非处方感冒药成分，常被青少年滥用。氯胺酮和 PCP 在 ICD-11 中被归类为解离性物质，但 DSM-5 中则将这两种物质归类为致幻剂。

这些物质常被吸入或口服，也可以被吸入或注射。PCP 主要精神活性作用持续数小时，但体内排清总时间可达 8 天以上。在易感者中，致幻作用可持续数周，并可能引起类似精神分裂症的持续性精神病发作。

（一）致幻剂和分离性药物使用所致障碍的临床表现

1. 致幻剂和分离性药物中毒 幻觉剂中毒的特征是几种行为或心理变化，如攻击性、冲动性、行为难以预测、焦虑、精神运动性激越、判断力下降、痛觉麻木或减退、言语含糊，以及潜在的危险行为，比如冲动性自杀。生理症状包括眼球震颤、心动过速、血压升高、感觉麻木、共济失调、肌肉僵硬等。罕见情况下，使用会出现痫性发作。

2. 致幻剂和分离性药物戒断 尽管有人报告对这类药物有渴求感，但还未发现致幻剂和分离性药物有戒断综合征。幻觉剂可导致“闪回”，即感知障碍的短暂复发，类似使用致幻剂时的状况。这些发作即使在所有致幻剂清除体外后也会发生，并可能持续几个月到 5 年。

3. 精神病性症状 氯胺酮及 PCP 滥用者常出现类似精神分裂症的精神病性症状，主要表现为幻觉、妄想、易激惹状态及行为失控，在易感个体中的致幻效果可能持续数周。常见幻觉为生动鲜明的视觉、听觉、幻觉；妄想通常是被害妄想和关系妄想；行为失控则表现为冲动、攻击和自伤。部分患者可出现情感淡漠、社交退缩和意志减退，也可有知觉障碍，如感到身体变形等。

（二）致幻剂和分离性药物使用所致障碍的治疗

1. 致幻剂和分离性药物中毒的治疗 致幻剂和分离性药物中毒反应（PCP 除外）主要表现在心理上。这些药物通常不会直接致死，但可能发生相关的意外事故、冲动攻击或自杀。中毒反应的治疗以支持性治疗为主，例如提供安静的环境，隔离外界刺激，并根据患者和他人安全的需要适当进行保护性约束。PCP 中毒可包括癫痫发作、高血压、体温升高和呼吸抑制。可以使用药物控制癫痫和血压，采用物理降温，必要时进行机械通气以维持呼吸。

2. 精神病性症状的治疗 氯胺酮半衰期短，急性幻觉妄想、谵妄状态一般在 24 小时内消失，少数滥用者的幻觉妄想症状会持续 1～2 周，PCP 主要的精神活力效应持续数小时，但体内总的清除时间通常长达 8 天或更长。治疗上可以短期使用奥氮平、喹硫平等镇静性强的抗精神病药治疗，待症状消失后逐渐减量至停药。如患者有抑郁症状，可以用选择性 5-羟色胺再摄取抑制剂（SSRI）、5-羟色胺-去甲肾上腺素再摄取抑制剂（SNRI）等抗抑郁药。急性焦虑症状可以用苯二氮䓬类药物治疗。

五、镇静催眠、抗焦虑药物使用所致障碍

镇静剂、催眠药或抗焦虑药物主要包括苯二氮䓬类药物（如咪达唑仑）、苯二氮䓬类似药物（如唑吡坦、扎来普隆）、阿片类（如泰勒宁）、巴比妥类（如苯巴比妥）以及非苯二氮䓬类催眠药（如扎来普隆）。这类物质涵盖了所有的睡眠药物和大多数抗焦虑药物。

像酒精一样，这些药物是脑抑制剂，并能产生相似的物质/药物所致的障碍和物质使用障碍。苯二氮䓬类药物是这一类药物中最常被滥用的药物。在正常的处方剂量中，这些药物会

用于改善睡眠和减少焦虑，但在被滥用或误用时，则可能造成依赖、中毒，甚至昏迷。

（一）镇静催眠、抗焦虑药物使用所致障碍的临床表现

1. 镇静催眠、抗焦虑药物中毒　单独过量口服苯二氮䓬类药物时会出现醉酒症状：包括说话不清、缺乏协调、步态不稳、情绪不稳定、注意力或记忆受损，严重时出现昏睡和昏迷。相比之下，巴比妥酸盐如果过量服用可能是致命的，它们会导致昏迷、呼吸抑制、心力衰竭和死亡。

2. 镇静催眠、抗焦虑药物戒断　戒断症状常发生在长期使用（如3～4个月）突然停药后。症状出现的时间取决于药物的半衰期。劳拉西泮等药物，其作用通常持续约10小时，可在6～8小时内产生戒断症状；长效药物，如地西泮，可能在1周后产生戒断症状。常见的镇静、催眠药或抗焦虑药戒断症状包括：胃肠道症状；出汗、心悸；震颤、无力、头昏、头痛；对声音敏感；不安、失眠、易激惹、焦虑；耳鸣；人格解体感。较少情况下，严重苯二氮䓬类药物戒断可并发癫痫发作或进展为严重的谵妄，表现为意识混乱及定向力异常、妄想，以及生动的幻觉。

值得注意的是，镇静催眠药和抗焦虑药戒断症状与症状反跳和治疗前症状复发较难鉴别。症状反跳多表现为焦虑和失眠，常发生在停用半衰期较短的药物之后，反跳症状持续时间较短，数日可消失。但反跳症状消失后，治疗前症状又可能随之出现。许多患者会误以为这些反应是戒断症状，因此重新服药，进而导致镇静催眠药长期使用产生依赖。

（二）镇静催眠、抗焦虑药物使用所致障碍的治疗

1. 中毒的治疗　将药物从体内清除为关键，可选择的治疗包括洗胃、摄入活性炭和导泻。一般来说，随着药物的排泄，患者的嗜睡状态会有所改善。如果是严重的中毒反应，特别是巴比妥类药物中毒，需要将患者收入重症监护室观察，严密监测患者的生命体征，尽早使用血液灌洗或透析将药物从身体中清除，并支持呼吸和心血管系统功能。新的研究表明氟马西尼能翻转苯二氮䓬的镇静作用。然而该药能否拮抗苯二氮䓬的呼吸抑制作用尚不能确定，所以仍需要监护与呼吸支持。

2. 镇静催眠、抗焦虑药物脱毒治疗　总的治疗原则是逐渐缓慢减少药物剂量直至停药。巴比妥类药物依赖的停药需要缓慢减量，以戊巴比妥为例，每日减量不宜超过0.1g，一般需2～4周才能完全脱离，有时更长。可以逐步用苯二氮䓬类药物替代巴比妥类药物，也可以先用长效巴比妥类药物（如苯巴比妥）替代短效巴比妥类（如戊巴比妥），再逐日减少剂量。苯二氮䓬类药物的停药与巴比妥类类似，可以逐渐减量，或用长效制剂替代短效、中效制剂后再逐渐减少长效制剂量。如先将三唑仑换成氯硝西泮，然后再逐渐减少氯硝西泮的剂量。对大多数苯二氮䓬类药物，最初减药的速度可以快些，如在第1周内减少50%，后面的减药要慢（每减少10%～20%应间隔3～5天）。减药过程中可以合用一些辅助药物如普萘洛尔、卡马西平等以减轻戒断反应。

（三）镇静催眠、抗焦虑药物使用所致障碍的病程及预后

个体最初通过医生处方获得这些药物，通常是为了治疗焦虑、失眠或其他症状。当产生耐受性需要更高剂量时，患者自行增加服药剂量和频率。个体可能在最初焦虑或失眠的基础上继续服药，但逐渐表现出更强心理依赖，并可能找多名医生获取足量药物。

不管起始使用该类药物的年龄如何，但随着年龄增长，误用和副作用风险均增加。随代谢减退，这些药物的急性和慢性中毒作用，特别是对认知、记忆和协调功能的影响，会随年

龄增加而加重。存在显著认知功能障碍（痴呆）的老年人更易在较低剂量条件下出现中毒反应和生理功能损害。

因此尽管这类药物用于老年人治疗睡眠问题、焦虑和其他症状有一定价值，但其副作用和依赖风险需要格外注意。建议尽可能使用最低有效剂量，避免长期每日使用，定期监测是否存在认知和精神状态异常，评估利弊后再决定是否继续使用或逐步减停药。

六、尼古丁使用所致障碍

尼古丁既是烟草产生极高的成瘾性和流行率关键成分，也是让烟草成为公共卫生威胁的关键原因。我国每年100多万人因烟草失去生命，《中国吸烟危害健康报告2020》预测，如果不采取有效行动，预计到2030年将增至每年200万人，到2050年增至每年300万人。

此外，吸烟在酒精依赖患者、药物使用障碍患者及精神疾病患者中更为普遍，精神分裂症、双相情感障碍、创伤后应激障碍和药物使用障碍患者的吸烟发病率可高达普通人群的2～6倍。最近的研究表明，尼古丁成瘾是非常强大的，至少和其他药物成瘾一样强烈；大多数戒烟的人会在1年内复发。

（一）尼古丁使用所致障碍的临床表现

1. 吸烟的躯体危害 吸烟与多种疾病关系密切。吸烟损害肺部结构、肺功能和呼吸道免疫系统功能，引发慢性阻塞性肺病、呼吸道感染、肺结核等；损害血管内皮细胞，引发动脉硬化心脑血管疾病，如冠心病、中风等；增加胰岛素抵抗，诱发2型糖尿病并增加并发症。此外，烟草烟雾含多种致癌物质，可增加肺癌、喉癌、胃癌等癌症的发病风险。

2. 烟草戒断 戒断症状不仅出现在每日吸烟者戒烟，非每日吸烟者也可能出现。在停止吸烟后最初几天，心率每分钟可下降5～12次。戒断症状主要包括：精神症状方面，可出现情绪低落、焦虑、烦躁、易怒、注意力下降等；生理症状方面，可出现胃肠不适、疲劳、头晕、食欲增加等；同时，强烈的尼古丁渴求也是戒断过程的核心特征。

（二）尼古丁使用所致障碍的治疗

1. 尼古丁替代治疗（nicotine replacement treatment，NRT） 即以低剂量、安全性好的尼古丁制剂取代烟草，达到代替或部分代替从烟草中获得的尼古丁，缓解戒断症状。常用的尼古丁替代品剂型包括：尼古丁透皮贴片、尼古丁口胶剂、鼻喷雾剂和吸入器。在我国常见的为尼古丁透皮贴片和尼古丁口胶剂。尼古丁透皮贴片一般为圆形或方形可直接贴于皮肤的黏性敷贴，黏性表面下为尼古丁活性物质层，经皮肤吸收，通常一天一片，每天轮流贴不同的位置，使用时间为6～12周。尼古丁咀嚼胶为非处方药，使用方法为将咀嚼胶放入口中慢慢咀嚼，30分钟后所有尼古丁会从咀嚼胶中释放出来，尼古丁透过口腔黏膜直接进入体内，吞咽下的尼古丁在胃中被分解而失去作用，并可引起不适，一般疗程为8～12周，少数吸烟者可能需要更长时间。

2. 非尼古丁药物 主要包含2种药物，盐酸安非他酮缓释片和酒石酸伐尼克兰片。安非他酮是一种抗抑郁药，作用机制可能为抑制多巴胺和去甲肾上腺素的重摄取和阻断尼古丁乙酰胆碱受体。安非他酮为口服药，剂量为150mg/片，至少在戒烟前1周开始服用，疗程为7～12周。伐尼克兰是尼古丁受体的部分激动剂，在结构上与尼古丁类似，可与尼古丁受体结合。通过与受体的竞争性结合，它阻止了尼古丁与尼古丁依赖相关的乙酰胆碱受体的作用，由此减少了个体对尼古丁的渴望和获得奖励的效应。伐尼克兰通常从0.5mg，每日1次开始，然后逐渐加量至每日2次，每次1mg，总疗程为12周。除这两种药物外，还有一些其他药物用于尼古丁依赖的治疗，如可乐定、去甲替林、尼古丁疫苗等，但这些药物临床中应用相对较少，对于特殊的烟草依赖者，如合并高血压者可根据其具体情况直接使用可乐定等。

3. 非药物治疗　耳穴治疗，即耳穴按压，是尼古丁成瘾的辅助治疗。耳穴按压通过刺激耳穴，调节内源性内啡肽水平和交感神经系统，抑制尼古丁成瘾，减少尼古丁戒断症状，减少吸烟的欲望，促进短时间戒烟。

（三）尼古丁使用所致障碍的病程及预后

中国与全球大部分地区相似，吸烟往往从青少年开始，并在初次吸烟后很快出现烟草依赖。80%以上使用烟草的个体在某个时段企图戒烟，但60%在1周内复发，不到5%能一次成功。尽管如此，吸烟的大多数个体通常会在一生中做出多次尝试，最终一半的吸烟者能够守戒。在中国，成功戒烟的平均年龄在40岁之后。

知识扩展　　**电子烟的流行和控制**

电子烟早期被引入是作为一种辅助戒烟的工具。它们是一种无烟的、电池驱动的设备，旨在将含有调味料或其他化学物质的尼古丁输送到肺部，而不需要燃烧烟草。电子烟的设计理念，是要模拟吸烟的行为，同时避免燃烧烟草时产生的有毒化学物质。

但电子烟作为一种新兴的尼古丁吸入产品，其安全性和有效性还有待进一步研究探讨。首先，电子烟中含有的丙二醇和甘油等溶剂在加热后可能产生额外的化学物质，这些物质的安全性和长期健康影响还不明确。其次，不同品牌和类型的电子烟产品之间组分和尼古丁含量差异很大，给监管带来很大困难。再者，电子烟产生的二手烟对他人也会造成一定危害。最后，电子烟中尼古丁的含量过高，会导致使用者上瘾性增强，其戒烟效果存疑。

对青少年来说，电子烟的风险更大。首先，电子烟的广告和营销手法容易吸引青少年使用。一些电子烟商家故意添加果味等调味剂迎合青少年口味。其次，电子烟并非无害，尼古丁本身就是一种成瘾性物质，过量摄入可能影响大脑发育。再者，青少年使用电子烟很可能转为吸食普通香烟。最后，电子烟被视为一种“时尚科技产品”，容易引起青少年的试验心理。

因此，为更好地保护公众健康，各国政府都应尝试对电子烟实施更严格的监管。同时增加宣传，让公众充分了解电子烟的利弊。

七、赌博障碍

ICD-11和DSM-5将某些以冲动、高渴求为特征的强迫性行为与物质依赖共同放在物质使用或成瘾行为所致障碍这一类别之下，反映出这些行为可能与物质使用障碍有相似的生理心理基础。从神经科学角度看，这些行为成瘾与物质成瘾都涉及大脑的奖励系统和动机系统的异常，例如腹侧纹状体和腹内侧前额叶皮质等脑区活性增强，导致对快感的持续追求。从心理角度看，赌博行为会导致人产生无法控制的强烈冲动，并通过赌博获得追求某种心理的满足感。为了获得这些感觉，人们会不顾负面后果，持续进行这些行为，无法自拔，这些行为特征与物质成瘾亦有相似之处。

国内关于赌博障碍的流行病学研究较为缺乏，国外报道不同地区赌博障碍的发生率为0.2%～5.3%，不同国家和地区的差异与当地对赌博的政策以及当地的文化有较大相关性。从性别上来说，赌博障碍的早期症状在男性中比女性更常见。中年或老年发病的赌博障碍在女性群体中比男性更普遍。但无论性别如何，赌博障碍患者寻求治疗的比例都是低的（<10%）。

（一）赌博障碍的临床表现

不同于一般人的赌博行为，赌博障碍患者常常需要更多钱才能达到预期的兴奋程度；另一种常见行为模式是"追回损失"的模式，即有强烈需求继续赌博（通常不断加注或承担更大风险）以赢回之前的损失，个体可能放弃正常的赌博策略，企图一次性赢回所有损失；当无法赌博时感到焦躁不安或过度烦躁；反复试图控制或减少赌博但失败；经常专注于赌博活动；将赌博视为应对痛苦情绪的方式。

赌博障碍患者为掩饰赌博行为，常常采用说谎，欺诈、盗窃或挪用等违法行为以获得赌博所用的钱款；还可能出现"紧急求助"的行为，就是因赌博导致严重的财务困境，不得不向家人或其他人求助。总之，赌博行为会导致这类患者人际关系、工作和学业受损，经济上依赖他人。

（二）赌博障碍的治疗

1. 心理治疗 针对赌博障碍，目前研究中支持和证实疗效最好的心理治疗方法是认知行为治疗。认知行为治疗通过识别和纠正赌博者的认知扭曲和错误信念，帮助其建立问题解决和应对赌博欲望的技能。典型的认知行为治疗流程包括提高赌博者对其行为模式及其负面后果的认识，训练其识别赌博冲动时的触发因素和高危情境，学习控制冲动的技巧，纠正有关赌博的认知扭曲，培养消极情绪规律化和应对技能，预防复发等。认知行为治疗可以是短期治疗，也可以是较长课程的治疗，可以个体施行，也可以在团体环境中进行。

除认知行为治疗外，动机访谈也是支持赌博者行为改变的常用心理治疗技术。它通过增强赌博者对行为改变必要性的认识，激发其内在动机，帮助建立戒赌目标。家庭治疗则注重调动家人支持和监督赌博者的作用。还有的心理治疗采用支撑性的咨询方法，创建无赌博的社会支持网络。

2. 其他治疗方式 许多赌博者可能伴有其他精神障碍，如抑郁、焦虑、物质滥用等。这时必须评估并针对这些并发症给予适当治疗，比如心境稳定剂、新型抗抑郁药物、新型抗精神病药物、抗焦虑药物，或阿片受体拮抗剂如纳曲酮等。赌博障碍的治疗还需要配合其他帮助，如自助团体支持、财务指导、家庭教育等。建立无赌博的生活方式和社会支持网络对维持治疗效果也至关重要。

（三）赌博障碍的病程及预后

青春期就开始赌博的个体，通常是在家人或朋友影响下形成这种行为。童年或青春期出现赌博障碍往往与冲动性格和物质滥用相关。许多高中生和大学生在赌博后能自行控制并戒除这种行为，但对某些人来说，这可能成为终生问题。

大多数问题赌博者通常只报告1～2种对他们影响最大的赌博形式，尽管也有一些个体参与多种类型的赌博活动。对不同的个体来说，赌博频率与形式并不能决定其严重程度，如每天去买一张彩票可能不是问题，但每月去一次赌场则可能成为赌博障碍。判断赌博障碍关键在于评估个体是否由于赌博行为而出现工作、经济、人际关系等生活领域的功能损害。

赌博障碍患者的赌博模式可能呈现出间歇性或周期性特征，赌博障碍的症状也可能持续存在或有所缓解。在面临压力或抑郁的时期，以及激动期或戒赌期，赌博行为可能会明显增加。个体的赌博问题可能出现严重赌博阶段和严重后果阶段的交替，也可能存在完全戒赌的时期，或只有非问题性赌博的时期。即使赌博障碍可能会出现自发缓解，症状得到控制。但这只是暂时的，并不意味着赌博依赖已经永久纠正。赌博障碍的脆弱性并不会消失，面对诱发因素时仍可能复发。

八、游戏障碍

2013年，DSM-5将网络游戏障碍（internet gaming disorder，IGD）纳入“物质相关及成瘾障碍分类”，并给出了相应的诊断标准。2019年，WHO在ICD-11中正式将游戏障碍列为一种精神疾病。其特点是反复和持续地进行电子游戏或视频游戏，包括网络游戏和非网络游戏。

随着研究者和社会大众对游戏障碍关注的增加，有的学者也越来越关注网络依赖，并常常将网络依赖和游戏障碍放在一起讨论。相对游戏障碍而言，网络依赖是一个广泛的概念，指因过度依赖互联网产生各种社会功能障碍，所涉及的内容包括游戏、社交、购物、信息、视频等，而游戏障碍则专指游戏行为。两者有部分重合，网络游戏障碍可以视为网络依赖的一种表现形式，但网络依赖也存在只依赖互联网不玩游戏的群体，游戏障碍也可能在不存在互联网依赖的情况下单独存在。

（一）游戏障碍的临床表现

游戏障碍患者表现为大量时间被游戏占据，无法自主控制游戏时间，疏于工作、学业和人际关系。即使意识到生活已严重受损，也无法改变游戏行为。在无法游戏时，患者会出现焦虑、抑郁等戒断症状。为获得满足感，游戏时间不断增加，出现耐受性。游戏成为患者生活的中心，其他活动皆被忽视，导致身心健康和生活质量显著下降。但即使面临各种负面后果，患者仍无法停止或控制过度游戏，并以游戏逃避现实生活压力。他们通常会向外界隐瞒或减少游戏时间。长时间游戏也会引起睡眠及饮食问题。

（二）游戏障碍的治疗

游戏障碍的治疗需要采取综合的心理行为干预措施。通过认知行为治疗识别和修正患者的游戏相关认知扭曲，培养更加理性的游戏观念。同时鼓励患者重新参与现实生活，提高工作、学习、运动、社交等活动的时间投入。让患者的家人了解该疾病，制定合理的游戏规则并监督执行，以改善家庭关系。还可以尝试动机治疗，增强患者内在改变游戏行为的动机。必要时，可在专业人员监管下进行一段时间的完全游戏戒断，以断除依赖。此外，督促患者重建规律的生活作息、健康饮食、体育锻炼等健康生活方式，并适当控制其游戏时间、场所及设备。药物治疗主要包括使用一些抗抑郁药物，但效果仍有争议。

知识链接　　关于游戏障碍的争论

WHO在2019年版的《国际疾病分类》（ICD-11）中将“游戏障碍”列为一种精神疾病，但该诊断在医学界和社会引发广泛争议。

支持的观点认为：一些研究表明，部分人确实会因过度沉迷游戏而产生依赖症状和其他负面后果。他们的游戏时间占用了大量生活时间，导致人际关系和工作学业受损，还出现了焦虑、抑郁等其他精神问题。这符合认定一种疾病的标准。正式的诊断不仅可以使这一群体得到临床的重视和资源，还可以推动游戏障碍的研究和治疗方法的开发。如果游戏障碍作为一种疾病被正式承认，患者也不再需要隐藏自己的困扰，而可以公开寻求帮助。

将其纳入疾病分类系统，也有助于提高整个社会对这一问题的重视程度。总体来说，支持者认为正式确立游戏障碍可以使病患获得帮助，并推动相关研究的进展。

不支持的观点认为：目前的科学证据还不足以确认游戏障碍是一个独立的精神疾病，首先，它可能只是其他疾病如抑郁症的一个症状表现，而不是一个完全独立的疾病实体。其次，大多数人玩游戏不会产生严重依赖，医学化游戏可能会导致过度诊断的问题。再者，在道德恐慌的影响下，游戏障碍可能被曲解和扩大解释，将许多正常的游戏者不当地标记为“病人”。

第三节　物质使用与成瘾行为所致障碍的护理程序

一、护 理 评 估

评估对于理解使用、滥用或依赖的程度以及确定患者是否拒绝或接受治疗是至关重要的。在进行评估时，护士通常需要进行详细的了解，还需要与家庭成员和其他亲人交流，获取治疗相关信息。在对物质使用与成瘾行为所致障碍进行评估时，护士常常会面临患者的否认和拒绝，如果患者否认自己的行为问题或者拒绝治疗，护士应该探索他们否认或者拒绝的原因，并试图解决这些问题。总之，在评估过程中，护士应该采用关心、客观、温柔和直接的方式，采取惩罚性方法或试图引起患者内疚或羞耻感的做法将对治疗关系产生破坏影响。

（一）物质使用与成瘾行为史的评估

1. 物质使用与成瘾行为史的访谈　需要全面评估患者的物质使用历史，包括毒品、处方药和非处方药，以确定患者是否存在超量使用或即将出现的戒断反应风险。最近期的物质使用史可以帮助确定所使用物质的类型、剂量、使用频率以及可能发生的戒断状态（表 5-1）。

表 5-1　物质使用与成瘾行为障碍评估内容

物质滥用	物质依赖
使用的模式：物质的类型、剂量、途径、频率、时间；是否使用物质以增强在社交场合中的表现和互动；是否用于改变某些感觉，如抑郁或焦虑；是否有无意导致中毒；是否控制使用量和频率	依赖：药物渴求的表现；强迫使用的方式；求药相关行为 戒断和复发：戒断反应；主动戒药行为；停药后的复发
可能的影响：可能的危险或潜在的法律问题；是否干扰正常生活功能的使用（例如，睡眠紊乱、躁动或易怒，社交受损）；是否对自己或他人有潜在伤害（例如，酒驾、使用未消毒的注射设备）；是否使用导致社会不可接受的行为（例如，公共场所醉酒、言语或行为攻击）	
处方药成瘾：如果是处方药，药物的剂量、频率和适应证；医生是否因为特定的情况给予了额外剂量；是否用于处方以外的适应证或自我诊断的疾病	

在评估患者的药物使用历史时，还应该记录首次使用药物的年龄，以及使用模式随时间的变化。这可以帮助识别使用物质的轨迹和关键转折点。具体来说，应该记录患者认为物质使用开始成为问题的时间点，以及出现过戒断症状或改变使用模式的情况。这些信息可以帮助评估患者的依赖程度，以及可能影响依赖形成的生理、心理和社会因素。

此外记录患者开始使用物质的诱因、复发原因、戒药行为或改变物质使用的尝试也非常重要，这可以显示患者改变依赖行为的动机和能力。失败的尝试同样重要，因为它们可以识别患者在戒断过程中面临的困难，从而制订出更个性化、全面的治疗计划。

2. 物质使用与成瘾行为障碍评估表　除了采用非结构式的访谈评估之外，护士可以使用结构式药物滥用评估表作为指导，在评估过程中引出药物使用历史（表 5-2）。

表 5-2　物质使用与成瘾行为障碍评估表

使用情况	滥用指标
是否有以下物质使用历史：酒精/兴奋剂/阿片类药物/镇静催眠药和抗焦虑药/致幻剂/大麻/吸入剂/尼古丁/咖啡因，其他非处方药或草药产品 如果有，最后使用模式（剂量、途径、首次使用、频率和使用时间）：________	耐受性（为达到之前的效果，增加物质的使用）：________ 戒断症状： a 发抖________ b. 震颤________ c. 肠痉挛，腹泻或心动过速________ d. 偏执，恐惧________ e. 睡眠困难________ 使用的后果（例如，出现问题，持续或反复出现的情绪、社交、法律或其他问题）：________ 对数量、频率或使用持续时间失去控制：________ 希望或努力减少使用或控制使用：________ 过度关注（花更多时间和精力在物质获取和使用上）：________ 受使用影响的社会、职业、娱乐活动：________ 既往物质使用障碍的治疗：________

需要注意的是，当护士在评估患者物质使用时，需要以开放、不带判断的态度来处理这个敏感的话题。问诊要采取循序渐进的方式，先从合法的酒精和烟草入手，让患者感到安全后，再谨慎地探讨非法物质的使用情况。只有建立起互相尊重和信任的医患关系，患者才会更坦诚地与护士沟通，护士才能给他们提供最合适的护理措施。

（二）生理评估

1. 一般状况评估　观察患者言行是否有异常，是否烦躁不安，如果患者正在使用或戒断某种成瘾物质，可能会显得焦虑、疲惫和意识混乱。观察患者是否有营养不良的证据，是否有睡眠障碍；是否因长期大量饮酒而导致肝损害；是否因共用针具静脉注射而感染肝炎或艾滋病病毒；是否因长期从呼吸道吸入毒品导致肺部或神经系统损伤。

2. 药物使用的躯体迹象　即使是在炎热的天气里，经常注射毒品的人也经常会穿长袖和长裤以试图掩盖注射痕迹。护士需要留意的体征包括：穿刺痕迹；皮肤蜂窝织炎；静脉炎；皮肤脓肿；鼻孔/鼻中隔周围的糜烂或炎症；嘴或鼻周围的炎症等。

（三）心理评估

1. 感知觉和智力　评估患者的感知觉异常，特别是视幻觉、听幻觉和触幻觉（如虫爬感，患者感觉有虫子在皮肤下爬行）。戒断期间，患者可能出现注意力不集中、记忆力减退等短期智力功能障碍。这些智力障碍通常在戒断后几周至几个月内可逐渐恢复。因此除非患者因长期饮酒或使用兴奋剂导致神经功能缺陷，否则智力能力应当是完整的。

2. 判断力和自知力　戒断或物质滥用期间，患者的判断能力很可能出现错误。即使在戒断后，判断能力也可能继续受到影响；患者可能会出现冲动行为。患者对自己药物使用的自知力通常是有限的。他们可能难以承认自己的行为，失业或人际关系问题与药物使用有关，或者相信自己可以控制物质使用。

3. 自我概念　物质使用与成瘾行为所致障碍患者通常自尊心较低，他们可能直接表现出低自尊，也可能通过行为来掩盖。在没有药物的状态下，他们会感到自己无法应对生活和压力，当不能使用药物时，他们往往会在社交场合感到不舒服。他们往往难以识别和表达真实的情感，更习惯逃避情感并借助药物来应对任何个人的痛苦或焦虑。

4. 情绪和情感 患者可能出现各种情绪和情感反应。当停药或减少成瘾行为时，一些患者会对过去的行为感到自责、悲伤和羞愧，另一些人可能会愤怒或沉默寡言，不愿与护士交谈。在急性中毒时，患者可能表现出兴奋、吵闹、易激惹或情绪不稳等状态，戒断时则可能出现焦虑、抑郁、紧张、恐惧等不安情绪。有的患者则尽可能表现得很愉悦，以便否认药物对自己的影响。

（四）社会评估

1. 社会角色 患者在物质使用与成瘾行为的影响下，其工作和学习效率可能出现不同程度的下降，人际交往能力和生活自理能力也可能降低。有的患者可能沉溺于游戏、赌博等行为，并出现逃学、旷工、欺骗、偷窃等社会不良行为，严重者可能产生严重影响社会治安的犯罪问题。

2. 家庭关系 患者的家庭功能可能受到破坏，出现子女受虐待、教养不良、婚姻破裂等。社会支持系统方面，了解家庭成员或亲友是否也存在药物滥用等问题，并评价他们对患者的支持和关心程度。了解患者的物质使用是否是家庭争论的焦点之一，并导致患者与家人关系紧张。了解当家人强制患者接受治疗或威胁断绝关系时，患者是否对家人感到愤怒。

（五）心理评估量表

除了对患者的思维、情感、意志活动分别评估之外，还可应用标准化的评估工具对患者物质使用与成瘾行为、戒断症状等进行系统和全面的评估，为治疗和护理提供依据。临床常用的量表包括：

1. 精神活性物质使用相关问题筛查访谈量表（the alcohol，smoking，and substance involvement screening test，ASSIST） 这是 WHO 开发的一种筛查工具，用于评估超过 10 种精神活性物质的使用情况，包括烟草、酒精、大麻、芬太尼、镇静剂等。它包含 8 个项目，针对每种物质评估生命时期和最近 3 个月的使用频率，并根据使用风险提供简短的干预建议。

2. 酒精使用障碍识别测验（the alcohol use disorder identification test，AUDIT） 该问卷由 WHO 在 1989 年经过测试之后建议推广使用，是目前评估有害和危险饮酒的最常用工具之一。它包含 10 个项目，涵盖最近 1 年的饮酒频率、典型饮酒量、酒精依赖症状等。每题评分 0～4 分，总分≥8 分提示有危险饮酒。也可以用来评估酒精使用障碍的严重程度。

3. CAGE 问卷（CAGE questionnaire） 这是一种快速筛查工具，只包含 4 个项目，由 CAGE 的 4 个字母分别代表：C——Cut down，是否有减少饮酒的念头；A——Annoyed，是否因他人批评饮酒而恼火；G——Guilty，是否因饮酒过量而自责；E——Eye-opener，是否一大早就需要饮酒，即晨饮。每项回答“是”得 1 分，总分≥2 分提示可能存在酒精依赖。

4. Fagerstrom 尼古丁依赖检验量表（Fagerstrom test for nicotine dependence，FTND） 这是评估烟草依赖最常用的自评量表。它包含 6 个项目，评估每天吸烟量、吸第一支烟的时间等。每题 0～3 分，总分越高烟草依赖越严重。一般总分≥6 分判断为尼古丁依赖。

5. 视觉模拟评分法（visual analogue scale） 采用 10cm 长的直线，两端分别表示“完全无渴求”（0）和“想象中最强烈的渴求”（10）。被测者根据其感受程度，在直线上相应部位作记号，从“无渴求”端至记号之间的距离即为评分分数。

6. 阿片戒断症状评价量表（opiate withdrawal scale，OWS） 这是评估阿片类药物依赖者在断药时出现戒断症状严重程度的一种量表。包含16个项目，评估阿片类药物断药时常见的生理和心理戒断症状，如焦躁、流泪、恶心呕吐、腹泻、骨骼肌痛等。

7. 网络游戏障碍量表　推荐使用美国精神病协会推荐的网络游戏障碍诊断的9条标准进行快速判断。量表共9个条目，分别从时间、戒断症状、影响等方面对患者进行评估，患者根据条目内容回答是或者否，满足9条中的5条即诊断为网络游戏障碍。

其他常用的问卷还包括：酒精依赖量表（alcohol use questionnaire，ADS）、密歇根酒精依赖调查表（Michigan alcoholism screening test，MAST）、Russell吸烟原因问卷（Russell reason for smoking questionnaire，RRSQ）、简明生物-社会赌博筛查工具（brief biosocial gambling screen，BBGS）等。

（六）实验室检查

实验室检查可以提供药物滥用的证据。最常用于验证酒精使用的生理标志物是血清中的碳水化合物缺乏转铁蛋白（carbohydrate deficient transferrin，CDT）和全血中的乙醇代谢物磷脂酰乙醇（phosphatidylethanol，PEth）。虽然平均红细胞体积（MCV）和谷氨酰转移酶（GGT）在饮酒后也会改变，但CDT和PEth作为过度饮酒的指标更为敏感，更准确反映酒精摄入量。

其他药物滥用常用尿液监测法，通过检测尿液是否有药物或药物的代谢产物而判断患者的使用情况，如阿片类、大麻、可卡因、安非他命等都常用此种方法。尿液样本的优点是容易获取，检测窗口期较长。血液样本检测的优点是可以通过测定血液中药物或毒品本身的浓度，判断近期是否使用和使用量的多少。头发检测则可记录较长时间（月至年）的药物使用历史，对判断长期滥用很有价值。

二、常见护理诊断/问题

物质使用与成瘾行为障碍患者常见以下护理诊断/问题。

（一）生理方面

1. 营养失调：低于身体需求量　原因可能包括缺乏食欲、吸收不良、以酒药取代食物等。

2. 睡眠型态紊乱　与物质依赖所致的欣快、行为异常、戒断反应等相关。

3. 有受伤的危险　与意识模糊、躁动、肌力下降、头晕等有关。

4. 有感染的危险　与注射器共用、消毒不当、免疫力下降等有关。

（二）心理方面

1. 防卫性否认　与企图忽视或最小化不愉快现实事件或情况有关。

2. 思维过程改变　与药物中毒、依赖导致的神经系统损害及戒断反应相关。

3. 有暴力行为的危险：对自己或对他人　与药物影响、寻药行为、戒断反应、无效应对等相关。

4. 个人应对无效　与继发于药物滥用的不当行为模式、支持系统缺乏相关。

5. 自我认同紊乱　与正反馈缺乏、不良家庭关系等相关。

6. 无能为力　与复吸复饮或无法停止依赖行为有关。

（三）社会功能方面

1. 家庭作用改变　与物质使用造成的家庭经济困难、冲突、婚姻互动不足等有关。

2. 角色紊乱 与社会否定、人格改变等相关。

三、护理目标

物质使用与成瘾行为障碍患者的目标和预期结果可能包括：

（一）生理方面

1. 患者营养状况改善。
2. 患者睡眠状况好转。
3. 患者未发生受伤。
4. 患者未出现感染。
5. 患者戒断症状得到有效控制。

（二）心理方面

1. 患者认识药物滥用与当前情况之间的关系。
2. 患者接受对自己行为的责任。
3. 患者将识别无效的应对方式，特别是使用物质作为应对方法。
4. 患者承认难以控制他们的吸毒习惯。
5. 患者接受治疗的需要，并意识到需要综合干预以控制成瘾行为。
6. 患者积极参与治疗计划。
7. 患者恢复无毒的生活方式并保持健康状态。
8. 患者能识别对自我的负面看法。
9. 患者表现出对自我的接受和自我价值感的增加。

（三）社会方面

1. 家庭成员能正确认识患者物质依赖或成瘾行为问题。
2. 家庭能够参与患者的治疗计划中，并为患者提供相应的支持。
3. 患者能表现适当的职业和社会角色功能，社会交往改善。

四、护理措施

（一）生理方面干预

1. 饮食和睡眠 保证患者的营养摄入，改善患者营养不良的状况。物质使用与成瘾行为障碍患者常存在饮食无规律问题，表现为食欲减退、厌食，重度戒断反应可能出现拒食。护理人员应密切观察患者饮食情况，提供清淡易消化、营养丰富的饮食，必要时进行软食或鼻饲、静脉营养支持。

物质依赖患者戒断后也极易出现顽固性失眠，影响注意力，增强再度依赖的可能。护理人员应帮助患者建立规律作息时间，避免白天过度睡眠；改善睡眠环境，保持安静、适度通风；指导患者睡前不要剧烈运动或饮食过量，进行轻音乐欣赏、温水淋浴等帮助放松；必要时给予药物或心理治疗。

2. 中毒的护理 物质依赖患者可能在治疗过程中因复饮/复吸而发生中毒的情况，护士需做好相应的防范措施和抢救准备。病房内应提前备齐抢救药品和器材，如纳洛酮、阿托品等抢救药物，急救车、监护仪等抢救设备。一旦发生中毒，要迅速确认中毒物质的种类，根据医嘱进行洗胃、血液透析或者血液灌洗等处理，并给予特异性解毒药物。同时要密切监测患者生命体征，若呼吸衰竭则立即进行人工气道管理和机械通气支持。

3. 戒断症状的护理 监测患者的生命体征、意识状态，观察可能出现的戒断反应，及时给予对症治疗。一般来说，出现流泪、流涕、打呵欠等前驱症状后，会逐渐出现焦虑、抑郁、疼痛、发热、出汗等精神和躯体症状，应视情况给予镇静、止痛、退烧等药物治疗。患者宜卧床休息，避免剧烈活动，行动时要缓慢，注意防止跌倒。酒依赖者断酒可能出现震颤、谵妄，应遵医嘱给予对症用药，防止癫痫及舌咬伤。如果出现癫痫，要注意保证呼吸道通畅，必要时进行吸痰、吸氧。吸烟者戒烟后体重可能增加，应加强健康教育，采用合理的方式控制体重。

（二）心理干预

1. 防卫性否认的护理 帮助患者接受现实是物质依赖康复过程中重要的第一步。为了避免患者的否认，护士必须尝试与患者建立良好的护患关系，以非批判的专业态度，稳定的情感支持，具有同理心的沟通技巧获得患者信任。

（1）非批判的专业态度：护士首先要对患者表示尊重。了解患者参与治疗的原因，判断患者是否准备好面对成瘾问题。回顾成瘾的定义和症状，帮助患者认识问题。提供事实，履行诺言，传达接受的态度，明确告知不可接受的行为，消除患者的耻辱感和内疚感。

（2）稳定的情感支持：帮助患者认识成瘾与尝试性使用的区别，讨论成瘾对其生活的影响，减少否认的倾向。面对患者同伴的否认言论，给予患者情感支持。解释成瘾对患者情绪和个性的影响，采取以恢复为导向的措施，给予积极反馈增强自知力，鼓励患者面对问题、积极参与康复小组。

（3）具有同理心的沟通技巧：在物质使用障碍的治疗过程中，建立互信的护患关系至关重要。护士采用以下沟通技巧：鼓励患者诚实表达感受，倾听患者真正想传达的内容；表达对患者的关心，但也让患者对自己行为负责；对负面行为给予公平、一致的反馈，批评具体行为，不要否定患者整体，但注意不要损害自己的价值观或专业操守；与患者保持沟通，让患者了解治疗计划；在互信基础上，适度指出患者思维、情感、行为的不一致，帮助其反思行为后果，但面质也可能造成患者愤怒，需慎重应用。

（4）识别反移情：广义的反移情可以理解为“由于治疗者的需要而非治疗关系或来访者的需要而产生的治疗者任何形式的无意识情绪或行为反应”。护士对物质依赖患者的反移情可能来源于对患者行为的直接反应，也可能源于更深层的过往经历，或者医护人员自己家庭中面对成瘾问题的复杂情感。为克服反移情，护士必须认识患者行为与成瘾疾病的关联，并反思自己的情感反应如何影响治疗效果。通过增强自我意识，护士可以更好地处理反移情，提供符合专业操守的照护。同时也要留意反移情中可能包含的重要信息，反思如何优化护患关系，使之成为治疗的助力。

2. 个人应对无效的护理 帮助患者建立有效的应对机制是物质依赖康复过程中的关键。这可能包括参与运动、心理治疗和正念等活动，并寻求充足的社交网络支持。家庭成员可以通过提供支持、教育和鼓励、设置界限、练习自我照顾以及寻求自己的支撑来应对与成瘾患者生活的挑战，从而发展有效的家庭应对策略。

（1）医疗环境：对某些人来说，物质依赖可能是一种终生的问题，需要长期管理。护士需观察并判断患者对当前状况的认识，改变决心以及识别可利用的应对技能。协助患者确定成瘾的外在诱因，针对性地提供应对策略。对于患者的违规行为，需要设置明确的界限，执行必要的后果，帮助他们建立新的行为模式。鼓励患者表达感受，协助患者解决长期的压力或者其他现实生活中的问题。如果患者有自杀自伤的行为模式，应采取措施防止自伤或者自杀。最后，协助患者发展适应性应对策略，提高处理生活压力的能力。

（2）家庭环境：物质使用和成瘾行为障碍不仅影响个人，还波及整个家庭。因此需要采取“家庭优先”的方针。首先，应当了解家庭成员关系、沟通方式和家庭动力等情况。通过心理社会干预手段，帮助家庭成员应对成瘾所带来的消极影响。同时教育家庭成员识别无效的顺应模式，建立清晰的家庭规则，让家庭直接参与治疗计划。

3. 自我认同紊乱的护理 由于对现状的无力感和对自我的失望，患者常常有严重的内疚、羞耻和愤怒等负面情感。社会和环境不适应，如缺乏家庭支持、失业和无家可归，在物质使用障碍患者以及自杀者中非常普遍。

（1）表达和接纳情绪：护士可以在积极倾听和支持的基础上，使用开放式提问来引导患者谈论这些被压抑的负面情感。但是护士需要注意方式和节奏，避免患者过度自责、陷入抑郁。正常化这些负面感受，让患者感受到可以不用羞耻和逃避，而可以面对和接纳自己的软弱与失败。同时帮助患者认识到自己对现状负有责任，从而建立改变的内在动力。

（2）动机激发：动机是预测个人是否能成功戒除成瘾的一个关键因素。但是护士必须注意，成瘾是一种复发性的慢性生物性疾病。仅仅依靠动机的变化并不能真正治愈成瘾，一些成瘾物质影响大脑的奖赏系统，使用者在不用药的状态下无法获得快感。即使有极强的动机，比如要取回子女的抚养权，也可能被难以抗拒的药物渴求所战胜。护士必须理解康复是一个漫长的过程，需要帮助患者建立支持系统，制订详细的预防复发计划，分阶段实现生活方式和行为模式的转变。动机性访谈是临床上最常用的动机激发治疗方式，共包含预思考、沉思、准备、行动和维持 5 个阶段。

知识扩展　　动机性访谈（motivational interview，MI）

动机性访谈由普罗查斯卡、迪克莱门特和米勒开发，是一种应用跨理论变化模型的干预方法。其目的是与患者建立合作关系，通过专业的沟通技巧来探讨患者的物质使用情况，评估患者当前的变化动机水平，并在互动过程中促进患者提高改变的意愿。

这种方法的关键在于采取非评判性的态度，表达同理心，积极倾听，引导患者自己审视药物使用的利弊。主要包括以下五个步骤：

1. 预思考阶段 患者还没有准备好改变，可能处于否认或抵制变化的状态。护士需要提高患者对问题的认识，同时保持不评判和尊重的态度。在这个阶段可以提供信息，增强意识，但不要强迫患者接受我们的看法。

2. 沉思阶段 当患者开始认识到问题所在，会进入沉思的状态。护士可以引导患者思考药物使用的利弊得失，表现出变化的暗示，增进患者的自我效能感。在这个阶段需要积极倾听，帮助患者表达各种复杂想法。

3. 准备阶段 患者开始下定决心要做出改变，会进入准备行动的状态。护士可以协助患者制订详细的变化计划，提供所需的支持和资源。在这个阶段需要建立明确的目标，使患者对成功充满信心。

4. 行动阶段 患者开始采取行动实现变化，需要在这个过程中获得激励和帮助。护士要监测变化计划的执行，及时给予反馈。出现困难时提供问题解决方案，避免患者陷入无助。

5. 维持阶段 患者实现了变化的目标，需要获得帮助以维持新习惯和行为。护士要持续评估进展，预防复发，并鼓励患者将新行为融入日常生活。

4. 无能为力的护理　物质依赖患者对物质强烈的、难以控制的物质渴求，常常会削弱了患者的意志力，也降低了戒断的自信心。在社会功能受损的情况下，患者缺乏支持，感到孤立无助。这些心理因素交互作用，会使患者在戒断过程中感到强烈的无力感。

（1）建立自我效能感：帮助患者建立自我效能感，这是实现行为改变的关键。护士可以提供情感支持，采用积极的语言，进行鼓励和表扬，以增强患者的自信心。在护患交往过程中，护士要主动发现患者的优势和良好品质，发现他们在过去成功应对问题的实例，以此来激发患者的成就感和改变的动力。

护士还可以使用具体的行为方法，让患者制定切实可行的小目标，通过渐进式成功获得正向反馈。护士要对患者的能力表示极大的信心和期待，让患者相信他们可以实现行为目标并获得幸福生活。

（2）提高应对技巧：增加患者的应对技巧是防止再次酗酒和吸毒的一个重要组成部分。应对技巧包括有效地利用思维、情感和行动来解决人际关系和个人问题以及提高实现个人目标的能力。在成瘾治疗项目中，预防复发的工作小组会与患者讨论应对对酒精和毒品渴望的策略，例如，当有人劝说患者饮酒时，患者现实生活中可能的应对方式。有时这种练习会以角色扮演的方式进行，不仅如此，患者还可以从其他小组成员的分享和反馈中学习，进而提高他们在现实生活中使用这些技能的效能感。

（三）家庭社会干预

物质使用和成瘾行为不仅严重危害依赖者自己，也给周围亲密关系者带来巨大伤害，所以被称为“家庭疾病”。依赖者的配偶、子女、父母以及其他亲属都会深受其苦，经历各种情感创伤和痛苦。他们常承受依赖者的态度冲动、暴力倾向，也会因经济损失、社交功能受限而痛苦。这种长期的精神压力还可能导致他们自己的心理问题。因此，针对物质使用和成瘾行为患者，护士采取系统观点，不仅要关注依赖者本人，也要重视其家人的需求。只有家庭所有成员都参与治疗并得到支持，依赖者才能得到全面康复。

1. 相互依赖　指家庭成员为适应药物依赖患者的行为，形成不健康应对模式的现象。在长期照料依赖者的过程中，其他家庭成员会不自觉学会这些失调行为。他们往往出于爱心而承担起依赖患者应该承担的责任，但这种“失功能行为”只会长期维持依赖。例如，妻子在依赖者宿醉后致电其工作单位谎称生病，帮助其逃避后果。这种行为表面上似乎有益，但实际只会助长依赖行为。要解决相互依赖，关键是家庭成员要认识到自己也需要改变。他们需要建立自我价值，设置界限，不再为依赖者隐瞒后果。当医护人员为患者的行为找借口或为患者做他们本可以自己做的事情时，这也是一种相互依赖的行为。

2. 代际传递　在酗酒或其他成瘾物质和行为家庭环境中成长的孩子，除了自身成瘾风险增加，他们还会形成种种不健康的心理特征，如无法信任他人、控制欲、过度责任感和情感回避。许多人误以为成年后就能摆脱这些问题，但创伤的影响往往伴随终生。成年后他们可能会在人际交往中显现出自卑、对遗弃的极度恐惧等。更严重的情况是他们从未体验过正常家庭，对健康关系缺乏认知。护士在干预患者的同时，要关注这些“第二代受害者”，必要时给予专业心理辅导，帮助他们认识及处理创伤，另外，也要协助患者增强他们对子女的关爱，避免精神心理问题的代际传递。

3. 匿名戒酒会（alcoholics anonymous，AA）　是最早运用“十二步”自助模式的团体，为世界范围内的成瘾者提供互助支持。其核心理念包括认识问题、求助意愿、信仰依托、自我反思、赎罪补偿、服务他人等。许多康复机构会运用 AA 理念，鼓励患者参与会议。但必须明确，AA 并不替代专业治疗，也不提供医疗咨询服务。它依靠成员共同努力实现和维持清醒。医护人员可以通过选择和培训担任同伴支持志愿者，来与 AA 合作，发挥自助团体的辅助作用。这既提供了互助体系，也可减轻医疗资源压力。当然，团体模式也存在局限性，如 AA 不能根据患者的个体需求，提供针对性的心理辅导，AA 团体内的关系动态需要被定期关注，防止成员间潜在的不良影响。

（四）预防和健康教育

1. 减少危害策略 该措施强调采取现实和人道的方法，帮助物质使用和成瘾行为患者减轻药物滥用或成瘾行为所造成的个人和社会伤害。减少危害并不是鼓励吸毒，而是努力增加成瘾者获得医疗及社会支持的途径，帮助他们减少危险行为，避免更严重的损害，为最终戒除成瘾创造条件。例如针头交换计划（NEP），该项目为注射吸毒者提供无菌针头，以帮助降低艾滋病、丙型肝炎和其他血源性疾病传播的风险。减少危害代表了成瘾治疗领域理念的进步，值得护士深入理解，以更好地服务这个弱势群体。但它不能取代禁毒的终极目标，需要与激励戒治相结合，帮助成瘾者重拾健康生活。

2. 政策和法规 社区需加强精神活性物质如烟酒与成瘾药物的精神卫生宣传工作，提高对有成瘾性的药物如抗焦虑药物成瘾的警惕性，宣传戒烟和饮酒危害等。严格执行未成年人法，控制未成年人饮酒。向物质成瘾患者提供可利用的医疗资源和材料，如戒烟的网址、热线电话等。严格执行药政管理法，加强药品管理和处方监管，严格掌握这类药物的临床适应证，严厉打击非法种植和贩运毒品的违法行为。

五、护 理 评 价

根据护理目标，评价患者心理、行为及社会功能等方面的改变。

（一）生理方面

1. 患者饮食是否规律，体重是否得到控制或有所增加，表明营养状态是否得到改善。

2. 患者睡眠时间是否增加，是否仍有睡眠障碍，是否需要药物辅助睡眠，睡眠质量是否得到提高。

3. 患者是否发生跌倒、车祸等意外受伤情况，受伤部位是否得到及时处理。

4. 患者是否误服或故意服用过量药物导致中毒，中毒症状是否得到及时发现并进行解毒治疗，中毒后是否出现并发症。

5. 患者是否出现发热、咳嗽等感染症状，感染是否得到及时抗感染治疗，症状是否得到控制。

6. 患者是否仍有物质依赖的反复渴求，是否能控制依赖的行为，是否需要口服或皮下注射替代疗法以控制戒断反应，戒断症状是否得到缓解。

（二）心理方面

1. 患者是否全面认识成瘾的生理机制和心理影响，认识到成瘾是导致目前各种身心问题的根源。

2. 患者是否意识到了自己选择药物依赖的方式逃避问题，并意识到这种依赖导致生活失控和社会功能下降，主动面对现状并承担改变的责任。

3. 患者是否认识到成瘾对大脑的影响，明白仅依靠自身意志难以完全戒断，需要医学干预及外在监督约束来控制依赖行为。

4. 患者是否接受成瘾的慢性复发性性质，接受长期的医疗心理社会支持体系来维持戒除效果。

5. 患者是否严格遵循治疗计划，按时吃药、接受辅导、进行行为训练等，完成每一项康复步骤，直至形成无依赖的生活方式。

6. 患者是否成功停止药物吸食行为，采取健康生活方式，改善生理心理社会状态，远离成瘾环境。

7. 患者是否深入探索成瘾背后的自卑、低自尊等心理因素，知道这些负面情绪会引发依赖，并尝试从源头解决问题。

8. 患者是否学会接纳过去，正视自我，发掘自身优点和价值，培养自信心，用积极心态面对生活。

（三）社会方面

1. 患者的家人是否全面了解物质依赖的成因、表现和危害，知晓患者成瘾的病理基础，从医学角度理解成瘾行为，而不是简单归咎于患者个人意志力或道德问题。

2. 患者的家庭成员是否积极配合医疗人员的治疗和康复计划，提供监督支持，参与心理辅导等，给予患者温暖、信任、鼓励，维持患者治疗信心。

3. 患者是否能恢复一定的工作学习能力或承担家庭职责，表现出基本社会角色功能。患者的人际关系和社交活动是否得到改善，能够正常沟通交往，重建社会网络。

思 考 题

1. 分别解释依赖、成瘾和滥用的概念。
2. 酒精使用所致障碍的临床表现有哪些？
3. 阿片类物质使用所致障碍的主要治疗步骤是什么？
4. 物质使用与成瘾行为所致障碍主要的护理评估内容是什么？
5. 针对防卫性否认，护士如何进行护理？

（黄　霞）

第六章　抑郁障碍患者的护理

学习目标

知识目标：通过对本章课程的系统学习掌握抑郁障碍的临床表现、治疗和护理措施。熟悉抑郁障碍的病因及发病机制，并了解抑郁症的诊断要点。

能力目标：能将所掌握的理论知识运用于病情观察、护患沟通、健康教育及各项护理操作中。

素质目标：培养职业使命感，树立为患者健康服务的信念，以尊重、接纳的态度对待人格障碍及相关行为障碍患者。在护理过程中融入人文关怀，以创新理念和方法服务患者。

思维导图

思维导图请扫封底二维码。

情景导入与思考

赵某，女，13 岁，初二学生，家长反馈近 1 年来整天都提不起精神，情绪低落，常责备自己，对学习缺乏兴趣。在与父母相处时，虽理解他们的苦心，但在与他们沟通时，常常默不作声地表示愤慨和抗议。近期因为某次成绩不佳感觉被同学嘲笑，赵某就更加"孤僻"了，说自己没有任何价值，把自己关在房间里，拒绝正常饮食，想法消极，并出现自伤行为，被家人发现后送到了医院。

思考：

1. 患者可能被诊断为何种疾病？
2. 患者存在哪些护理诊断/问题？
3. 针对该患者应该如何实施护理措施？

第一节　抑郁障碍的临床特点

一、概　　述

抑郁障碍（depressive disorder）是一种常见的心境障碍（mood disorder），以与现实处境不相称的、显著而持久的情绪低落为基本临床特征。临床表现可以从闷闷不乐到悲痛欲绝，甚至发生木僵；部分病例有明显的焦虑和运动性激越；严重者可出现幻觉、妄想等精神病性症状。多数病例有反复发作的倾向，每次发作大多数可以缓解，部分可有残留症状或转为慢性。

据 WHO 统计，全球约有 3. 5 亿抑郁障碍患者，平均每 20 人就有 1 人曾患或目前患有抑郁障碍。国际精神疾病流行病学联盟采用世界卫生组织复合式国际诊断访谈对来自美国、欧洲及亚洲共计 10 个国家的 37 000 名受试者进行了调查，发现大多数国家抑郁障碍的终生患病率在 8%～12%，其中美国为 16.9%，而日本仅为 3% 左右。《健康中国行动（2019—2030 年）》相关数据表明，在我国，青少年、孕产妇、老年人、高压职业人已成为抑郁症的高发人数，女性患病率高于男性，失业者高于就业者，分居、丧偶或离婚者高于已婚或同居者。

二、病因及发病机制

抑郁症是最常见的精神障碍之一。抑郁障碍的病因和发病机制是多因素作用的复杂过程，其研究涵盖了多个方面。

1. 遗传因素　在抑郁障碍的发生中起到一定的作用。有研究表明，家族史中有患抑郁障碍的成员会增加个体患抑郁的风险。家系研究发现亲属同病率远高于一般人群。血缘关系越近发病一致率越高。关于其遗传方式，目前多数认为是多基因遗传。

2. 生物化学因素　神经递质如5-羟色胺（5-HT）、多巴胺（DA）和去甲肾上腺素（NE）的功能异常与抑郁障碍或存在一定的关联。研究发现，某些抑郁症患者脑内多巴胺水平降低，躁狂患者多巴胺水平增高。此外，国际上的研究发现抑郁障碍与炎症反应之间存在一定程度的关系。研究人员通过检测患者的炎症标志物，如C反应蛋白、白细胞介素等，发现抑郁障碍患者的炎症水平较高。并通过基因关联研究、基因表达研究，发现了一些基因与抑郁障碍的发病风险相关，如5-羟色胺转运体基因连锁多态区（5-HTTLPR）基因、脑源性神经营养因子（BDNF）基因等。

3. 心理社会因素　不利的社会环境对于抑郁障碍的发生有重要影响，这些影响可以归纳如下。①婚姻状况：婚姻状况的不满意是发生抑郁的重要危险因素，离异或分居或丧偶的个体发生抑郁症的危险性明显高于婚姻状况良好者，其中男性更为突出。②经济状况：低经济收入家庭中的主要成员易患抑郁症。③生活事件：重大的突发或持续时间在2～3个月以上的生活事件，如亲人死亡或失恋等情况，对个体抑郁症的发生构成重要的影响。Chapman等对来自初级保健所的9460名成年人进行了回顾性调查，发现早期的负性经历与重型抑郁障碍的现患率以及终生患病率显著相关，且早期不良经历种类越多，发生重型抑郁障碍的风险越高，并可使抑郁障碍患者的发病年龄提前。

4. 神经内分泌失调　①丘脑-垂体-肾上腺（HPA）轴的功能紊乱导致应激反应异常，可能与抑郁症状的发生有一定因素上的关联。通过监测血浆皮质醇含量及24h尿17-羟皮质类固醇的水平发现，抑郁症患者血浆皮质醇分泌过多，且分泌昼夜节律也有改变，无晚间自发性皮质醇分泌抑制，提示患者可能有HPA功能障碍。②与下丘脑-垂体-甲状腺（HPT）轴反应降低有关。25%～70%抑郁症患者的促甲状腺激素（TSH）对促甲状腺释放激素（TRH）的反应迟钝，TSH反应随抑郁症状缓解而趋于正常。③下丘脑-垂体-生长素（HPGH）轴，研究发现部分抑郁症患者的生长激素（GH）对胰岛素的反应降低，在双相抑郁及精神病抑郁患者中更为明显，但抑郁症患者GH调节异常的机制尚未阐明。

5. 神经可塑性（neural plasticity）　或脑可塑性就是指中枢神经系统在形态结构和功能活动上的可修饰性。研究发现，抑郁症患者海马、胼胝体膝下区、眶回、背侧前额叶和杏仁核等部位的皮质容量、神经元、胶质细胞数量减少；还发现皮质一些区域神经元体积也减小，如带状皮质前部神经元体积减小约23%。

6. 人格特征及躯体疾病　人格特征中具有较为明显的焦虑、强迫、冲动等特质的个体易发生抑郁障碍。部分抑郁症患者病前有明显的人格异常，如依赖型、表演型或边缘型人格特征等。其人格的突出特点是自我价值感低、缺乏自信，有较严重的自卑感。遇到挫折易悲观失望等。亦可表现为胆小怕事，依赖性和被动性明显，软弱而敏感等。

与抑郁相关的躯体疾病有恶性肿瘤、代谢性和内分泌性疾病、心血管疾病、神经系统疾病等。

综上所述，抑郁障碍病因和发病机制涉及的方面较多且复杂，目前一致认为生物学因素和早期的应激事件构成了患病的易感机制，心理社会因素则起到了“触发”的作用。

三、临床表现

抑郁障碍常见的临床表现主要可分为三个层面，包括核心症状、心理症候群和躯体症状。

（一）核心症状

1. 持续的情绪低落 抑郁障碍的核心症状是持续的、明显的情绪低落，感觉到沮丧、无助、悲伤。这种情绪低落通常持续时间较长，至少连续2周。轻度抑郁患者会闷闷不乐，缺乏愉快感，兴趣缺失，做事没有干劲，诉说“心里有压抑感”或“高兴不起来”等。重度抑郁患者可感到悲观绝望、度日如年、痛不欲生，常诉说“活着没有意思”或“生活没有乐趣”等。某些患者的抑郁心境会出现晨重夜轻的特点，即其低落情绪早晨较严重、傍晚有所减轻。检查中，患者一般都低头呆坐、沉默寡言、眉头紧锁、眼神忧伤、面色憔悴，因内心痛苦而哭泣。看到高兴的事情也难露笑容。但少数患者会压抑内心痛苦，谈话时面带微笑，表现为“微笑性抑郁”，容易误诊，这类患者自杀危险性极高。

2. 兴趣减退 患者对平常感兴趣和能够给予乐趣的活动失去了兴趣，无法体验到以往的快乐和满足感，典型者对任何事物无论好坏都会丧失兴趣，离群索居，不愿见人。即便有时勉强自己参加一些活动，主要的目的也是希望能够从悲观消极的状态中摆脱出来，甚而有些患者会觉得参加活动是一种负担。

3. 乐趣丧失 做任何事情没有乐趣。丧失既往生活、工作的热忱和乐趣。患者体验快乐的能力下降，不能从日常从事的活动中体验到乐趣，体验不出天伦之乐，对既往爱好不屑一顾，常闭门独居，疏远亲友，回避社交。病人常主诉“没有感情了”“情感麻木了”“高兴不起来了”。临床可见生活被动、疏懒、行为迟缓，常独自一人，回避与人的接触和交往。

（二）心理症候群

1. 抑郁性认知 即认知扭曲，常由于抑郁内心体验所致，较多的体现为“三无”症状，即无用、无助、无望。无用感意味着患者往往自我评价低，有强烈的自卑感，甚至自我否定，自责自罪。无助感即为患者认为包括亲人、朋友和医生，没有任何人可以帮助自己，他们坚信自己的痛苦是独一无二的，无人可以理解，固执己见，拒绝就医。无望感则是患者坚信自己的病好不了了，认为未来没有指望，对未来失去信心，严重者会有悲观厌世情绪。

在“三无”症状的基础上，患者往往会出现自责、自罪、自杀为主要表现的“三自”症状。患者会对自己轻微的过失而感到自责，甚至产生深深的内疚甚至罪恶感，约半数患者会出现自杀观念。如果只是想到自杀，没有任何行为，这种情况称为自杀意念，有自杀意念的患者常常陷入生与死之间的极度矛盾状态中。如果患者不仅有自杀念头，且已尝试着采取自杀行动，但未造成患者死亡的后果，临床上称为自杀未遂。出现自杀未遂是一个极其危险的信号，应予高度重视并采取相应的干预措施。如果患者采取自杀行动，且后果也已导致当事人死亡，则临床上称为成功自杀。应特别注意，多次自杀未遂的个体再次自杀的成功率明显提高。

2. 思维迟缓 患者思维联想速度明显减慢，反应迟钝，决断能力明显降低，在重大事情的决定上表现优柔寡断、犹豫不决，甚至在一些小的事情上都过不去，不能做出有效的决定。临床上还会发现思维迟缓的患者言语比较少，语音比较低，语速比较慢，语量比较少，在和别人交流的过程中，甚至都会产生困难。

3. 注意力和记忆力下降　抑郁障碍患者往往会伴有注意力和记忆力的下降，常常无法专注地思考一个问题，思维效率降低，无法进行创造性的思考。

4. 精神病性症状　严重的抑郁症患者有时会出现一些精神病性症状，常伴发的精神病性症状主要有幻想和妄想。

5. 自知力缺乏　多数抑郁障碍的患者，自知力是完整的，能够主动求治，并且能够非常详细地描述自己的病情和症状。但严重的抑郁障碍患者也会出现自制力的扭曲甚至缺乏，无法正确判断自己的当前状态，甚至完全失去了一个求治的欲望，伴有精神病性症状的患者的自知力不完整，甚至完全丧失自知力的这种比例是非常高的。

6. 焦虑　抑郁障碍患者表现为持续的、过度的焦虑和担忧，伴随着一系列身体和心理症状。这些症状可能包括心悸、呼吸急促、肌肉紧张、恐慌发作等。焦虑症会导致自主神经系统的过度活跃，引发自主神经紊乱的症状，如心悸、消化问题、失眠等。

7. 精神运动性迟滞或激越　抑郁障碍患者往往思维活动减慢，言语活动减少，说话语速慢、语调低、语量少，部分患者表现为精神运动性迟滞，表现为行动迟缓，生活被动，不愿与周围人交往，常独坐一旁，或整日卧床，不愿意上班，不愿外出，常闭门不出，独来独往，严重者发展为不语、不食、不动，达到“抑郁性木僵”。有些患者表现出思绪繁杂混乱，心烦意乱、坐立不安、来回踱步等主要症状。

（三）躯体症状

1. 睡眠障碍　抑郁障碍患者常常经历睡眠问题，包括失眠（难以入睡、早醒）、睡眠过多或睡眠不深。这种睡眠紊乱会进一步加重患者的疲劳和情绪低落。患者的睡眠障碍以早醒常见，早醒时间一般为2～3 小时，且醒后难以再入睡，是抑郁发作的典型表现之一。有些患者出现入睡困难、睡眠浅或多梦，少数患者可能出现睡眠过多。

2. 食欲下降，体重减少　轻者表现为食不知味，但进食量不一定减少，体重改变在一段时间内并不明显。严重者完全丧失对进食的欲望，进食量少，且消化功能差，因此体重减少。刻意节食减肥的情况不属于此类。少数患者可能表现为食欲亢进，暴饮暴食。

3. 性欲减退　较常见，性欲减退乃至完全丧失、性功能障碍，尽管勉强维持有性行为，但无法从中体验到乐趣。女性还会出现月经紊乱、闭经等症状。

4. 疼痛　慢性疼痛常与抑郁障碍密切相关。患者的疼痛没有可以解释的器质性原因，常见的有头痛、颈肩痛、腰背痛等。部分患者会以躯体疼痛为主诉而徘徊于内科各个诊室，却难以发现背后的抑郁情绪。

5. 其他躯体不适感　包括各种非特异性的不适主诉，如口干、恶心、呕吐、咽喉不适、反酸、打饱嗝、消化不良、腹胀、便秘、胸闷、气促、心脏突突地跳等不适。患者常因这些症状而去综合医院反复就诊，导致延误诊治。

四、诊断要点

目前临床依据的抑郁障碍的诊断标准来自 ICD-11（2023）。根据 ICD-11 中的概念界定，抑郁发作的核心（必要）特征包括，在一天中的大多数时间存在 5 条以下特征性症状，必须至少持续 2 周，且其中至少 1 条源自情感症状群，在既往的病史中不符合躁狂或者轻躁狂，不是由物质或者是器质性精神障碍所致。在 ICD-11 中，抑郁障碍的诊断标准包括以下症状：情感症状群：①抑郁心境，②兴趣和愉快感明显减退；认知-行为症状群：①集中和维持注意力的能力下降，②自我价值感低或过分的、不适切的内疚感，③对未来感到无望，④自伤或自杀观念或行为；自主神经症状群：①显著的睡眠紊乱或睡眠过多，②显著的食欲改变或体重改变，③精神运动性迟滞或激越，④精力减退，疲劳感明显。

ICD-11 的分类比较复杂。基于症状的数量和严重程度，以及心境紊乱对个体功能的影响，目前对抑郁发作严重程度的评估如下：

（一）轻度抑郁发作

抑郁发作的任何症状均不严重。患者经常感到痛苦，其个人、家庭、社交、学习、职业或其他重要领域的功能维持存在一定困难，发作期间无幻想和幻觉。

（二）不伴有精神病性症状的中度抑郁发作

存在数条明显的抑郁发作症状，或存在大量程度较轻的抑郁症状。通常情况下，患者的个人、家庭、社会、学习、职业或其他重要领域的功能显著受损。

（三）不伴有精神病性症状的重度抑郁发作

存在较多明显抑郁发作症状，或多数抑郁症状达到显著程度，或存在少量严重抑郁症状。患者的功能水平极度受限，无法履行个人、家庭、社会、教育、职业或其他重要领域的功能。发作期间无妄想或幻觉。

（四）伴精神病性症状的中/重度抑郁发作

此外，伴精神病性症状的中/重度抑郁发作，除所对应的原有症状之外，在发作期间患者还存在有妄想或幻觉。

五、治疗和预后

（一）抑郁障碍的治疗原则

1. 急性期治疗（8～12 周） 以控制症状为主，尽量达到临床痊愈，同时促进患者社会功能的恢复，提高患者的生活质量。

2. 巩固期治疗（4～9 个月） 以防止病情复燃为主。此期间患者病情不稳定，易复燃，应保持与急性期治疗一致的治疗方案，维持原药物种类、剂量和服用方法。

3. 维持期治疗 持续、规范的维持期治疗可以有效地降低抑郁症的复燃/复发率。目前对维持治疗的时间尚缺乏有效的研究，一般认为至少 2～3 年，对于多次反复发作或是残留症状明显者建议长期维持治疗。

（二）抑郁障碍常见的治疗方法

目前在临床上，抑郁障碍的治疗通常采用综合性的方法，包括药物治疗、心理治疗、物理治疗和社会干预与支持疗法。

1. 药物治疗

常用的抗抑郁药物如下：

（1）选择性 5-羟色胺再摄取抑制剂（selective serotonin reuptake inhibitor，SSRI）：主要作用机制为抑制神经元再摄取 5-羟色胺，从而增加 5-羟色胺在突触间隙中的浓度，改善抑郁症状。包括西酞普兰、艾司西酞普兰、氟西汀、氟伏沙明、帕罗西汀、舍曲林和维拉佐酮。虽然这些药物具有相同的作用机制，但其临床特性仍有一定的差异。

（2）5-羟色胺去甲肾上腺素再摄取抑制剂（selective serotonin-norepinephrine reuptake inhibitor，SNRI)：通过抑制5-羟色胺的再摄取，阻断去甲肾上腺素转运体（NET）的作用，抑制神经元突触前膜对去甲肾上腺素的再摄取，导致细胞外去甲肾上腺素的浓度升高，可以增加肾上腺素能神经的传递。包括文拉法辛、沃替西汀、度洛西汀、左旋米那普仑等。药物的疗效与计量有关，低剂量时作用谱和不良反应与SSRI类似，计量增加后作用谱加宽，不良反应也相应增多。用药的前2周，恶心最常见；高剂量时，血压可以出现一定的剂量依赖性的升高。突然停服药物则会出现撤药症状（易怒、焦虑、恶心）。

（3）三环抗抑郁药（tricyclic antidepressant，TCA)：是临床上治疗抑郁症最常用的药物之一，其作用机制与SNRI相同。其中，丙米嗪是最早发现的具有抗抑郁作用的化合物，目前常用药物还有氯米帕明、阿米替林、多塞平等，适用于治疗各类以抑郁症状为主的精神障碍，如内因性抑郁、恶劣心境障碍、反应性抑郁及器质性抑郁等。还可用于治疗广泛性焦虑症、惊恐发作和恐惧症。对精神分裂症患者伴有的抑郁症状，治疗宜谨慎，TCA可能使精神病性症状加重或明显化。

（4）其他类型抗抑郁药物：包括单胺氧化酶抑制剂（monoamine oxidase inhibitor，MAOI)、褪黑素MT_1/MT_2受体激动剂、氯胺酮，在抑郁障碍的临床治疗上皆有使用。根据病情和个体响应，医生可以调整剂量和选择不同类型的药物。针对特定症状的药物：例如，对于伴有失眠的抑郁症患者，可以考虑使用安眠药或非苯二氮䓬类药物来改善睡眠问题。还有一些已获得国家市场监督管理总局正式批准的中草药。包括圣约翰草提取物片、疏肝解郁胶囊、巴戟天寡糖胶囊，主要用于治疗轻中度抑郁症，疗效与盐酸氟西汀相当，优于安慰剂。

2. 心理治疗

（1）认知疗法（cognitive therapy，CBT)：最早是由美国心理学家亚伦·特姆金·贝克（Aaron Temkin Beck）提出的。Beck在20世纪60年代末和70年代初开创了认知疗法，对于抑郁障碍的心理治疗有着深远的影响，在临床实践中得到广泛应用。

Beck的认知疗法强调了患者对自己思维方式的觉察，以及如何通过替换负面的自动思维模式来改善情绪。贝克将抑郁症定义为对自己、世界和未来的消极看法的认知三联症的形成。当一个事件引发出和幼年相似的感觉时，幼年形成的负性基模会重新出现，这时就会发生负性理解。这些负性基模便会歪曲一个人对自己、世界和未来的理解。即认为情绪问题是由个人对事件的认知、情感和行为之间的相互作用而产生的。认知治疗指导患者扭转消极的思维模式，帮助患者改变他们对自己、世界和未来的看法，从而减轻抑郁症状。

（2）支持性心理疗法（supportive therapy)：又称精神支持疗法、一般性心理治疗法，支持性心理治疗提倡支持、帮助求治者。由Thorne首先于1950年提出。支持性心理疗法一般是医生合理地采用劝导、启发、鼓励、同情、支持、评理、说服、消除疑虑和提供保证等交谈方法，帮助病人认识问题、改善心境、提高信心，缓解精神压力，走出心理困境，从而促进心身康复的过程。

（3）行为激活（behavioral activation，BA）疗法：又称为应用行为分析法（applied behavior analysis，ABA)，是20世纪70年代早期由彼得·卢因森及其同事为治疗重症抑郁障碍（MDD）设计的一种行为治疗方案。其理论假设是，愉快事件的减少或厌恶事件的增加是抑郁发生发展的主要机制。行为激活的基本原理源于卢因森的“丧失或缺乏反应随机正强化”的抑郁症模型。行为激活将患者重新置于回报活动中，并假设和这些活动相关的回报能维持非抑郁行为。从认知学角度而言，人处于回报环境中时可改善心境，这反过来可以减少负性思维。

3. 物理治疗

（1）电休克治疗（electric shock therapy，ECT)：是给予中枢神经系统适量的电流刺激，引发大脑皮质的电活动同步化即诱发一次癫痫放电，进而引起患者短暂意识丧失和全身抽搐发作，达到治疗抑郁症状目的的一种方法。电刺激前通过静脉麻醉并注射适量肌肉松弛剂，可使抽搐发作不明显，称为改良电抽搐治疗（modified electric convuolsive therapy，MECT）。MECT 可改善患者的情绪，从而达到消除患者身上的抑郁、焦虑、自杀倾向等不良情绪的作用，是一种相对安全性比较高的物理治疗。但其机制尚不清楚，可能的机制包括增加血脑屏障通透性、改变乙酰胆碱能和 GABA 能神经元的功能状态、增强 5-HT 受体的敏感性以及增加催乳素释放和血浆中内啡肽及前列腺素 E_2 浓度。

（2）重复经颅磁刺激治疗（repetitive transcranial magnetic stimulation treatment，rTMS）：是抑郁物理治疗的重要手段之一，因其无创性而得到逐步推广。2008 年美国食品药品监督管理局（FDA）批准了 rTMS 用于性抑郁障碍，2010 年 rTMS 被纳入美国精神病协会编制的《抑郁障碍治疗实用指南》。rTMS 机制可能是通过影响深部脑组织如基底核、纹状体、海马、丘脑和边缘叶等局部大脑皮质兴奋活动，改变脑内神经递质、细胞因子及神经营养因子而发挥作用。

（3）迷走神经刺激（vagus nerve stimulation，VNS）：是临床上难治性癫痫发作的常规治疗手段。迷走神经是人体内 12 对脑神经中的第Ⅹ对，属于自主神经的一部分，在解剖上同大脑中的情绪调节的区域存在联系，同时临床上观察到接受 VNS 治疗的癫痫患者可有情绪改变，因此 VNS 被开发应用于抑郁障碍的治疗。VNS 存在一定的不良反应，包括暂时性的喉咙沙哑与音调改变、咳嗽吞咽困难、感觉异常和咽炎等，这些情况随着治疗进行可能逐渐改善。鉴于 VNS 治疗的有效性和安全性，美国 FDA 已批准 VNS 作为抑郁障碍的辅助治疗手段。

（4）深部脑刺激（deep brain stimulation，DBS）：是一种神经调节技术，通过植入电极到特定脑区并通过脉冲电流刺激来调节神经元活动，是一种创伤性的治疗方式。深部脑刺激治疗抑郁症的疗效在临床试验中显示出了一定的成功率。不同研究刺激的核团有所不同，主要集中在胼胝体、扣带回、伏隔核、腹侧纹状体和缰核等区域。

4. 社会干预与支持 社会支持是指一个人的社交网络带给它的维护，情绪性保证的其他资源，社会支持也指增强参与期间的个人的归属感、安全感和自尊的各种社会相互作用。主要是情感支持和教育，帮助患者增强自我照顾能力，以应对抑郁障碍。大多数患者在适当的治疗和干预支持下，有望获得显著的改善。

知识链接 **抑郁症的快感缺失——大脑奖赏厌恶回路**

抑郁症是一类具有异质性的疾病，可具有不同的表现和症状。快感缺失被定义为：对几乎所有以前喜欢的活动出现兴趣下降或愉悦感降低，是抑郁症的标志性症状。

大脑的不同结构与抑郁症奖赏回路和快感缺失有关。

奖赏和厌恶加工受损与快感缺失有关，而快感缺失又包括三种奖赏加工亚型的行为缺陷：奖赏喜好、奖赏渴望和奖赏学习。奖赏加工涉及前额叶皮质（PFC）、前扣带回皮质（ACC）、纹状体、腹侧苍白球、腹侧被盖区（VTA）、黑质（SN）、杏仁核。此外，作为奖赏神经通路的关键区域，VTA 和伏隔核（NAC）内异常的多巴胺能和谷氨酸能功能与快感缺失有关。

厌恶源于一种内在的回避行为，以避免潜在的有害刺激。新兴证据表明，厌恶通路的关键脑区包括外侧缰核（LHb）、内侧前额叶皮质（mPFC）、腹侧苍白球、中脑导水管周围灰质、VTA、杏仁核和岛叶。LHb 被认为是大脑的反奖赏中枢，通过调节多巴胺和 5-羟色胺系统参与厌恶和情绪调节。

第二节　抑郁障碍的护理程序

一、护理评估

（一）护理评估的主要内容

1. 病史采集　获取患者的详细病史，包括症状的起始时间、持续时间、严重程度、诱因等。还应关注其他心理健康状况，包括药物使用史、过往的心理治疗或就诊记录。

2. 症状评估　评估情绪低落的程度、频率、强度和表达方式。询问患者对平常活动的兴趣和乐趣是否减少。检查睡眠问题（失眠、嗜睡）、食欲改变（食欲减退、暴食）和体力、精力水平等。

3. 心理状态评估　通过临床观察和患者自述，评估患者的心理状态，包括自我评价、自尊与自信感、焦虑、内疚感、绝望和自杀风险。

4. 社会状况评估　患者有无回避社交、疏远亲友等情况；患者是否出现工作效率低下；对学习工作无兴趣；家庭角色功能是否改变；患者是否有过负性生活事件，其强度、频率，持续时间如何。

5. 实验室和身体机能评估　根据需要进行身体检查，并排除可能引起抑郁症状的身体疾病。特定情况下可能需要相关实验室检查，如腺体功能、血液和生化指标。

6. 自杀风险评估　评估患者的自杀风险，询问有无自杀念头、计划和行为历史，评估当前的自杀意图和可利用的支持系统。

7. 并发症评估　评估患者是否存在其他心理障碍、药物滥用、饮食失调等并发症。

知识链接　　**护士用自杀风险评估量表**

护士用自杀风险评估量表（the nurses' global assessment of suicide risk，NGASR，表 6-1），该量表是由英国学者 Cutcliffe 在精神科临床实践中建立的自杀风险综合评估护理量表。

表 6-1　护士用自杀量表评估量表

条目	赋分
1. 绝望感	3
2. 近期负性生活事件（如失业、经济困难、面临诉讼）	1
3. 被害妄想或有被害内容的幻听	1
4. 情绪低落、兴趣丧失或愉快感缺乏	3
5. 人际和社会功能退缩	1
6. 言语流露自杀意图	1
7. 计划采取自杀行动	3
8. 严重精神问题和（或）自杀的家族史	1
9. 近亲死亡或重要亲密关系丧失	3
10. 精神病史	1
11. 丧偶	1
12. 自杀未遂史	3

续表

条目	赋分
13. 社会-经济地位低下	1
14. 酒瘾或物质滥用史	1
15. 罹患晚期疾病	1

注：该量表共有 15 个条目，如果答“否”则计 0 分，答“是”则计赋值分数，总分为 25 分，0～5 分为低风险，6～8 分为中风险，9～11 分为高风险，≥12 分为非常高的风险。

（二）抑郁症评估的常用量表

抑郁症的评定量表是临床诊断与评估过程中有用的工具，使用各种量表要适当掌握各种量表的优缺点，取长补短。现今常见的四种评定量表如下：

1. 汉密尔顿抑郁量表（HAMD） HAMD 是目前使用最为广泛的抑郁量表，由加拿大心理医生汉密尔顿（Hamilton）于 1960 年编制。HAMD 属于他评量表，其原始量表包括 21 条题目，只按前 17 条题目计算总分。目前有 17 项、21 项及 24 项三种版本。

2. 抑郁自评量表（SDS） 由美国杜克大学教授 William W. K. Zung 于 1965 年编制的抑郁自评量表（SDS），是使用最广泛的抑郁症测量工具之一，特别是在精神科和医学界。

3. Beck 抑郁问卷（BDI） 由美国著名心理学家亚伦·贝克（Beck）等人于 1961 年编制，是最早被广泛使用的评定抑郁的量表，共有 21 项条目，其中有 6 项不是精神症状，每项为 0～3 分的 4 级评分。

4. Montgomery-Asberg 抑郁量表（MADS） 此量表由伦敦 Guy 医院的蒙马利哥（Montgomery）和斯德哥尔摩研究所的阿瑟伯格（Asberg）于 1979 发展而成，共 10 个项目，取 0～6 的 7 级记分法。主要用于评定抗抑郁治疗的效果，许多精神药理学研究均采用这一量表。

5. 抑郁症筛查量表（PHQ-9） 是由美国哥伦比亚大学医院的克伦克（Kroenke）教授等于 2001 年编制的，仅 9 个条目，简单易操作，最新的 DSM-5 推荐成人抑郁症的严重程度评估使用 PHQ-9。

应该注意，在使用这些量表时，必须结合病史、精神检查，并与诊断标准和定时检查相配合，才能发挥其应有的作用。

二、常见的护理诊断/问题

1. 有自伤、自杀的危险 与严重抑郁悲观情绪，自责自罪观念，有消极观念和自杀企图和行为有关。

2. 营养失调 与自责自罪观念，失眠、乏力、食欲不振，严重抑郁缄默不语、卧床不动呈木僵状态有关。

3. 保持健康能力改变 与缺乏沟通技巧，个人应对无效，对精神困扰无能为力，躯体症状有关。

4. 睡眠型态紊乱 与不安和激动，充满悲观情绪，睡眠障碍及情绪消沉有关。

5. 思维过程改变 与抑郁情绪影响认知活动和记忆力，出现人格解体、强迫状态或恐惧症症状，思维联想受抑制，自觉脑子迟钝，思路闭塞，言语速度慢，语调低沉有关。

6. 社交孤立 与严重抑郁悲观情绪，社会行为不被接受，健康状况有改变有关。

7. 个人应对无效 与不能满足角色期望，无力解决问题，对工作、学习、家庭、前途丧失信心，使用心理防卫机制不恰当有关。

三、护理目标

抑郁障碍的护理目标是通过综合护理措施达到：

1. 缓解症状 减轻或消除患者的情绪低落、困扰和痛苦感，提高其心态和情绪稳定。

2. 改善功能 帮助患者恢复日常生活的正常功能，包括自我照顾、工作、学习和社交能力，提高生活质量。

3. 提升自我意识和自尊 促进患者积极关注自己的价值和能力，重新建立起积极的自我评价和自尊心。

4. 促进积极应对 帮助患者学会适应性的应对策略，改变消极的思考和行为模式，并提高解决问题、应对压力的技能与能力。

5. 增强支持系统 提供社会支持和家庭教育，鼓励家人和朋友的参与，帮助患者建立健康的人际关系和社交网络。

6. 预防复发 通过长期护理和维持药物治疗、心理治疗等手段，减少抑郁障碍的复发风险。

7. 自杀风险管理 评估和管理患者的自杀风险，提供紧急干预并制订安全计划。

8. 提供教育和信息 向社会公众包括患者宣传和普及关于抑郁障碍的知识，增加其对抑郁疾病的认识和了解，帮助他们更好地理解和应对抑郁症。

四、护理措施

1. 安全护理 医护人员及患者家属必须熟悉本病的临床特征，密切观察患者出现的病情变化。安全护理的重点就是要防范自杀行为的发生。临床研究提示自杀高风险因素如下：①45岁或以上；②酒依赖；③易激怒、冲动和暴力行为；④既往有自杀行为；⑤男性；⑥拒绝接受帮助；⑦抑郁症合并自责、后悔与焦虑，或经治未愈；⑧既往曾住院治疗的精神科患者；⑨重大生活事件，如丧失或分离，严重躯体疾病，失业或退休，单身、丧偶或离婚；⑩严重焦虑或惊恐发作。

（1）及时辨认出抑郁障碍患者自杀意图的强度与可能性，以及患者可能采取的自伤、自杀方式，有效防止意外的发生。非自杀性自伤多存在于青少年群体中，目的是缓解负面情绪。护士必须密切观察病情，严格执行护理巡视制度。对有消极意念的患者，要做到心中有数，重点巡视并加强交接班制度，尤其是夜间、凌晨、午睡及节假日交接班时注意防范。

（2）妥善安置好患者，做好危险物品的管理。提供安全的环境，病房光线应充足、明亮，减少噪声的干扰，物品应简洁，清除所有的危险品，以免患者将其作为自杀工具。将有自杀企图的患者安排在便于观察的病室内，必要时设专人看护。

（3）如患者出现明显的情绪转变，言谈中表情欠自然，交代后事、书写遗书反复叮嘱重要问题等情况时，均视为危险行为的先兆，提示护士应加强防范。患者一旦发生自杀、自伤等意外，应立即隔离患者，与医生合作实施有效抢救措施，并及时通知家属。

2. 饮食护理 抑郁症患者应多吃富含营养的食物，比如高蛋白的食物，牛肉、羊肉、海鲜以及富含维生素的蔬菜、水果等。少吃辛辣、刺激性的食物，避免进一步引起患者胃肠道不适及焦虑、烦躁的情绪。

3. 睡眠护理 帮助患者养成良好的睡眠习惯，睡前可喝牛奶或洗温水澡助眠，保证安静的睡眠环境。护士夜间应加强护理巡视，对入睡困难的患者应给予安抚，必要时遵医嘱给予安眠药物，帮助患者睡眠。

知识链接　　**自杀干预理论**

由中华护理学会成立专家组编写的《精神科住院抑郁症患者自杀预防及护理干预措施专家共识》（以下简称《共识》），对于规范我国精神科住院抑郁症患者自杀护理干预措施有着良好的指导意义。《共识》中依据患者自杀意念、自杀行为确定干预周期、频次，提出的具体干预措施如下：①存在自杀意念的患者：每周干预2～5次，30～40min/次，持续干预12周，对于住院时长<12周的患者，需持续进行门诊干预或护患同盟干预（线上/线下），每周2～5次，30～40min/次，直至干预满12周。②发生自杀行为的患者：持续干预，当无自杀行为发生时，转为自杀意念干预，继续干预每周2～5次，直至干预满12周。《共识》中自杀干预理论的提出，基于美国著名护理学家奥瑞姆提出的自护理论，具体包含：①全补偿系统：适用于发生自杀行为的患者以及抑郁症中的特殊人群（青少年、孕产妇、老年人），情绪及生命体征不稳定，没有自护能力，由护士为其提供完全补偿护理，以满足其生理，心理、安全需求。②部分补偿系统：适用于产生自杀意念的患者，受到病情影响，患者自理能力不足，在护士的协助下完成社交、娱乐、康复等活动。③支持-教育系统：适用于抑郁症无自杀风险的患者，护士为其提供情感和信息支持，指导患者进行心理调适、自我解压、自我情绪调节，进行主动求救并寻求自护的途径。

4. 心理护理　采用认知行为疗法（CBT）、心理支持疗法等帮助患者改变消极的思维模式和行为模式，增强应对能力。帮助患者建立社交支持系统，与家人、朋友或支持小组进行沟通和互动。通过倾听、尊重和关心的态度与患者建立积极的治疗关系，让他们感到被理解和支持。使用简洁、清晰、患者能听懂的语言，尽可能多地使用开放式问题，促进患者表达，通过认知行为疗法帮助患者认识负性认知，阻断负性循环，建立正确的心理应对方式。

5. 药物治疗的护理

（1）鼓励患者遵医嘱服药。告知患者治疗目标，使用的药物及起效所需要的时间。向患者及家属阐明药物的性质、作用及不良反应处理措施，争取主动配合，遵医嘱按时间、剂量服药。

（2）告知患者药物治疗对改善情绪的重要性。药物治疗通常需要2～4周才能观察到患者情绪、兴趣或精力的改善，在服药前期指导其树立正确的服药观念，避免前期因药物起效慢导致服药依从性差。

（3）告知患者不能自行停药或减药，抗抑郁药物治疗通常需要持续至少9～12个月，症状缓解后继续服药至少6个月，为避免复发风险考虑持续治疗≥2年；维持治疗推荐继续使用有效的急性期和巩固期抗抑郁药，且继续足剂量维持治疗。在停药后2个月复发风险会增加，在此期间应加强对患者的随访，降低自杀发生概率。

（4）考虑患者的年龄、性别、药物副作用等情况合理用药。在用药方面应关注青少年、老年、孕产妇，在用药时应多方面综合考虑，真正做到个性化最优治疗。

6. 健康宣教

（1）指导患者及照护者识别自杀先兆，如睡眠不佳、情绪不稳，疲乏无力等，及时就医，定期接受随访及门诊复查。

（2）制定可以分散患者自杀意念和冲动的应对策略，拟订简单、适合患者的作息时间表，包括生活起居、社交活动、日常工作的时间及具体内容，给予正性的鼓励及支持。

（3）列出可以在自杀危机期间提供支持的朋友及家属。

（4）列出在自杀危机期间要联系的精神卫生专业人员、紧急护理服务机构以及相应联系方式。

（5）讲解坚持服药的重要性以及识别及处理药物不良反应的方法，告知患者在医生的指导下服药，不可擅自加药、减药或停药。

（6）家庭环境支持：为照顾者提供心理支持及健康宣教，避免患者独居，对家中危险物品做好管理，建议安装窗户防护栏杆等。

创新实践

随着现代信息化技术的进步，以及众多护理专业人士和研究者以及一些关注抑郁障碍的高知人群的努力，抑郁障碍护理措施也随之不断地创新和发展。

1. 移动健康技术 利用智能手机应用程序、可穿戴设备和远程监测技术，患者可以进行自我管理，记录心理和生理指标，提示用药时间等。同时提供即时支持和开发基于人工智能的虚拟助手或机器人，帮助患者监测和管理他们的情绪、应对负性思维，并提供实时的心理指导。

2. 网络治疗 通过在线平台提供心理治疗、认知行为疗法和互助支持群体。这种方式提供了更灵活和便捷的心理治疗选择，方便患者参与康复活动。

3. 心理社交媒体支持平台 建立抑郁障碍患者的社区，让他们能够互相支持和理解，并获取专业心理健康知识。这种方式能极大地减少患者的孤独感和社交障碍，提高他们的心理健康意识和自我效能感。

4. 心理教育游戏 开发基于游戏化的心理教育工具，通过互动和娱乐的方式向患者传授心理健康知识，引起患者的注意力和兴趣，增强他们的学习动机，提高心理治疗的参与度和效果。

五、护理评价

（1）患者的低落情绪是否得到了有效控制，是否将自杀风险控制到最低。可使用 Beck 绝望量表、自杀危险性评估、重复危险性量表进行评价。

（2）患者的日常生活功能和社交功能是否改善。可以使用 ADL 量表进行评价。

（3）患者的营养状态、体重是否正常。可使用健康调查量表 12（SF-12）、生存质量测定量表（WHQ-QOL）等量表进行评价。

（4）患者的社会交往能力是否有改善。可使用社会功能缺陷筛选量表（SDSS）、特定功能水平量表（SLOF）等量表进行评价。

（5）患者是否有较好的认知能力，能够客观地评价自己，并用有效的方法来缓解焦虑。可使用 MMSE 和蒙特利尔认知评估量表（MoCA）来进行评价。

（6）家属是否对疾病的相关知识有一定的了解，并掌握相应的应对措施，进而可以较好地照顾患者。

思考题

1. 抑郁障碍患者的常见分类及主要临床表现是什么？
2. 如何对抑郁障碍患者进行评估？
3. 抑郁障碍患者常见的护理措施有哪些？

（王玉芳）

第七章 双相障碍患者的护理

学习目标

知识目标：通过对课程的系统学习能充分掌握双相障碍的临床表现、治疗和护理要点。

能力目标：能将所掌握的理论知识运用于评估双相障碍患者，制订个性化护理计划，并实施护理措施，评价护理效果。

素质目标：接纳包容双相障碍患者症状发作时的表现，对患者给予人文关怀，具备对待患者有共情、接纳、耐心的良好职业素养。

思维导图

思维导图请扫封底二维码。

情景导入及思考

患者，男，30岁，2年前曾感觉情绪低落，无法上班，有消极想法，后诊断为抑郁障碍，经治疗社会功能良好。患者在近2周突发兴奋、话多，易激惹，与人沟通语速快，话题容易转移，言语夸大。发展至近1周未去上班，每天熬夜至凌晨四五点，拼命地在笔记本上写字，称："我在同时写两本小说，还在一本自传中记录自己的成就。我不需要睡眠，我是像梵高一样的艺术家。"家人劝说时，患者会发脾气扔物品，说："你们不要耽误我成为伟大的小说家。"

思考：

1. 患者表现出哪些精神行为症状？
2. 应从哪些方面进行病史采集及评估？
3. 患者可能被诊断为何种疾病？

第一节 双相障碍的临床特点

本章所描述的双相障碍（bipolar disorder，BD），又称双相情感障碍，既往称为躁郁症。双相障碍和抑郁障碍同属于ICD-11中心境障碍大类别下的亚组。双相障碍在我国《严重精神障碍管理治疗工作规范》中属严重精神障碍范畴，在全球范围该病位列致残原因的第六位，是一个严重的全球公共卫生问题。

一、概　　述

双相障碍是指临床上既有躁狂或轻躁狂发作，又有抑郁发作的一类心境障碍。双相障碍一般呈发作性病程，躁狂和抑郁常反复循环或交替出现，也可以混合方式存在，每次发作症状往往持续一段时间，并对患者的日常生活和社会功能等产生不良影响。

据世界卫生组织统计，截至2021年，全球双相障碍的平均发病率为2%～3%，部分国家或地区可高达5%～7%，终生患病率约为4%。在中国，双相障碍患者占各类精神障碍患者总数的1%～1.5%。根据中国精神障碍流行病学2019年调查结果显示，我国双相障碍终生患病率为0.6%，12个月患病率为0.5%，意味着我国至少有840多万双相障碍患者。

大多数患者初发年龄在 20～30 岁，25 岁以前发病更多见，通常双相障碍起病越早，治疗延迟时间越长，其预后可能越差。不同国家或地区、不同种族与文化之间，双相障碍的发病率、患病率都非常相似。部分双相情感障碍患者的发作形式可具有季节性变化特征，即初冬（10～11 月）为抑郁发作，而夏季（5～7 月）出现躁狂发作。

时间长廊　　双相障碍概念的发展

1854 年，法国医生法尔列特（Falret）第一次用医学术语描述躁狂和抑郁可在同一患者身上交替出现，命名为“环性精神病”。而德国精神病学家卡尔鲍姆（Kahlbaum）也认为躁狂和抑郁是同一疾病的两个阶段，称之为“环性精神障碍”。到 1896 年，德国精神病学家、被誉为现代精神病学的创始人克雷佩林（Kraepelin）通过纵向研究，将躁狂和抑郁合二为一，命名为“躁狂抑郁性精神病”。至 20 世纪中叶，德国医生莱昂哈德（Leonhard）根据情感相位特征，提出单、双相障碍的概念，把既有躁狂又有抑郁发作者称为“双相障碍”，这一概念由此诞生。

二、病因及发病机制

双相障碍的确切病因尚不清楚，有若干研究显示疾病风险受部分基因的影响，同时环境应激触发因素是双相障碍的重要影响因素。

1. 遗传

（1）家系研究：双相障碍患者的生物学亲属罹患本病的风险明显增加，其患病率为一般人群的 10～30 倍，其血缘关系越近，患病风险也越高。

（2）双生子与寄养子研究：研究发现双相障碍同卵双生子的同病率为 60%～70%，而异卵双生子的同病率仅为 20%。父母患有双相障碍的寄养子所罹患双相障碍的概率明显高于健康父母所生的寄养子。

（3）分子遗传学：特异性候选基因研究提示生物胺相关基因可能与双相障碍的病理过程关联，如 5-羟色胺转运体、单胺氧化酶 A。

2. 神经生化因素　研究发现双相障碍风险的多条生物学途径，包括激素调节、钙通道、第二信使系统和谷氨酸信号转导。

（1）5-羟色胺（5-hydroxytryptamine，5-HT）假说：该假说认为 5-羟色胺功能活动与情绪障碍的发作密切相关。5-羟色胺降低可能与抑郁发作有关，一些抑郁发作患者脑脊液中 5-羟色胺的代谢产物 5-羟吲哚乙酸含量降低，浓度越低，抑郁程度越重，伴自杀行为者比无自杀企图者更低；而 5-羟色胺功能活动增高可能与躁狂发作有关。

（2）去甲肾上腺素（norepinephrine，NE）假说：该假说认为去甲肾上腺素功能活动降低可能与抑郁发作有关，去甲肾上腺素功能活动增高可能与躁狂发作有关。

（3）多巴胺（dopamine，DA）假说：该假说认为多巴胺功能降低可能与抑郁发作有关，而其增高可能与躁狂发作有关。有案例报道，多巴胺前体左旋多巴可以使双相抑郁转为躁狂，多巴胺激动剂可以导致躁狂发作。

（4）乙酰胆碱（acetylcholine，ACh）异常：去甲肾上腺素正常情况下，乙酰胆碱能与去甲肾上腺素能神经元之间存在平衡。脑内乙酰胆碱能神经元过度活动、去甲肾上腺素能神经元活动降低，可能导致抑郁；反之去甲肾上腺素能神经元过度活动、乙酰胆碱能神经元活动降低，则可能导致躁狂发作。

（5）神经内分泌系统异常：大量研究表明双相障碍的发生与神经内分泌功能障碍有密切

关系，主要涉及下丘脑-垂体-肾上腺轴、下丘脑-垂体-甲状腺轴及下丘脑-垂体-生长素轴的改变，主要涉及皮质醇水平升高、甲状腺功能减退、生长激素可能减退的情况，但具体机制尚不明确。

3. 环境和生活事件 应激、负性生活事件，如童年虐待、亲密关系破裂、失业、严重躯体疾病、家庭变故及社会经济状况因素，如投资失败、经济压力加剧、社会动荡等，与双相障碍的发作有一定的关系。其中，应激生活事件与心境障碍，尤其与双相障碍伴抑郁发作的关系较为密切。

三、临床表现

双相障碍患者有四种心境表现：抑郁发作、躁狂发作、轻躁狂发作、混合发作。心境发作的种类、次数和模式是该病的诊断依据。双相障碍起病时的心境发作通常是抑郁发作。

（一）抑郁发作

抑郁发作（depressive episode），既往概括为情绪低落、思维迟缓、意志活动减退的“三低”症状。需要注意的是，这些重度抑郁发作时的“三低”典型症状不一定出现在双相障碍患者的抑郁发作期。双相障碍的抑郁发作表现可分为核心症状、心理症状群与躯体症状群三个方面。核心症状包括心境或情绪低落，兴趣缺乏。这是抑郁的关键症状，诊断抑郁状态时至少应包括此三种症状中的一个。心理症状群可分为心理学伴随症状（焦虑、自责自罪、精神病性症状、认知症状以及自杀观念和行为、自知力等）和精神运动性症状（精神运动性迟滞等）。躯体症状群包括睡眠紊乱，食欲紊乱，性功能减退，精力丧失，非特异性躯体症状如疼痛、周身不适、自主神经功能紊乱等。发作至少持续 2 周，并且不同程度地损害社会功能，或给本人造成痛苦或不良后果。

（二）躁狂发作

躁狂发作（manic episode）的典型临床表现是情感高涨、思维奔逸、活动增多的“三高”症状，临床上部分患者可伴行为、睡眠及认知改变，或有夸大观念或妄想、冲动行为等。躁狂可一生发作一次，也可反复发作。同一名患者在部分病程中的发作往往相似。发作时间应至少持续 1 周，并有不同程度的社会功能损害，可给自己或他人造成危险或不良后果。

1. 情感高涨 情感高涨、易激惹和不稳定是诊断躁狂所需的核心症状。典型躁狂的特征为情感异常愉悦、欣快或高涨，可能伴有脱抑制（例如穿戴过分华丽或在公众场所脱衣物）、无视社会规范、狂妄自大，以及不断寻求刺激和社交活动，例如行为轻佻、乱花金钱。患者情感高涨时最初可能具有打动他人的感染力，但往往对他人需求不敏感而遭到反感，最终可变得易激惹、焦虑、愤怒。

2. 意志行为增强 精力和活动的持续增加是另一核心诊断症状。计划和活动增加的特征常为冲动盲目、判断力差、不切实际。此类行为包括：新的商业投机、无节制的透支消费，或与陌生人性交，以及鲁莽驾驶等夸张行为，并且患者通常无法完成许多已经开始的任务或项目。

3. 思维奔逸 随着患者情感高涨，患者思维联想速度也明显加快，思维内容丰富多变，语速过快、难以打断，严重者出现思维奔逸，患者讲话时眉飞色舞或手舞足蹈，处于极度兴奋状态的躁狂患者思维联想速度极快，有时会表现言语表达跟不上联想，因此听上去话题之间内容联系不紧密，容易误认为思维松弛。患者自觉脑子反应敏捷，比常人聪明，言语可能伴有玩笑、歌唱、拟声词（选词基于发音而非含义）和戏剧性举止。联想丰富，交谈内容不停转换，或引经据典，或评论时事政治，高谈阔论，信口开河，若讲话过程被强行打断时容易与他人发生争执。由于患者注意力随境转移，思维活动常受周围环境变化的影响致使话题突然改变，讲话常从一个主题很快切换到另一个主题，严重时可出现“音联”和“意联”。

4. 夸大观念和妄想 患者的思维内容多与情感高涨一致，谈吐内容常夸大，自我评价过高，说话漫无边际，一些患者认为自己与上帝或名流有特殊关系，或者拥有超越他人才能的天赋。严重时可表现为夸大妄想。

5. 睡眠需求减少 这不同于失眠，失眠是感觉疲劳仍无法入睡。躁狂发作的患者即使短睡（例如 3 小时）甚至不睡，也感觉休息足够，精力充沛和兴奋，有些患者可持续数日不睡。

6. 其他症状 可有食欲增加、性欲亢进，有时则可在不适当的场合出现与人过分亲热而不顾别人的感受。体格检查可发现瞳孔轻度扩大，心率加快，且有交感神经兴奋症状等。多数患者在疾病的早期没有自知力，许多患者很难认识到自身的精神疾病和功能障碍，也无视他人的意见反馈。

（三）轻躁狂发作

轻躁狂发作是与躁狂发作类似但程度更轻的心境、精力、活动、行为、睡眠和认知改变，存在持续时间至少 4 天，与躁狂发作相比，轻躁狂期间自尊可能膨胀，但从不会达到躁狂期间那种妄想性夸大的程度；尽管轻躁狂或躁狂都可出现精神活动过多和意念飘忽，但轻躁狂患者的思维形式更有条理；轻躁狂患者说话快速且大声，但相对躁狂患者来说通常较易打断；轻躁狂患者的心理社会功能可能较好或轻度受损，而躁狂患者该功能明显受损；轻躁狂患者仅有轻至中度的冒险行为，但躁狂患者有严重的冒险行为。

（四）混合发作

混合发作定义为满足躁狂/轻躁狂发作和抑郁发作标准的显著躁狂症状群和抑郁症状群，在至少连续的 2 周内同时并存或快速转换（每天或 1 天之内）。当抑郁症状在混合发作中占主导地位时，躁狂发作的表现常常为易激惹、思维奔逸、语速增快，以及精神运动性激越。反之当躁狂症状在混合发作中占主导地位时，抑郁发作的表现常常为烦躁情绪、无价值感、无望感或无助感，以及自杀观念。

四、诊断要点

双相障碍应结合病史、临床表现、病程特征、心理测量结果进行综合判断。诊断标准参考 ICD-11，主要分为双相Ⅰ型障碍、双相Ⅱ型障碍、环性心境障碍。

1. 双相Ⅰ型障碍 其定义是只有一次或多次躁狂发作或混合发作，又有重型抑郁发作的发作性情绪障碍。

（1）躁狂发作是一种持续至少 1 周的极端情绪状态，除非通过治疗干预而缩短。

（2）混合发作的特点是出现典型躁狂发作症状和典型抑郁发作症状，与躁狂发作和抑郁发作中观察到的症状一致，这些症状或同时出现，或非常迅速地交替出现（从一天到另一天或在同一天内）。症状必须包括与躁狂和（或）抑郁发作相一致的情绪状态改变（即抑郁、焦虑、欣快或扩张性情绪），并且在至少 2 周时间内，几乎每天都有大部分时间出现，除非通过治疗干预缩短。虽然可以根据单一躁狂或混合发作的证据进行诊断，但通常躁狂或混合发作与抑郁发作在疾病的过程中交替出现。

2. 双相Ⅱ型障碍 定义为有明显的抑郁发作，同时有一次或多次轻躁狂发作，但无躁狂发作。抑郁发作的特点是在持续至少2周的时间内，几乎每天都有一段情绪低落或对活动兴趣减退，并伴有其他症状，没有躁狂或混合发作史。

3. 环性心境障碍 是指反复出现轻度情感高涨或低落，但不符合躁狂或抑郁发作症状标准。心境不稳定至少2年，其间有轻度躁狂或轻度抑郁的周期，可伴有或不伴有心境正常间歇期，社会功能受损较轻。且心境波动与生活事件无明显关系，可一次持续数年，较难做出诊断。

五、治疗与预后

（一）治疗

双相障碍的治疗，应遵循以下治疗原则。并采用药物、心理治疗方法共同干预，必要时进行物理治疗。

1. 治疗原则

（1）充分评估原则：因双相障碍临床表现复杂，需充分评估患者的不同症状，包括是否有焦虑、激越症状，伴有精神行为症状，各类风险，影响治疗的躯体情况，合并其他精神疾病诊断，既往用药情况，均可影响治疗决策。

（2）综合治疗原则：除药物外，物理治疗、心理治疗、社区支持、危机干预等措施都应在疾病不同治疗阶段因需组合，提高患者治疗的依从性。

（3）全病程治疗原则：双相障碍是慢病过程，其治疗目的除缓解急性期症状外，还应坚持全病程治疗原则以阻断双相障碍的反复发作（表7-1）。

表7-1 双相障碍全病程治疗目的、时间

分期	治疗目的	治疗时间
急性治疗期	控制症状、缩短病程	一般6～8周
巩固治疗期	防止症状复燃、促使社会功能恢复	抑郁发作4～6个月，躁狂或混合发作2～3个月
维持治疗期	防止复发，维持良好社会功能，提高患者生活质量	多次发作者，可考虑在病情稳定达到既往发作2～3个循环的间歇期或2～3年（尚无统一定论）

（4）治疗共病原则：积极治疗与双相障碍共病较多的物质依赖、强迫障碍、焦虑障碍等。

（5）患者共同参与治疗原则：由于双相障碍需要长期治疗，为取得患者认同和合作，应与患者及家属商讨治疗方案，使其理解长期治疗的重要性和必要性。

2. 药物治疗

目前以心境稳定剂作为该病的首选药物，理论上所有双相Ⅰ型障碍患者都须用心境稳定剂以预防复发。

（1）碳酸锂（锂盐）：是治疗双相障碍的一线首选心境稳定剂药物，对躁狂发作治疗的有效率为70%～80%。碳酸锂一般起效时间为7～10天，急性期躁狂发作时碳酸锂的治疗剂量为1000～2000mg/d，常规以300mg/d起始，3～5天内逐渐增加至治疗剂量，每次加量大约300mg/d，巩固期维持剂量在500～750mg/d。青少年由于肾脏代谢快可能需更高剂量，而老年及体弱患者，或服用抗精神病药的患者应适当减少药量。碳酸锂的治疗剂量与中毒剂量十分接近，因此需要定期监测血液中的锂浓度。《中国双相障碍防治指南》指出急性治疗期的血锂浓度应维持在0.6～1.2mmol/L，巩固和维持期应在0.4～0.8mmol/L，一般血锂浓度不宜大于 1.4mmol/L，老年人不宜大于 1.0mmol/L。

【学术前沿】

不同指南中的血锂浓度稍有差异

加拿大心境障碍与焦虑障碍治疗协作组（CANMAT）和国际双相情感障碍协会（ISBD）于 2018 年联合发布的双相障碍治疗指南《双相障碍患者的管理》推荐，急性治疗期患者的血锂浓度为 0.8～1.2mmol/L，维持治疗期患者的血锂浓度为 0.6～1.0mmol/L。ISBD 工作组的一项系统性回顾研究建议，在成人双相障碍患者的维持治疗中，为实现最佳疗效，血锂浓度应控制在 0.6～0.8mmol/L；依据患者的反应性及耐受性，该浓度可降低至 0.4～0.6mmol/L，或上调至 0.8～1.0mmol/L。

碳酸锂常见的轻微急性不良反应是细微颤动、肌肉抽搐、恶心、腹泻、多尿、口干和体重增加。这些反应可能会在减少剂量、分散顿数后得到改善。碳酸锂急性中毒较为严重者可出现神志不清（表现为昏迷）、抽搐和心律失常。碳酸锂中毒更容易在老年、肌酐清除率降低、低血钠患者中发生。

（2）抗惊厥药物：该类药物同样作为心境稳定剂，有助于稳定双相障碍的情绪，但药物作用机制尚未明确，当碳酸锂治疗效果不佳或患者无法耐受时，可选择此类药物（表 7-2）。

1）卡马西平：是第一种被发现具有情绪稳定（控制躁狂发作和混合发作）的抗惊厥药物，一般治疗剂量范围为 600～1800mg/d。服用卡马西平需要定期检查药物浓度以检测药物毒性，通常治疗浓度为 4～12μg/ml。

2）丙戊酸盐类：包括丙戊酸钠和丙戊酸镁，常用以控制急性躁狂发作和混合发作，一般治疗剂量约为 500mg/d，一般该类药物的血液治疗浓度应保持在 50～120μg/ml，超过 120μg/ml 可能会引起不良反应，缓释片最大药物浓度可至 125μg/ml。

3）拉莫三嗪：对于双相障碍的快速循环和抑郁有效，一般目标剂量为 50～200mg/d，该药遵循规范的加量步骤，以预防过敏反应。

表 7-2　抗惊厥药物的不良反应

药物	不良反应
卡马西平	头晕、恶心、低血压、共济失调、视物模糊、白细胞减少
丙戊酸盐类	胃肠道反应、震颤、体重增加、共济失调、脱发
拉莫三嗪	嗜睡、眼球震颤、失眠、复视、视物模糊、胃肠道反应、疲劳、皮疹，有时可引发致命的史-约综合征（Stevens-Johnson syndrome），特别是加量过快超过推荐速度时。治疗最初 2 个月内，一旦患者出现任何皮疹，即应停用拉莫三嗪；皮疹消失至少 1 周后，需要重新按部就班地加量

（3）抗精神病药物：对于伴精神病性症状的严重躁狂发作患者，常用第二代抗精神病药物以快速控制急性躁狂症状，有证据表明喹硫平、齐拉西酮、鲁拉西酮可增强心境稳定剂的作用。

（4）抗抑郁药物：传统的抗抑郁药常被用来治疗双相障碍患者的抑郁发作状态，但证据表明抗抑郁药物不被推荐作为双相障碍抑郁发作的单一疗法。

（5）镇静催眠药物：因双相障碍患者常伴有焦虑、激越或睡眠型态紊乱，苯二氮䓬类药物作为抗惊厥药物和镇静催眠药物使用，能够缓解焦虑情绪，改善睡眠等。常用的药物有劳拉西泮、氯硝西泮等。

3. 物理治疗　包括改良电休克治疗和重复经颅磁刺激治疗，双相障碍患者的严重躁狂或抑郁发作状态均为其适应证。相对改良电休克治疗的记忆力短暂下降的副反应，重复经颅磁刺激没有该方面副作用，双相障碍患者通常耐受性良好。

4. 心理社会干预 双相障碍经常出现社会心理和职业功能障碍等残留症。目前认知行为疗法、人际关系疗法更多用于双相障碍患者的急性抑郁发作状态。同时，认知行为疗法、家庭疗法和心理教育在疾病巩固和维持治疗期可降低疾病复发率，促进患者社会功能康复。

（二）预后

双相障碍的复发率较高。约 15% 的双相障碍患者自杀死亡，10% 转为慢性状态，与其他精神障碍相比，双相障碍在某一相出现后的 1 年内的复发率极其高（1 年内复发率 50%，4 年内复发率 70%）。长期的双相障碍的反复发作可导致人格改变和社会功能受损，部分研究得出只有躁狂发作的双相 I 型比存在抑郁发作者预后好，且躁狂发作期短暂、发病晚、无自杀观念者预后较好。

知识拓展 **儿童和青少年双相障碍特点**

儿童和青少年双相障碍患者在出现典型的心境障碍发作之前，相当部分患者都曾经患过不同形式的焦虑障碍，有研究表明终生多重焦虑障碍共病作为双相障碍的阳性预判值高达 91.3%。如果追溯双相障碍患者的成长史，很多患者在儿童少年期都曾出现过相当长时间的强迫症、社交恐惧等焦虑障碍的亚临床水平甚至是综合征水平的表现。因此，对于当前有典型抑郁发作表现、物质依赖或注意缺陷多动障碍的儿童患者，应高度警惕其抑郁发作是双相障碍的发病。

第二节 双相障碍的护理程序

一、护理评估

在评估双相障碍患者时，应系统地评估患者的整体健康状况，从生理、心理、社会等多维度进行全面细致的评估。

（一）健康史

1. 现病史 此次发病有无明显诱因，发病的时间，就诊原因（主诉）和具体表现，对学习、工作、生活的影响程度等。

2. 既往史 评估患者既往健康状况如何，既往有无精神疾病情况、躯体共病、服药情况等。特别 40 岁以后初发躁狂患者，注意评估是否由躯体疾病或使用某些药物引发的可能性，如甲状腺功能亢进、类固醇激素的使用。女性患者注意询问有无产后精神病史和经前期紧张症。

3. 个人史 评估母亲孕期有无健康问题、物质滥用问题，早年心理发育情况，是否存在不良的家庭教育和生活环境；有无遭受家庭暴力和人际关系困难。

4. 家族史 评估家族两系三代有无精神疾病史，特别是有无双相障碍家族史，以及家族成员是否存在自杀史、药物依赖史。

（二）生理功能评估

1. 常规健康评估 结合现病史、既往史进行护理体检，重点评估患者有无自杀、自伤或暴力所致的躯体外伤、交感神经兴奋症状（面色红润、心率加快等）、进食营养情况、睡眠情况、体重增加或减轻等。配合医生进行实验室检查，如甲状腺功能、水电解质及酸碱平衡。

2. 自理能力程度 评估个人卫生、衣着是否整洁，生活自理能力。

（三）精神心理评估

1. 性格和应对方式 评估患者病前性格特征、兴趣爱好、应对方式。可使用艾森克人格问卷（Eysenck personality questionnaire，EPQ）、特质应对方式问卷（trait coping style questionnaire，TCSQ）等评估工具辅助评估。

2. 病前社会心理因素 评估此次发作前是否经历不良生活事件，并注意厘清这些心理社会因素与精神症状在发生时间和表现形式上的联系。

3. 住院态度和自知力 评估患者住院意愿、治疗护理的合作程度。可使用自知力与治疗态度问卷（insight and treatment attitude questionnaire，ITAQ）等辅助评估。

4. 精神心理行为症状评估 重点评估患者的躁狂或抑郁发作表现和程度，可利用评估工具 Young 躁狂量表（Young mania rating scale，YMRS）、Bech-Rafaelsen 躁狂量表（Bech-Rafaelsen mania scale，BRMS）此类他评工具以评估躁狂症状的严重程度，对较为合作的轻躁狂表现的患者可利用 32 项轻躁狂症状清单（32-item hypomania checklist，HCL-32）、心境障碍问卷（mood disorder questionnaire，MDQ）等自评工具以筛查；对于抑郁发作的患者，可利用他评工具汉密尔顿抑郁量表（Hamilton depression scale，HAMD）或抑郁自评量表（self-rating depression scale，SDS）等评估患者的抑郁发作程度。重点评估患者有无妄想或妄想的类型及程度，可利用评估工具阳性与阴性症状量表（the positive and negative symptom scale，PANSS），视情况可利用工具评估其认知功能。

或利用访谈技巧以评估患者的症状：

（1）感知觉：注意患者有无与心境协调或不协调的人格解离和非现实感。

（2）心境与情感：可用语言引出患者心境异常，但有不少患者并不能主诉抑郁或高涨的情感体验。应注意外显的表情、兴趣和内心的体验，并注意其表现的持续性，即一天中是否大部分时间都存在。值得注意的是医护人员常只重视症状的有无，而错将因外界因素引起的短时情绪反应视为病态。

（3）思维：评估患者交谈是否有主动性，谈话的语量、语速、语调，评估患者的言语内容是否具有流畅性、连贯性和逻辑性。

（4）意志和行为：评估患者意志增强程度和行为持续时间等。

（5）不典型特征：部分双相障碍患者会伴有焦虑、激越、疲劳感等症状，结合患者个体进行个性化评估。

对于不合作患者的护理评估，例如躁狂发作尤其是病情严重者，注意提问频繁可能会激惹患者而使评估难以进行。患者不合作正是精神症状充分发展的表现，因此护理人员应将重要、紧急内容进行首要评估，不要一次性评估过多内容，应以开放性问题为主，过程中不加以评判患者，同时评估环境要求安静、舒适。

（四）家庭社会功能和支持系统

1. 社会能力 重点评估病前的社会交往能力状况，患者与亲属、朋友的人际关系，以及患者疾病巩固期的社会交往情况。可使用住院精神患者社会功能评定量表（scale of social function in psychosis inpatients，SSPI）、社会功能缺陷筛选量表（social disability screening schedule，SDSS）、社会和职业功能评估量表（social and occupational functioning assessment scale，SOFAS）进行评估。

2. 支持系统 重点评估家庭成员对患者的关心程度、照顾方式，他们寻求社会支持资源能力的评估与分析，可利用相关评估，可使用社会支持量表（social support rating scale，SSRS）等量表辅助评估。

二、常见护理诊断/问题

（一）与躁狂发作有关的常见护理诊断/问题

1. 自我认同紊乱 与思维障碍（夸大妄想）有关。

2. 防御性应对 与自我感觉重要性和对自我能力过于夸大有关。

3. 思维过程异常 与思维奔逸、夸大妄想有关。

4. 对他人有暴力行为的危险 与情感高涨、不能控制自己有关。

5. 不合作 与自知力欠缺、认为无需治疗有关。

6. 睡眠型态紊乱 与活动过度有关。

7. 有体液不足的危险 与使用碳酸锂治疗引起钠离子排泄异常有关。

（二）与抑郁发作有关的常见护理诊断/问题

该期间常见的护理诊断/问题包括有自杀的危险、慢性低自尊、营养失调：低于机体需要量等（详见第六章相关内容）。

三、护理目标

（一）躁狂发作的护理目标

1. 患者对自身疾病和症状有正确的认识。

2. 学会控制情绪的方法，能用正性的方法发泄愤怒。

3. 住院期间不发生冲动伤人、自伤及毁物行为。

4. 患者主动服药，并可以说出自身服药后的反应。

5. 睡眠得到改善，能按时入睡，保证每天睡眠 6～8 小时。

6. 能够恢复日常社会功能，理解维持期治疗的必要性。

（二）抑郁发作的护理目标

抑郁发作的护理目标包括住院期间不发生自杀、自伤行为，能配合自主进食、睡眠障碍改善，提高应对能力等（详见第六章相关内容）。

四、护理措施

护理措施遵循个体化原则，每位双相障碍患者都有各自的临床特点和个性特征，即使疾病诊断和护理诊断一样，也存在着个体差异。

（一）躁狂发作的护理

1. 建立治疗性护理关系 良好的护患关系是治疗护理的基础。

（1）注意建立良好护患关系的要点：交谈中对患者及时回应。

（2）运用同理心等沟通技巧，给予患者关心和支持。

（3）尽可能保持中立，避免与患者争论。

（4）当患者赘述时，用温和的态度和语气，为其澄清患者沟通的目的。

（5）提供治疗性沟通，躁狂发作患者的注意力持续时间短，因此护士在交流时尽量使用简单明了的句子。

（6）在以上初步建立关系的基础上，可与患者探讨治疗的态度和期望。

2. 安全护理　躁狂发作的双相障碍患者由于精神活动异常高涨，易发生伤人、毁物等冲动暴力行为，因此安全护理非常重要。

（1）激越和暴力风险的评估和干预

1）有效识别躁狂发作患者潜在激越和暴力因素，并设法消除或减少。

2）应对每位新入院患者评估暴力行为风险等级，并依据等级的升高提高评估风险的频率。

3）指导患者在情绪激动时采用一些合理化宣泄方式，比如手握冰块、捏弹力球等。

4）识别可能会表现出情绪激惹或暴力行为的表现：身体姿势（握紧拳头或下巴颤抖）、避免眼神接触、做出不恰当的表情、脸变得通红或苍白、在地板上踱步、踢物体或“砰”地关上门等。

5）在暴力行为发生时，应用降级技术，包括站在攻击者的一侧（成45°）并保持一臂长度的距离，采取非攻击性的姿势（例如，不要交叉双臂），用安静、平静的声音说话，提出开放性问题，让他们谈论情绪激动的原因，识别需求和感受等。

6）若无法降低患者的暴力等级，遵医嘱适当地予以保护性隔离或约束。

（2）合理安置患者，情绪高涨的躁狂患者非常容易受到周围环境的影响，外界嘈杂的环境会加重其兴奋、激越程度。

1）应将患者安置于安静、安全、舒适的环境中，室内空气流通。

2）周围颜色应选择淡雅色，避免鲜艳色彩、噪声等不良环境因素的干扰。

3）室内陈设应简便，去除危险物品，以防被患者作为伤人工具。

4）对极度兴奋、躁动、存在暴力高风险患者应尽可能安置在单人病室，严密观察和重点巡视。

3. 生活护理　躁狂状态的患者往往意志行为增强、活动过度而忽略了基本生理需求。

（1）个人卫生：躁狂发作患者由于对自己的行为缺乏正确判断，可能会出现一些不卫生的行为，如乱穿衣服、不洗澡等。护理人员应鼓励患者自行完成一些有关个人卫生、衣着的活动，给予适当的引导和限制。

（2）营养摄入：为患者提供固定时间内的充足食物和水，帮助患者恢复良好的进食习惯。对于体重消瘦的躁狂发作者，提供高热量和高蛋白的食物和两餐之间的点心，以增加营养的摄入。对于使用碳酸锂的患者，盐摄入量应在正常合理范围内，并重视患者饮水情况，因为盐摄入量增加可能导致血清锂水平降低和疗效降低，摄入减少可能导致血清锂水平和毒性增加。对于部分患者应防止进食过快或抢食，必要时安排单独进餐或专人看护。另外躁狂发作的患者可能因意志行为增强会边走边吃，在安全情况下可尊重患者目前症状，不强制纠正其行为。忌烟、酒、浓茶和咖啡等，有些患者可能存在酒精、烟草依赖的情况，可联合相关科室一起帮助患者制订合理的干预计划。

（3）睡眠护理：合理安排好患者的活动，消耗患者过剩的精力。为患者提供安静的睡眠环境，减少噪声、过亮光照刺激。若在急性期不太合作者，遵医嘱使用睡眠药物以促进患者睡眠。若患者合作程度尚可，可实施一些非药物干预措施，如白噪声、舒缓音乐、芳香疗法、冥想等。

4. 症状护理和心理教育

（1）鼓励患者公开表达他们的感受和担忧，并提供一个非评判和支持的环境。

（2）观察患者的言语和非言语的幻觉、妄想表现，并记录。

（3）指导患者把注意力从表达夸大妄想转移到以讨论现实为中心的情境，用转移注意力的方法尽可能限制重复讨论其妄想内容。

（4）当患者意志行为增强时，适当采用延缓技巧，以延迟满足。如“在你要求让我打电话前，请你等 10 分钟，让我做完我的工作好吗？”

（5）研究已经表明，心理教育能够有效管理长期双相障碍的症状。通常推荐作为一线治疗，学习心理教育的一些目标包括识别情绪、分析问题、解决问题、养成健康的习惯。

（6）在急性治疗期，合理安排各类结构化的单独康复活动，引导患者进行正性活动，发泄精力。同时也有研究指出生物钟紊乱是双相情感障碍的戏剧性情绪变化的主要原因，要帮助患者建立良好的生活习惯。

（7）在巩固治疗期，可安排患者与其他患者共同进行安静、非刺激的康复活动，如绘画、棋盘游戏等。

（8）可根据患者病情及场地设施等，安排既需要体能又不需要竞争的活动项目，如太极拳等。也可鼓励患者进行一些转移注意力的活动，比如艺术治疗的静态活动既减低了活动量，又可发泄内心感触。对于患者完成的每一项活动，护理人员应及时给予肯定，给予正性强化。

（9）在患者病情稳定时，帮助患者了解自身疾病、自我管理、情绪调节的方法，指导患者进行放松训练，在情绪激动时，可深呼吸，放低双肩，降低声音，改变自己面部表情，可让患者想象从远距离视角来看待自己当时的情况。必要时可转介给心理治疗师或社工进一步干预，如应用认知行为疗法、社交技能培训等。

（10）在患者病情巩固期，可鼓励患者写个体日记（如：何时感到愤怒？当时自己和他人在做什么？想什么？）；护理人员和患者一起分析日记，找出症结所在；探讨患者使用的应对机制是否健康，共同讨论要采用何种的行为加以应对。

5. 药物护理

（1）需帮助患者明确维持用药对于巩固疗效、减少复发的意义。

（2）尽可能与患者讨论无法坚持服药的原因或困难，以便有针对性地帮助他们解决问题。

（3）住院期间应注意密切观察患者合作性、用药的耐受性和不良反应，特别是重视应用碳酸锂治疗的患者定期血锂浓度的监测。若发现不良反应如恶心、呕吐，手部细小震颤等应及时报告医生，并如实记录，以确保患者的用药安全。

（4）指导有甲状腺功能减退家族史的患者，在开始使用碳酸锂后，应当至少每年检查一次促甲状腺激素水平，其他人可两年查一次。当提示甲状腺功能异常时（即使在躁狂发作期）应及时检测甲状腺素水平，因为甲状腺功能减退可降低心境稳定剂的疗效。

（5）指导患者注意用药期间的肝肾功能检测，指导患者检测尿素氮和肌酐，最开始半年内每 2 个月检测 1 次，之后每年测 1～2 次。

（6）对于怀孕期间的双相障碍患者，应尽早与精神科医师讨论修订药物治疗方案。如果需服用碳酸锂，应告知患者暴露于碳酸锂的胎儿心血管畸形的风险增加。在喂养期间，不鼓励服用碳酸锂的患者母乳喂养，因为锂会在母乳中排泄，应及时调整治疗方案。

6. 家庭护理和社区康复 对患者和家属开展疾病相关知识和技能的支持非常重要。

（1）应向患者讲解所患疾病的病因、临床特征、治疗手段、用药不良反应的观察、复发先兆症状的识别等方面的知识。

（2）帮助家属了解督促和协助患者坚持服药、定期复查的重要性；宣讲用正性的方法保持健康稳定情绪、保持良好的生活方式。

（3）指导家属为患者创造良好的家庭环境，给予患者家庭支持。

（4）鼓励患者参与社交活动，例如加入支持小组或参加社区活动。

（5）指导患者和家属寻求社会资源的支持和有关旨在恢复社会心理功能的心理治疗的相关信息，帮助患者回归社会。

知识链接 **双相障碍日的由来**

伟大的艺术家梵高被认为患有双相障碍。为了纪念他，国际双相障碍联盟、亚洲双相障碍联盟、国际双相障碍基金会联合发起倡议，将每年的 3 月 30 日——梵高的生日，定为世界双相障碍日（World Bipolar Day），以提升公众对双相情感障碍的认知。

（二）抑郁发作的护理

抑郁发作的护理措施基本与抑郁障碍相同（详见第六章相关内容），双相障碍患者的抑郁发作护理措施如下。

由于双相障碍患者可能会出现混合发作，表现为持续性心境不稳定，如抑郁发作和躁狂发作短期交替出现，所以抑郁发作期的双相障碍患者，应着重观察是否有转变为躁狂发作的临床症状，如出现情感高涨、思维奔逸和意志行为增强、活动增多的前驱表现。如心境由抑郁转变为躁狂，患者当下自觉无病，自我感觉良好，突然非常讲究个人卫生，主动参加集体活动，与之前抑郁发作时判若两人。双相障碍患者由抑郁转变为躁狂的前驱表现，有时候会误导护理人员认为病情好转，护理人员应充分结合患者既往躁狂发作的临床表现进行评估，及时告知医师调整治疗方案。

五、护 理 评 价

对于双相障碍病情变化频率较快的特点，护理评价应是阶段性、动态性，以便能及时调整护理措施。

（一）躁狂发作的护理评价

（1）患者是否正确认识疾病，能够理解出院后继续治疗的必要性。患者是否主动服药，认识自己服用药物的名称，并能说出服药后反应。可采用半结构式访谈、自知力与治疗态度问卷（ITAQ）、药物依从性评定量表、药物依从性问卷、药物态度量表和依从性评定量表对患者治疗依从性进行评价。

（2）症状改善：患者情感是否平稳，是否学会合理化控制情绪的方法并加以使用。可使用 32 项轻躁狂症状清单（HCL-32）、心境障碍问卷（MDQ）进行评价。

（3）住院期间患者有无发生冲动伤人、自伤及毁物行为。

（4）患者是否建立良好的生活习惯，不良睡眠是否得到改善，能否按时入睡，保证每天睡眠 6～8 小时。

（5）患者是否提高自我疾病管理的能力，注重定期检测相关指标。可使用慢性病管理自我效能量表（SCSMCD）、一般自我效能感量表（GSES）评价。

（6）生活技能和社会交往技巧是否恢复。可使用社会功能缺陷筛选量表（SDSS）、特定功能水平量表（SLOF）、社会和职业功能量表（SOFAS）等量表进行评价。

（二）抑郁发作的护理评价

护理评价包括症状改善情况、进食恢复情况、对疾病认知程度、不良情绪管理情况等（详见第六章相关内容）。

思 考 题

1. 双相障碍有哪些分型？
2. 如何评估双相障碍中躁狂发作时的表现和程度？
3. 双相障碍患者常见的护理问题及护理措施有哪些？

（祁雯雯）

第八章　精神分裂症患者的护理

学习目标

知识目标：通过对课程的系统学习能充分掌握精神分裂症的临床表现、治疗和护理措施。

能力目标：能将所掌握的理论知识运用于病情观察、护患沟通、健康教育及各项护理操作中。

素质目标：树立为患者健康服务的信念，在护理过程中融入人文关怀，以创新理念和方法服务患者。

思维导图

思维导图请扫封底二维码。

情景导入及思考

李女士，29岁，汉族，离异。3年前开始睡前凭空听见脑袋里有流水的声音，有时是东西落地的声音。2年前开始声音变成了人说话的声音，内容多是骂自己或者说自己的不好。近半个月明显加重，紧张，担心，害怕，听见声音说要杀掉自己或要折磨自己，每次听见身体就会有相应的痛苦。因担心把“坏人”带回家，回家时多次转车，看见车上的人说都是复制人，回家后听见父母打电话，感觉是在商量怎样把自己卖掉，遂把自己关在房间里，不吃东西。起病以来，患者精神尚可，饮食、睡眠差，大小便正常，体力体重无明显改变。

思考：

1. 患者存在哪些精神症状？
2. 应从哪些方面进行病史采集及评估？
3. 针对该患者应该如何实施护理措施？

第一节　精神分裂症的临床特点

一、概　　述

精神分裂症（schizophrenia）是一种常见的病因尚未完全阐明的精神障碍，多起病于青壮年，隐匿起病，具有认知、思维、情感和行为等方面的障碍，以精神活动与环境不协调为特征，一般无意识障碍及明显的智能障碍，部分患者可出现认知功能损害。常缓慢起病，病程多迁延，有慢性化倾向和衰退的可能，但部分患者可保持痊愈或基本痊愈。精神分裂症是一种严重的精神疾病，影响到全球约2400万人，我国有近700万人罹患精神分裂症，可伴有严重残疾，其可能会影响到生活的各个方面，包括个人、家庭、社会、教育和职业功能。

精神分裂症可以在各种社会文化和不同社会阶层中出现，而各个国家和地区的精神分裂症患病率和发病率之间并没有很大的差异。终生患病率大约为1%，无论是男性还是女性，其终生患病率并没有明显的差异。精神分裂症的患病率与家庭经济水平和文化水平呈负相关。大约有90%的精神分裂症起病年龄在15～55岁，发病高峰为男性20岁，女性亦在20多岁（成年早期），但女性发病率在50岁左右会有一个小幅回升（此时的发病率并未超过成年早期的高峰)。在 50 岁左右的时期，女性正处于围绝经期，因此发病率的增高可能与雌激素保护作用的消失有关。

时间长廊　　精神分裂症概念的演变

19 世纪中叶以来，欧洲精神病学家将本病的不同症状分别看成独立的疾病。1857 年，法国的莫莱尔（Morel）首次提出将无外界原因而在青春期发病的精神衰退称为“早发性痴呆（demence praecox）”。1871 年，郝克尔（Hecker）将发生于青春期具有荒谬、愚蠢行为的病例命名为“青春性痴呆（hebephernia）”。1874 年，卡尔鲍姆（Kahlbaum）将具有特殊精神障碍并伴有全身肌肉紧张的病例命名为紧张症（catatonia）。1896 年，埃米尔·克雷佩林（Emil Kraepelin）认为上述描述并非独立的疾病，而是同一疾病的不同类型，多发生于青壮年，最终发展为衰退，统称为“早发性痴呆（dementia praecox）”，首次将其作为一个疾病单元来描述。1911 年，瑞士精神学家厄根·布洛伊勒（Eugen Bleuler）指出情感、联想和意志障碍是本病的原发症状，而中心问题是人格的分裂，因本病的结局并非皆以衰退告终，因此建议命名为精神分裂症（schizophrenia）。

二、病因及发病机制

精神分裂症的病因与发病机制目前还不十分清楚，可能与遗传、大脑结构异常、神经生化异常、神经发育异常、社会心理因素等多种因素有关。

1. 遗传　国内外对精神分裂症进行了大量家系调查，对双生子和寄养子进行了研究，结果都表明，遗传因素对该病的发生起着重要的影响。家系调查显示精神分裂症患者亲属一生预期患病率是普通人群的几倍，血缘关系越接近患病率越高，如果家长单方生病，孩子生病的概率在 12% 左右。双生子发现双卵双生同病率为 14%，单卵双生子同病率为 47%，单卵双生同病率是双卵双生同病率的 4～6 倍。寄养子调查发现精神分裂症母亲所生的孩子自幼被寄养在正常家庭环境下，或者是把正常人的孩子从患精神分裂症父亲或母亲家养育出来，成年后仍有较高的患病率，这说明遗传因素对疾病的发生起着主导作用，而且遗传因素比环境因素有着更大的影响。

2. 大脑结构异常　精神分裂症患者大脑结构可出现一些微小病理变化及部分神经功能缺陷，随着计算机体层成像（CT）技术及磁共振成像（MRI）技术，特别是功能性磁共振成像（fMRI）技术及正电子发射成像（PET）技术等医学影像技术的应用及发展，为活体大脑结构异常研究提供了方法，证实精神分裂症患者脑结构损伤最准确的表现为脑室（尤以侧脑室及第三脑室为甚）增大及皮质下功能连接异常，脑结构变化多发生于儿童早期。

3. 神经生化异常

（1）多巴胺（DA）假说：精神分裂症多巴胺假说是在 20 世纪 60 年代被提出来的，其认为精神分裂症患者存在中枢 DA 功能亢进。这一假设得到了很多支持的证据，即长期服用可卡因或者苯丙胺可导致一个无精神疾病遗传背景者出现幻觉或者妄想，服用吩噻嗪药物（对 DA 受体有阻断作用）可降低这一症状。苯丙胺与可卡因主要神经药理学作用为增加大脑神经突触之间多巴胺含量，阻断多巴胺 2（D_2）受体可作用于精神分裂症阳性症状。经典的抗精神病药都以阻断 DA 受体而起到治疗作用。但该假说亦有其局限性，例如多巴胺假说无法解释该疾病阴性症状及认知缺陷，而最新研究表明前额叶 DA 功能低下可能与其阴性症状及认知缺损相关。

（2）5-羟色胺（5-HT）假说：这一假说将 5-HT 视为精神分裂症阳性与阴性症状出现的原

因之一。5-HT激动剂麦角胺二乙酰胺（LSD）可致幻觉；近年来，奥氮平和利培酮等非典型（新型）抗精神病药被广泛用于临床，它们与5-HT受体之间存在较强拮抗作用，这使得5-HT对精神分裂症病理生理机制的影响重新引起人们的关注。5-HT_{2A}受体在情绪、行为控制和DA调节的释放方面可能存在一定的联系。尸检和脑功能影像学研究发现精神分裂症患者的额叶皮质5-HT受体表达降低，进一步支持了5-HT在精神分裂症发病中的病理生理作用。

（3）γ-氨基丁酸（GABA）功能降低假说：GABA是脑内的主要抑制性神经递质，其与精神分裂症有关的证据包括：①患者大脑皮质GABA合成酶——谷氨酸脱羧酶（GAD）水平下降；②一种特殊类型的GABA能神经元（其中包含细小清蛋白）的密度及其突触末梢含量均减低；③患者$GABA_A$受体表达异常。这些证据表明，精神分裂症患者GABA神经传导功能受损。其他支持该假说的证据包括：GABA抑制作用的降低可导致其他神经递质（如DA、5-HT、NE）系统活动过度；精神分裂症患者海马γ-氨基丁酸能神经元功能下降；使用苯二氮䓬类药物可通过增强GABA的功能而增强抗精神病药的治疗作用。但是，GABA与上述其他神经递质紊乱的关系尚不清楚。有证据表明，GAD基因与精神分裂症存在关联，这提示GABA可能是精神分裂症的一个致病因素。

（4）氨基酸类神经递质假说：谷氨酸在皮质神经元中主要起兴奋性递质作用，在脑发育初期突触形成和维持及突触可塑性受谷氨酸系统作用。这一假说提出中枢谷氨基酸功能不足很可能是精神分裂症发病的原因之一。苯环己哌啶及其他谷氨酸受体拮抗剂能使正常受试者产生幻觉、妄想、情感淡漠和退缩；谷氨酸受体协同激动剂（如*D*-丝氨酸）可缓解某些症状。应用放射配基结合法和磁共振波谱技术发现精神分裂症患者脑部分区域（如中额叶）谷氨酸受体亚型结合力较正常人群发生了明显改变，非典型抗精神病药作用机制为提高中枢谷氨基酸功能。此外，许多研究提出精神分裂症DA功能异常继发于谷氨酸神经元调节功能紊乱的基础上。

（5）炎症因子：在精神分裂症病因学中的可能机制涉及风险基因和出生前因素。许多研究表明精神分裂症患者血液中存在多种炎症因子的变化，提示处于促炎症状态。这种炎症反应状态可以先后影响DA、5-HT系统和谷氨酸。

4. 神经发育异常 丹尼尔·温伯格（Daniel Weinberger）和罗宾·M. 默里（Robin M. Murray）提出精神分裂症神经发育假说，认为胚胎期大脑因遗传因素及母孕期或围产期的损害而发生一定程度的神经病理改变，这主要是因为新皮质形成期神经细胞由大脑深部转移到皮质时发生紊乱而引起心理整合功能的异常，即刻效应不明显，但是当进入青春期或者成年早期时，受到外界环境因素的不利刺激时，会不可避免地出现精神分裂症的症状。

5. 社会心理因素 精神分裂症与社会经济背景及生活事件密切相关已被证实，但是到目前为止还不能够确定精神分裂症发病与否的心理社会因素。有关临床发现多数精神分裂症患者病前性格往往是内向、孤僻、敏感多疑等，不少患者在患病前半年就能追溯到相应生活事件。国内的调查和研究表明，在精神分裂症的发病过程中，具有社会环境因素的比例为40%～80%。在社会贫困阶层中该病患病率高可能与该群体容易遭受心理-社会应激和精神压力大有关，然而贫困是否为发病诱因或结果仍存在争论。目前看法是社会心理因素可促发精神分裂症，但很难左右精神分裂症最后病程及结局。常见社会心理因素有文化、职业、社会阶层、移民、孕期饥饿、社会隔离和社会心理应激事件。

【学术前沿】

精神分裂症遗传研究进展

两项大规模遗传研究共同指出精神分裂症的病理变化是突触（神经元之间的连接处）

> 的交流中断，并说明了遗传变异如何影响神经发育，造成其发育障碍的风险。在一项对超过 12.1 万人进行的遗传研究中，SCHEMA 国际联盟在 10 个基因中发现了罕见的蛋白质破坏性变异，这些变异显著增加了个体患精神分裂症的风险；第二项研究由精神病基因组学联盟（PGC）进行，涵盖了近 8 万名精神分裂症患者和超过 24 万名对照者，是迄今为止规模最大的精神分裂症基因研究。研究发现精神分裂症的遗传风险集中存在于神经元的基因中，而不是其他组织或细胞类型中。

三、临 床 表 现

精神分裂症多隐匿起病且临床症状复杂多变，在不同的个体，疾病的不同时期其临床表现可存在较大差异，但无论如何此类疾病的临床表现具有其特征性，具有思维、情感、行为意志之间的不协调和精神活动与周围环境不协调的特点。

（一）前驱期症状

前驱期症状是指在明显的精神症状出现前，患者所表现的一些非特异性症状。这类症状在青少年并不罕见，但以起病前较为常见。精神分裂症前驱期表现多种多样，这和发病的类型有一定关系。

最常见的前驱期症状可归纳如下：①情绪改变：情绪低落、焦虑不安、情绪波动、易激惹等。②认知改变：出现一些古怪或异常的观念和想法等。③对自身和外界的感知改变。④行为改变：表现为社交退缩或兴趣丧失，敏感多疑，职业功能水平下降。部分患者可能会出现一些新的“爱好”，如痴迷某些抽象的概念、哲学和宗教迷信问题等。⑤躯体改变：睡眠和食欲改变、虚弱感、头痛、背痛、消化道症状等。⑥部分青少年患者会突然出现强迫症状，并以此为首发症状。

在上述前驱期病症中，按发生频率高低排序分别为注意减退、动力和动机下降、精力缺乏、抑郁、睡眠障碍、焦虑、社交退缩、猜疑、角色功能受损和易激惹。由于患者的前驱期症状不具有特异性，并且出现的频率较低，进展缓慢，可能持续数周、数月甚至数年，一般易被误解为患者思想或性格发生了问题，而不易被人理解为病态的变化，因此前驱期的患者往往不为他人所重视，易错过最佳治疗时期，从而影响预后。所以普及精神分裂症前驱期症状的识别知识，对于精神分裂症的早期诊断及治疗具有非常重要的意义。

（二）感知觉障碍

精神分裂症患者感知觉障碍以幻觉最为显著，幻听、幻视、幻嗅、幻味、幻触在精神分裂症患者中均可出现，以幻听最为多见。幻听可表现为非言语性，如患者描述听到机器的轰隆声、乐曲声、鸟叫声、车船声等；还可具有言语性，如患者听见邻居、亲人、同事或陌生人在说话，内容往往使患者不愉快。有的幻听内容为争论性的，如有声音议论患者的好坏；或评论性的，声音不断对患者的所作所为评头论足；幻听也可以是命令性的，如不许患者吃饭，让患者跳楼等。命令性幻听最应该引起工作人员重视，一般患者很难违抗幻听命令，患者可受幻听的支配而采取违背本性、不合常理的行为。评论性幻听和命令性幻听是精神分裂症患者具有的特殊性幻听。其他类型的幻觉虽然少见，但也可在精神分裂症患者身上见到，如有的患者拒绝进食，原因是闻到食物里有毒药的味道（幻嗅）；有的患者感到恐惧，经常看到有人在她面前来来往往，欲对她施暴（幻视）；有的患者一坐到床上就感到有一种被电的感觉（幻触）等。人格解体在本病患者中也不少见，如患者感到自己的头离开了身体，下肢不存在了。有的患者感到灵魂（精神）和躯体分开了。

一般而言，在意识清晰状态下产生持续的评论性、争论性或命令性幻听通常都会指向精神分裂症。精神分裂症的幻觉体验无论是具体形象的还是蒙胧模糊的，均会给患者的思维、情绪和行动带来不同程度的影响，患者可能会在幻觉的支配下做出违背本性、不合常理的举动。对于护士而言，评估和判断幻听的性质、患者对幻听的内心体验及幻听对患者及其他人的影响，掌握患者受症状支配所引起的行为特点，并及时采取保护性措施具有重要意义。

（三）思维障碍

思维障碍是精神分裂症的核心症状，其特点是在意识清楚的情况下，出现各种思维障碍，主要表现在以下几个方面：

1. 思维内容障碍　主要是妄想，表现形式多种多样，在绝大多数情况下，妄想的荒谬性往往显而易见，最常见的妄想是被害妄想、关系妄想及影响妄想，其他还包括夸大、钟情、嫉妒、被控制、非血统、宗教以及躯体妄想等。被害妄想表现为患者总感到有人在捉弄、诽谤、暗算或谋害自己，感到自己被跟踪、被监视、食物中被放了毒药，甚至医生为其治疗也被看作“医学实验”。关系妄想是患者把周围环境中一些实际与他无关的现象，都认为与他本人有关。如周围人的言行、电视或报纸上的内容常认为与自己有关。关系妄想常与被害妄想交织在一起，在关系妄想基础上常可产生特殊意义妄想。一位患者可表现一种或多种妄想，妄想的荒谬性往往显而易见。也许在疾病的初期，患者对于自己一些显然不符合常理的思想还抱有将信将疑之心，但病情发展到一定阶段时，患者逐渐与病态的信念融为一体，并受妄想的影响而做出某些反常的言行。患者对妄想内容坚信不疑，然而这种信念既不符合客观现实，也不符合患者所受的教育水平，更不能通过亲身经验或经历加以纠正，妄想的内容可能与患者的生活经历、教育程度及文化背景存在一定的相关性。如某大学教授认为有人破坏他的研究成果，对他用于科研观察的试验对象动手脚；一位农村妇女认为庄稼里的麦子被邻居家偷了；一名护士认为自己在医院时有人给他注射病毒。美国患者的被害妄想可能是联邦调查局的跟踪迫害，而非洲一些国家的患者则是受困于鬼魂亡灵的纠缠。精神分裂症患者妄想的主要特点：①内容离奇，逻辑荒谬，发生突然。②妄想所涉及的范围有不断扩大和泛化的趋势，或具有特殊意义。如患者最初认为同事和邻居的一举一动都和自己有关系，后来认为街上、学校、公共汽车等公共场所的陌生人也都在议论自己，报纸上的新闻、电视节目都在影射自己，刮风、下雨、窗前飞来一只小鸟等都是信号，都有特殊意义，也就是在暗示自己将要发生什么。③患者对妄想的内容多不愿意主动暴露，并往往企图加以隐瞒。患者不愿回答与妄想有关的问题，包括对自己的亲人的问题。

2. 被动体验　正常人具有完全自主的进行精神和躯体活动的能力，即能够自由支配自己的思维和运动，并在整个过程中时刻体验到这种主观上的支配感。但对于精神分裂症患者来说，患者丧失了对自身精神活动及躯体活动的自主支配感，感觉自己的躯体运动、思维活动、情感活动、冲动行为都是受人控制的，有一种被强加的被动体验，常常形容思考和行动身不由己，如患者想什么事，说什么话，干什么事情，做什么表情，这些都是经过安排的，最让人难以接受的是，我所说的话、所做的事，跟平常的我没什么两样，外人根本看不出来我有什么变化，只有我自己知道，这不是真实的我，是完完全全被人摆布的我。被动体验往往会与被害妄想联系起来，患者对这种完全陌生的被动体验赋予种种妄想性的解释，如“受到某种射线影响”“被骗服了某种药物”“身上被植入了芯片”等。

3. 思维联想与思维逻辑障碍　思维联想障碍，即联想过程缺乏连贯性和逻辑性，是本病特征性的症状。可通过与患者交谈和从患者书写的材料中获得。由于原发的精神活动损害，精神分裂症患者在交谈中往往忽略常规的修辞、逻辑法则，与患者交流会感到非常困难。往往有如下几种表现形式：①思维散漫：在意识清楚情况下，对问题的回答不切题，对事物的叙述不中肯，使人感到不易理解，患者在交谈时经常游移于主题之外，尤其是在回答医生的问题时，句句说不到点子上，但句句似乎又都沾点儿边，使听者无法抓住重点。②思维破裂：病情严重时言语支离破碎，甚至个别语句之间也缺乏联系，根本无法交谈。③词语新作：有的患者不恰当地使用符号、公式、自造的字、示意图表达十分简单的含义，如一位女患者写“男女”表示男女平等，“%”表示离婚。④此外还包括思维不连贯、词的杂拌、模仿语言、重复语言、刻板言语、思维中断（插入）、思维贫乏、思维云集、思维被夺、持续语言、逻辑倒错性思维、病理性象征性思维等。患者言谈令人难以理解的另一个原因是逻辑关系混乱。如一位女患者说：“我脑子里乱哄哄的，都是因为我太聪明了。我的血液里全是聪明，又浓又稠。我必须生个孩子，把我的聪明分给他一半，我才能好。要不然我就得喝汽水，把我的聪明冲淡一点……，我想喝汽水。”这里也有概念含义上的混乱，如患者把抽象的“聪明”视为可被“汽水稀释”的具体物质。

4. 思维贫乏 根据患者的言语量和内容加以判断，主要表现为言语贫乏，即言语的产生减少或贫乏，言语交流减少，回答问题时内容空洞、简单，在回答问题时异常简短，多为“是”或“否”，严重者几乎没有自发言语。同时患者在每次回答问题时总是要延迟很长时间。即使患者在回答问题时语量足够，内容表达却过于含糊、过于笼统，传达的信息内容十分有限。

（四）情感障碍

情感淡漠或情感不协调是精神分裂症的重要症状。早期表现为对周围事物的情感反应变得迟钝或平淡，兴趣、爱好降低。随着病情的发展，情感淡漠往往成为主导症状。患者的情感体验逐渐贫乏，凡事漠不关心，心如死灰，唤不起情感的共鸣。最早受损的是较细致的情感，如关心同事、同情朋友，体贴亲人。如某一位住院的女性精神分裂症患者，每到探视日，只关心七旬老母给自己带来什么零食。有一次老母亲在来院途中跌倒了，待老母赶到后，患者接过零食便大吃起来，对母亲脸上、身上的伤痕不闻不问。病情发展到一定阶段，患者的情感体验日益贫乏，对待任何事情都漠不关心，甚至对那些给一般人带来极大悲哀和痛苦的事件，患者都表现得冷漠无情，无动于衷，丧失了与周围环境的情感联系。情感不协调是精神分裂症情感障碍的主要特点之一，情感反应与其思维内容、其他精神活动或周围环境不协调。少数患者有情感倒错，当提及悲伤之事时哈哈大笑，提及高兴之事时则痛哭流涕，有的对轻微小事则产生爆发性的情感反应等。如一位患者在接到其父不慎去世的电话后，反而大笑不止。抑郁与焦虑情绪在精神分裂症患者中也并不少见。

（五）意志与行为障碍

1. 意志减退 患者从事有目的性的活动的意愿和动机减退或丧失。轻者表现为安于现状，无所事事，对前途无打算、无追求、不关心，个人卫生懒于料理。重者终日卧床少动，孤僻离群，行为消极，个人生活无法自理，甚至本能欲望也缺乏。患者在坚持工作、完成学业、料理家务方面均存在较大难度，对学业、生活缺乏应有的要求，做事缺乏积极主动性或虽然制订了计划却没有落实。患者活动量减少，缺乏主动性，可以连坐几个小时而没有任何自发活动。患者不修边幅，蓬头垢面，不知料理个人卫生，如一位青年男性患者连续3年从来没有换过衣服，入院后协助患者沐浴，沐浴后几盆水都成了黑色。

2. 紧张综合征　以全身肌张力增高而得名，包括紧张性木僵和紧张性兴奋两种状态，两者可交替发生，是精神分裂症紧张型的一种典型症状。木僵时以缄默、随意运动减少或缺失以及精神运动无反应为特征。严重时患者保持一个固定姿势，不语不动、不进饮食、不自动排便，对任何刺激均不起反应。在木僵患者中，可出现蜡样屈曲（waxy flexibility），特征是患者的肢体可任人摆布，即使被摆成不舒服的姿势，也可以较长时间似蜡塑一样维持不变。如将患者的头部抬高，好像枕在枕头上一样，患者也能保持这样的姿势一段时间，称为“空气枕头”。患者总体表现为运动性抑制状态，但对周围事物的感知仍存在，并且事后能够回忆起自己经历过的一切，通常会持续数周至数月。木僵患者有时可以突然出现冲动行为，即紧张性兴奋。如患者突然起床，摔坏东西，伤人毁物，无目的地徘徊于室内，不停地在原地踏步，之后又躺下呈木僵状态。

（六）智能障碍

智力测验显示，精神分裂症患者的智商（IQ）的绝对值通常处于在正常值范围，但较正常人群低，或低于患者自己患病以前的水平。近年来的一些调查研究发现，在患病后的最初2年内或首次发病过程中，精神分裂症患者的IQ存在多方面的损害，而在疾病以后的发展过程中，患者的IQ变化则不大。

（七）记忆障碍

记忆分为短时记忆和长时记忆两大类。工作记忆在短时记忆中占主要地位，与中枢神经系统执行的当前功能有关。长时记忆包括外显记忆和程序记忆。研究表明，症状较轻的精神分裂症患者一般伴有短时记忆的损害，如语词记忆的损害、视觉记忆的损害、言语学习的障碍、数字记忆的损害等。症状较重或严重患者的记忆损害则涉及记忆的每一个方面。

（八）注意障碍

注意主要分为主动注意和被动注意。精神分裂症患者无论是主动注意还是被动注意，均存在不同程度的损害。主动注意能力受损，使得患者不能集中注意力从事各种活动，特别是脑力活动，因而出现学习成绩下降、工作效率下降等表现。而被动注意能力一旦受损，患者可表现为对外界刺激的敏感性下降，注意的转移速度减慢等。

（九）症状类型

精神分裂症按阳性、阴性症状群进行分型。

阳性症状指精神功能的异常或亢进，包括幻觉、妄想、明显的思维形式障碍、反复的行为紊乱和失控。阴性症状指精神功能的减退或缺失，包括情感平淡、言语贫乏、意志缺乏、无快感体验、注意障碍。

Ⅰ型精神分裂症（阳性精神分裂症）以阳性症状为特征，对抗精神病药反应良好，无认知功能改变，预后良好，生物学基础是多巴胺功能亢进；Ⅱ型精神分裂症（阴性精神分裂症）以阴性症状为主，对抗精神病药反应差，伴有认知功能改变，预后差，脑细胞丧失退化（额叶萎缩），多巴胺功能没有特别变化。

四、诊断要点

精神分裂症的诊断应结合病史、临床症状、病程特征、心理测查结果等进行综合判断。

精神分裂症的ICD-11诊断标准如下：

1. 症状学及病程标准 在持续至少 1 个月的精神病性发作期的大多数时间内（或大多数日子里的某些时间），存在下述第（1）项中的综合征、症状和病症至少 1 条，和（或）下述第（2）项中的症状和病症至少 2 条。

（1）至少存在下述中的 1 条：①思维鸣响、思维被插入或被夺及思维被广播。②被控制、被影响或被动妄想，明显地与躯体或肢体运动、特殊思维、行为或感觉有关；妄想性知觉。③言语幻觉，对患者的行为持续不断的评论或声音，对患者进行相互讨论或来自躯体某些部分的言语性幻觉。④其他持久的文化不相应和完全不可能的妄想，如具有某种宗教或政治身份，具有超人的力量和能力（如具有控制气候的能力，或能向来自另一星球的人交流信息）。

（2）至少存在下述中的 2 条：①任何形式的持久的幻觉，每天发生，至少 1 个月，并伴有短暂的或未充分形成的无明显情感内容的妄想，或伴有持久的超价观念；②思维过程中断或插入无关语，导致言语不连贯或不切题，或语词新作；③紧张症行为，如兴奋、特殊姿势或蜡样屈曲、违拗、缄默和木僵；④“阴性”症状如显著的情感淡漠、言语贫乏，以及情绪反应迟钝或不适切（必须明确这些情况不是由抑郁或抗精神病药引起）。

2. 排除标准

（1）分裂型障碍特征是在行为、外表和言语中具有持久的模式，伴随着认知和感知扭曲，不寻常的信仰以及人际关系能力下降。症状可能包括收缩或不恰当的影响和快感丧失（阴性分裂型）。可能出现偏执的想法、参照的想法或其他精神病性症状，包括任何形式的幻觉（阳性分裂型），但是强度或持续时间未满足精神分裂症、分裂情感性精神障碍或妄想症的诊断要求。

（2）急性短暂性精神障碍的特征在于在没有其他精神障碍病史的个体中，在没有前驱症状的情况下出现精神病症状的急性发作，并且在 2 周内达到其最大严重性。发病通常与社会和职业功能迅速恶化有关。症状可能包括妄想、幻觉、思维过程紊乱、混乱或迷惑、情感和情绪失调。可能存在紧张性精神运动障碍。每天，甚至一天之内，症状通常会在性质和强度方面迅速变化。这段时间不超过 3 个月，最常见的是从数日到 1 个月。

五、治疗与预后

（一）治疗

精神分裂症的治疗中，抗精神病药发挥了重要的作用，但是支持性心理治疗、认知心理治疗、心理社会康复措施对于防止复发和提高患者的社会适应能力起到举足轻重的作用。精神分裂症的治疗是以降低复发率，最大限度地改善患者的社会功能和提高生活质量为目的。

1. 药物治疗

（1）治疗原则：早发现、早诊断、早治疗、降低未治率；适量（一般指药品说明书推荐的治疗量）、足疗程，提高治疗依从性；尽可能单一用药，作用机制相似的药物原则上不应联合使用，以提高用药安全性；治疗剂量应从低剂量开始，逐渐加量，一般情况下不能突然停药；个体化用药为原则，以促进患者回归社会为治疗最终目标。

1）早期治疗：影响精神分裂症预后的关键时期是在精神障碍前驱期至发病后的前 5 年，此时精神功能的损害保持在一个平台期，如果及时治疗，疗效更为显著。因此，精神分裂症的首次发病对治疗至关重要，一旦确诊为精神分裂症，患者应立即开始药物治疗，此时药物疗效最佳，所需药量也较小，如能及时、系统、有计划、有效地控制疾病，痊愈的机会很大，预后也较好。

2）足疗程治疗：精神分裂症的药物治疗疗程可以分为急性期、巩固期和维持期。急性期治疗时间通常至少持续6～8周，巩固期治疗通常持续3～6个月，对于维持期用药时间的定义，美国《综合精神病学教科书（第7版）》中提出，首次发病者药物维持1～2年，多次发病者药物维持至少5年，具有自杀、暴力或攻击行为者药物维持更长。维持期治疗的目的是防止疾病复发，进一步改善社会功能的整合和提高生活质量。

（2）抗精神病药种类

1）经典抗精神病药（第1代抗精神病药）：常用的有氯丙嗪、奋乃静、氟哌啶醇、舒必利等，主要通过阻断D_2受体起到抗幻觉妄想的作用，因此，此类药物在临床上治疗幻觉、妄想、思维障碍、行为紊乱、兴奋、激越、紧张综合征等阳性症状的临床治疗效果显著。此类药物能够有效地控制急性症状，减少精神分裂症复发或恶化，60%～70%有效。但是此类药物也存在一定的局限性：无法改善认知功能；对阴性症状及伴发抑郁症状疗效不确切；引发锥体外系反应和迟发性运动障碍的比例高，常导致患者服药依从性差。

2）非典型抗精神病药（第2代抗精神病药）：常用的有氯氮平、利培酮、奥氮平和喹硫平等，主要通过平衡5-HT和D_2受体起作用，因此，此类药物不仅对阳性症状疗效较好，而且对阴性症状、认知症状和情感症状有效。另外，该类药物中绝大多数药物的不良反应相对较少，尤其是所产生的锥体外系副作用、过度的镇静作用等均明显轻于经典抗精神病药，从而提高了患者对药物的依从性，改善了患者的生活质量，这对于减少精神分裂症的复发，减少再入院率有重要帮助。

知识链接　　精神分裂症抗精神病药副作用的管理

为预防精神分裂症患者在使用抗精神病药时出现严重副作用，建议在治疗过程中持续监测。包括：①急性锥体外系副作用：剂量增加后直至剂量稳定。②迟发性运动障碍：服用锥体外系副反应高危药物患者应随时观察患者是否出现卷舌、颈项歪斜等症状。③体重，血压和心率：住院期间每周测量，出现异常时定时监测。④空腹血糖或糖化血红蛋白、脂质：在开始使用新的抗精神病药之前、使用12周、每年监测一次。

2. 电休克治疗（electric shock therapy，ECT）　又称电痉挛、电抽搐治疗，是利用短暂适量的电流刺激大脑，引起患者脑细胞同步放电，诱发一次癫痫大发作，导致脑内神经递质代谢产生改变，使精神症状减轻甚至消失，从而达到治疗精神障碍的一种方法，可用于治疗精神分裂症患者中极度兴奋躁动、冲动伤人者，拒食、违拗和紧张性木僵者，精神药物治疗无效或对药物治疗不能耐受者。在药物治疗的基础上合并电休克治疗，可以缩短对阳性症状治疗的时间，缩短住院时间，对患者尽快康复和出院有利。电休克治疗能缓解5%～10%难治性精神分裂症的症状，但要注意的是电抽搐治疗会引起短暂的记忆损害。传统电休克治疗技术始于1938年，目前临床上普遍应用的是改良电休克治疗（modified electro-convulsive therapy，MECT）。与传统电休克治疗相比，其在技术和设备上有了很多改进。其一，由于在治疗前注射麻醉药和肌肉松弛剂，患者躯体不会出现明显、剧烈的抽搐，故称为“无抽搐电休克治疗”，使骨折等不良反应的发生率明显降低。其二，治疗是在患者全身麻醉状态下进行的，不仅消除了患者的恐惧感，而且很大程度地降低了并发症的发生率，使得治疗全程充满了人文主义的关怀。电休克治疗一般疗程为6～12次。

3. 心理社会干预　心理社会干预是治疗精神分裂症的另一种重要手段。药物与心理社会干预相结合可以降低复发率、减轻症状严重程度、促进功能恢复、改善生活质量和疾病结局。精神分裂症的心理社会干预方法主要包括家庭干预、社会技能训练、职业康复训练、认知行为治疗、艺术治疗等。家庭成员对患者的不正确态度，生活中的不良心理应激均可影响患者的病情、预后或导致复发。通过对患者家庭成员提供心理教育或对患者进行社交技能训练等干预措施，可减少来自家庭社会中的不良刺激，降低复发率。

当前，精神障碍的防治工作正逐渐从医院转向社区，以促使慢性精神障碍者早日回归社会。国外 20 世纪 70 年代针对慢性精神病患者提出了一种有效的社区服务模式——个案管理（case management）。在该模式中，治疗者首先将各种不同的服务措施进行调整后综合成一个最适合于某一患者需要的个体化治疗方案，每个患者都有一个个案管理者（经纪人），然后由个案管理者负责督促与协调多功能治疗小组实施个体化治疗方案，整个治疗过程均在社区中完成。其最终目的是提高患者在社区中的适应和生存能力，促进心身的全面康复。以个案管理为基础的社区服务有多种形式，其中以主动性社区治疗（assertive community treatment，ACT）为多数国家所推崇。ACT 模式将每一个患者交给一个多功能团队负责，团队成员包括个案管理者、精神科医师和护士、心理治疗师、内科医师、康复治疗师等，整个团队为一定数量的患者提供每天 24 小时、一周 7 天的全方位的服务。实践表明，ACT 模式在降低住院率方面是行之有效的，但费用昂贵。

（二）预后

精神分裂症的预后与其病因、临床特点、病程、治疗的及时性和系统性等因素密切相关，通常可分为临床痊愈、轻度缺损、明显缺损及精神衰退。曼弗雷德 · 布勒尔（Manfred Bleuler）研究发现精神分裂症患者的结局为 1/4 痊愈，社会功能良好，1/4 少数症状残留，社会功能较好，1/4 多数症状残留，社会功能损害，1/4 恶化、衰退。通常认为病前社会功能好的患者预后较好，经过早期诊断、早期治疗、系统的药物治疗、心理治疗、康复治疗及家庭治疗，大部分患者可以痊愈。研究分析精神分裂症患者的预后，可能与以下因素有关：①急性起病者，预后明显好于缓慢起病者；②病程短者，预后好于病程较长者；③初次发病者，预后好于反复发作者；④情感症状，如抑郁、焦虑等症状明显者，预后好于情感淡漠者；⑤发病年龄越小者，预后越差；⑥有良好的治疗依从性者，预后好于治疗不合作者；⑦病前人格相对完善者，预后好于病前人格有明显缺陷者；⑧从家庭因素来看，婚姻保持完好者，预后好于家庭破裂者和单身者；⑨从社会因素方面来看，有良好的工作记录、保持良好的社会关系者，预后好于没有固定工作和没有良好社会关系者。

第二节　其他原发性精神病性障碍的临床特点

一、分裂情感障碍

有学者认为分裂情感障碍（schizoaffective disorder，SAP）是精神分裂症与情感障碍的共病体，而有的学者则把分裂情感性障碍看作精神分裂症与情感障碍连续谱系上的一个中点。另有学者认为，分裂情感性障碍实际上是伴有精神病性症状的情感障碍，而并非一类独立的疾病。由此可见，分裂情感性障碍在疾病分类中的地位仍存较大争议。根据 ICD-11 的定义，分裂情感性障碍是一组精神分裂症状（幻觉、妄想等精神病性症状）和情感症状（躁狂、抑郁）同时存在或交替发生，症状又同样典型，常有反复发作的精神疾病。精神运动性障碍，包括紧张症症状群也可出现。症状必须持续至少 1 个月。

临床特点：①有典型的抑郁或躁狂症象，同时具有精神分裂症症状。这两种症状同时或先后在发病中出现；②病程呈间歇发作，症状缓解后不留明显缺陷；③起病较急，发病可存在应激诱因；④病前个性有明显缺陷，部分患者可有分裂症、躁郁症家族史；⑤发病年龄以青壮年多见，女性稍多于男性。

（一）临床分型及表现

分裂情感性障碍是以发作性障碍为主要表现，情感性症状与精神分裂症症状在疾病的同一次发作中都很明显，两种症状多为同时出现或至多只差几天。ICD-11 将其分为以下三种类型。

1. 躁狂型 在疾病的同一次发作中分裂性症状和躁狂症状均突出。躁狂症状通常表现为情感高涨，自我评价高、伴有夸大行为等特征；有时存在明显的兴奋及易激惹现象，并伴随攻击性行为及被害妄想、精力旺盛、活动过多、注意力集中受损以及丧失正常的自我约束力。在诊断关系、夸大或被害妄想时，需要其他更典型的精神分裂症症状。例如，患者可能会坚称自己拥有超越平常人的能力，而且自己的一言一行都被别人监视了，有人要害自己等。此型患者通常急性起病，症状明显，虽然常表现为广泛的行为紊乱，但一般在数周内可完全减轻。

2. 抑郁型 在疾病的同一次发作中分裂性症状和抑郁性症状均突出。抑郁性症状表现为某些特征性抑郁症状或行为异常，如思维迟缓、睡眠障碍、意志活动减退、食欲或体重下降、正常兴趣减少或丧失、注意力集中受损、自责、无望感及自杀观念或行为。同时或在同一次发作中，存在其他典型的精神分裂症症状，如存在明显的幻觉、妄想及各种被动体验等。此型患者的临床表现不如躁狂型鲜明和生动，但一般持续时间较长，而且预后较差。

3. 混合型 在疾病的同一次发作中精神分裂症症状与混合型双相障碍同时存在。根据诊断标准的定义此病可以表现为与心境障碍类似的发作性病程，亦可以表现为慢性精神分裂症样病程或介于两者之间的中间状态。在疾病发展过程中，如精神分裂症症状出现的增加则提示较差的预后。结局的好坏与患者占优势的症状有关，情感症状占优势者预后好于分裂性症状占优势者。由于诊断概念和诊断标准的不确定性，此病的长期病程和预后难以确定。

（二）治疗与预后

1. 药物治疗 分裂情感性障碍治疗主要使用抗精神病药，治疗原则比较复杂，涉及多类别的多种药物。已有资料表明，分裂情感性障碍的治疗在很大程度上与精神分裂症和情感障碍的治疗一致，应针对主要症状使用抗精神病药、心境稳定剂和抗抑郁药。情感稳定剂如锂盐、丙戊酸盐及卡马西平等在此病的治疗中发挥着重要作用。临床实践中，难治性患者可能需要情绪稳定剂、抗精神病药及抗抑郁药物的联合治疗。治疗期间应定期评估症状、监测血药浓度及甲状腺功能、肾功能及血常规指标，适时调整治疗方案。

（1）躁狂发作期：往往需要中等、高剂量的药物来控制症状。

（2）抑郁发作期：治疗可以参考双相障碍抑郁发作的抗抑郁药选药方案，同时需合用抗精神病药。

（3）维持期：可以使用低、中剂量以避免或减少药物不良反应的发生。

抗抑郁药可能有诱发快速循环发作和转相的风险，因此药物的选择要参考既往治疗的效果。治疗期间应定期进行症状评估，甲状腺功能、肾功能、血常规及血药浓度等指标的监测，适时调整治疗方案。

2. 心理社会干预 家庭治疗、社会功能治疗及认知行为治疗均有利于康复。患者由于受到症状支配，时常影响家庭正常生活甚至造成不良后果，同时家庭成员也难以适应患者症状发生的巨大变化，因此，应向患者及家属解释疾病的性质、诊断和预后的不确定性，以增加治疗依从性。

分裂情感性障碍的预后介于情感性精神障碍和精神分裂症之间，预后不及情感性障碍，但较精神分裂症要好。出现与情感不协调的分裂症状、间歇期有残留症状、慢性迁延性病程、家族史阳性往往提示预后不良。

二、妄想性障碍

妄想性障碍（delusional disorder）又称偏执性精神障碍（paranoid disorder），是指一组病因未明，以系统妄想（妄想症状持续 3 个月及以上）为主要表现的精神障碍。妄想发作时没有抑郁、躁狂及混合发作的情感障碍，也没有其他精神分裂症的特征性症状（如持续性的听幻觉、思维障碍及阴性症状）。

（一）临床分型及表现

1. 被害妄想 患者坚信被人用阴谋算计、被伤害、被欺骗，如被跟踪、被下毒等，包括躯体、名誉和权利方面的受害。

2. 夸大妄想 患者夸大自身价值、权力、知识、身份和地位，或坚信自己有天赋异禀的能力等。

3. 嫉妒妄想 患者主要怀疑配偶不贞，认为配偶存在“外遇”。

4. 钟情妄想 患者多表现为坚信某异性钟爱自己。

此类患者临床表现为妄想内容比较固定，现实生活中有可能发生的事情，妄想的发展符合逻辑，可有一定的现实基础，结构比较系统严密，患者的情感、态度和行为与妄想系统相一致，在不涉及妄想内容的情况下，其他方面的精神功能基本正常，无精神上衰退，人格保持比较完整，社会功能相对完好，病程进展较慢，妄想往往持久甚至持续终生，但一般不会出现人格衰退和智能缺损，并有一定的工作生活能力。

（二）治疗与干预

1. 药物治疗 抗精神病药可改善妄想性障碍的症状，预防反复发作，尤其适用于因妄想而伴有激越症状者。伴有焦虑和抑郁的患者可予抗焦虑和抗抑郁药物。对于躯体障碍妄想者，也可使用抗抑郁药物。对服药依从性差的患者，可选择长效抗精神病药制剂。抗精神病药的剂量和疗程可参照精神分裂症的治疗常规。

2. 心理社会干预 患者大多缺乏自知力而不愿就医，且治疗依从性差，对于存在攻击、自杀行为的患者在必要情况下可给予医学保护性约束。心理干预有助于建立良好的医患关系，增加治疗的依从性，使患者对疾病性质和治疗方法有所了解。由于这类患者大多敏感多疑，故推荐个别心理治疗。心理干预多与药物治疗联合应用。在治疗过程中，治疗者要以共情的态度来对待患者，建立治疗性信任关系，这样才有可能取得患者的配合。治疗者对于患者妄想内容既不要支持也不要反对，不要试图立刻让患者动摇他的想法。常用的干预方法有支持性心理治疗、认知治疗和社交技能训练。

此病病程多为持续性，部分患者可终生不愈。有些患者年老后由于体力和精力的日趋衰退，症状可有所缓解。少部分患者经过治疗能得到很好的缓解。由于其发病原因不明，目前尚缺乏有效的预防方法。培养开朗、乐观的个性可能对预防妄想性障碍有好处。

三、急性短暂性精神病性障碍

急性短暂性精神病性障碍（acute and transient psychotic disorder）是一组起病骤急、缓解彻底、持续时间短暂的精神病性障碍。遭受重大心理社会应激源是本病的主要病因，应激源主要表现为亲人的突然离世、非预期的失业或离婚、遭受重大灾害（恐怖主义）或文化变迁（如移民）等。

（一）临床表现

患者通常在短时间内出现急性的精神病状态，症状多变，即使在一天中也会发生显著改变，若消除应激源，可在几天至 1 周后即可减轻，一般不超过 1 个月。

患者表现为片段的妄想或幻觉，妄想和幻觉形式多种多样，其内容多与应激原有关，亦可表现为言语和行为紊乱，情绪可表现为淡漠、焦虑、激越等。观察发现，急性短暂性精神病性障碍患者在发病初期易出现心境不稳定、意识模糊和注意障碍。特征性的症状包括情绪的反复无常、行为紊乱或怪异、缄默不语或尖叫以及近记忆受损。

（二）治疗与预后

1. 心理治疗 是急性短暂性精神病性障碍的主要治疗手段。心理治疗有利于患者及家属处理应激源与疾病之间的关系，首先与患者建立良好的信任关系，选择合适的心理治疗方法如精神分析法、认知行为疗法，运用共情、支持、叙事等方式，帮助患者宣泄不良情绪。

2. 药物治疗 首选抗精神病药物和苯二氮䓬类药物，有兴奋冲动的患者可以使用氟哌啶醇注射液肌内注射或者奥氮平、喹硫平等镇静作用较强的药物口服治疗。有抑郁情绪的患者可考虑使用 5-羟色胺再摄取抑制剂如氟西汀、舍曲林等。药物治疗剂量要小，且不需要长期药物治疗。

根据 ICD-11 的定义，急性短暂性精神病性障碍的病程不应超过 3 个月，但该病的出现提示患者具有精神疾病的易感性素质。国外有随访研究发现，首诊患者约半数其后发展成精神分裂症、心境障碍等疾病，但整体预后较好。少数患者在精神病性症状消失后会出现抑郁症状。提示预后良好的因素包括：病前适应能力良好；病前没有分裂特质；有严重的促发因素；起病急；情感症状明显；发作期有意识模糊；没有情感迟钝；症状持续时间短；无精神分裂症家族史。

第三节 精神分裂症的护理程序

一、护理评估

整体护理工作的深入开展以及“以患者为中心”的服务理念的不断渗透，对护理工作提出了更高的要求。护士要对患者实行针对性的、个性化的护理，就要对患者进行全面的评估。精神分裂症的护理评估重点包括健康史、生理功能、心理功能、社会功能方面。护士可以从患者的语言、表情、行为中直接获得资料，也可以从患者的书信、日记、绘画作品及患者的家属、同事或朋友间接获得信息。

护理评估的原则：①准确的评估来源于对症状学的熟练掌握，因此需要全面系统收集患者的相关信息，对具有明显精神活动紊乱而无法配合的患者，宜参考其亲属、朋友等提供的资料，并在护理过程中予以证实。②客观资料内容以患者的精神活动为主。③护理评估的重点包括身体功能（如生命体征、饮食、排泄等）、心理功能（精神症状）和社会功能（人际交往能力、生活自理能力、现实检验能力等）的评估，必要时可借助评估量表来测定。④在评估患者时需评估患者的感受及需求，如通过与患者交谈发现患者存在幻听，那么护士不能仅仅停留在幻听表面，要评估幻听对患者的影响，患者如何看待幻听，对幻听有什么感受以及在此感受后有什么反应等。

（一）健康史

1. 现病史 此次发病有无明显诱因，发病的时间、就诊原因（主诉）、具体表现、对学习工作的影响程度、就医经过、现在身体状况（饮食、睡眠、生活能否自理、大小便、活动情况、心理状况）、已服药物等。

2. 既往史 评估患者既往健康状况如何，既往精神疾病情况（包括过去是否有过发病、发病的情形、治疗经过、是否坚持服药等），既往躯体疾病等。

3. 个人史 评估患者生长发育过程如何，包括母孕期健康状况、成长及智力情况、学习成绩、就业情况、婚姻状况、有无烟酒及其他嗜好等，女患者应评估月经史和生育史。

4. 家族史 家族成员中是否有精神障碍患者。

（二）生理功能

评估患者的生命体征是否正常；意识是否清楚；个人卫生、衣着是否整洁；有无躯体外伤；饮食、营养状况，有无营养失调；睡眠情况，是否有入睡困难、早醒、多梦等情况，睡醒后感受如何；大小便情况，是否有便秘、尿潴留等情况；日常生活能否自理，是否有生活懒散、疲倦等情况。

（三）心理功能

1. 病前个性特点 病前性格特征，内向还是外向；兴趣爱好有哪些。可使用艾森克人格问卷（Eysenck personality questionnaire，EPQ）等评估工具辅助评估。

2. 应对方式 入院前应对悲伤和压力的方式方法。可使用特质应对方式问卷（trait coping style questionnaire，TCSQ）等辅助评估。

3. 对住院的态度 是否主动住院，治疗依从性如何，是否承认自己有病及积极配合治疗。可使用自知力与治疗态度问卷（insight and treatment attitude questionnaire，ITAQ）等辅助评估。

4. 感知觉障碍 重点评估有无幻觉，尤其是命令性幻听，评估幻听出现的时间、频率、内容，患者对幻听内容的感受及其反应。评估工具有阳性与阴性症状量表（the positive and negative symptom scale，PANSS）、简易智力状态检查量表（mini-mental state examination，MMSE）、精神分裂症认知功能简明成套测评量表（brief assessment of cognition in schizophrenia，BACS）等。

5. 思维 评估有无思维形式障碍，如思维破裂、思维散漫、思维贫乏、语词新作、逻辑倒错性思维等；有无思维内容障碍，如妄想等。如果存在妄想，需要评估妄想的种类、内容、性质、出现时间、涉及范围是否固定、有无泛化的趋势、对患者行为的影响。

6. 情感 可通过患者的客观表现：面部表情、姿势、动作、音调、面色等自主神经反应来判断，也可以通过患者诉说主观体验来判定情感反应，评估有无情感淡漠、情感迟钝、情感反应与周围环境是否相符；是否存在抑郁情绪，有无自杀的想法等。

7. 意志行为 意志行为是否减退，行为是否被动、退缩；有无异常行为；有无违拗、“空气枕头”等现象；有无攻击、自杀、伤人等行为；患者的未来计划。

8. 自知力 患者是否承认自己有病及配合治疗。

（四）社会功能

1. 社会交往能力 病前的社会交往能力状况，是否善于与人交往；病前对于社会活动是否积极、退缩、回避等；学习、工作、生活能力如何。评估工具有住院精神患者社会功能评定量表（scale of social function in psychosis inpatients，SSPI）、社会功能缺陷筛选量表（social disability screening schedule，SDSS）、社会和职业功能量表（social and occupational functioning assessment scale，SOFAS）等。

2. 人际关系 评估患者人际关系如何，和亲属、朋友、同事、同学或其他人员相处情况等。可使用社会支持量表（social support rating scale，SSRS）等量表辅助评估。

3. 支持系统 家庭成员对患者的关心程度、照顾方式，婚姻状况有无改变；家属对患者治疗的态度如何，是积极寻求治疗还是顺其自然，是过度关注还是无人问津；患病后同事、同学、亲属与患者的关系有无改变等。

4. 经济状况 经济收入、对医疗费用支出的态度等。可使用自我感受负担量表（self-perceived burden scale，SPBS）等量表辅助评估。

二、常见护理诊断/问题

1. 有他人（自我）指向性暴力的危险 与幻觉、妄想、精神运动性兴奋、意向倒错及自知力缺乏等因素有关。

2. 有自杀行为的危险 与命令性幻听、自罪妄想、意向倒错及由于焦虑抑郁状态而产生的病耻感有关。

3. 思维过程受损 与思维联想障碍、思维逻辑障碍、妄想等因素有关。

4. 营养失衡：低于机体需要量 与幻觉、妄想、极度兴奋、躁动，消耗量明显增加，紧张性木僵而致摄入不足及违拗不合作有关。

5. 睡眠型态紊乱 与幻觉、妄想、兴奋、环境不适应、警惕性高及睡眠规律紊乱有关。

6. 沐浴/更衣/如厕自理缺陷 与丰富的精神症状、紧张性木僵状态、极度焦虑紧张状态、由自伤或他伤导致行动不便及精神衰退有关。

7. 应对无效 与无法应对妄想内容、对现实问题无奈、难以耐受药物不良反应有关。

8. 便秘 与木僵、蜡样屈曲、意志行为衰退及服用抗精神病药所致的副作用有关。

9. 社交障碍 与妄想、情感障碍、思维过程改变有关。

三、护理目标

1. 住院期间不发生冲动伤人、自伤及毁物行为，能合理控制情绪。

2. 住院期间不发生自杀行为。

3. 尽快地熟悉环境，愿意配合治疗及护理，主动服药，并可以说出自身服药后的反应。

4. 学会控制情绪的方法，能用恰当的方法发泄愤怒。

5. 能够自行进食，保证躯体需要量，对不能自行进食者，在协助下进食，必要时给予补液治疗。

6. 睡眠得到改善，能按时入睡，保证每天睡眠 7～8 小时，并学会一些应对失眠的方法。

7. 症状得到最大限度的减轻，日常生活尽可能不被精神症状所困扰。

8. 保持衣物整洁，无异味，在一定程度上可生活自理或在协助下完成。

9. 能够区分现实与症状的差距，并能适应现实，耐受药物不良反应。

10. 掌握预防便秘的方法，能定时如厕排便。

11. 能表达内心感受，并愿意参与社交活动，能主动与医务人员交谈。

四、护理措施

（一）安全护理

由于精神分裂症患者认知、情感、行为、意志等精神活动等方面存在明显的障碍，患者的思维常常脱离现实，不能正确理解和处理客观事物，从而出现冲动、伤人、毁物、自伤、自杀、外走等异常行为，这些行为的发生，严重影响了患者及其周围人的正常生活，且具有威胁性和不可预测性，甚至带来严重后果。因此，安全护理是精神科护理中最重要的组成部分，是精神科护理开展的必要基础。

1. 合理安置患者，做好病房的安全管理 妄想、症状活跃、情绪不稳的患者应和木僵、痴呆等行为迟缓的患者分开放置，将易激惹、兴奋的患者分开。有自伤、自杀、外跑等行为者，应安置在重点病房，专人看护。做好安全检查工作，保证患者安全，禁止将危险物品带入病房，以防意外发生。危险物品包括玻璃制品、绳索物品（鞋带、腰带、购物袋等）、刀具（水果刀、削皮刀、剪指甲刀等）、打火机等。对于危险物品应在患者入院、外出活动返回、探视返回时进行检查，并在此前向患者家属做好宣教工作。在每日晨间护理时，再次检查床头桌、床下、床垫下、衣物内有无危险物品。严格执行安全检查制度，如病房门窗、锁、桌椅等物品损坏时，及时进行维修。对于护士办公室、患者活动室等地，人走锁门，防止医疗器械成为危险物品。

2. 严密观察，掌握病情 在日常生活中，护理人员要对每位患者的病情、诊断、护理要点做到心中有数，动态评估患者风险。与患者建立信赖关系，了解思想动态，及时识别并发现危险征兆。严格遵守分级护理制度，按时巡视病房，将重点患者安置于重点病室，重点关注。护理过程中加强重点患者、关键环节、特殊时段的护理，加强晨晚间护理、午间及夜间护士稀少时间段的巡视，确保患者安全。

3. 及时发现，及时处理 注意对患者的态度，发现问题后积极沟通，及时解决，消除隐患。护理过程中，护士要细心、耐心、和蔼、同情、尊重患者，充分发挥所长，运用心理学技术中的倾听、共情等技巧，不使用刺激性语言，避免激惹患者。

4. 安全护送患者 当患者因治疗或检查需要，外出离开病区时，必须由工作人员护送并视病情需要，适当配备相应的护送人员。护送途中必须在工作人员的视线范围内活动，特别是到了分岔路、转弯处，工作人员务必站好岗，密切注意患者的动态。

（二）生活护理

精神分裂症患者常常沉浸于自己的症状世界里，不懂得料理生活，个人卫生差，进食不规律，有的患者还会存在睡眠障碍。如果不加以重视，不仅不能满足患者的需求，而且也会影响治疗效果。因此做好患者的生活护理是非常有必要的，其内容包括饮食护理、睡眠护理和个人卫生护理。

1. 饮食护理

（1）评估进食情况，分析原因：患者在症状的支配下，会出现拒食行为，具体包括以下原因。

1）幻嗅、被害妄想的患者，认为饭菜不能吃，是毒害他的，因而拒绝进食。

2）虚无妄想的患者，认为自己的胃或肠子不存在了，因而不进食或是只吃些流食。

3）罪恶妄想的患者，认为自己是罪人，不应该吃饭，因而拒绝进食。

4）患者受命令性幻听内容的影响，认为有人说他“不能吃饭”，因而拒绝进食。

5）精神分裂症衰退或者服药后有副作用的患者，由于吞咽功能下降，导致进食困难，入量不足。

6）木僵患者，无法自行进食。

对于这些进食障碍的患者，如果护理上不加以注意及预防，必然会导致入量不足，机体抵抗力下降，从而引发各种躯体疾病的发生。所以，必须要加强饮食管理，保证入量。

（2）拒绝进食或严重摄入不足患者的护理：对患者拒绝进食的原因进行分型并给予对症处理。如：对于被害妄想的患者，可采取集体进餐制，或者采取示范法，让别人吃一口再让患者吃或让患者看到其他患者取走食物的场景，以消除患者的疑虑；对于兴奋、行为紊乱不知进食的患者，宜单独进食。对于木僵患者可进食半流质或容易消化的食物，但不宜强行喂食；对于自责自罪的患者，可以把饭菜拌在一起，让其感觉是剩饭，以达到诱导进食的作用；对于衰退患者，专人看护，耐心等待，不可催促；对于不合作、木僵患者，诱导进食无效时应采取必要措施，如通知医生，给予静脉输液或鼻饲，以保证患者机体营养需要量。在进食过程中密切观察，防止因吞咽困难导致噎食，注意评估患者进餐后的情况。

（3）防噎食的护理：对于兴奋躁动可能出现抢食、暴饮暴食的患者，应尽量安排其单独进餐，专人看护，以防噎食，并适当限制患者进食量，以防营养过剩而导致患者肥胖。对于服用精神科药物或年龄较大而吞咽功能较差的患者，应专人看护，给予软食或流食，并适当限制患者进餐速度，以防噎食。对有异食癖的患者要限制活动范围，防止进食异物。年老体弱或吞咽障碍的患者，要给予软食或流质饮食，在进餐时勿催促，避免发生意外。

2. 睡眠护理　精神分裂症患者多伴有睡眠障碍，如失眠、早醒、入睡困难、多梦、睡眠过多等。对于精神分裂症患者，睡眠质量的高低常预示病情的好坏，严重的睡眠障碍会使患者焦虑、紧张、愁苦、郁闷，并可发生意外，良好的睡眠可促进病情早日康复。

（1）为患者营造良好的睡眠环境。保持环境安静，空气流通，温度适宜，避免强光刺激，床铺整洁舒适，与兴奋躁动的患者分开，护士巡视病房时要做到“四轻”，即说话轻，走路轻，关门轻，操作轻。护士合理安排夜间治疗护理活动，尽量少惊扰患者。

（2）观察患者睡眠情况及是否存在睡眠障碍，针对不同的原因，对症处理。如果是入睡困难，鼓励患者白天多参加工娱活动，减少睡眠时间或避免午睡，必要时白天增加一些体力活动，如快步走、蹬脚踏车等。晚上睡觉前，可以用热水泡脚，促进血液循环。有条件者，睡前可喝一杯温牛奶，并避免服用咖啡、茶、兴奋类饮料。对于早醒的患者，晚间休息可以稍微晚一些，睡前可以看看书，听听音乐等，并注意睡前少喝水，避免过度的兴奋如玩紧张的游戏、无休止地聊天、观看恐怖紧张的电视节目等。对于睡眠过多或睡眠倒置的患者，应培养患者良好的作息规律，白天多参加活动，减少睡眠，注意睡卧姿势，不蒙头盖面，不俯卧睡眠，指导患者采取健康、舒适的睡眠姿势。

（3）夜间巡视病房要认真仔细，掌握睡眠障碍的表现。加强巡视，仔细观察患者睡眠，包括观察睡眠姿势、呼吸音、呼吸时胸廓起伏节律来判断是否入睡等，要特别注意患者是否佯装入睡，如果发现患者具有睡眠障碍的症状，要观察患者的病情有无波动，精神症状尤其是幻觉妄想是否加重，是否有心理因素的影响等。对于严重的睡眠障碍患者，如果经诱导无效，可通知医生，给予药物治疗。另外，巡视病房时，要观察患者睡眠情况，防止患者蒙头睡觉和假睡。

3.个人卫生护理 精神分裂症患者由于疾病原因，注意力往往集中在病态体验中，常常生活不能自理，严重影响了患者的生活质量，因此保证精神分裂症患者的个人卫生是获得良好护理效果的前提。

（1）生活可以自理的患者，在护士督促或协助下料理个人卫生。督促患者每日晨起洗漱、饭前便后洗手、晚间洗漱，每周协助患者剪指甲、洗澡，每月请人剪发，必要时给予更换床单、衣服。洗澡时要有专人看护，洗澡过程中要注意防止发生意外，将水温调节好，分批进行，在浴室内要注意地面整洁无积水，以防摔倒。

（2）对于生活不能自理的患者，应有专人做好相应护理。

1）口腔护理：牙齿清洁，口腔无异味，无污垢，避免影响食欲以及口腔疾病并发症的发生。

2）皮肤护理：对于不能行动的患者，应保证床单清洁平整、干燥，定时为其翻身，避免压疮的发生。对于大小便失禁的患者，及时更换床单、衣物等，保持皮肤的清洁干燥。

4. 生活技能训练 精神分裂症患者由于病程迁延，进展缓慢，反复发作后，患者有精神衰退的可能。通过加强对患者的生活技能训练，可促进其生活技能的恢复，保持其部分或全部的社会功能，延缓其精神衰退的进展，从而增强患者在病愈后重返社会的信心。常见的生活技能训练主要包括代币治疗、社交训练、工作康复和娱乐治疗 4 个方面。代币治疗可以帮助患者纠正不良行为和形成适应社会的良好行为；社交训练则可以帮助患者重建人际交往的模式，更好地与人沟通和交往，保持自己的社会功能；工作实践和娱乐活动都是一种有价值的社会激励方式。工作康复可以促进患者相应的社会行为发生良性变化，帮助患者出院后更好地回归社会、适应社会，而娱乐活动可以帮助扩大患者的社交范围，让患者从娱乐活动中找回自信，有助于提高患者的社会适应能力。

（三）心理护理

1. 建立良好的护患关系 精神分裂症患者通常意识清楚，智能受损不明显，但由于幻觉、妄想等精神症状，戒备心强，猜疑心重。另外，精神分裂症患者多数无自知力，不安心住院，甚至会表现反抗情绪，对医护人员产生抵触情绪，只有与患者建立了良好的护患关系并获得信任，才能深入了解病情，更好地护理患者。因此建立良好的治疗性护患关系是护理工作得以顺利进行的基础。

（1）患者入院后，护理人员应主动、热情地接待，介绍病房环境、生活制度，使其感到温暖，消除顾虑，给患者留下美好的印象，从而获得患者的信赖。在与患者接触时要讲究方式方法，以关心患者的日常生活为出发点，主动询问患者起居情况，经常与其交谈，态度真诚而有耐心，并给予适当称谓，使患者感到被关心、被重视。护理人员对待患者应关心、体贴，尽可能地为患者提供帮助，可有利于增进护患关系，提高合作程度，也可避免一些意外的发生。

（2）尊重患者的人格，体谅患者病态行为，对患者的精神症状予以理解接纳，不能嘲笑、歧视患者，对患者的观点及想法不批判，理解患者的真实感受。护理过程中对待患者真诚，日常生活中尽量满足患者的合理要求并给患者更多的选择，使其有一种被尊重感。

（3）娴熟的技术对于获得患者信任、建立和维持良好护患关系具有重要意义，而且技术性关系是护患关系的基础，是维系护患关系的纽带，应注重护士自身专业技术培养。工作中做到护理工作程序化、技术操作标准化，以减少工作中的随机性和盲目性，严防差错事故的发生。

2. 正确应用沟通技巧 在患者治疗期间，应恰当地应用沟通技巧。护理人员应耐心倾听患者的诉说，鼓励其用语言表达内心感受而非冲动行为，并做出行为约定。在倾听过程中不要随意打断患者的谈话，对患者的谈话内容要有反应，适当的时候运用共情，才能更好地理解帮助患者。熟练掌握语言和非语言沟通技巧以及灵活的提问方式。在交流过程中认真观察患者的行为举止，注意其言外之意，同时也要观察患者的情绪变化。护理人员重视仪表、言行举止，努力提高技能，营造和谐的氛围，让患者感觉到安全。如患者主动叙述，要注意倾听，不可与其争辩，也不能表示同意。如患者回避不谈，则不必追问，以免引起反感。与患者接触时，碰触患者的身体要慎重，以防被误认为是有意的伤害行为而发生意外。当和患者谈话结束时，用简短的话语反馈患者所要表达的意思，并给予简单的分析指导，不要说教、指责和否定。

3. 恢复期患者的心理护理 当患者处于恢复期时，患者的自知力恢复，有可能会出现自卑、自罪心理，此时应耐心安慰患者，教导患者出院后要遵照医嘱，按时服药，防止复发。鼓励患者正确面对现实生活，增强患者的信心，帮助患者思考与预后有关的社会心理问题，如工作、学习、婚姻、经济等方面。同时，护理人员应向患者讲解疾病的相关知识，告诉患者在疾病发作时的一些表现只是疾病的症状，而不是他本人的行为，多给予患者一些支持性的心理护理，并争取家属的合作，使他们理解疾病的性质，做好家庭护理。

4. 精神衰退患者的护理 以缺损和衰退为主要症状的患者的心理护理应以鼓励患者参加集体劳动，促进患者与社会环境融合，减轻衰退为主要目的。护理人员可组织患者参加各种文娱体育活动，建立学习制度，采取劳动、文娱、学习和药物相结合的治疗，以丰富患者的精神生活，活跃患者的情绪，使患者的精神症状有不同程度的改善。

（四）特殊症状的护理

1. 自伤、自杀行为的护理 精神分裂症患者处于明显的焦虑抑郁状态或在幻觉和妄想的支配下，极易发生自杀行为。因此，精神分裂症患者自杀行为发生率极高，20%～42% 的患者存在自杀企图，有些患者甚至为了达到自杀的目的，事先常常不暴露自杀动机，10%～15% 的患者自杀身亡，因此，精神分裂症患者的自杀行为应引起护士足够的重视。

（1）自杀危险的评估：评估内容包括患者的一般人口学资料、是否有自杀自伤行为史、有无生活应激事件、疾病症状表现、是否具有自杀征兆、发生自杀的风险等级等。有命令性幻听的患者可在幻听支配下采取自杀行为；有自罪妄想的患者，认为自己罪大恶极，只有一死方可谢罪；有被害妄想的患者也可能采取自杀行动，以避免受到残酷的“迫害”；有的患者为了摆脱精神症状给其带来的痛苦而采取自杀；也有的患者对未来没有希望，预料将来的自己必将一败涂地，毫无希望，觉得人生到了终点，活着毫无意义，从而采取自杀。

（2）密切观察病情：对存在幻觉、妄想的患者，要对其症状类型、内容、频度等做到心中有数，密切观察患者的言语、情绪及行为表现；对有自杀病史、消极言行、情绪低落、自罪自责，以及有藏药史的患者，要时刻掌握其行动，予以重点监护。对于具有自杀先兆的患者，护士应保证患者 24 小时不离视线，并注意观察患者的情绪变化，提高警惕，如患者睡眠不好时，更应加以防范。

（3）适当讨论自杀问题：根据患者的病情和具体情况，可与患者讨论自杀的问题（如计划、时间、地点、方式、如何获得自杀的工具等），并探讨面对挫折时的态度和表达愤怒的方法，这种坦率的谈话可以大大降低患者的自杀危险性，协助患者回顾自身的优点、长处和成就，增加患者对自身和外界的正向认识，鼓励患者参加工、娱、体疗活动，分散患者的注意力，训练患者学习新的应对技巧。

2. 幻觉状态的护理 幻觉常常出现在精神分裂症患者的急性期，幻觉不仅影响患者的思维和情感，而且有时可以支配患者的意志和行为，干扰日常生活，发生意外，甚至发生自伤、自杀、逃跑、伤人、毁物等危险行为，因此护理上要高度重视。

（1）密切观察病情：首先护士要加强护患交流，建立治疗性信任关系，了解患者言语、情绪和行为表现，以掌握幻觉出现的次数、内容、时间和规律，掌握幻觉的类型和内容，并评估幻觉对患者行为的影响，观察有无紧张、焦虑、愤怒、喜悦等情绪变化及有无自言自语、侧耳倾听、对空谩骂等异常行为。有些处于幻觉状态的患者当听到斥责、侮辱、命令性的言语性幻听时，可引起相应的情感与行为反应，发生冲动、自伤等行为，对此要加强护理，确保患者安全。

（2）接触技巧：在护理过程中要注意使用恰当的方法，理解患者的感受，不轻易对患者的幻觉提出批评，不在患者面前窃窃私语或说笑，向患者说明幻觉的不真实性，但不要否认患者的感受，鼓励患者说出幻觉的内容，从而预防意外的发生。还应注意不强化患者的幻觉，让患者知道这是病态的，如护理人员可以用温和的语气告诉患者："我相信你确实能够听得到这些声音，可是我并没有听到，这些声音只有在生病时才能听到，因为这只有病态时才能感觉到，我想这些声音使你觉得不舒服。"

（3）设法诱导，缓解症状：有的患者会因幻觉感到焦虑不安，此时护士应主动询问，提供帮助。根据不同的幻觉内容，改变周围环境，设法诱导，减轻症状。如有的患者听到病房门外有人呼唤他的名字，常在病房门口徘徊，可带其出去证实有无声音存在；如幻视患者看见可怕的影像时，表现恐惧不安，反应强烈，可能会发生攻击性行为，要加强护理，安抚紧张情绪，确保安全。对因幻嗅、幻味而不愿进食的患者，应对患者解释，采取集体进餐或示范的方法，消除其顾虑。在患者幻觉中断期，护理人员可以向患者讲解关于幻觉的基本知识，并引导患者学会应对幻觉的方法，如寻求护士帮助、看电视或收音机、打枕头宣泄情绪、大声阅读、散步、做手工、睡觉等。教会患者利用幻听日记，记录幻听发生的时间、频率、内容及自我感受，教会患者利用与他人交谈来分散幻听影响。

（4）病情稳定时的护理：尝试与患者讨论幻觉给其生活带来的困扰，鼓励患者抒发内心感受，帮助患者辨别病态的体验，区分现实与虚幻，增进现实感，并促使患者逐渐学会自我控制，对抗幻觉的发生。

3. 妄想状态的护理 妄想是精神分裂症患者最常见的症状之一。患者可在妄想内容的支配下发生自杀、伤人、毁物、外走等行为。由于患者对妄想的内容坚信不疑，不能通过其亲身体验加以纠正，且妄想的范围有泛化的趋势。因此，对妄想状态患者的护理是精神科护理工作的重要内容之一。

（1）接触技巧：护士要关怀、体谅、尊重患者，让患者感受到护士的亲切，病区的安全、温暖。对于妄想症状较为顽固的患者，尤其是刚入院者，因其妄想未动摇，护士在与其接触及交往过程中，应尽量不要触及患者的妄想内容。若患者自行谈及妄想内容时，护士应认真倾听，接受其真实感，不要急于纠正或与其争辩，以免使患者加重妄想，增加对护士的敌意，妨碍建立良好的护患关系。对于关系妄想的患者，在与患者交谈时，一定要注意用语和动作，更应注意不要在患者面前与其他人低声交谈，以免引起患者猜疑、强化妄想内容。当工作人员为妄想对象时，及时将其分开，切忌做过多解释，尽量减少接触，注意安全。

（2）掌握妄想内容，对症处理：妄想的临床表现多种多样，在护理过程中应避免引导患者反复重复其妄想的体验，以免加强其病理联想，使症状更加顽固。对于不同妄想内容的患者，应根据症状特点，采取不同的护理措施。评估妄想内容是否泛化，如果妄想内容泛化到病房内的医务人员或者患者身上时，做好安全护理。存在妄想症状的患者在做出决定时，往往很少经过疑问的过程，而是直接跳跃至结论，患者也容易将生活中的负性事件加以妄想性解释。护士要了解患者妄想产生的原因，让患者依据原因重要性排序，然后与患者共同讨论其他可能的解释方法，并鼓励患者参加病区活动，分散注意力，减轻妄想程度。同时护士还要根据患者妄想的内容及涉及的范围，以及患者对妄想内容的反应，并根据病情合理安排病室。

（3）妄想动摇期的护理：随着治疗的进行，患者对妄想的病理信念逐渐淡漠或开始动摇，此时要把握好时机与患者进行治疗性沟通，启发患者进一步认识病态思维，帮助其分析病情，批判症状，讨论妄想对生活的不良影响，使其逐渐恢复自知力。

4. 兴奋状态的护理 不协调性精神运动性兴奋的患者常常表现出兴奋躁动的症状，这种现象不仅会对患者自身造成负面影响，还会对病房管理产生不良影响。在患者出现兴奋冲动行为的情况下，必须实施全面的护理措施，包括但不限于以下几个方面：

（1）全面评估，合理安置：深入了解和掌握处于兴奋状态的患者的行为特征、规律以及潜在的攻击行为可能性，并对患者冲动行为的发生原因、诱因和持续时间等进行评估。掌握患者出现攻击的前驱症状，如：来回踱步、不能静坐、言语挑衅、拳头握紧或用拳击物、目露凶光、下颚紧绷、呼吸增快、突然停止正在进行的动作；言语方面：威胁他人，强迫他人注意，大声喧哗，妄想性言语；情感方面：愤怒、敌意、焦虑、易激惹、异常欣快、情感不稳定，提前做好防范，合理安置患者。对于情绪波动较大、冲动行为明显的患者安置于重病室，确保患者周围环境物品安全。病室保持安静，减少周围的不良刺激，将患者与其他兴奋状态的患者分开安置，以免互相影响。

（2）有效控制：在与患者接触时护理人员应当以和蔼可亲的态度，尽可能地满足患者合理的需求。在面对情绪激动躁动的患者时，护士应当保持情绪稳定，避免被患者的情绪所感染，同时给予耐心的指导，用温和的措辞进行劝诫，以避免使用生硬和粗暴的语言加重患者的冲动行为，并努力转移患者的注意力，缓解激动的情绪。当患者出现精神症状导致其对自身、他人或环境造成伤害时，护理人员应以沉着、冷静、机智、敏捷的态度，有效地控制患者行为。一方面，患者信任的护理人员能够分散其注意力，另一方面，他们也能够从患者的背后或侧面进行有效的控制，及时保护被攻击的目标，快速实施保护性约束，以避免危险行为的发生，从而确保患者及他人的安全。在患者停止危险行为后，应加强对其心理护理，引导其正确认知自身疾病症状，引导其学会恰当地表达情感和想法，传授人际沟通技巧和适宜的愤怒情绪表达方式，如体育锻炼、聆听音乐等，当情绪激动或愤怒难以自控时，应主动寻求帮助。

5. 木僵状态的护理 木僵状态是一种较深的精神运动性抑制，患者表现为无表情、无言语、无动作等，身体可保持一种姿势僵硬不动，对周围刺激无反应，典型病例可见“空气枕头”和“蜡样屈曲”。木僵状态的患者完全丧失了自理能力和自我保护能力，因此，做好临床护理工作是保证患者躯体健康、促进疾病痊愈的关键。

（1）合理安置：为确保木僵患者的安全和满足其基本需求，建议将其单独安置于独立的房间或安静的病房，以创造一个舒适、整洁的室内环境，减少外界环境对患者的干扰。为了避免患者遭受伤害或受到其他患者的伤害，由专人负责照顾，确保日常生活顺利完成。

（2）加强基础护理：做好晨晚间护理，以保持皮肤的清洁和干燥，每日为其进行口腔护理，及时吸出口腔内的积存唾液，防止吸入性肺炎。保证入量及营养供给，必要时可遵医嘱给予静脉输液或鼻饲治疗，以保证机体需要。同时还要注意患者的冷暖，盖适宜的被子，防止患者躯体并发症的发生。每日定时进行肢体按摩，以维持肢体的正常功能位置，避免肌肉萎缩或足下垂的情况发生。

（3）适当的沟通：木僵状态患者多意识清楚，能够准确地感知周围环境，并且在缓解后能够回忆起来。因此，在护理患者时，护理人员需要与患者进行适当的交流，传递关怀，为今后的心理护理打下基础。另外，在护理过程中，必须遵守保护性医疗制度，不得在患者面前谈论任何与病情无关的话题，以确保患者的安全。

（4）密切观察病情：观察木僵发生的程度、诱因和持续时间；观察木僵的肢体表现、肢体活动、全身皮肤情况；观察生命体征及表情变化（如流泪、面无表情、双目凝视等）；观察吞咽情况，口中是否包含大量唾液；观察有无尿潴留、便秘现象；观察有无突发冲动行为：木僵状态的患者，有时会突然出现短暂的紧张性兴奋，冲动、伤人等行为，这是突发性的、猛烈的，有攻击性行为的兴奋状态，但持续时间短暂，对此要高度警惕观察，及时发现，及时采取措施，保证其他患者的安全。同时还应防止木僵患者被其他患者伤害。有时患者在夜深人静时能自动下床活动，然后返回，然后卧床不动。此时，切不可惊扰患者，要静观患者的活动状态，详细记录交班。

6. 意志行为抑制状态的护理 患者多表现为生活懒散，无意向要求，对任何事情都无情感反应。针对病情特点，为患者制订长期的生活自理能力训练计划，督促患者按计划训练，以达到适应社会生活的目的。加强基础护理，保证患者的基本需要，防止发生皮肤损害及其他意外事故。

（五）药物治疗的护理

精神分裂症的主要治疗方法是药物治疗，然而，药物在治疗精神症状的同时，也会引发各种不良反应，导致患者服药依从性不佳，这是疾病复发的一个重要原因。因此，对于那些接受抗精神病药治疗的患者，必须加强护理，以提高他们的药物依从性，从而降低疾病复发的风险。

1. 给药前应熟悉患者的精神症状和躯体状况 在患者接受治疗前，护理人员应掌握患者的病情，如思维、情感、认知行为等精神症状以作为患者用药前后症状改善与否的评判依据。在整个治疗过程中，患者的精神症状会有所改变，故护理人员应不断评估患者用药后的反应，及时发现药物的不良反应，为医生用药和调整剂量提供参考依据。同时，护理人员还需要密切观察患者的躯体状况，营养、情绪、大小便、睡眠、生命体征等，以确保用药安全。对有严重心血管不良反应、恶性综合征的患者应高度警惕。

2. 确保药物服下 在急性期，精神分裂症患者大部分无自知力，不承认自己有病，常常表现出药物藏匿和拒绝服用的行为。护理人员在发药过程中，严格遵守查对制度，逐人发药，发药到手，看服到口，服后检查口腔、舌下、颊部、水杯等，但要注意采取适当的方式，要尊重患者的人格。如发现藏药，将药物研碎后服用，必要时遵医嘱处理，重点交班。对于拒绝服药的患者，应该耐心地进行劝导和劝说，如果效果不佳，应该与医生进行协商，考虑采用其他给药方式，例如肌内注射长效针剂等。鼓励患者表达他们对治疗的感觉与想法。

3. 发药时，合作者先发，不合作者后发 若患者睡意蒙眬，必须唤醒后再服药，以免呛咳。对老年患者、吞咽困难的患者应一片一片给予吞服，或者研磨成粉后服下，切勿数片一次吞服，以防发生喉头梗塞等意外。对拒绝服药者，要耐心说服、劝导，尽量取得合作。对极度兴奋躁动拒不服药或意识障碍的患者可遵医嘱鼻饲给药。

4. 采用肌内注射药物时，须取位臀大肌，两侧交替，进针要深，以利吸收 注射次数多时，应在局部注射部位给予热敷，避免形成硬结。药物注射后叮嘱患者卧床休息，谨防发生直立性虚脱。

5. 药疗过程中随时警惕患者的暴力行为 治疗车、治疗盘等都应近身放置，不得随便放置，以免患者抢药或毁坏治疗车、治疗盘等。对兴奋冲动及不合作者，应由两人以上协作进行药疗。

6. 给药治疗后及时收拾好用物 切勿将注射器、安瓿等物遗留在病房，以免被患者当作自伤、伤人的工具。

7. 注意观察患者服药后的反应及服药效果 抗精神病药在治疗精神症状的同时，也会存在各种不良反应。药物的不良反应严重影响了患者的服药依从性、生活质量及身体健康。精神分裂症患者往往缺乏主诉，不能及时、正确地描述，所以密切观察患者用药后的效果，及时发现药物的不良反应，并予以恰当的处理是非常必要的。

8. 提高患者服药依从性

（1）分析原因：精神分裂症患者服药依从性差，其原因主要如下。①无自知力，认为自己没有病，不需要吃药，因而拒服药；②难以耐受药物不良反应；③受症状的支配而拒服药，如有的患者认为药物是别人用来毒害他的，或者听到声音告诉他不要吃药等；④未充分认识到坚持服药的重要性，如有的患者认为自己的病已经好了，不需要再服药了，因而擅自停药；⑤因为经济或结婚生子等原因而停药。

（2）健康宣教：为了帮助患者更好地理解疾病发生的原因以及药物治疗对康复的作用，护理人员应该在适当的时机向患者及其家属传授有关精神分裂症的药物治疗知识，使其认识到药物治疗与疾病预后的关系，并引导患者将病情好转与服用抗精神病药联系起来，从而深刻认识到药物治疗所带来的益处，进而认识到服用抗精神病药的重要性。探讨药物知识、药物维持治疗与疾病预后的相互关系，与患者共同探讨维持治疗的重要性，以消除对药物的误解和不良反应的曲解，从而提高患者服药的依从性。

（六）预防及健康指导

精神分裂症的复发率很高，且有反复发作的特点，复发次数越多，其功能损害和人格改变越严重，最终导致精神衰退和人格改变，疾病所造成的精神缺损也越严重，给患者、家庭、社会造成的负担也就越大。患者经过治疗，待症状缓解或基本消失后，仍需很长时间的维持药物治疗和接受心理方面的治疗和训练，使其社会功能和行为最大限度地调整和恢复，是精神分裂症系统治疗的一个重要步骤，但患者及家属对维持治疗的依从性较差，可能是不了解疾病的特点，不能耐受药物的副作用，也可能是对疾病的治疗失去信心等原因，最终导致疾病加重，因此在精神分裂症患者的护理中，预防疾病复发是非常重要的。①在进行全面治疗时，特别是在首次治疗时，必须严格遵循医生的建议，确保疗程充足；②目前普遍认为，坚持服药是最有效的预防疾病复发的措施；③正确对待自己的疾病，罹患精神病之后，要有乐观主义精神，要树立战胜疾病的信心；④维持家庭和谐，营造温馨的家庭氛围，积极与家人沟通，适度参与家务劳动；⑤注意复发的早期症状，如失眠、早醒、多梦等睡眠障碍，头痛、头晕、疲乏、心悸等，烦躁易怒、焦虑忧郁等情绪障碍时，及时到医院就诊，听从医生指导；⑥培养有规律的生活和卫生习惯，戒除不良嗜好，积极参与社交活动，提升社交适应能力，以适应不断变化的社会环境。

五、护理评价

1. 有无冲动伤人、自伤及毁物行为的发生。可根据国家严重精神障碍监管治疗项目技术指导方案进行分级评价。

2. 是否学会控制情绪的方法，在住院期间无自杀、自伤行为发生。

3. 是否能够配合治疗及护理，并主动服药，识别服药后的反应。可采用半结构式访谈、自知力与治疗态度问卷（ITAQ）、药物依从性评定量表、药物依从性问卷、药物态度量表和依从性评定量表对患者治疗依从性进行评价。

4. 是否能运用恰当的发泄愤怒的方法。

5. 最基本的生理需求是否得到满足。

6. 是否学会促进睡眠的方法，做到可有效保证睡眠的正常需求。

7. 精神症状是否得到最大缓解，自知力的恢复情况，日常生活有无被精神症状所困扰。可使用阳性和阴性综合征量表（PANSS）、中文版精神分裂症认知功能简明成套测评量表（BACS）进行评价。

8. 基本生活情况（饮食、睡眠、卫生）是否得到恢复。可使用日常生活活动能力评定量表（ADL）、健康调查量表 12（SF-12）、生存质量测定量表（WHO-QOL）等量表进行评价。

9. 是否实现症状的自我识别，了解所患疾病及所用药物的相关知识以及服药的重要性。

10. 是否掌握预防便秘的方法，定时排便。

11. 生活技能和社会交往技巧的恢复情况。可使用社会功能缺陷筛选量表（SDSS）、特定功能水平量表（SLOF）、社会和职业功能量表（SOFAS）等量表进行评价。

思考题

1. 精神分裂症患者拒食的原因有哪些？如何护理？
2. 存在命令性幻听的精神分裂症患者应如何护理？
3. 精神分裂症伴自杀行为的患者应如何护理？

（邵　静）

第九章 应激相关障碍患者的护理

学习目标

知识目标：通过对课程的系统学习能充分掌握应激相关障碍的临床表现、治疗和护理措施。

能力目标：能将所掌握的理论知识运用于病情观察、护患沟通、健康教育及各项护理操作中。

素质目标：树立为患者健康服务的信念，在护理过程中融入人文关怀，以创新理念和方法服务。

思维导图

思维导图请扫封底二维码。

情景导入及思考

患者，女，65岁，初中文化，退休，退休之前从事销售服务工作。儿子3年前发现胃癌，手术并行化疗，患者本人1年前体检发现甲状腺癌，行手术切除，因是癌症早期不需要化疗，目前患者身体状况良好，在半年前和老公一起照顾3岁的孙子后，开始逐渐出现情绪和行为的明显改变，与老公频繁发生争吵，脑中经常闪过当时被确诊癌症时的画面，感觉很痛苦；当体检时，不敢去拿报告单，不敢知道检查结果；经常无法入睡，易惊醒；并显著影响到患者的人际交往、生活状况等。

思考：

1. 患者可能的诊断是什么？
2. 患者主要临床表现是什么？
3. 针对该患者如何实施护理措施？

第一节 应激相关障碍的临床特点

一、概 述

应激相关障碍（stress-related disorder），又称反应性精神障碍或心因性精神障碍，指一组主要由心理、社会（环境）因素引起心理反应而导致的精神障碍，或者说是一种在多元文化和社会背景下个体暴露于精神应激因素而导致其认知、生理、行为等一系列表现异常的精神障碍。ICD-11中，应激相关障碍主要包括创伤后应激障碍、延长哀伤障碍、适应障碍，以及发生于儿童期的儿童反应性依恋障碍和脱抑制性社会参与障碍。

创伤后应激障碍（post-traumatic stress disorder，PTSD）是指暴露于单个或多个极端威胁或恐怖的事件后发生的障碍，其临床主要特征以创伤体验的再现为特征，并伴有情绪易激惹和回避行为，症状持续或加重会引发患者认知水平和社会功能损害。延长哀伤障碍（prolonged grief disorder，PGD），是一种独特的、可识别的异常哀伤。PGD以强烈与持久的围绕丧亲的情绪、认知和行为反应为主要临床特征，持续时间超过个体所属社会团体、文化、宗教群体所预期的水平（往往超过 6 个月）。患者难以摆脱失去亲人的痛苦，情绪和行为偏离生活常态，严重者影响社会功能。适应障碍（adjustment disorder）是由某一明显的生活变化或应激的生活事件引起的，患者无法适应这种改变，通常会产生以情绪障碍为主、伴有适应不良行为或生理功能障碍，以致明显影响社会功能的一些反应。反应性依恋障碍（reactive attachment disorder），表现为童年早期特别异常的依恋性行为，发生于儿童的照顾方式严重不当的背景下（例如严重的忽视、虐待、机构剥夺）。尽管目前已有新的主要照顾者，儿童仍难以向照顾者寻求安慰、帮助或喂养，极少有向成人寻求安全的行为，对照顾者给予的安慰没有回应。脱抑制性社会参与障碍（disinhibited social engagement disorder），表现为特别异常的社交行为，发生于儿童的照顾方式严重不当的背景下。儿童不加选择地接近成年人，对接近成年人缺乏拘谨与矜持，和不熟悉的成人外出，以及对陌生人表现出过度熟悉的行为。反应性依恋障碍和脱抑制性社交参与障碍的诊断只适用于儿童，且要求儿童在 5 岁前就已表现出相关特征。此外，实足年龄 1 岁龄以下或发展年龄 9 月龄以下的婴儿不适用于该诊断，应考虑这些婴儿的选择性依恋功能没有仍在发育，或有孤独症谱系障碍的可能。

一般情况下，适度的应激可以提高个体的警觉水平，有利于个体的生存与创造；然而，超出个体承受能力的精神应激则易形成精神应激，成为直接或间接的病因导致某些疾病的发生。过度的精神应激可以影响某些疾病的发展与预后，或者对个体的生理、心理发育产生不同程度的不良影响。

【学术前沿】

PTSD 常共病焦虑、抑郁、物质依赖等多种精神疾病，也可共病高血压、支气管哮喘等躯体疾病。调查显示，受灾后人群中，酒精依赖综合征占 35.5% 左右，男性多共病酒精依赖综合征、重度抑郁发作、行为障碍；女性多共病重度抑郁发作、恐惧症、药物滥用和酒精依赖综合征。提示对于 PTSD 的干预治疗应兼顾是否有共病的精神和躯体方面的疾病，及时对症治疗与护理。

二、病因及发病机制

应激障碍的发病机制目前并未完全阐明，涉及多种神经系统及神经交互作用。机体在遭遇一系列应激因素后出现各种应激相关障碍，机体处于失衡状态，引起各器官功能障碍、组织结构的变化，具体体现在生理方面心率加快、血压增高、肌肉紧张发抖、浑身出汗、呼吸急促甚至呼吸困难、尿频等；认知方面出现记忆力下降、遗忘、注意力不集中等；情绪状态表现为情绪不稳、焦虑紧张、恐惧不安等；行为上出现激越或抑制行为。

（一）创伤后应激障碍

重大创伤事件是创伤后应激障碍发生的基本条件，具有极大不可预期性和突然性，包括：战争、自然灾害、意外安全事件、暴力犯罪事件、亲人丧失、重大疾病导致死亡等。创伤后应激障碍的形成与个体易感因素有关，调查显示，平均只有 8% 经历创伤事件的人才会发生创伤后应激障碍。研究显示，创伤后应激障碍的相关因素涉及：外周单核细胞糖皮质激素水平、杏仁核、大脑扣带回皮质、海马区细胞水平、大脑奖赏环路、促肾上腺皮质激素、女性、恐惧相关惊跳反应、个体主客观体验强度、认知功能水平、社会家庭支持、应对方式等。因此早期识别创伤后应激障碍相关因素、尽早预防及干预治疗非常重要。

（二）延长哀伤障碍

1. 神经生物学解释

（1）神经奖赏系统相关脑区的功能改变：研究证实神经奖赏系统相关脑区的功能改变在延长哀伤障碍的发生发展过程中扮演着重要角色，目前已经靶定的神经奖赏系统相关脑区包括基底节、杏仁核、扣带回和眶额皮质（orbitofrontal cortex，OFC）。其中，有研究者提出基于基底节的脑环路假说，认为延长哀伤障碍的发生发展与基底节及其组成脑环路的调节失衡有关，强调延长哀伤障碍发生发展与神经奖赏系统功能异常的相关性。

（2）神经内分泌系统的功能改变：研究显示，催乳素在形成和维持依恋中起重要作用，丧失伴侣出现情绪反应的机制涉及催乳素水平的变化。有研究检测了一般居丧者、延长哀伤障碍患者和抑郁症患者的外周催乳素水平，发现抑郁症患者外周催乳素水平显著低于其他两类人群，而延长哀伤障碍患者外周催乳素水平显著高于一般居丧者。该研究认为，外周催乳素水平可以帮助鉴别延长哀伤障碍和抑郁症，延长哀伤障碍患者存在显著增高的外周催乳素水平，而抑郁症患者存在显著降低的外周催乳素水平。

（3）炎性反应异常：一些研究从基因学层面强调了抗病毒和促炎症反应在延长哀伤障碍发生发展中的作用。对丧失配偶/伴侣平均 2 年的延长哀伤障碍患者及一般居丧者的研究发现，延长哀伤障碍患者参与抗病毒和促炎症反应的基因下调。

2. 心理学解释模型 该模型包括哀伤阶段模型。哀伤任务模型理论指个体面对和接受死亡导致的丧失现实、回顾死亡前和死亡时发生的事件，以及执着于回忆和努力摆脱逝者影响的认知过程。在哀伤阶段模型的解释中，重组和恢复是丧失后自动的心理转归。但是诸如急性哀伤反应持续时间过长、环境压力等情况下，适应的过程将会受到明显阻碍，可能会导致包括延长哀伤障碍在内的不良转归。

（三）适应障碍

引发适应障碍的应激源应考虑是否多发、是否集体性质、持续时间、个人体验感、人格特征等。应激源还包括突发的自然灾害事件、持续的家庭不和、暴力虐待生存环境、青少年内心脆弱、集体校园霸凌等。适应障碍主要病因为社会环境因素、个人因素及心理因素，患者承受巨大压力可导致精神紧张、敏感，可能诱发此病。

1. 社会环境因素 患者受到重大精神刺激或经历离婚、失业或变换岗位、迁居、转学、患重病、经济危机、退休等变故导致本病。

2. 个人因素 患者本身性格胆小、纠结、强迫思维等，在经受较大的变故后易患此病。

3. 心理因素 患者在面对环境变化时内心脆弱，表现出焦虑、抑郁等症状，即为适应障碍。

（四）反应性依恋障碍

病理性照顾是反应性依恋障碍的主要致病因素，主要包括父母对孩子情感的持续忽视、身体虐待、多次变换照顾者、父母患有酒精依赖综合征、药物滥用、抑郁等精神疾病。另外，个体认知加工能力和遗传也是相关因素。

（五）脱抑制性社会参与障碍

导致脱抑制性社会参与障碍的因素主要包括：社交忽视或剥夺，如对儿童成长过程中情感需求的持续忽视，照顾者与儿童之间缺乏情感互动、眼神、肢体等接触；频繁更换照顾者，儿童难以聚焦维系亲密关系；不寻常的生存环境，如福利院、寄养家庭、其他社会照顾机构等。

三、临床表现

应激相关障碍的发生、临床表现和病程受到很多因素的影响，大致可归纳为三个方面：应激性生活事件或不愉快的处境；患者的个体易感性；社会文化和教育背景以及个体的认知能力等。人们暴露于应激或应激性事件后的症状多种多样，有些人以焦虑和恐惧为主要表现，对这种状况我们应该也有充分的认识。有些人则特征性地表现为快感缺失，烦躁不安，明显的愤怒和攻击行为，或分离症状。

（一）创伤后应激障碍

【案例导入】

张某，男，卡车司机，38岁，一次运送货物过程中，与一辆小轿车发生碰撞，车祸严重，张某撞伤严重，当时即被送往ICU接受诊治，经过抢救幸存下来。在车祸后的1年里，他在睡梦中总是会梦到车祸时的场景，夜间总是被惊醒；日常对车辆喇叭声敏感，对车祸相关事件总是回避，不想谈及；情绪低落，每次尝试开车时总是会满头大汗，紧张手抖，无法正常生活。

请回答：

1. 以上张某情况可能是创伤后应激障碍中的哪种症状表现？
2. 张某存在哪些护理问题？如何制定护理措施？

创伤后应激障碍有4组核心症状群，包括闯入性症状、回避和麻木症状、警觉性增高、认知和心境的负性改变。

1. 闯入性症状 创伤体验的重现，即创伤事件以栩栩如生的侵入性记忆、闪回或梦魇等形式在当下反复再现，通常伴有强烈的、压倒性的恐惧情绪，并伴有强烈的躯体感觉，这种症状使患者痛苦不堪，难以控制。

（1）闪回：个体在无任何相关因素刺激下，大脑中不自主地涌现创伤情景，或使患者出现错觉、幻觉，仿佛又完全置身创伤性事件发生时的情景，且重新表现创伤事件发生时的生理与心理反应，持续时间可从数秒到数天。儿童可表现为在游戏中重演特定的创伤应激、错觉、幻觉及意识分离障碍。

（2）线索刺激：暴露于与创伤事件相关线索或个体自行联想线索时，出现强烈的情感和生理反应，如事件发生的纪念日、相近的天气、人物及各种场景因素都能诱发患者创伤体验。

（3）梦魇：患者反复做一些重现创伤事件的噩梦。

2. 回避和麻木症状 回避关于创伤事件的思维或记忆，或回避使人想起创伤事件的活动、情境或人物；麻木是患者的被动体验，表现为对周围患者刺激普遍反应迟钝，感受不到愉快的体验，对以往的爱好失去兴趣，疏远周围的人，对未来生活、工作失去信心与希望。整体上给人木讷、淡漠的感觉，有些患者会出现选择性遗忘，记不起与创伤有关的事件细节，有麻木症状是患者病情严重和慢性化的指征。

3. 警觉性增高 对目前威胁的持续性高水平警觉，如听到突发的响声时出现强烈的惊跳反应，反映患者长时间处于创伤事件的“战斗”或“逃跑”状态。这些症状在创伤事件发生后的1个月内最为明显，之后可能持续至少几周，并可能导致个人、家庭、社交、学业、职业或其他重要领域功能的显著损害。

4. 认知和心境的负性改变　在遭遇创伤事件后，有的患者可能会出现选择性遗忘，如记不起创伤有关的具体事件细节，或对创伤事件的发生过程产生认知歪曲，自责自己或他人，甚至出现灾难化思维或非黑即白的绝对化思维，如“我的世界完了”“没有人值得信任”等。有的患者会出现心境低落，持续性地无法体验正性的情绪（如无法体验快乐、满足或爱的感觉），甚至产生自伤自杀的想法及行为。

有些患者在病情严重阶段可出现思维联想松弛、片段的幻觉、妄想、严重的焦虑抑郁、达到精神病的程度，则称为急性应激性精神病（曾称反应性精神病）。

【案例导入】

患者，女，35岁，已婚，育有一子。工作、生活一直很顺利，结婚后和丈夫的感情很深，家庭气氛很融洽。半年前丈夫去世，到目前为止，还不是很能接受。经常忽然就想起丈夫的点点滴滴，泪流满面。最近经常梦见丈夫，而一旦梦见丈夫，就会在几天内都很伤心，也很痛苦。心情总受到丈夫去世这件事的影响，有时候不知道怎么地就想到相关的事情，心情很差，什么都不想做。通常都是自己默默伤心，很多个晚上都在痛哭流泪中度过，无法正常入睡，情绪不稳定，害怕自己变得孤独，不知与儿子如何相处。

请回答：

1. 李女士可能患有什么疾病？

2. 针对该疾病，李女士存在哪些主要临床表现？

（二）延长哀伤障碍

延长哀伤障碍，又称复杂性哀伤、持续性哀伤障碍、持续性复杂丧亲障碍、病理性哀伤、慢性哀伤、创伤性哀伤和未解决的哀伤，是一种独特的、可识别的异常哀伤。延长哀伤障碍以强烈与持久的围绕丧亲的情绪、认知和行为反应为主要临床特征，持续时间超过个体所属社会团体、文化、宗教群体所预期的水平，可对个体的社会功能造成显著影响，需要予以临床关注和治疗。本病的临床表现紧密围绕丧亲事件，表现为持续性的、极度的痛苦体验。具体表现为：

1. 患者对逝者表现出强烈的思念或沉浸在对逝者的怀念或记忆中。

2. 身份认知受损，感觉自己生命的一部分已经死亡。通常，患者找不到生活中的自我定位，也不愿意接受生活中新的角色，难以再次相信他人。

3. 回避亲人死亡的提醒物。患者对与逝者相关的事物过度敏感，如逝者的照片或物品，有意识地避免接触与逝者相关的事物。

4. 对亲人的离世可能存在怀疑或过分的自责，对生活难以向前。患者难以接受亲人离世的现实，患者与外界隔离、疏远，对患者而言，接受他人的帮助，或与他人建立亲密关系，就意味着是对逝者的背叛。

5. 除持续的、慢性的悲伤反应外，患者还会有情感麻木、孤独感，无法体会积极的情绪，对未来的生活不抱有希望，社会功能受到显著影响。这些症状持续的时间往往超过半年，并且不随时间的推移而减轻。

6. 患者的自杀风险明显增高，也更容易出现高血压、心血管事件、肿瘤、免疫功能异常等疾病。

知识拓展

国外学者解释“哀伤”是指临终者在获知即将死亡的消息后出现的哀伤，我国多数学者将其直译为"预感性哀伤"。哀伤这一定义在广义上涵括的描述对象不仅包括丧亲者，还包括获知死亡消息的临终者。哀伤的类型多样，包括急性哀伤、整合性哀伤和复杂性哀伤，多数类型哀伤属于自然反应，是不需要予以处理的一种自然状态。然而，一些特殊类型的异常哀伤则会显著影响个体的健康水平和社会功能。

（三）适应障碍

【案例导入】

患者，男，11岁。2个月前因父母离异，母亲将其转至姥姥家较近的学校。初期，患者曾抱怨不适应新学校的环境、同学等，之后逐渐出现心情烦躁，控制不住发脾气，情绪低落，对生活感到无望、无助，偶尔哭泣，不愿与人交往。患者平时在上学路上磨磨蹭蹭，有时甚至以身体不适为由不去上学。患者入睡困难，经常从梦中惊醒，伴有心悸不适等。

入院后体格检查：定向力正常，问答配合、切题，说话少，声音低沉，情绪低落。

自诉不喜欢新学校。

请回答：

1. 该患者可能的疾病诊断是什么？
2. 针对该疾病，该患者的临床表现有哪些？

适应障碍（adjustment disorder）是指在明显的生活改变或环境变化时所产生的短期和轻度的烦恼状态和情绪失调，常有一定程度的行为变化等，但并不出现精神病性症状。

典型的生活事件有居丧、离婚、失业或变换岗位、迁居、转学、患重病、经济危机、退休等，发病往往与生活事件的严重程度、个体的心理素质、应对方式、来自家庭和社会的支持等因素有关。

发病多在应激性事件发生后3个月内，患者的临床特征变化较大，以情绪和行为异常为主，主要表现为情感障碍，或出现不良行为、生理功能障碍而影响生活。老年人多有躯体化症状，成年人多表现为抑郁、焦虑症状，青少年多表现为品行障碍，儿童则多表现为退缩现象，如尿床、语言幼稚等。

根据临床症状的不同，可将适应障碍分为以下几种类型：

1. 以抑郁、焦虑等情感障碍为主的抑郁型和焦虑型

（1）抑郁型适应障碍：是成人中最常见的适应障碍类型。主要表现为无望感、哭泣、心境低落等，但比抑郁症程度轻。

（2）焦虑型适应障碍：以惶惑不知所措、紧张不安、注意力难以集中、胆小怕事和易激惹为主要表现，还可伴有心悸和震颤等躯体症状。

（3）混合型适应障碍：表现为抑郁型和焦虑型的综合症状。

2. 以适应不良行为为主的品行障碍型和行为退缩型

（1）品行障碍型适应障碍：表现为侵犯他人利益或不遵守社会准则和规章，违反社会公德，如逃学、说谎、打架斗殴、毁坏公物等。

（2）行为退缩型适应障碍：主要表现为孤僻离群、不注意卫生、生活无规律、尿床、语言幼稚或吸吮手指等。

各型患者均可出现生理功能障碍，如睡眠障碍、食欲缺乏、头痛、疲乏、胃肠不适等症状，同时可因适应不良行为而影响日常活动，导致社会功能受损。患者的临床表现可以某一类型为主，也可以混合出现，如情感障碍合并品行障碍。部分患者表现为不典型的适应障碍，如社会退缩，但不伴焦虑、抑郁心境；或社会功能突然减退，但无明显的焦虑、抑郁情绪。患者通常在应激性事件或生活改变发生后1个月内起病。病程往往较长，但一般不超过6个月。随着时间的推移、环境的改变、刺激的消除或者经过调整形成新的适应，适应障碍即可随之缓解。

【学术前沿】

研究显示，适应障碍患者成人预后恢复一般高于青少年，在一段持续5年的随访调查中，成人71%预后良好，8%处于中间状态，21%演变为酒精依赖综合征或重型抑郁；而青少年中只有44%预后相对良好，13%的患者处于中间状态，43%的患者演变成重性精神障碍。研究提示，在5年的病程发展中，疾病发展的慢性化及青少年的行为症状是其预后的指标，因此，对于适应障碍的治疗需要长期随访和临床观察，及时调整治疗方案。

（四）反应性依恋障碍

【案例导入】

患儿，男，5岁半，10个月之前一直由母亲抚养，跟母亲的依恋关系很好，10个月之后由奶奶抚养，奶奶患高血压，担心自己摔倒会伤及孙儿，故从来不抱患儿。待患儿会走路后，奶奶对患儿的行为有诸多限制。渐渐地患儿和奶奶在一起时显得拘谨，不敢说话，和父母在一起时也逐渐变得拘束，不许父母亲吻自己，晚上睡觉不许妈妈陪着。在公共场合表现为退缩、害怕。3岁上幼儿园后，教师反映患儿拒绝与其说话，跟小朋友玩耍时有冲动行为，被别的小朋友伤害后不会告诉父母。近半年来患儿不愿上幼儿园，不愿去奶奶家，只要奶奶在，患儿就沉默，即使跟父母也不说话。家族中无精神病患者及类似病史。

请回答：

1. 该患者可能的疾病诊断是什么？
2. 针对该疾病，该患者的临床表现有哪些？

反应性依恋障碍（reactive attachment disorder，RAD）指发生于儿童期，以社会关系形式的持续异常、伴有相应的情绪障碍，并与环境变化有关等为主要表现的一组综合征。

致病因素主要包括对情感的持续忽视、身体虐待、多次变换照料者、父母酒精依赖或药物滥用、父母有精神疾病。另外，自身的个体差异，如个体对接收到的环境信息的认知加工能力和基因遗传等也与反应性依恋障碍的形成有关。

主要表现为情感退缩及抑郁情绪，缺乏社交方式，不能形成与照料者的依恋关系，或伴有无法解释的恐惧和易怒。在社会环境中，患儿难以表达他们的需求和欲望，有难以安抚的紧张恐惧，与其他儿童关系不佳，攻击别人及自伤以及可怜兮兮等。因此可能导致一系列负面结果，如内化的抑郁症状、外化的退缩行为紊乱、缺乏自我控制、反社会态度和攻击性、冲动性撒谎、偷窃以及社会功能缺损等。这种儿童社交行为表现明显的矛盾性，特别是在分别或重逢时。如幼儿一方面投向领养者，但眼睛又看着别处，给人一种既要又不要的感觉。这种患儿可能表现出与其他同龄儿童的交往兴趣，但其冷淡的面部表情又妨碍了儿童间的这种交往。

知识链接

鲍尔比将婴儿依恋分为四种类型，分别是安全型、回避型、矛盾型和混乱型。①安全依恋型：这类儿童在陌生情境中，只要他们的母亲在场，这些儿童就显得很自在，他们独立地探索环境，偶尔回到母亲的身边，尽管当母亲离开时，安全依恋型儿童也会心烦，但他们在母亲回来时会马上回到母亲身边并寻求接触。②回避依恋型：此类儿童并不寻求接近母亲，而且在母亲离开后他们似乎看起来并不难过，此外当母亲回来时他们似乎在回避她，对母亲的行为十分冷淡。③矛盾依恋型：此类儿童对母亲表现出一种既积极又消极的混合反应，刚开始时矛盾型儿童紧紧地挨着母亲，他们几乎不去探索环境，他们甚至在母亲离开前就显得有些焦虑，而当她真正离开时他们表现出巨大的哀伤，然而她一旦回来，他们却表现出矛盾的反应，一方面寻求和她接近一方面却又踢又打，明显十分生气。④混乱型：这类儿童表现出不一致、混乱和矛盾的行为，当母亲回来时，他们会跑到身边却不看她，或最初显得很平静后来却爆发出愤怒的哭泣，他们的混乱行为意味着他们可能是最没有安全依恋的孩子。

有学者在对儿童依恋行为的纵向研究中发现，不同类型的依恋障碍儿童可能会呈现不同形式的行为问题和心理障碍。焦虑-回避型依恋儿童容易表现出攻击行为，多为品行障碍、物质滥用、反社会人格；焦虑-矛盾型依恋儿童易表现出退缩行为，以情感障碍、分裂型人格障碍为主；混乱型依恋儿童则常表现出回避型和矛盾型儿童的混合行为。

（五）脱抑制性社会参与障碍

【案例导入】

患儿，男，6岁半，3个月前母亲照料，母亲抑郁症住院治疗，无法照料孩子，之后由奶奶照料半年，后又由姥姥照料半年，最后由保姆照料至2岁，后跟随父亲组建的新家庭生活。父亲反映患者有时跟陌生人关系很好，在无任何告知情况下曾跟随一个网友走失1周，日常社交活跃老练，跟谁都能说上话；无法建立持续性人际关系，偶尔情绪爆发，出现打人攻击行为。

请回答：

1. 该患者可能的疾病诊断是什么？
2. 针对该疾病，该患者的临床表现有哪些？

患者的可能原因是社交忽视或剥夺：如对儿童成长过程中的情感需求或身体上的需求予以忽视，照料者与儿童之间没有情感交流、躯体上的接触等。或者反复变换主要照料者：因为各种原因导致儿童的主要照料者频繁更换，或者是儿童寄养家庭的频繁变换。或成长在不寻常的环境下：如成长在儿童福利院的孩子，儿童多，照料者少，或者其他类似照料者少、儿童多的机构。

主要表现为社交方式的异常，与陌生人自来熟，言语和肢体行为过分自来熟，这些儿童无法区别依恋对象，常常寻觅并很乐意接受任何人的安慰，甚至陌生人。言语及肢体行为缺乏含蓄，与陌生人有不加区分的情感关系，可能会缺乏犹豫、心甘情愿地与陌生成年人离开等。

【学术前沿】

传统上，发展性依恋的观点被用来理解依恋障碍的病因（抑制型和脱抑制型），如DSM-4中对发育年龄至少为9个月的儿童的描述。然而，有学者提出，脱抑制的社会行为症状不同于不安全的依恋行为。研究表明，以前被收容的有脱抑制症状的儿童即使在被收养或寄养后仍继续表现出这种行为。令人惊讶的是，即使在孩子们与当前的照顾者建立了一种选择性的、更安全的或有组织的依恋关系之后，这种行为也会发生。因此，自 DSM-5 出版以来，已经观察到依恋框架的转变，因为抑制型保持了反应性依恋障碍的标签，但脱抑制型被重新标记为脱抑制型社会参与障碍（disinhibited social engagement disorder，DSED）。

四、治　　疗

（一）创伤后应激障碍

社会支持可提高个体对应激源或生活事件的应对能力和耐受力，如亲属、同事、领导之间相互理解或支持，在一定程度上可以减轻个体的心理压力，缓解各种矛盾，降低应激强度，提高对应激性事件的耐受性。

如发生一些自然灾害（地震、水灾、火灾等）后的心理干预，如成立危机干预小组和危机干预中心，采用集体性心理干预，不仅要重视经历者本身的心理及其变化，也要注意构成支持系统的这些人员的心理辅导工作；还要建立专家协助机制，建立社区辅助支持系统，在全社会范围内进行支持和教育，有助于保障远期的预后和康复进程，预防复发。

【学术前沿】

心理干预（psychological intervention），是帮助应激者处理急性应激反应的一套治疗方法。当个体遭受突发的、不可预测的重大应激性事件时，发生急性应激反应，应及时给予心理干预。具体的心理干预方法包括：消除应激源，保持与应激者密切接触；支持性心理治疗，降低紧张度，缓解焦虑抑郁；调动一切可以利用的社会支持系统，得到亲朋好友、心理医生和社会工作者的帮助与支持；采用认知治疗来帮助应激者正确认识所面临的生活事件；鼓励应激者以面对现实，顺其自然的态度，做好自我调节；实施心理康复。

本病的治疗主要为心理治疗与药物治疗相结合。治疗的关键在于尽可能去除精神因素或脱离引起精神创伤的环境，转移或消除应激源。

1. 心理治疗　是主要的治疗手段。根据患者的病情特点，选用指导性咨询、支持性心理治疗、精神分析治疗、认知行为疗法等方法，通过疏导、解释、支持、鼓励、指导等手段，帮助患者摆脱痛苦，认识疾病，面对现实，配合治疗，提高适应能力。

2. 药物治疗　对于精神症状明显的患者，需要用药物治疗进行对症处理，为心理治疗打好基础。对焦虑、恐惧不安者，可使用抗焦虑药；对抑郁症状突出者，可选用抗抑郁药；对有妄想、幻觉、兴奋、躁动者可应用抗精神病药，待患者症状消失后，可继续用药数周再停药。

3. 其他治疗　对于严重抑郁、有自杀或自伤行为，或明显冲动、有伤人毁物行为的患者，可采用改良电休克治疗，以迅速控制症状，保证患者和周围人的安全。对于木僵、抑郁等进食较差的患者，可给予补充营养，纠正水、电解质平衡等支持疗法。

4. 特殊人群的治疗

（1）儿童青少年创伤后应激障碍治疗：由于缺乏儿童用药明确的适应证，临床上不将药物治疗作为儿童青少年一线治疗方案，首选心理治疗。主要包括心理教育、放松和应对技能训练、情绪调控相关疗法、增加亲子互动等。

（2）女性创伤后应激障碍治疗：以抗抑郁药为主，但应注意女性的生理特点，如是否生理期、孕期、围绝经期，关注药物对女性身体的副作用及交互作用，妊娠和哺乳期，以心理治疗作为首选治疗方法，研究显示，女性孕期创伤后应激障碍会增加4倍早产风险，而使用苯二氮䓬类药物和SSRI类药物会进一步加重风险。

（3）老年创伤后应激障碍人群：抗抑郁药作为首选治疗方法，但应考虑老年人身体代谢能力，从小剂量开始，如舍曲林以12.5mg作为起始剂量，米氮平作为缓解睡眠障碍的药物，对于老年人来说，起始剂量应为成年人的一半。

【知识链接】

临床相关指南推荐心理干预措施包括：

（1）创伤聚焦的认知行为治疗（trauma-focused cognitive behavioral therapy，TF-CBT），包括任何采用CBT标准原则并结合某种创伤处理方式的治疗。TF-CBT涉及创伤叙事和渐进式暴露两个单元。

（2）延长暴露疗法（prolonged exposure therapy，PE）：情绪加工理论是延长暴露疗法的理论支持。情绪加工理论的出发点认为恐惧在记忆中是一种认知结构，可以通过改变这种结构从而减轻恐惧的症状，达到治疗PTSD的效果。延长暴露疗法包括以下步骤：①关于“创伤场常见反应”的教育；②呼吸再训练；③重复进行情景或物体的实地暴露；④重复进行创伤记忆的延长想象暴露。

（3）认知加工治疗（cognitive processing therapy，CPT），是一种针对创伤后应激障碍的手工认知行为疗法，帮助患者识别无用的想法和信念，并在标准认知治疗方法的适应中用理性的替代方案取代它们。重构信念后，人们会更清醒地认识创伤本身。人们会看到在创伤发生后，自己的生活发生了怎样的变化，那些关于安全、信任、控制、自尊、关系的信念都在发生着潜移默化的改变。治疗中，人们会真切地了解到创伤前后的不同，并在这种不同中找到应有的平衡，从而平稳地过渡到新的生活。认知加工治疗的主要步骤：①了解自己的创伤后应激障碍症状；②觉察自己的感受和想法；③挑战自己的想法；④理解信念的改变。

（4）认知疗法（CT），创伤后应激障碍认知模型假设，当个体以某种方式处理创伤并导致当前的威胁时，创伤后应激障碍会持续存在。认知过程及其导致的错误观念是行为和情感的中介，适应不良行为和情感与适应不良认知有关。认知疗法常采用认知重建、心理应对、问题解决等技术进行心理辅导和治疗，其中认知重建最为关键。

（二）延长哀伤障碍

1. 药物治疗 目前，药物治疗本病的疗效还不明确。部分研究显示，抗抑郁药能够减轻丧亲者的抑郁症状，但对于悲伤反应本身并无帮助。还有研究指出，药物治疗可以作为心理治疗的辅助策略，但其疗效仍有待进一步验证。

2. 心理治疗 认知行为疗法是目前普遍接受的有效治疗方法，且疗效可以随时间的推移更加明显。治疗内容主要包括帮助患者接受亲人离世的事实和重新开始新的生活。可以通过暴露疗法、认知重建和行为干预等措施，使患者接受事实，识别并接纳自身的痛苦，阻止痛苦进一步延续。

（三）适应障碍

本病的治疗目的是帮助患者提高处理应激刺激的能力，使患者早日恢复到患病前的功能水平，防止病情恶化或慢性化发展。

1. 心理治疗 是主要治疗手段，目的是解决患者的心理应对方式和情绪发泄的途径问题。

首先要评估患者症状的性质和严重程度，了解诱因，患者的人格特点、应对方式等因素在发病中的相对作用。注意应激源对患者的意义，采取个别指导、家庭干预和社会支持等方式。可酌情选用支持性心理疗法、认知行为疗法等方法。治疗包括三个环节：消除或减少应激源，包括改变患者对应激事件的态度和认识；提高患者的应对能力；消除或缓解症状。

2. 药物治疗　用于情绪明显异常的患者，可加快症状的缓解，为心理治疗提供适宜的环境。根据患者的症状可使用抗焦虑药、抗抑郁药等，以低剂量、短疗程为宜。

知识链接　**适应障碍自助提示**

首先，判断自己是否需要就医，是否出现明显的焦虑情绪，过度紧张，坐立不安，长久失眠，严重影响自己日常生活。其次，学习有效自助方法：①承认并接纳自己的负性情绪：坦然面对负性情绪，是克服负性情绪的方法。②正念生活：有意识地把自己的注意力放在此时此刻身体和心理的感受上，以开放的心态接纳当下的所有想法、情绪和感受。③避免、减少或调整压力源：不过度联想问题，转移注意力，要做自己感兴趣和喜欢的事情。④学习放松技巧：如听音乐，打坐、瑜伽或肌肉放松技巧。可以尝试想象放松操作法：选择舒适的姿态让自己倚靠或平躺下来，然后闭上双眼，努力想象自己在任何喜欢的、轻松的场景中，每次练习10～15分钟。

（四）反应性依恋障碍及脱抑制性社会参与障碍

1. 心理治疗　尽早开展以改善亲子关系为主的心理治疗，早期进行以教养技能阐释和依恋行为的心理健康教育；后期注重亲子疗法，如二元发展心理治疗、亲子互动治疗、父母训练疗法、认知行为治疗、艺术治疗等。

2. 药物治疗　可选择5-羟色胺再摄取抑制剂、抗焦虑药及情感稳定剂。

第二节　应激相关障碍的护理程序

一、护理评估

（一）健康史

了解患者的生长发育情况，既往躯体病史、药物过敏史、意识状态、生命体征、全身营养状况，饮食、睡眠、排泄、生活自理情况；评估患者既往是否有过重大精神刺激史以及此次发病的应激源或遗传、易感因素；有无烟、酒嗜好，有无药物或精神活性物质依赖等情况。

（二）精神、心理社会状况

了解患者的性格特征、思维方式、应对方式以及应对问题所需的时长；患者对丧亲事件的认知、对疾病的态度；患者童年时期是否经历过分离焦虑、童年虐待、父母离世等；患者的家庭环境、经济状况、受教育程度；患者的日常生活能力、社会生活、职业功能状况等；患者的人际交往功能，社会支持的来源、强度、性质和数量；家属对疾病的认知和态度等。

（三）相关检查

1. 体格检查　评估患者的体温、脉搏、呼吸、血压等生命体征；面色、皮肤弹性，有无营养不良表现；睡眠状况，有无入睡困难、多梦、早醒等现象；进食情况，与患病前相比有何差异，有无特殊饮食习惯等；排尿、排便情况，排便规律有无改变，有无便秘、腹泻等症状；入院方式（自行步入、搀扶等）。

2. 精神检查 评估患者的感知觉症状，如有无幻觉、妄想等；情感状态，如有无抑郁、焦虑、恐惧、淡漠等；意识状态；有无现存或潜在的冲动、伤人、自杀、自伤、木僵等行为。

知识链接

评估工具

（1）PTSD筛查量表-平民版（posttraumatic stress disorder checklist-civilian version，PCL-C）：是由美国PTSD研究中心在1994年依照DSM-4编制而成的自评问卷，共包含17个项目，针对PTSD的3类主要症状进行测量。该量表可提供关于PTSD主要症状的确切评估，为临床治疗提供参考。

（2）简明PTSD评分问卷（short posttraumatic stress disorder rating interview）：该量表共包含8个项目，是评定PTSD严重情况和改善状况的有效工具，得分在14～17分的范围时做出PTSD诊断的正确性达到96%。

（3）PTSD自评量表（posttraumatic stress disorder self-rating scale，PTSD-SS）：由我国学者刘贤臣等人编订，这一工具参照了国内外多个诊断标准对PTSD的定义，共包含24个项目，是评估PTSD较为良好的评定工具。

（4）PTSD症状自评量表（posttraumatic stress disorder symptoms self-rating scale，PTSD-SSS）：由陈树林等人编制而成，包括再体验、回避以及高唤起3个子量表，共计20个项目。该量表也表现出良好的信效度。

二、常见护理诊断/问题

1. 睡眠型态紊乱 与过度焦虑、抑郁、精神运动性兴奋、环境改变、不适应有关。
2. 有自我伤害的危险 与应激事件引起的焦虑、抑郁情绪有关。
3. 有暴力行为的危险（对自己或他人） 与精神运动性兴奋有关。
4. 不合作 与自知力缺乏、悲观绝望有关。
5. 营养失调：低于机体需要量 与生活不能自理有关。
6. 焦虑 与长期面对应激事件、主观感觉不安、无法停止担心有关。
7. 无效性应对 与应激持续存在有关。
8. 急性意识障碍 与应激刺激及个体应对机制有关。
9. 角色紊乱 与家庭冲突、应激、不实际的角色期望、支持系统不足有关。
10. 社交障碍 与应激事件引起的行为障碍有关。
11. 迁居应激综合征 与居住环境改变有关。
12. 环境认知障碍综合征 与应激引起的对周围环境认知不正确有关。

三、护理目标

1. 住院期间不发生冲动伤人、自伤及毁物，未造成外走跌倒后果。
2. 住院期间对自身症状有正确的认识，掌握正确的应对疾病症状的方法。
3. 学会控制情绪的方法，能用恰当的方法应对负性情绪。
4. 能够坚持服药，并了解自身所服药物的作用及不良反应。
5. 能够主动合理进食，保证躯体需要量。
6. 规律生活，保证有效睡眠，大小便正常。

7. 症状得到最大限度的减轻，患者能够与症状和解、共存。

8. 能够自理，在一定程度上生活自理或在协助下完成。

9. 能表达内心感受，敢于倾诉，主动参与社交活动，学会寻求他人帮助。

四、护理措施

应激相关障碍的护理包括生理、心理和社会多方面的综合护理措施。对于不同应激源、不同疾病类型的患者，其护理措施各有侧重点。对于创伤后应激障碍患者的护理主要以保障患者安全，合理调控情绪，建立有效应对机制为主；对于哀伤障碍患者侧重于处理哀伤情绪、接纳事实，给予积极性心理支持等；对于适应障碍主要在于帮助患者掌握如何适应日常环境的技巧与应对方法。

（一）脱离应激源

由于创伤后应激障碍的病因较为明确，均为应激事件所引起，因此，最首要的护理措施是帮助患者尽快消除精神因素或脱离引起精神创伤的环境。通过脱离应激源，减弱不良刺激的作用，可消除患者的创伤性体验，加快症状的缓解。

（二）安全护理

患者常由意识障碍、精神运动性兴奋、精神运动性抑制等导致发生跌倒、出走、伤人或自伤等安全问题。也常因情绪低落而导致自杀、自伤行为。因此，对于以上患者需严密观察和护理，防止各种安全问题的发生。

1. 评估患者意识障碍的程度，评估自杀、自伤、暴力行为的危险度。

2. 密切观察患者的各种表现，注意有无自杀、自伤、暴力行为的先兆表现。

3. 提供安全、舒适的环境，将患者安置在易于观察的房间，并保证房间内设施安全、光线明亮、整洁舒适，空气流通。定期进行安全检查，发现危险物品或安全隐患要及时处理，杜绝不安全因素。

4. 对有自杀危险的患者，需加强沟通，掌握其病情、心理活动的变化，并利用各种机会，运用沟通技巧，鼓励患者表达思想、情感，争取动摇和消除患者的自杀意念。需要将患者的活动范围控制在护理人员的视线内，避免患者独处，必要时设专人护理。尤其在夜间、清晨、节假日等容易发生自杀的时段，更要严加防范。

5. 当患者出现严重的精神运动性兴奋导致行为紊乱、冲动时，应给予适当的保护性约束，以保证患者安全。

6. 对意识障碍患者应加强观察和护理，限制其活动范围，防止患者走失、摔伤或受到其他患者的伤害。

（三）基础护理

1. 补充营养，维持水、电解质平衡　患者常由于抑郁情绪而不思进食，或者处于木僵、退缩状态而拒绝进食，导致营养状况较差。因此，补充营养，维持水、电解质平衡是基础护理中的一项重要工作。护理人员可先了解患者的饮食习惯，尽量满足其口味，以促进和增进食欲；或安排患者与其他患者一起进餐，或采用少食多餐方式。对抑郁、退缩或木僵状态的患者，必要时需安排专人耐心劝导，并协助喂食。如上述方法均无效，则可按医嘱经鼻饲管进流质饮食，或静脉补液，以保证患者的进食量。

2. 改善睡眠　睡眠障碍是患者比较常见的症状，尤其是合并抑郁或焦虑情绪的患者，其睡眠障碍更为突出。因此，改善患者的睡眠是一项重要的护理工作。

3. 协助料理日常生活 处于木僵或退缩状态的应激相关障碍患者常丧失日常生活活动能力，甚至穿衣、洗漱、如厕都无法进行。因此，需要护理人员对患者的生活料理提供帮助。对于终日卧床、生活完全不能自理的患者，需要做好各项基础护理，以保证患者的基本生理需要得到满足。当患者的病情开始缓解，意志行为逐步增强时，应鼓励患者自行料理个人卫生。

（四）心理护理

1. 建立良好的护患关系 护理人员要尊重关心患者，态度和蔼诚恳，在与患者交谈时，耐心倾听患者的诉说，并与患者保持适当的目光接触，恰当运用非语言沟通方式，对患者表达同理心，不探询患者的隐私。鼓励患者表达自己焦虑、抑郁的感受，给予患者心理上的支持。

2. 鼓励患者表达 对患者当前的应对机制表示认同、理解和支持。对患者的情绪反应采取接纳、包容的态度，与患者一起分析应激相关障碍症状出现的原因，帮助患者找出解决问题的方法，并针对患者的具体情况提供相应护理。

3. 帮助患者积极寻求社会支持 指导患者合理表达情感，鼓励患者以适当的方式宣泄或释放情绪。充分利用和发挥家庭及社会支持系统的功能，使患者处于良好的氛围中，有利于患者的情绪稳定和恢复。

4. 有条件的机构可以借助专业设备进行治疗 例如让患者佩戴虚拟镜头观看与创伤性事件有关的影像资料，如战争、强奸等，诱发躯体反应，并教会患者放松的方法。

（五）康复护理

1. 知识宣教 帮助患者及其家属参加有关急性应激障碍的理论知识讲座，认识和正确对待致病因素和疾病的性质，学习应对应激因素的方法和技能，加强自身对情感的控制力，克服个性缺陷，为今后能够从容面对应激事件奠定基础。

2. 技能训练 指导、鼓励恢复期患者积极参加文娱、体育活动，增强应对技能的掌握，淡化患者对创伤性事件的注意程度，帮助患者恢复社会功能。

（六）家庭干预

1. 对患者和家属进行疾病相关知识的健康宣教，使患者及家属对创伤后应激障碍有正确的认识，消除其模糊观念或未知恐惧引发的焦虑、抑郁情绪。

2. 帮助患者和家属走出痛苦困境，尊重患者及家属，对其保持耐心、爱心、关心的态度，不批评，不过于干涉，保持中立原则。

3. 指导家属协助患者合理安排日常生活，关心患者日常起居，增强患者的内在资源与社会支持。

（七）用药护理

遵医嘱用药，评估患者的用药依从性，对于依从性差的患者了解患者的相关因素，明确告知患者服药的意义与服药名称、剂量及时间，在保证患者服药依从性的同时，帮助患者了解和自行观察药物的作用及不良反应，对于患者不耐受的不良反应，及时与医生沟通进行调整，日常做好药物知识健康宣教。

五、护理评价

1. 患者住院期间是否发生自伤、伤人行为。

2. 患者有无意外事件和并发症的发生。

3. 患者的生理需要是否得到满足。

4. 基本生活情况（饮食、睡眠、卫生）是否得到恢复。可使用ADL、SF-12、WHO-QOL等量表进行评价。

5. 患者对应激事件能否给予恰当的认识。

6. 是否能够配合治疗及护理，并主动服药，识别服药后的反应。可采用半结构式访谈、自知力与治疗态度问卷（ITAQ）、药物依从性评定量表、药物依从性问卷、药物态度量表和依从性评定量表对患者治疗依从性进行评价。

7. 患者的睡眠、大小便情况是否正常。睡眠可使用PSQI量表，大便情况可使用布里斯托大便分类法。

8. 患者生活技能和社会交往技巧的恢复情况。可使用社会功能缺陷筛选量表（SDSS）、特定功能水平量表（SLOF）、社会和职业功能量表（SOFAS）等量表进行评价。

思　考　题

1. 应激相关障碍是如何分类的？
2. 创伤后应激障碍的4组核心症状群是什么？
3. 创伤后应激障碍患者应如何护理？

（邵　静）

第十章　焦虑与恐惧相关障碍患者的护理

学习目标

知识目标：通过对课程的系统学习了解并掌握各类焦虑与恐惧相关障碍的概念、临床表现、治疗原则及主要护理措施。

能力目标：能根据各类焦虑与恐惧相关障碍患者的临床资料，正确运用护理程序进行病情观察、护患沟通、健康教育，完成护理操作。

素质目标：树立爱护患者的高尚情感和对患者高度负责、一视同仁的职业精神；在护理过程中注意保护患者隐私，体现人文关怀。

思维导图

思维导图请扫封底二维码。

情景导入及思考

徐先生，男，30岁，已婚，公司职员。因发作性心悸、极度恐惧、濒死感2个月就诊。2个多月前，徐先生的表姐夫突发心脏病死亡。数天后，徐先生突然出现心悸，自感心脏跳动剧烈，出冷汗，气急，极度恐慌，自感就要死去，送至医院后查心电图示“窦性心动过速”，给予普萘洛尔、地西泮治疗。其后患者在不同场合又多次出现类似发作，频繁时每周发作3～4次，少则每月2～3次，每次发作时无明显诱因，均伴有心悸、心搏加快，持续30～40分钟后缓解。缓解期患者无明显躯体不适，但仍表现为忧虑发愁，害怕独处，不能单独外出，工作时注意力不能集中，虽能坚持上班但自感工作效率明显下降，睡眠差。患者自感痛苦，故到当地医院精神科住院治疗。徐先生患病前做事认真，敏感，追求完美，易紧张。体格检查及辅助检查显示患者无器质性疾病。

思考：

1. 患者出现了哪些异常表现？
2. 患者发病的原因是什么？可能的疾病诊断是什么？
3. 如何对该患者进行治疗和护理？

第一节　焦虑与恐惧相关障碍的临床特点

依据ICD-11的疾病分类标准，本章所描述的焦虑与恐惧相关障碍包括广泛性焦虑症、惊恐障碍、广场恐怖、社交焦虑障碍、特定恐惧障碍、分离焦虑障碍和其他特定或未特定的焦虑与恐惧相关障碍。

知识拓展　　**神经症与焦虑障碍**

《精神障碍诊断与统计手册（第4版）》取消了神经症，命名为焦虑障碍。焦虑障碍主要类型有惊恐障碍（伴有或没有场所恐惧）、场所恐惧症（不伴有惊恐障碍）、社交恐惧症、特定恐惧症、广泛性焦虑症、急性应激相关障碍、创伤后应激障碍、强迫障碍、未分型的焦虑障碍，还包括适应障碍、物质或药物使用所致焦虑。

一、概　　述

焦虑与恐惧相关障碍（anxiety and fear-related disorder）的临床特点主要包括过度的焦虑和恐惧，以及相关的行为紊乱，症状足够严重可以导致患者显著的痛苦，或导致其家庭、社交、学业、职业等其他领域功能的显著损害。

（一）共同特征

不同类型的焦虑与恐惧相关障碍，尽管其临床表现不同，其致病因素、发病机制、病程预后以及治疗方法也不尽相同，但仍旧具备以下几个共同特征。

1. 一般没有明显或持续的精神病性症状　焦虑与恐惧相关障碍主要表现为焦虑、紧张、恐惧、疑病症状等。这些症状可单独存在，也可共存，但大多数是混合存在，尤其是焦虑症状。少见明显或持续的精神病性症状，如幻觉、妄想、行为紊乱等。

2. 症状没有明确的器质性病变为基础　焦虑与恐惧相关障碍的许多症状也可产生于感染、中毒、脑器质性疾病等，因此诊断焦虑与恐惧相关障碍需排除器质性疾病。

3. 自知力充分　焦虑与恐惧相关障碍患者的自知力通常是充分的，他们的现实检验能力通常不受损害，不仅能识别自己的精神状态是否正常，也能正确判断自身体验中哪些属于病态。因此他们有痛苦感，大部分患者有极力摆脱症状的强烈要求。

4. 社会心理因素在发生发展中起一定作用　诸多研究表明，焦虑与恐惧相关障碍患者较他人遭受更多的生活应激事件，主要是以人际关系、婚姻关系、家庭、经济、工作等方面的问题多见。一般来说，引起焦虑与恐惧相关障碍的心理应激事件主要有以下几个特点：

（1）应激事件的强度往往不是很大，而且常是多个事件反复发生，持续时间较长，即虽然灾难性的应激事件也可引起焦虑与恐惧相关障碍，但更多的是日常琐事，这点与应激相关障碍不同。

（2）应激事件往往对焦虑与恐惧相关障碍患者具有某种特殊的意义，这些事件在其他人看来也许是微不足道的，但对于某些焦虑与恐惧相关障碍患者来说可能是较为敏感的。

（3）患者对应激事件引起的心理困境或冲突往往有一定的认识，但不能将自己从困境和矛盾的冲突中解脱出来，以致应激持续存在，最终超过个体的应对能力或社会支持所能提供的保护水平而导致发病。

（4）应激事件不但来源于外界，而且更多地源于患者内在的心理需求。因为此类患者常忽略和压抑自己的需要以适应环境，但又总是对他人和自己的作为不满，始终生活在遗憾和内心冲突之中。

因此，上述特点就决定了在遭遇相同应激事件的群体中，焦虑与恐惧相关障碍的患者更易于对生活感到不满，对生活事件更易感，或者其个性特征更易于损害人际交往过程，从而导致生活中产生更多冲突与应激。

（二）发病机制

焦虑与恐惧相关障碍常有家族聚集性，具有阳性家族史的后代患病的概率明显增加；另外负性生活事件、不良的家庭教养方式、应激等因素常与发病有关；个体气质特点、不良的认知方式、不成熟的心理防御机制等也是发病的风险因素。

（三）分类与鉴别

焦虑与恐惧两种现象的关系十分密切。焦虑是对未来预期性威胁的反应，而恐惧则是对当下感知到的、紧迫威胁的反应。

1. 分类 抑郁和焦虑是焦虑与恐惧相关障碍中重要的情绪，同时抑郁和焦虑又常形影不离，根据等级诊断原则，焦虑障碍的诊断前提是患者的抑郁症状达不到抑郁障碍的诊断标准。焦虑障碍的分类原则是将焦虑障碍分为发作性和持续性，前者根据是否是在特定环境发作分为恐怖性焦虑障碍和惊恐障碍，后者为广泛性焦虑。因此在本章中，以ICD-11分类为基础，依次介绍焦虑谱系障碍中的广泛性焦虑症、惊恐障碍、广场恐怖、社交焦虑障碍，以及其他焦虑与恐惧障碍，如分离焦虑障碍、特定恐惧障碍与选择性缄默。

2. 鉴别 明确焦虑与恐惧相关障碍诊断之前最重要的是首先要排除以下疾病的诊断。

（1）器质性精神障碍：各类感染、中毒、物质依赖、代谢或内分泌障碍、脑器质性精神障碍均可以出现焦虑与恐惧相关障碍的神经症样症状。但器质性精神障碍有几个特点是焦虑与恐惧相关障碍所不具备的：①有明确的器质性病因；②有器质性精神障碍症状，如意识障碍（常见为谵妄）、智能障碍、记忆障碍及人格改变等；③可有精神病性症状，如幻觉、妄想等。

（2）精神病性障碍：最需要鉴别的是精神分裂症。一些精神分裂症患者早期常表现为焦虑与恐惧相关障碍的神经症样症状，如失眠、头痛、学习工作效率下降、情绪改变，易误诊为焦虑与恐惧相关障碍；精神分裂症患者常漠视自身症状，缺乏自知力，社会功能损害相对较重，且伴有精神病性症状。

（3）心境障碍：尤其是抑郁发作的患者，常伴有焦虑、紧张及其他焦虑与恐惧相关障碍的神经症样症状，鉴别要点是心境障碍患者以抑郁（或躁狂）为主要临床相，其他症状大多继发于抑郁或躁狂，且情感症状程度严重，社会功能受损明显；而焦虑与恐惧相关障碍患者虽然也有抑郁症状，但大多程度较轻，持续时间短，不是主要临床相，未达到抑郁障碍的诊断标准。

（4）应激相关障碍：致病因素常为重大生活事件，症状则是个体对应激事件的直接反应，患者常能意识到症状的发生和发展与事件有关，症状表现常与应激事件相关。

（四）治疗及预后

1. 焦虑与恐惧相关障碍的治疗 由于焦虑与恐惧相关障碍的发生主要与个性特征、心理社会应激因素有密切关系，因此采取“生物-心理-社会”模式综合治疗是获得最佳疗效的方法；同时，焦虑与恐惧相关障碍治疗原则是对症治疗，主要采用药物治疗和心理治疗的联合应用。

（1）药物治疗：可以缓解焦虑与恐惧相关障碍患者的神经症性症状，如抗焦虑药、抗抑郁药以及促进神经代谢的药物等。考虑到患者的人格特征和心理因素，在使用这些药物之前给患者解释清楚药物的使用剂量、方法、可能出现的不良反应等，减少患者不必要的担心。

（2）心理治疗：是治疗焦虑与恐惧相关障碍的基本方法，不仅可以提高患者治疗的依从性，配合药物治疗缓解患者的神经症性症状，还能帮助患者建立新的有效的应对策略和处理问题的技巧，对疾病的复发有很好的预防作用。常用方法有心理健康教育、认知行为治疗、放松疗法、系统脱敏疗法、暴露疗法、游戏治疗等。要重视与患者建立良好的护患关系，以足够的耐心、同情、接纳的态度对待患者的诉说，理解患者体验的真实性，赢得患者的信任是提高治疗方法有效性的重要条件。

知识链接 **焦虑障碍的心理因素**

精神分析学派认为焦虑障碍的产生来源于患者过度的内心冲突，并且强调童年期的负性心理体验被压抑在潜意识中，一旦遇到特殊境况或压力激发，便成为意识层面的焦虑。行为主义学派认为焦虑是一种习得性行为，即个体感到安全受到威胁时所形成的条件反射。认知学派的观点是人们对事件的认知评价为焦虑障碍发生的中介。当个体对情境做出危险的评价时，便会激活体内边缘系统、交感神经系统和下丘脑-垂体-肾上腺轴等引发焦虑反应。

2. 焦虑与恐惧相关障碍的病程及预后 广泛性焦虑症起病缓慢，病程迁延，自行缓解者少。发病年龄越早，症状越重，社会功能受损越显著，预后越不理想。惊恐障碍患者部分会在几周内完全缓减，病程超过半年的患者容易发展为慢性波动性病程。大多数恐惧症患者起病缓慢，社交焦虑障碍多在童年后期或少年期起病，广场恐怖则多起病于20～40岁，病程越长，预后越差。分离性焦虑障碍幼年起病，随环境改变或年龄增长症状逐渐减轻，预后良好。选择性缄默起病隐匿，大部分患者随年龄增长病情缓减，部分患者的语言、行为或情绪症状延续至成人，及早诊断及时干预能改善预后。

二、广泛性焦虑症

广泛性焦虑症（generalized anxiety disorder，GAD）是一种以焦虑为主要临床表现的精神障碍，基本特征为不局限于特定外部环境的泛化且持续的焦虑。女性多见，常与应激有关，是一种慢性焦虑障碍。多数广泛性焦虑症患者合并抑郁障碍或其他焦虑障碍，成为共病现象。

（一）病因及发病机制

1. 遗传因素 多项分析表明广泛性焦虑症有家族聚集性，遗传度为30%～40%。少数研究发现，广泛性焦虑症与D_2受体、5-HT转运体受体、多巴胺转运受体基因多态性相关，但仍需进一步研究证实。

2. 神经生物学因素 对焦虑的神经生物学研究表明：γ-氨基丁酸、去甲肾上腺素、5-羟色胺等参与了焦虑的发生。广泛性焦虑症青少年的杏仁核、前额叶背内侧体积增大，杏仁核、前扣带回和前额叶背内侧活动增加，并且与焦虑严重程度正相关。

3. 心理社会学因素 行为主义理论认为焦虑是对某些环境刺激的恐惧而形成的条件反射；心理动力学理论认为焦虑源于内在的心理冲突，是童年或少年时期被压抑在潜意识中的冲突在成年后被激活而形成的。

（二）临床表现

1. 临床症状 广泛性焦虑症多缓慢起病，可与一些心理社会因素有关，尽管部分患者可自行缓解，但多表现为反复发作，症状迁延，病程迁延者社会功能下降。

（1）精神性焦虑：过度担心是焦虑的核心症状。表现为对未来可能发生的、难以预料的某种事情或不幸事情的担心，也有的患者不能明确地意识到他所担心的对象或内容，只是一种强烈的提心吊胆、不安的内心体验。有的患者担心的是现实生活中可能发生的事情，但其担心、焦虑程度与现实状况不相称，称为预期性焦虑。还可出现警觉性增高的表现，如对外界刺激敏感，注意力难以集中，难以入睡，睡中易惊醒，情绪易激惹等。

（2）躯体性焦虑：主要表现为运动不安和肌肉紧张。运动不安可表现为搓手顿足、不能静坐、不停地来回走动、无目的的小动作等；肌肉紧张可表现为主观上感觉肌肉紧张不舒服，严重时可有肌肉酸痛，也可见紧张性头痛、肢体震颤甚至语音发颤。

（3）自主神经功能紊乱：主要表现为心悸、胸闷气短、头晕头痛、皮肤潮红、出汗、口干、吞咽梗阻感、腹泻、便秘、尿频或尿急等症状。

（4）其他症状：广泛性焦虑的患者常同时合并其他症状，最常见的为不同程度的抑郁、疲劳、强迫症状、恐怖症状、人格解体等。

2. 临床检查与评估 焦虑发作时常表现有焦虑面容，应先观察患者生命体征，部分患者可能出现血压升高、心率增快、肢端震颤。应先排除器质性病变。

可使用汉密尔顿焦虑量表（Hamilton anxiety scale，HAMA），辅助评估患者焦虑的严重程度。

知识拓展 **焦虑是把双刃剑**

焦虑是把双刃剑。焦虑是我们生活中最常见的一种复合性负性情绪，它在生活中无处不在并且会影响我们的行为。人们常把它们当作贬义词，认为所有的焦虑都是不好的。其实适度的焦虑对人是有益的。当一些事件发生的时候，它能调动机体的一切力量去迅速而又有效地应对发生的突变情况；考试前适度的焦虑让人更加认真、刻苦地努力学习。过度的焦虑或病态的焦虑不仅影响人的心理，而且会影响人的躯体，睡眠及饮食等发生改变。因此，焦虑既能保护我们又可能伤害我们。

（三）诊断

参照ICD-11标准，诊断广泛性焦虑症病程必须至少6个月，一次焦虑发作中，患者必须在至少数周（通常为数月）内的大多数时间存在焦虑的原发症状，这些症状通常包括以下要素：

1. 过度的焦虑和担忧 无明确对象或无固定内容的恐惧，或提心吊胆，或精神紧张，注意困难。

2. 运动性紧张 表现为坐卧不安、紧张性头痛、颤抖、无法放松等。

3. 自主神经活动亢进 表现为心动过速或呼吸急促、头晕、口干、出汗、上腹不适等。

同时，需排除甲状腺功能亢进、冠心病、高血压等躯体疾病所致继发性焦虑；排除抑郁障碍、精神分裂症等精神障碍；排除服用兴奋药物过量，以及镇静催眠药物或抗焦虑药物的戒断反应。

（四）治疗

广泛性焦虑症是一种慢性高复发性疾病，提倡全病程治疗。分急性期治疗、巩固期治疗和维持期治疗。急性期治疗主要是控制焦虑症状，尽量达到临床治愈；巩固期治疗一般至少2～6个月，在此期间患者病情不稳，复燃风险极大，因此需预防复燃；维持期治疗一般需要维持至少12个月以防止复发。

1. 心理治疗 最常用于广泛性焦虑症患者的心理治疗是认知治疗、行为治疗或认知行为治疗。焦虑症患者对事物的一些歪曲认识，是造成疾病迁延不愈的原因之一。因此运用认知疗法对患者进行全面评估，帮助其改变不良认知或认知重建；同时可使用放松训练、呼吸控制训练等减轻患者焦虑症状。

2. 药物治疗 SSRI和SNRI对广泛性焦虑症有效，且不良反应少，目前在临床中广泛使用。三环类抗抑郁药如丙咪嗪、阿米替林等对广泛性焦虑症有较好疗效，但其较强的心脏毒性限制了它们的使用。抗抑郁药物起效慢，苯二氮䓬类药物起效快，长期使用易成瘾。因此临床上运用时，多采用早期将苯二氮䓬类药物与三环类或 SSRI/SNRI 合用，然后逐渐停用苯二氮䓬类药物。

3. 辅助治疗　如重复经颅磁刺激治疗（rTMS）、有氧运动、针灸，以及联合冥想和瑜伽等方法，但相关研究资料较少或缺乏随机对照研究。

三、惊恐障碍

惊恐障碍（panic disorder，PD）又称急性焦虑障碍，是一种以反复的、非预期的惊恐发作为主要原发症状的精神障碍。突然发作时，患者体会到濒临灾难性结局的害怕和恐惧。焦虑、紧张十分明显，发作后常迅速终止。

（一）病因及发病机制

1. 遗传因素　从家系和双生子研究推断其遗传度为40%，有研究发现儿茶酚-*O*-甲基转移酶（COMT）Vall58Met 多态位点与惊恐障碍的关联被证实，但这一基因位点也与其他精神疾病有关联。

2. 神经生化因素　研究发现，与正常人群相比，惊恐障碍患者可能存在脑干 CO_2 感受器超敏；γ-氨基丁酸受体-氯通道-苯二氮䓬受体复合体在抗焦虑中起重要作用；抗抑郁剂对惊恐障碍的疗效证实 5-羟色胺系统在惊恐障碍中起重要作用。

3. 心理社会因素　心理学研究有不同的阐释，精神分析理论认为惊恐发作是个体害怕潜意识的冲动影响现实生活，同时行为主义理论认为惊恐障碍是与生活中创伤事件相关的条件联系，但多数人找不到相关的创伤事件。

（二）临床表现

1. 临床症状

（1）惊恐发作：患者常在无客观危险的日常环境下，突然感到一种突如其来的惊恐体验，伴濒死感或失控感以及严重的自主神经功能紊乱症状。患者觉得死亡将至，极度紧张害怕，肌肉紧张、坐立不安、全身发抖或无力。发作时明显的躯体不适，伴出汗、胸闷、呼吸困难或过度换气、心动过速、头痛、四肢麻木、胃肠不适等自主神经功能紊乱症状。患者会呼救、惊叫或逃离所处环境。部分患者有人格或现实解体。惊恐发作常起病急骤，终止迅速，历时5～20 分钟，一般 10 分钟内达到高潮，发作不超过 1 小时，但不久又可突然再发。

（2）预期性焦虑：发作期间始终意识清晰，高度警觉，间歇期仍心有余悸、高度警觉，产生预期性焦虑，担心再次发作。此时的焦虑体验虽不再突出，但虚弱无力，恢复期需数小时至数天。

（3）回避行为：60% 的患者对再次发作有持续焦虑，害怕发作产生不良后果，发生相关的行为改变，如回避学习或工作场所，害怕不易逃生或找不到帮助的某些地方或场景，害怕独自离家或乘坐交通工具，逐渐发展为广场恐怖。

部分惊恐障碍可在数周内缓解，病程超过 6 个月者易慢性化，共患抑郁症可使惊恐障碍预后变差；不伴广场恐怖的患者预后较好，伴广场恐怖患者复发率高且预后欠佳。此类患者常并发社交恐惧障碍、广泛性焦虑症、抑郁障碍和物质滥用；大约 7% 的患者可能出现自杀行为。

2. 临床检查与评估　惊恐发作时患者难以忍受，其意识清楚，双侧瞳孔等大等圆，皮肤黏膜无发绀，四肢活动灵活，患者可能有血压波动和心律异常。

可使用惊恐障碍严重度量表（panic disorder severity scale，PDSS）来评估惊恐障碍的严重程度。

3. 辅助检查 对于惊恐障碍患者，心电图、血糖、血氧饱和度、血电解质、心肌酶学、超声心动图、甲状腺功能、肾上腺功能、脑影像等检查是必需的；怀疑惊恐障碍与精神活性物质相关时需进行尿筛查实验；部分患者的头晕与前庭功能相关，需进行相关检查。

（三）诊断

1. 患者以惊恐发作症状为主要临床相，症状特点符合下述 3 项：①无明显诱因突然发生的强烈惊恐、伴濒死感或失控感等痛苦体验；②发作时有严重的自主神经症状；③发作不可预测，发作时意识清晰，事后能回忆。

2. 每次发作时间短暂（一般不超过 1 小时），通常突然发生又突然停止，常可自行缓解；发作时明显影响正常活动。

3. 在至少 1 次的惊恐发作后 1 个月内存在：①担心再发作；②担心发作的后果和可能产生的不良影响；③与发作相关的行为改变。

4. 排除其他临床问题导致的惊恐发作，如心血管病、低血糖、内分泌疾病、药物戒断反应和癫痫所致的类似发作。

（四）治疗

治疗目标为减少或消除惊恐障碍发作，改善预期性焦虑和回避行为，提高生活质量，改善社会功能。

1. 药物治疗 对惊恐障碍治疗效果明显。苯二氮䓬类治疗惊恐起效快，可选用阿普唑仑或氯硝西泮，但长期使用易导致依赖；SSRI 通常 2～3 周起效，无滥用和依赖倾向，长期服用可降低复发率；三环类抗抑郁药如氯米帕明治疗惊恐效果好，但不良反应多，应小剂量开始；临床常采用苯二氮䓬类联合 SSRI 治疗。

2. 心理治疗 用药物治疗控制惊恐发作之后，常需配合心理治疗，才能消除患者的预期性焦虑和恐怖性回避。主要方法有支持性心理治疗、认知行为治疗。通过支持性心理治疗减轻患者的精神负担，鼓励患者坚持治疗计划。认知行为治疗分三步：第一是让患者了解惊恐发作、发作间歇性及回避过程；第二是内感受性暴露，通过有计划地暴露，使患者注意这些感受，从而耐受并控制这些感受，不再惊恐发作；第三是认知重组，让其发现惊恐所导致的结果与既往的认识有很大差距。

四、广场恐怖

广场恐怖是一种焦虑恐惧障碍，所恐惧的对象是特定场所或处境，如在出现惊恐发作和其他尴尬情况下难以逃离或不能得到帮助的场所，尽管当时并无危险。患者虽然知道恐惧是过分的或不合理的，但仍然回避所害怕的场所和处境，使个体的工作、学习和其他社会功能受限。

（一）病因及发病机制

1. 遗传因素 研究显示，广场恐怖的遗传度高达 61%，在各种恐怖障碍中其与遗传因素关联相对较强。

2. 环境因素 广场恐怖发病与儿童时期的负性和应急事件，如分离、父母过世或被攻击等明显相关，患者描述其家庭特点多为不够温暖、过度保护等。

3. 心理因素 行为抑制、神经质倾向、焦虑敏感与广场恐怖相关。有研究发现：广场恐怖患者多是依赖性较强、倾向于回避问题的人。

（二）临床表现

1. 无惊恐发作广场恐怖 这类患者在广场恐怖症状出现前和病程中从无惊恐发作，其主要表现为害怕离家或独处，害怕处于被困、窘迫或无助的环境，这些场所包括乘坐公共交通工具，在人群、商场、电梯、饭店等公共场所，在广场、山谷等空旷地方等，因而回避这些环境，甚至可能完全不能离家。当患者进入这类场所或处于这种状态便感到紧张、不安，出现明显的头晕、心悸、胸闷、出汗等自主神经反应；严重时可出现人格解体体验或晕厥。常随之而出现回避行为。在有一次或多次类似经历后，常产生预期焦虑。在有人陪伴时，患者的恐惧可以减轻或消失。长期患病可继发抑郁障碍、酒精及药物滥用。

2. 有惊恐发作广场恐怖

（1）广场恐怖起病前从无惊恐发作，不再害怕的场所也无惊恐发作，只在经历害怕的场所或境遇时极度恐惧，达到惊恐发作的诊断标准。

（2）广场恐怖起病前经历过一次或多次惊恐发作，害怕单独出门或单独留在家里；在惊恐障碍得到有效治疗后，广场恐怖会逐渐消失。

（3）广场恐怖和惊恐发作见于同一患者，患者既在人多拥挤的场合感到紧张不安，也在一般情况下有惊恐发作。这种情况常需分别给予适当治疗，两类症状才会消失。

（三）诊断

确诊需符合以下 3 项条件。

1. 心理症状或自主神经症状必须是焦虑的原发表现，而不是继发于其他症状，如妄想或强迫思维。

2. 焦虑必须局限于或主要发生在以下情境：使用交通工具、处于开放空间、处于密闭空间、站队或人群中、独自离家外出，诊断广场恐惧障碍需有至少 2 种。

3. 对恐怖情境的回避必须是或曾经是突出特点。

（四）治疗

1. 心理治疗 行为疗法是治疗广场恐怖的首选方法，可使用系统脱敏疗法或暴露疗法。环境可以是现实的，也可以是虚拟的。心理治疗的基本原则为消除恐惧对象与焦虑恐惧反应的条件性联系，对抗回避反应，改变自己不良认知。

2. 药物治疗

（1）抗焦虑药：苯二氮䓬类药起效迅速，对紧急情境下的强烈恐惧或焦虑效果良好，常用药物为阿普唑仑、劳拉西泮等。

（2）抗抑郁药：可治疗患者存在的抑郁障碍，同时对没有抑郁但常有惊恐发作的广场恐怖也有治疗作用。SSRI 已被证实可有助减少或防止各种形式焦虑的复发。

五、社交焦虑障碍

社交焦虑障碍（social anxiety disorder，SAD）也称社交恐惧症（social phobia），是对社交或公开场合感到强烈恐惧或忧虑，因而尽力回避的一种心理疾病。患者很清楚这种反应是过分和不合理的，但无法控制。患者因为害怕在人前出丑或难堪而尽力回避各种社交场合，严重地影响了个人的生活、职业和社会功能。本病多青春期起病，患病率为 3%～13%，占焦虑障碍患者的 10%～20%。

（一）病因及发病机制

目前认为社交焦虑障碍的病因是遗传因素和环境因素相互影响，共同起了作用。

1. 遗传因素 研究显示，社交焦虑障碍的一级血缘亲属会增加罹患社交焦虑障碍的发生率。目前估计遗传因素可以解释发展为社交焦虑障碍有 50% 变异。

2. 神经生化因素 研究发现 5-羟色胺神经递质的失调与社交焦虑障碍有关。这种神经递质负责向大脑神经细胞传递信息，它的过多或过少都可引起人们的恐惧情绪。

3. 心理因素 社交焦虑障碍患者一般缺乏自信，害怕被别人拒绝，或者对自己的外貌没有信心。有些患者由于在以往的交往过程中碰到过挫折、失败，或者受到过嘲笑、拒绝等，从而在他们的心理上留下阴影，使其对人群感到恐惧，以致害怕与人交往。

4. 环境因素 研究显示，患者的父母较正常人的父母对子女缺乏情感温暖、理解、信任和鼓励，但却有过多的拒绝、惩罚、干涉和过度保护。一般认为，过多拒绝式的教育与患者害怕被否定的社会性焦虑产生有关，患者具有“过分关心他人评价、害怕被否定和渴望被尊重”的认知心理特征。

（二）临床表现

1. 害怕 社交焦虑障碍的特征性症状是持久显著地害怕一种或多种社交或表演情境。害怕与别人接近或交往，尤其是陌生人；害怕与人谈话或约会，尤其是与重要人物谈话、在公众面前讲话、讲课或发言；害怕在别人审视下做任何事情，包括喝茶、吃饭；害怕自己做出丢脸或尴尬的事情，害怕自己的行为或表现会被别人取笑，如怕说话不得体、走路姿势不优雅、衣裤扣子没扣好。

2. 焦虑 社交焦虑障碍患者暴露于害怕的社交情境毫无例外地会引发焦虑。焦虑形式有多样，如退缩在情境边缘，紧张、心悸或出汗，外表克制、内心痛苦，情境易感性惊恐发作。对儿童而言，可能表现为哭叫、发脾气、退缩、呆若木鸡，或行为失常。社交焦虑障碍患者通常伴有自我评价低和害怕批评，可有脸红、手抖、恶心或尿急等主诉。

3. 回避 社交回避是社交焦虑障碍的突出症状，孤立型社交焦虑障碍患者回避有限几种社交情境，泛化型社交焦虑障碍患者几乎回避所有的社交情境。严重者可能除了家人外，不愿见任何人，不去参加工作，整日在家不出门。如果不得已必须面对他们害怕的社交情境，事先就感到严重焦虑和极度不舒服，事后这种不舒服的感觉还会持续存在。

4. 认知反应 社交焦虑障碍患者会认为别人都能在社交场合应付自如，唯独自己不行；他们会用心理显微镜观察自己微小的过失；认为脸红是一件特别尴尬的事情，似乎所有的眼睛都在看着自己，觉得无地自容。

5. 社会功能损害 由于对社交情境恐惧、回避或痛苦，使正常生活、学习与工作、人际关系受到严重影响。社交焦虑障碍患者的工作和学习能力没有障碍，能够胜任不与人接触或交往的工作。

（三）诊断

1. 个体由于面对可能被他人审视的一种或多种社交情况时而产生显著的害怕或焦虑。例如，社交互动（对话、会见陌生人），被观看（吃、喝时），以及在他人面前表演（演讲时）。

注：儿童的这种焦虑必须出现在与同伴交往时，而不仅仅是与成年人互动时。

2. 个体害怕自己的言行或呈现的焦虑症状会导致负性的评价（即被羞辱或尴尬；导致被拒绝或冒犯他人）。

3. 社交情况几乎总是能够促发害怕或焦虑。

注：儿童的害怕或焦虑也可能表现为哭闹、发脾气、惊呆、依恋他人、畏缩或不敢在社交情况中讲话。

4. 主动回避社交情况，或是带着强烈的害怕或焦虑去忍受。

5. 这种害怕或焦虑与社交情况和社会文化环境所造成的实际威胁不相称。

6. 这种害怕、焦虑或回避通常持续至少 6 个月。

7. 这种害怕、焦虑或回避引起有临床意义的痛苦，或导致社交、职业及其他重要功能方面的损害。

8. 这种害怕、焦虑或回避不能归因于某种物质（如滥用的毒品、药物）的生理效应，或其他躯体疾病，也不能用其他精神障碍的症状来更好地解释。

（四）治疗

1. 认知行为治疗 消除患者与焦虑反应之间的条件联系；对抗回避行为；逐步改变自己的不良认知。

2. 药物治疗 SSRI 是治疗社交焦虑障碍的一线药物，也可使用 SNRI。苯二氮䓬类可明确控制焦虑恐惧，但不宜长期使用。

六、其他焦虑与恐惧障碍

（一）分离焦虑障碍

分离焦虑障碍（separation anxiety disorder）一般起病于童年早期阶段，是患者针对与所依恋的人（通常是父母或其他家庭成员及照料者）分别而产生的显著的、过度的恐惧或焦虑症状。而成人的分离焦虑障碍通常与配偶及儿女相关。

1. 病因与发病机制 遗传是分离焦虑障碍的主要原因，研究显示儿童分离障碍的遗传度可高达 73%。患者幼时通常胆怯、过度依赖。患者成长过程中家长对其过分保护、严厉、粗暴等不当教育方式会影响分离焦虑障碍发生。

2. 临床表现

（1）临床症状：童年或青少年分离焦虑障碍主要表现为：①当患儿与父母或其他依恋对象分离时，表现出显著的恐慌，担忧依恋对象受到伤害，或担心他们会离开自己；②当与依恋对象分离时，表现出社交退缩、冷淡、悲伤，或者在玩耍、学习或工作中难以集中注意力；③可能表现出愤怒，或者偶尔会攻击那些强迫其分离的人；④可出现各种躯体不适，如胃痛头痛、心悸、恶心、呕吐等，或出现哭泣、拒绝上学、逃学等行为问题。

成年分离焦虑障碍主要表现为在离家或与依恋对象分离时可出现过度害怕或担忧，并对该个体的情绪、行为与社会功能造成影响。

（2）临床检查与评估：患者的实验室检查大都正常，没有明显的智力障碍，情绪改变与和依恋对象分离有直接关系。

3. 诊断

（1）个体与其依恋对象离别时，会产生与其发育阶段不相称的过度的害怕或者焦虑，至少符合以下表现中的 3 种：

1）不现实地、前瞻性地忧虑主要依恋人可能遇到伤害，或害怕他一去不回。

2）不现实地、前瞻性地忧虑某种不幸事件，如走失、被绑架、住院或被杀，会使得他（她）与主要依恋人分离。

3）因怕分离而总是不愿或拒不上学（不是由于其他原因，如害怕学校里的事）。

4）没有主要依恋人在身边，总是不愿或拒不就寝。

5）持久而不恰当地害怕独处，或白天没有主要依恋人陪同就害怕待在家里。

6）反复出现与离别有关的梦。

7）当与主要依恋人分开，如离家去上学时，反复出现躯体症状（如恶心、胃痛、头痛、呕吐等）。

8）在与主要依恋人分离前、分离中或分离后马上出现过度的、反复发作的苦恼（表现为焦虑、哭喊、发脾气、痛苦、淡漠或社交性退缩）。

（2）这种害怕、焦虑和回避是持续性的，儿童和青少年至少持续 4 周，成年人则至少持续 6 个月。

（3）这种障碍引起有临床意义的痛苦，或者导致社交、学业、职业或其他重要功能方面的损害。

（4）这种障碍不能用其他精神障碍来更好地解释。

4. 治疗

（1）心理治疗：是主要治疗方法，包括支持性心理治疗、家庭治疗和行为治疗。

（2）药物治疗：较少使用，对严重患者可酌情使用苯二氮䓬类药或有抗焦虑作用的抗抑郁药。

（二）特定恐惧障碍

恐惧障碍（phobia disorder）是一种以过分和不合理的惧怕外界某种客观事物或情境为主要表现的疾病，患者明知这种恐惧反应是过分的或不合理的，但仍反复出现，难以控制。特定恐惧障碍（specific phobia disorder）是指患者针对特定的物体、场景或活动的恐惧或回避。

1. 病因与发病机制 经历创伤是许多特定恐惧障碍患者的可能发病机制之一。一些患者可能在经历如被动物攻击或受困于电梯间之后，出现对该类动物或类似于电梯的幽闭空间的恐惧。还有一些患者的恐惧发生在社会性学习之后，如观察到他人经历创伤事件、看到某人的一次惊恐发作、听到一次飞机失事造成了严重的事故等。然而，许多有特定恐惧障碍的个体无法回忆起他们的恐惧情绪起病的特定原因。

2. 临床表现 特定恐惧障碍一般在童年或成年早期就出现，患者可能要面对恐惧刺激的预期性焦虑、面对时的恐惧，以及为减少恐惧采取的回避行为。患者通常害怕的不是物体或场景本身，而是随之可能带来的后果，如恐惧驾驶是害怕交通事故，恐惧蜘蛛是害怕被咬伤，这些恐惧是过度的、不合理的和持久的。恐惧的对象可以是特定自然环境（如高处、雷鸣、黑暗）、动物（如昆虫）、血液-损伤-注射、场景（如飞行、密闭空间），也可为害怕窒息、感染某种疾病（如艾滋病）等。特定恐惧障碍患者发生抑郁障碍和躯体形式障碍的共病率高达 30%。

3. 诊断

（1）对特定的事物或情景，如飞行、高处、动物、接受注射、看见血液等，产生显著的害怕或焦虑。儿童的害怕或焦虑也可能表现为哭闹、发脾气、惊呆或者依恋他人等。

（2）恐惧的事物或情况几乎总是能够促发立即的害怕或焦虑。

（3）对恐惧的事物或情况主动地回避，或者带着强烈的害怕或焦虑去忍受。

（4）这种害怕或焦虑与特定事物或情况所引起的实际危险及所处的社会文化环境不相称。

（5）这种害怕、焦虑或回避通常持续至少 6 个月。

（6）这种害怕、焦虑或回避引起有临床意义的痛苦，或导致社交、职业及其他重要功能方面的损害。

（7）这种障碍不能用其他精神障碍的症状来更好地解释。

（8）根据恐惧刺激源可分别命名为：①动物型：例如对蜘蛛、昆虫、狗的恐惧。②自然环境型：例如对高处、暴风雨、水等恐惧。③血液-损伤-注射型：例如对针头、侵入性医疗操作恐惧。

对于个体来说，有多个特定恐惧对象是常见的，75% 的特定恐惧障碍患者害怕超过 1 种物体或情景。

4. 治疗

（1）心理疗法：常见方法为暴露疗法，治疗师通过渐进的、自我控制的暴露于恐怖刺激的方法使患者慢慢减少情绪反应，降低恐惧程度和提高相应功能，具体效果依赖于反复长期练习。

（2）药物治疗：帕罗西汀、β 受体阻滞剂对特殊恐惧障碍有效。

（三）选择性缄默

选择性缄默（selective mutism）是一种儿童和青少年的心理障碍，其主要特征是在某些社交场合下选择不说话或说话非常少，尽管他们在其他情境中可以流利地说话。这种障碍得名于其“选择性”的特性，因为患者通常只在特定情况下选择性地保持缄默。

1. 病因及发病机制

（1）气质类型：某些孩子在刚出生时就具有羞怯的气质，天生就倾向于对新环境产生恐惧和戒备。选择性缄默症儿童表现出压抑的气质，而儿童早期的行为压抑与儿童后期的焦虑阻碍发展的高危型有关，但是这些气质特征究竟是病因还只是儿童在害怕的环境中的症状、表现，还需进一步探究。

（2）家庭因素：家庭是儿童成长发展的重要场所，儿童选择性缄默症可能会被不良的家庭环境诱发。当儿童受到父母过分的权威控制、过度保护或严格要求，易养成敏感、畏惧、缺乏安全感的个性，家庭冲突在选择性缄默儿童家庭中也十分常见。

（3）神经发育因素：尽管大部分的选择性缄默症儿童智商正常，但仍有部分和孤独症及智力低下交叉，比如超过半数的患儿语言幼稚或有其他的语言困难，超过半数的患儿交流障碍。

（4）听觉神经机制：中耳声反射和内侧橄榄耳蜗束反射功能障碍，可能与一些选择性缄默症儿童的听觉处理障碍有关，在听觉环境（学校、操场）中，在背景噪声中进行交流会产生很高的知觉要求，更容易产生缄默。

2. 临床表现　患者讲话的场合及对象具有明显的选择性，且受情绪制约，患者在某些场合（如在家中）可以表现出充分的语言能力，但在某些要求进行语言交流的特定场合（通常在学校、面对陌生成年人）却持续地不能说话，其发生并非由于器官功能障碍或语言理解障碍等原因引起。这些紊乱持续至少 1 个月，甚至数年。

3. 诊断　选择性缄默的诊断相当困难，需要全面的检查评估，包括神经系统检查、精神心理检查、听力检查、社会交流能力检查、学习能力检查、语言和言语检查以及各种相关的客观检查（如脑电图、头颅影像学、事件反应电位）等。

4. 治疗 选择性缄默的治疗重点在于消除精神因素。在与患者的日常接触过程中，对患者的缄默表现不要过分注意，避免逼迫他们讲话而造成情绪紧张。针对具体情况，为患者安排合适的生活环境，避免对患者造成过多刺激，并鼓励患者参加集体活动和锻炼。同时，也可给予适当的抗焦虑药物。

第二节 焦虑与恐惧相关障碍的护理程序

焦虑与恐惧相关障碍护理的评估重点是生理功能、精神症状、心理功能、社会功能等方面。护士通过对患者的评估实施针对性、个性化的护理，对患者呈现的困难和问题进行分类，整理出有优先次序护理问题，并运用护理程序为患者做好整体护理。

一、护理评估

（一）健康史

1. 现病史 评估此次发病有无应激事件、发病时间、症状表现、持续时间及对学习、工作、生活、娱乐的影响及严重程度。

2. 个人史 患者的年龄、性别、婚姻状况；母孕及分娩期状况；患者社会、文化、教育情况；个人生活方式、嗜好、智力、学业、人际交往状况、个人成长状况。

3. 家族史 父母两系三代是否有精神疾病发作史。

4. 既往史 评估是否有过精神疾病和躯体疾病，患病时间、原因、表现、诊断及治疗情况。

5. 体格检查、辅助检查 神经系统及实验室和其他辅助检查状况。

（二）精神症状评估

评估患者焦虑、惊恐发作及恐惧症状具体特征，如主要临床表现、程度、形式、频率及持续时间等。是否伴有情绪情感变化，有无消极念头等，有无失控感、濒死感（惊恐发作）。可使用焦虑自评量表（SAS）、汉密尔顿焦虑量表（HAMA）、惊恐障碍严重度量表（panic disorder severity scale，PDSS）等评估工具辅助评估。

（三）心理状况评估

1. 病前个性特点 评估患者病前性格特征，如开朗或孤僻，兴趣爱好。可使用艾森克人格问卷（Eysenck personality questionnaire，EPQ）、明尼苏达多项人格测验（Minnesota multiphasic personality inventory，MMPI）等评估工具辅助评估。

2. 应对方式 评估患者病前面对悲伤和压力等应激性事件的应对方式。可使用特质应对方式问卷（trait coping style questionnaire，TCSQ）、简易应对方式问卷（simplified coping style questionnaire，SCSQ）等评估工具辅助评估。

3. 情感表现 评估患者的情绪状态，如有无惊恐、长期紧张不安、心烦意乱以及发作频率和持续时间。

4. 思维方式 评估患者有无思维形式障碍。

5. 意志行为 评估患者意志行为是否减退，有无行为被动、退缩、回避等。

6. 感知觉障碍 评估患者有无幻觉，是否有感觉过敏、异常、缺失等。可使用阳性与阴性症状量表（the positive and negative symptom scale，PANSS）、简易智力状态检查量表（mini-mental state examination，MMSE）等评估工具辅助评估。

此外，可通过与患者的面对面交谈、观察以及应用心理评估问卷等方式来帮助全面评估其心理状态。

（四）社会状况评估

1. 评估焦虑源 如近期有无重大生活事件，对患者的影响程度，是否突然出现强烈恐惧感、濒死感等，是否产生回避行为，如回避某些场所或事件。

2. 社会交往能力 如患者病前的社会交往技能、行为自控能力；是否因敏感、易紧张造成人际关系不良。可使用住院精神病人社会功能评定量表（scale of social function in psychosis inpatients，SSPI）、社会功能缺陷筛选量表（social disability screening schedule，SDSS）、社会和职业功能量表（social and occupational functioning assessment scale，SOFAS）等评估工具辅助评估。

3. 人际关系 评估患者的人际关系状况，包括与亲属、朋友、同事等。可使用社会支持量表（social support rating scale，SSRS）、人际关系量表（interpersonal relation scale，IRS）等评估工具辅助评估。

4. 支持系统 婚姻状况、家庭成员之间的关系、家庭成员对患者的态度和护理能力及家庭成员对待疾病的认知程度和情绪状况等。

5. 经济状况 经济收入、对医疗费用支出的态度等。可使用自我感受负担量表（self-perceived burden scale，SPBS）等评估工具辅助评估。

6. 家庭环境 对于儿童青少年，重点要评估家庭社会环境，如父母养育方式、童年期创伤经历、同伴关系等因素。可使用家庭教养方式问卷（family upbringing style questionnaire，FUSQ）、儿童期创伤问卷（childhood trauma questionnaire，28 item short form，CTQ-SF）等评估工具辅助评估。

（五）生理状况评估

1. 评估患者的生命体征。
2. 评估患者饮食、睡眠、排泄等情况。
3. 评估患者营养、水电解质平衡情况。
4. 评估患者的自理能力。
5. 评估患者躯体各器官功能，患者是否突然出现心悸、气短、胸闷、出汗、头晕、全身不适等症状，评估患者躯体内感不适的严重程度及性质，鉴别症状类型（器质性/功能性），便于采取正确处理方式。

二、常见护理诊断/问题

焦虑与恐惧相关障碍的临床表现广泛，包括患者的主观感受和客观表现、精神症状和躯体不适，因此护理诊断涉及十分广泛，这里仅就其精神症状及具有共性的躯体症状方面提出如下护理诊断以供参考。

（一）心理功能方面

1. 焦虑 与紧张担心、分离、未来预期性威胁有关。

2. 恐惧 与濒死感、自主神经功能紊乱、特定场所、物体、情景有关。

3. 个人恢复能力障碍 与精力状态改变有关。

4. 自我认同紊乱 与缺乏自信、角色功能转变及自尊低下有关。

5. 感知觉紊乱 与感觉过敏或减弱、感觉异样有关。

6. 有暴力行为的危险（对他人） 与焦虑发作时的烦躁情绪有关。

7. 有暴力行为的危险（对自己） 与焦虑症状有关。

8. 个人应对无效 与知识缺乏、无力应对压力情境、濒死感有关。

（二）社会功能方面

1. 社会交往障碍 与社交焦虑、选择性缄默有关。

2. 有孤立的危险 与担心发作而采取回避的行为方式有关。

（三）生理功能方面

1. 睡眠型态紊乱 与严重焦虑等不良情绪引起的躯体不适感有关。

2. 潜在的或现存的营养失调（低于机体需要量） 与紧张、焦虑等情况导致食欲下降有关。

3. 舒适度减弱 与焦虑症状有关。

4. 生活自理能力下降 与紧张不安、担心出现问题的焦虑症状有关。

三、护 理 目 标

1. 患者能正确认识疾病表现及其与内心冲突的关系，能描述焦虑发作时的体验，识别何时焦虑加重，能用一种以上适宜的方式来宣泄焦虑情绪，减少焦虑的体验，主诉焦虑减轻或消失。

2. 患者能认识到惊恐发作/急性焦虑发作时的濒死感与现实不符，能在护士的帮助下描述恐惧发作时的内心体验，能有效运用心理防御机制及应对技巧处理应激，调整恐惧情绪的发生，控制不良情绪，主观舒适感增加，主诉不再恐惧。

3. 患者能正常恢复精力、体力，能够正常生活。

4. 患者能充满自信，树立自尊，正确认识疾病，产生自我认同。

5. 患者感知觉紊乱的症状能得到最大程度的减轻，日常生活尽可能不被精神症状所困扰。

6. 患者能用语言表达烦躁和受挫感，用合理的宣泄情绪的方式来代替攻击他人的行为，减少暴力行为的发生。

7. 患者能用合理的方式表达自己心中的感受，消除任何自我伤害的想法，如果出现自伤或自杀想法时，能自行或委托他人及时与护士联系。

8. 患者的社会和家庭支持逐步提高，能在医护人员以及家庭成员的协助下完成一些事情，随着病情好转，患者能运用更多的方法去应对所遇到的事情。

9. 患者能积极参与社交活动，社会功能基本恢复。

10. 患者能主动表达自身需要，与他人建立良好的人际关系。

11. 患者能对自己的睡眠型态改变有正确的认知，通过松弛训练等方式改善睡眠状况，患者对睡眠的主观舒适感增加，能够按时入睡。

12. 患者摄入营养均衡，营养状态改善。

13. 患者基本的生理及心理需要得到满足，舒适感增加。

14. 患者生活自理能力提高，能正常满足机体需要。

四、护理措施

（一）基础护理

1. 生活护理 指导患者合理安排作息时间，养成定时排便习惯，及时处理便秘等问题；协助或指导患者完成洗澡、洗头、换衣服等日常生活活动，保持皮肤清洁、衣物和床铺整洁，做好个人卫生。

2. 饮食护理 提供易消化、有营养的饮食及良好的就餐环境；对有躯体疾病的患者应严格执行医嘱，予以适宜饮食；对拒食、厌食患者应反复劝说，必要时给予鼻饲或静脉补液。

3. 睡眠护理 合理安排睡眠时间，引导患者白天多参加工娱活动，进行适当体育锻炼，指导患者夜间采用放松疗法等方式提高睡眠质量；创造良好的睡眠环境；加强夜间巡视，防止意外事件的发生。

4. 病情监测 注重观察患者的潜意识与心理活动，及时了解患者的自身需求与不适主诉。增强服务意识，关注患者的病情变化，定时测量躯体情况与生命体征，做好护理记录。

（二）症状护理

帮助患者恢复或改善社会功能，护理人员应遵循以下原则：接受患者的症状，理解患者；帮助患者认识症状，减轻症状，或学会带着症状去生活。

1. 建立良好的护患关系，使患者与护理人员之间形成信任关系，对治疗更有信心。

2. 与患者接触过程中，对其症状不能简单地否认或评价，需耐心倾听患者对症状和感受的叙述，接受患者的症状与感受。

3. 有焦虑症状的患者给予安慰、理解，并倾听患者主诉，引导患者合理宣泄，指导患者使用肌肉放松法、深呼吸、冥想等方法减压。帮助患者了解运动能改善焦虑的原理，为患者设计科学合理的运动方案，并鼓励患者进行力所能及的体育锻炼。对于有选择性缄默症状的患儿，可以尝试艺术或游戏的方法，缓解其焦虑情绪，促进其交流。

4. 有恐惧症状的患者应主动热情地向其介绍病区环境，尽快消除陌生感。患者出现恐惧情绪时，护士应陪伴患者，并做好对患者恐惧对象、发作和持续时间的记录。

5. 鼓励患者表达焦虑和恐惧的情绪及不愉快的内心体验，协助其识别和接受负性情绪及相关行为。帮助患者觉察到焦虑及恐惧症状之外的其他事情，终止负性和应激性思维。

6. 协助医生对患者运用系统脱敏法、支持疗法、认知行为治疗等心理治疗技术，同时予以支持性心理护理。

7. 广泛性焦虑的护理

（1）患者在焦虑、惊恐发作时易出现自伤、伤人等冲动行为，因此必须加强巡视，掌握其发生规律，将患者的活动控制在工作人员视线范围内，禁止其单独活动或外出，禁止其在危险场所逗留。护士要认真交接班，必要时设专人护理，外出时应严格执行陪伴制度。

（2）患者焦虑发作时，护士或患者家属一定要陪伴在患者身旁，增加患者安全感，有利于稳定患者的情绪。

（3）焦虑可以传播，应尽可能限制患者与其他焦虑患者的接触，减少不良刺激。同时，鼓励患者积极疏导焦虑情绪，允许患者有适量的不良情绪宣泄。

8. 惊恐障碍的护理

（1）急性发作期：患者在惊恐发作时，护士须沉稳、镇静，尽快帮助患者脱离应激源或改换环境。治疗和护理需保持有序进行。应将患者和家属分开，以免互相影响和情绪传播，为患者创造有利于治疗的环境，必要时设专人陪护；护士要耐心倾听和安抚，态度和蔼，理解和尊重患者，如患者反应表现为挑衅和敌意时，应适当限制。

（2）间歇期：运用认知干预的方法，帮助患者辨别出可能诱发惊恐发作的因素，如特殊的情景或者想法。使用内感性暴露法，首先让患者反复想象暴露与惊恐发作时体验到的感觉，比如心悸或者头晕的感觉；其次，教会患者通过控制过度换气或体力活动（比如跑步、疾步上楼以引起心动过速）减轻恐惧感；最后，让患者体会和了解到这些感觉不一定进一步发展成为完全的惊恐发作；指导患者放松训练，以便患者在急性发作时，能够自我控制。做好家属工作，争取家庭和社会的理解和支持。

（三）安全护理

1. 密切观察患者病情变化，及时评估焦虑、抑郁情绪，自伤、自杀行为的危险性，注意防范患者自杀自伤行为发生。

2. 加强安全管理，定期检查环境中危险物品和不安全因素，帮助患者尽快适应新环境，预防意外发生，同时避免不安全因素对患者产生干扰和不良刺激。

3. 严格执行各项护理常规、制度，如交接班制度、给药制度等。

4. 提供安静、安全、舒适的环境，为患者改善焦虑恐惧情绪和解决睡眠问题创造良好的外部条件。

（四）药物护理

1. 观察患者服药的依从性 评估患者对药物治疗的态度，督促患者完成药物治疗，尤其是广泛性焦虑症患者，因其对药物的不良反应过度关注，会导致其不能按医嘱服药；在给药前交代患者有关药物的使用方法、剂量、服用后可能出现的不良反应，并嘱咐患者这些不良反应是可控的和能够耐受的；给药后要确认患者将药物服下，交代好患者及家属注意预防跌倒等意外事件，尤其是老年患者。

2. 密切观察并及时处理药物不良反应 护士在密切观察的同时，指导患者及家属识别药物不良反应，一旦发生不良反应及时报告医生，采取相应的护理措施，对症护理。

（五）心理护理

1. 建立良好的治疗性护患关系 良好护患关系的建立是整个护理过程顺利进行的重要保证。护士应在充分了解患者躯体和精神状况的基础上理解患者，成为患者倾诉的对象，每日在护理过程中对患者积极关注，鼓励患者用语言等合理的方式表达自己的感受和体验。护士应以真诚、理解、尊重的态度倾听患者的诉说，不要轻易否定患者对症状及感受的主诉，让患者感到其痛苦能被护理人员理解和接纳，赢得患者的信任和配合。

2. 鼓励患者表达不适感 鼓励患者表达自己的内心体验和负性情绪，有助于患者释放内心积蓄的焦虑能量，当患者表达感受和想法时，不要轻易打断患者的叙述，护士应该引导患者充分表达。

3. 与患者探讨相关的心理机制及应对方式 在谈话中护士有技巧地引导患者将话题从焦虑及恐惧症状转移到生活经历，探索产生焦虑的压力源和诱因，以及患者当前的应对机制，帮助其认识症状；了解患者的应对方式，与患者探讨有效的应对策略，并加以训练和强化。

4. 帮助患者正确认识疾病 对患者的症状进行合理的解释，指导其正确认识疾病的性质，消除患者的病耻感，增强战胜疾病的信心；向患者介绍疾病的发生发展情况，帮助患者分析疾病的症状，使患者意识到焦虑恐惧的产生原因及危害性，鼓励患者正确对待客观现实。帮助患者认识焦虑所呈现的行为模式，护士要接受患者的病态行为。在良好的治疗关系的前提下，运用说明解释等技巧，帮助患者认识其病态症状，明确地指出其焦虑行为，使患者努力减少焦虑行为。

5. 教会患者放松技巧　向患者讲解和指导学习放松技术，例如松弛疗法、静坐、深呼吸、慢跑、利用生物反馈仪训练肌肉放松治疗等，使患者在焦虑恐惧发生时及时得到缓减。鼓励患者参加运动，以帮助患者减轻焦虑情绪。

（六）健康教育

1. 指导患者充分了解自身的个性特点、内心冲突，明确其与疾病发生的关系，教会患者一些行为治疗技巧以及有效的应对方式，及时调整焦虑恐惧情绪，并鼓励患者参加社会活动，训练人际交往技巧。

2. 指导患者及家属充分了解疾病的相关知识，促使其与家属认识和接纳疾病，加强患者家属对患者的理解和支持，同时为患者建立良好的社会支持系统，防止疾病复发。

3. 指导患者出院后制订可行的活动计划，丰富生活内容，分散注意力；指导患者维持用药治疗以及门诊随访。

五、护理评价

1. 患者的情绪是否稳定，有无焦虑、恐惧、紧张等不良情绪。

2. 患者的焦虑症状是否减轻或好转。可使用 SAS、HAMA 等量表进行评价。

3. 患者是否能恰当运用心理防御机制等应对技巧减轻恐惧。

4. 患者能否充满自信，产生自我认同。可使用自我认同感量表（self-identity scale，SIS）进行评价。

5. 患者的精神症状是否得到缓解，日常生活有无被精神症状所困扰。可使用 PANSS、MMSE 等量表进行评价。

6. 患者能否正确认识疾病，是否接受症状，能够顺其自然，带着症状生活。

7. 患者能否积极配合治疗和护理。可采用半结构式访谈、ITAQ 等进行评价。

8. 患者能否正确认识应激事件，是否学会正确应对方法。可使用 SCSQ 等进行评价。

9. 患者能否正常履行社会功能。可使用 SDSS、SLOF、SOFAS 等量表进行评价。

10. 患者能否主动参与社交活动，与他人建立良好的人际关系。可使用 SSRS、IRS 等进行评价。

11. 患者睡眠等基本的生理需要是否得到满足。

12. 患者摄入营养是否均衡，营养状态是否改善。

13. 护理后患者的舒适感是否增加。

14. 患者自理能力是否提高，能否正常满足自己的生活需要。可使用 ADL、Barthel 指数等进行评价。

思考题

1. 焦虑与恐惧相关障碍的主要类别包括哪些？共同特征有哪些？

2. 焦虑与恐惧相关障碍患者的主要护理措施有哪些？

（邹海欧）

第十一章　强迫及相关障碍患者的护理

《学习目标》

知识目标：通过对课程的系统学习能充分掌握强迫及相关障碍的临床表现、治疗和护理措施。

能力目标：能根据患者的疾病情况判断其存在的护理问题并制订相应护理计划，以及熟练地开展护理措施并做好健康教育。

素质目标：树立以患者为中心的理念，在护理过程中融入人文关怀，并学会保护患者隐私。

《思维导图》

思维导图请扫封底二维码。

《情景导入及思考》

小李，高中生，喜爱干净。近半年来，每次吃饭前，小李只要接触了东西都要洗手，包括接触已经洗干净的碗筷，一遍又一遍洗了又洗，即便是在由于洗手次数过多造成手部皮肤干燥未缓解的情况下，也依然要一遍一遍地洗手。小李自己也知道其实没必要这么频繁地洗手，但就是停不下来，控制不住地反复洗手。另外，与他人一起用餐时，也要求其他人反复洗手。为此，小李特别困扰，不仅影响自己，还影响与他人的关系，但越是控制就越痛苦不安。

思考：

1. 小李的这种情况正常吗？与我们平常的勤洗手有何不同？
2. 应从哪些方面进行病史采集及评估？
3. 针对小李应该如何实施护理措施？

第一节　强迫及相关障碍的临床特点

强迫及相关障碍在ICD-11和DSM-5诊断标准中是新的独立疾病分类，包括强迫症、躯体变形障碍、囤积障碍、拔毛障碍、皮肤搔抓障碍、嗅觉牵涉障碍等。此分类依据的是这些疾病具有相同的临床特征——具有类似持续性、闯入性、非己所欲的强迫性思维、先占观念和反复的强迫行为，以及相似的病理生理基础和治疗手段，如SSRI是这些疾病的一线治疗药物。

一、强　迫　症

（一）概述

强迫症（obsessive-compulsive disorder，OCD）是一种以反复出现的强迫观念、强迫冲动或强迫行为等为主要临床表现的精神疾病。其症状复杂多样，病程迁延，易慢性化，致残率较高，对婚姻、职业、情感、社会功能都有严重影响。

强迫症终生患病率为0.8%～3.0%，精神科门诊患者患病率约10%，平均发病年龄20岁，男性（19 岁）稍早于女性（22 岁）。约 2/3 的患者症状起病于 25 岁前，不到 15% 的患者起病于 35 岁后。女性患病率稍高于男性（1.2∶1）。

强迫症与其他精神障碍具有较高的共病率，56%～83% 的强迫障碍患者至少共患一种其他精神障碍，与下面精神障碍的共病率分别为：抑郁症，67%；社交恐怖，25%；抽动秽语综合征，5%～7%；抽动症，20%～30%。

时间长廊　　强迫症概念的演变

强迫症的概念在过去几十年中有所演变，以下是其大致的演变过程：① 19 世纪：弗洛伊德等心理学家开始将强迫症作为一种心理防御机制和冲突处理的结果进行解释，认为强迫症症状是潜意识冲突的表达。② 20 世纪初：强迫症被视为一种独立的精神障碍，其特征症状包括强迫思维和强迫行为，被视为一种与焦虑紧密相关的疾病。③ 20 世纪后期：研究者认识到强迫行为不仅仅是恐惧驱动的，还可能与其他因素如认知、神经生物学和遗传因素有关。强迫症开始被视为一种多维度的疾病。④当代：强迫症被认为是一种与神经系统、脑结构和功能异常相关的疾病。针对强迫症的治疗方法也日益多样化，包括药物治疗、心理治疗和其他创新性方法的应用。

（二）病因及发病机制

强迫症是一种多维度、多因素疾病，病前人格、遗传风险、生理因素、心理因素、环境因素均在其发病中发挥作用。

1. 遗传因素 强迫症患者的家系遗传、双生子遗传、遗传分离分析和基因关联研究均一致认为强迫症同遗传关系密切，具有明显的家族聚集性。强迫症患者一级亲属具有较高的患病率，是普通人群的 4 倍；同卵双生子的同病率为 65%～85%，而异卵双生子则为 15%～45%。

2. 神经生物学基础 早有证据表明强迫症有特定的神经解剖学基础。有人提出纹状体，尤其尾状核是强迫症的原发病理部位，皮质-纹状体-丘脑-皮质环路是强迫症发生的神经解剖学结构基础。该环路被认为是皮质功能的补充和调节结构，其病变引起了丘脑水平的门控功能缺陷，从而导致了眶额皮质（与强迫性思维有关）和前扣带回（与强迫症的非特异性焦虑有关）的高度激活，表现出强迫性思维和继发性焦虑。强迫动作被视为一种仪式行为，以代偿纹状体的功能，发挥丘脑的门控功能，可缓解强迫性思维所致的焦虑和烦恼。谷氨酸系统是近年来被关注的另一个神经递质系统。由丘脑投射至前额皮质眶部的通路，称为丘脑-皮质通路，该通路经谷氨酸传导，该通路激动时增加前额皮质眶部代谢。由前额皮质眶部投射到尾状核头部的通路称皮质尾状核通路，该通路亦经谷氨酸传导。当激动该通路时，增加尾状核头部代谢，凡能增加前额皮质眶部和尾状核头部代谢的因素均能致强迫。

强迫症的神经生化学主要涉及中枢神经系统的 5-羟色胺、多巴胺、谷氨酸和 γ-氨基丁酸能神经元的功能异常及其相关神经递质。一般认为强迫症的发生与脑内 5-羟色胺功能异常的联系最为密切，其最早和最有说服力的证据来自氯米帕明治疗强迫症的有效性。目前的研究提示，SSRI 治疗强迫症的机制不仅是改变了突触间隙 5-羟色胺浓度，一系列的神经适应性改变调节突触后受体，提高了突触间 5-羟色胺神经传递也可能是起效的关键机制之一。但 SSRI 治疗强迫症的有效率仅为 40%～60%，提示 5-羟色胺功能异常仅能说明强迫症的部分病理基础。多巴胺阻滞剂能够增强 SSRI 的抗强迫作用，提示强迫症亦与脑内多巴胺功能亢进有关，存在着强迫症多巴胺能皮质-杏仁核环路功能异常模式。

3. 心理社会因素 在强迫症的发展中，社会心理因素不可忽视，影响着强迫症状的产生和维持，主要包括心理素质因素，负性情绪生活事件及家庭因素等。心理素质因素主要涉及人格特质、自我概念、应对方式和归因风格等。研究发现，约2/3的强迫症患者病前即有强迫型人格，通常表现为：①做事要求完美无缺，按部就班，墨守成规，有条不紊；②对自己要求极为严格，难以通融，固执而灵活性差；③常有不安全感，为人处世唯恐发生疏忽或差错，经常检查或反思自己的行动是否正确；④拘泥细节，甚至生活琐事也要"程序化"。负性情绪与生活事件包括工作、生活环境的变迁，人际关系不佳，责任加重，家庭不和、亲人丧失和突然的惊吓等有关。

4. 心理学解释 精神分析理论认为强迫障碍是人格发展固着于心理发展的早期阶段，焦虑情绪通过防御机制而形成强迫症状；行为主义认为在疾病的第一阶段，由非特异性情景引起焦虑，为减轻焦虑而产生逃避或回避反应，表现为强迫性仪式行为，这是经典条件反射。在第二阶段中强迫行为被强化，并泛化到中性情景中，形成操作性条件反射；认知理论认为强迫症患者形成了三个主要的功能失调性信念：责任感和对威胁的过度估计，完美主义和对不确定的无法容忍，重要性和对想法的控制。家庭治疗理论认为，家庭中苛求、刻板、压抑的氛围，以及父母对孩子的过高期望及成就压力等因素可能对形成强迫倾向及症状起到一定的作用。

（三）临床表现

强迫症的临床基本症状是强迫观念和强迫行为。有些患者以强迫观念为主，有些患者以强迫行为突出，而近半数的患者能感到两种症状在自己身上都有明显表现。

1. 强迫观念 是本症的核心症状，最为常见。表现为反复而持久的观念、思想、印象或冲动念头等反复出现在患者的意识中，对患者的正常思维过程造成干扰，但患者无力摆脱。常见有以下几种表现形式：

（1）强迫思维：是以刻板形式反复闯入患者头脑中的观念、表象或冲动思维，它们几乎总是令人痛苦的，内容常常为暴力、猥亵或毫无意义。患者往往试图抵制，但不成功。虽然这些思维并非自愿且令人反感，但患者认为它是属于自己的。

（2）强迫性穷思竭虑：患者对日常生活中的琐事或自然现象，寻根问底，反复思考，如天为什么会下雨，明知无用但无法控制，而致食而无味，卧而不能眠，十分痛苦。

（3）强迫怀疑：患者对自我言行的正确性产生反复的怀疑，并导致反复检查的行为后果，无法控制。如怀疑自己未完成家庭作业、门窗没有关好、钱物没有点清等。患者能意识到事情已做好，只是不放心而想要反复检查。

（4）强迫对立观念：患者脑中出现一个观念或看到一句话，便不由自主地联想起另一个观念或词语，且性质对立。如想起"和平"，马上就联想到"战争"；看到"拥护"，脑中即出现"打倒"。

（5）强迫联想：所谓联想就是由一个观念联想到另一个观念。当强迫症患者看到、听到或想到某事物时，就不由自主地联想到一些令人不愉快或不祥的情境。如见到打火机，就联想到炸药爆炸的恐怖情景，见到有人抽烟就想到火灾；见到钞票，即想到其上会带有多少病菌，会不会传染疾病等。联想时，患者越想越紧张，而且反复联想，不能控制。

（6）强迫回忆：患者意识中不由自主地反复呈现出经历过的事情，无法摆脱，感到苦恼。有时强迫性回忆和强迫性怀疑可同时出现。强迫回忆时，有的患者表现为发呆，实际上是在冥想，若被打断或认为"想得不对"，则需从头再次想起。

（7）强迫意向：患者体会到一种强烈的内在冲动要去做某种违背自己意愿的事情，但实际上不会转变为行动，因患者知道这种冲动是非理性的、荒谬的，故努力克制，但内心冲动无法摆脱。如想把小孩扔到窗外，站在高处就想往下跳，走在路上就想撞向行驶的汽车等。

2. 强迫行为　是指强迫症患者通过反复的行为或动作以阻止或降低强迫观念所致焦虑和痛苦的一种行为或仪式化动作，常继发于强迫观念。这种行为通常被患者认为是无意义的或无效的，且反复企图加以抵抗，导致明显焦虑。虽然强迫行为并不是为了获得快感，但是可以使焦虑或痛苦暂时缓解。对于病程漫长的患者，抵制可能十分微弱。强迫行为有的为外显性的，为能看得见的一些仪式或行为；有的则较为隐匿，如默默计数或祷告；有的为了消除强迫思维而用另外一种思维来抵抗或消除。从根本上讲，这些行为既不能给人以愉快，也无助于任务的完成。

强迫行为与患者所担心、害怕的事情之间的联系常常不合逻辑（如将物品排列整齐是为了防止心爱的人受到伤害），或明显超过了正常界限（如每天花几小时的时间洗澡来防止生病）。

临床常见的表现形式有：

（1）强迫检查：为减轻强迫性怀疑引起的不安，而采取的“措施”，如出门后反复检查门是否锁好、煤气是否关好、电插头是否拔掉、作业是否做对等，严重者检查数十遍仍不放心。

（2）强迫询问：强迫症患者常常不相信自己的所见所闻，为消除疑虑所带来的焦虑，常不厌其烦地询问他人（尤其是家人），以获得解释和保证，如反复询问自己是否说错话，有无做错事等。这与他们的不安全感、苛求自己、过于理智和完美主义等心理有密切关系。

（3）强迫洗涤：患者为了消除对受到脏物、毒物或细菌污染的担心，反复洗涤，有时与其同住的人也被要求反复清洗，如反复不断地洗手、洗澡或洗衣物、餐具等，有的患者因洗涤时间过长，应用洗涤品过多，而造成皮炎。这种洗涤往往要遵循一定的程序。

（4）强迫计数：患者对数字发生了强迫观念，整日沉浸于无意义地计数动作中，即使对偶然碰到的电话号码、汽车牌号等都要反复默记，或反复不断地数窗格、楼梯、楼层，浪费了大量时间而不能自控。

（5）强迫性仪式动作：患者为自己的行为规定一套复杂、在他人看来可笑的仪式或程序，通常是为了对抗某种强迫观念所致焦虑而逐渐发展起来的，行必如此，稍有偏差或被打断，即需从头来过，否则就会紧张、焦虑不安。强迫计数也属仪式动作，如在进入某建筑物前必先数清其窗户的数量。

3. 回避行为　患者通常采用回避行为、中和或随意的形式以减轻焦虑，故患者通常回避会诱发强迫思维和强迫行为的人、地点及事物。疾病严重时，回避可能成为最受关注的症状。因为治疗使患者更多地暴露在诱发强迫症状的环境中，治疗过程中随着回避行为的减少，强迫行为可能增加。

4. 其他　当面对诱发强迫思维和强迫行为的情境时，强迫症患者会经历很大的情绪波动。这些情绪反应包括明显的焦虑和（或）惊恐发作，强烈的厌恶感，和（或）对“不完美”感到痛苦或不安，直到事情看上去、感觉上或者听上去“恰到好处”。强迫症患者伴焦虑的程度并不完全取决于病程，而是取决于强迫症状内容的性质和强度，以及与以缓解焦虑为目的的强迫行为之间相互作用的结果。一般来说，焦虑或抑郁症状的加重或减轻一般会伴有强迫症状严重程度的平行变化。

强迫洗手的患者常常可见双手皮肤角质层受损，强迫性抠、挖、拔毛的患者可见相应部位的损伤。部分患者可能有神经系统软体征和精细运动协调障碍。

患者常常有不良的人际关系：一种是患者要求他人容忍其症状，更有甚者家属被患者要求迁就甚至执行其仪式行为，可能将症状强化、慢性化；另一种是患者与家属产生敌对关系，强迫症状被他人认为是患者的有意对抗，可能会加重患者的强迫症状并导致敌对的进一步加剧。

（四）诊断要点

1. 症状主要表现为强迫思维、强迫行为，或二者皆有。

2. 强迫症状须占据一定时间（如每天出现 1 小时或以上）。

3. 强迫症状引起患者明显的痛苦，或导致患者生活、家庭、社交、教育、职业等方面的损害。

（五）治疗与预后

1. 药物治疗 是强迫症的最主要治疗方法之一。具有抗强迫作用的药物有 SSRI，如氟西汀、氟伏沙明、舍曲林、帕罗西汀、西酞普兰，三环类抗抑郁药物，如氯米帕明等。其中，SSRI 是目前的一线治疗药物，氯米帕明因不良反应限制了其应用。由于强迫症呈慢性病程，容易复发，因而其治疗原则是全病程治疗。一般说，强迫症的治疗应包括急性期治疗、巩固期治疗和维持期治疗三个阶段。

（1）急性期治疗：一般建议急性期治疗 10～12 周，药物选择应从推荐的一线药物中进行，足量（处方推荐的较高或最高剂量）足疗程开始。多数患者治疗 4～6 周后会有显著效果，有些患者 10～12 周方有改善。经 12 周急性期治疗疗效不佳者首先考虑增加药物至最大治疗量；仍无效者可考虑联合增效剂、换药治疗或选用其他治疗方法（如心理治疗或物理治疗）。应注意，不宜一种治疗药物短期使用便认定为无效而频繁换药。

抗精神病药单药治疗不宜作为强迫症的常规治疗，但 SSRI 联合抗精神病药可以增加疗效。常用药物包括非典型抗精神病药，如利培酮、阿立哌唑、喹硫平和奥氮平等。氯米帕明作为 SSRI 的联合用药，疗效较好，但安全性较差，所以一般不作为联合方案的首选。

（2）巩固期与维持期治疗：急性期治疗效果显著者，可进入为期 1～2 年的巩固期和维持期治疗。研究表明持续治疗能减少患者的复发。完成维持期治疗的患者，经系统评估后可考虑逐渐减药，每 1～2 个月减掉药物治疗剂量的 10%～25%，并严密监测停药反应和疾病是否复发。如症状波动，则加回到原来的治疗剂量，延长维持治疗时间。

2. 心理治疗 强迫症的发病与病前性格、自幼生活经历、社会心理因素及精神创伤等密切相关，单靠药物治疗往往很难达到令人满意的效果，因而需要辅以适当形式的心理治疗。目前强迫症的主要心理治疗方法有行为疗法、精神分析疗法、认知疗法、认知行为疗法（CBT）、森田疗法和支持性心理治疗等。在强迫症的整个治疗体系中，无论是药物治疗还是心理治疗，支持性心理治疗是最重要的支点，包括：①对强迫症患者的耐心解释和心理教育；②帮助患者分析自己的人格特点和发病原因，尽力克服心理上的诱因，以消除焦虑情绪；③认真配合医生，找出心理因素，进行系统心理治疗或药物治疗等。

暴露疗法和反应预防是治疗强迫障碍有效的行为治疗方法。暴露疗法是使患者面对引起焦虑的物品和环境；反应预防要求患者推迟、减少甚至放弃能减轻焦虑的行为，如缩短洗手时间，减少洗手频度，甚至放弃洗手。在实施治疗时，首先应对患者进行疾病教育，提高患者信心，使其依从治疗计划。此疗法应结合家庭治疗，因为对患者家庭成员的教育和支持鼓励十分重要，他们是监督患者完成家庭作业最重要的人选，而且家庭治疗有助于减少人际系统中对症状起到维持作用的因素。起初治疗者和患者须制订一个特别的激发焦虑的计划，通过会谈在治疗室内指导患者如何去做，以后通过家庭作业让患者单独去做，逐步增加难度，并在实施的过程中评估患者的反应和认知治疗的效果。有效的暴露疗法和反应预防一般需12次会谈和长时间的家庭作业。

对于多数强迫症患者，药物与心理治疗同时或相继进行均比单独使用任一种治疗的效果要好。而且认知行为治疗也可在维持治疗中发挥作用。

3. 物理治疗 目前可供选择的物理治疗方法有经颅磁刺激（TMS）、改良电休克治疗（MECT）、深部脑刺激（DBS）、迷走神经刺激（VNS）等，但疗效有待肯定。

4. 病程和预后 强迫症通常在儿童或青少年早期发病。约10%的患者起病于10～15岁，75%的患者发病于30岁以前，发病年龄20岁左右。大多数患者起病缓慢，常无明显诱因，或诱因微不足道。多数患者在疾病初期由于对疾病认识不足，羞于外露，致使患者就诊年龄超过发病年龄10年。强迫症患者在整个漫长的病程中，症状呈明显的波动性，如在情绪好、注意力集中或高强度体力劳动时，症状会暂时消失或减轻。总体治疗效果不明显，预后较差，可伴有中度甚至重度社会功能障碍。一些起病急，病前无性格特征，起病有精神因素者，有时可自行缓解，若予以治疗效果亦很显著。

多数研究提示，患者预后良好的指标有病前人格较为健全，发病有一定的诱发因素，社会功能保持良好，症状呈发作性，病程短；预后不良的指标有病前有明显的人格障碍，发病于童年，症状弥散且严重。

知识链接 **SSRI的副作用**

强迫症患者在使用SSRI时可能出现的副作用包括：①恶心和呕吐：在开始使用药物时，患者可能会感到恶心，有时还伴有呕吐。②失眠或嗜睡：有些患者可能会出现失眠，而另一些患者可能会感到昏昏欲睡和嗜睡。③性功能障碍：SSRI可导致性欲减退、勃起困难、射精延迟或无法达到高潮等性功能方面的问题。④头痛：尤其在开始使用药物时更为常见，会随着药物的使用时间逐渐减轻。⑤焦虑和激动：一些患者在使用SSRI后可能会感到焦虑和不安，甚至出现激动和烦躁。⑥消化系统问题：一些患者可能会遇到胃肠道不适，如腹泻、便秘、腹痛等。⑦体重变化：部分患者使用SSRI后可能会出现体重增加或减少的情况。

二、躯体变形障碍

（一）概述

躯体变形障碍（body dysmorphic disorder，BDD）是指身体外表并无缺陷或仅是轻微缺陷，但患者却总认为自己存在缺陷，或过分夸大其轻微缺陷，觉得自己丑陋不堪或令人厌恶，且易引起他人注意，为此而苦恼的一种精神疾病。BDD旧称畸形恐惧（dysmorphophobia），现在学界认为这术语并不恰当，这并不是真正的恐惧，而是患者对躯体外观的强迫观念，因此自DSM-3以来该病即被命名为“躯体变形障碍”，DSM-5将此列入强迫及相关障碍类中。有关BDD的流行病学资料较少，DSM-5报告美国的时点患病率为2.4%，男女患病率大致相等。大多数患者18岁前首次出现症状，最常见起病年龄为12～13岁。该病通常与多种疾病共病，如与抑郁症的终生共病率超过90%，与焦虑障碍的共病率为70%，与精神病性障碍的共病率为30%。

（二）病因及发病机制

BDD病因未明，可能是生物、心理社会文化多重因素作用的结果。BDD与抑郁症高共病率，这些患者家族中亦高情感障碍、强迫症患病率；某些 5-羟色胺类药物治疗该症有效，提示至少某些患者存在脑内 5-羟色胺系统的功能异常。另外，社会文化和心理因素也影响 BDD 的发生，如社会文化、家庭成员或同龄人对外表的过于注重，童年遭受过多的讥讽、嘲笑或虐待，都可能是 BDD 的危险因素。其理论假设还包括精神分析的置换心理防御机制。

（三）临床表现

该症的典型表现是患者总认为自己的外形有缺陷或丑陋（defect or flaw），通常涉及的部位有鼻、耳、口、乳房、臀部、阴茎等，也可涉及躯体的其他任何部位。患者通常认为所关注的身体部位存在缺陷、丑陋、不对称、过大或过小、不成比例，或埋怨头发稀疏、痤疮、皱纹、伤疤、血管纹理、面色苍白或发红，或不够强壮等。大多数患者抱怨的部位比较固定，有些患者也可随时间而改变，还有些患者的主诉比较模糊，如仅认为自己的“面孔滑稽可笑”，只包含一般意义上的丑或不好，过于阳刚或阴柔，但并不能明确陈述存在何种具体不足或缺陷。一方面，患者的思维可能被自己的错误观念长期占据，并为此极端痛苦。另一方面，患者感到自己的缺陷受到他人注意、谈论或讥笑。但在他人看来，其外表正常或相对正常。患者常因自感丑陋不欲为他人所知，从而出现回避社交场所，或由于极度担心而辍学。患者常花大量时间用于检查、修饰或掩饰自己的缺陷。这些频繁的行为只能加重其压力和焦虑。此类患者伴有高自杀风险，尤其是伴随抑郁症状时，自杀观念和自杀未遂发生率通常较高。这种先占观念如同强迫观念一样苦恼着患者，难以自制，并驱使患者照镜不止、过度修饰、向他人反复询问征求朋友或家人对自己外表的评价，以期得到这些部位是“正常”的保证，他们还会将自己的“缺陷”部位与别人进行比较，不仅给患者带来明显的痛苦，还可能引起职业、社交或其他重要功能的损害。其表现带有浓厚的强迫色彩。

（四）诊断要点

1. 具有持续的（如每天至少 1 小时）认为外表存在一处或多处缺陷或丑陋的先占观念，或者认为整体外貌丑陋，但在他人看来微不足道或不能察觉。

2. 因这些自认的缺陷或丑陋而感到羞愧，通常包括自我牵连观念，如坚信别人会注意、评价、议论这些缺陷或丑陋。

3. 先占观念符合下面任一特征

（1）重复或过度行为，如反复查看外貌（如照镜子，与别人对比），夸大感知到缺陷或丑陋的严重程度。

（2）试图掩饰或改变缺陷（如实施不必要的外科美容手术）。

（3）回避能够增加因自认缺陷或丑陋所致痛苦的社交场合或事物。

4. 症状引起患者明显痛苦，或导致个人、家庭、社交、教育、职业等方面的损害。

（五）治疗与预后

BDD 的治疗通常比较困难。证据表明，抗抑郁药尤其是 SSRI 治疗躯体变形障碍有效，特别是对伴有显著抑郁症状者。氯米帕明、丁螺环酮、碳酸锂、哌甲酯或抗精神病药均可作为 SSRI 治疗 BDD 的增强剂。治疗强迫症有效的心理治疗方法，如行为治疗、系统脱敏、反应预防、暴露疗法等用于 BDD 也常有效。

BDD 通常起病于青春期（15～30 岁），女性稍多于男性，未婚者居多；起病缓慢或突然，呈慢性病程，其间可有波动，患病多年后症状有改善的可能。一般从出现症状到就医平均时间为 6 年。

三、其他强迫相关障碍

（一）囤积障碍

囤积障碍（hoarding disorder）是以对无用或价值不大物品的无休止地收集和不愿丢弃，从而占用了大量空间为特征的强迫性障碍。囤积障碍通常起病于青少年早期，持续终生，人群患病率为2%～5%。男女无差异，独居者常见，与社交焦虑、退缩和依赖性人格特质关系较为密切。囤积障碍与强迫症、强迫性购买、多动与注意缺陷障碍（ADHD）、精神分裂症等均有较高的共病率。30% 的强迫症患者表现有囤积症状，20% 的囤积障碍患者符合 ADHD 的诊断标准。

囤积障碍病因未明。囤积障碍者亲属中有人可能有类似的问题，提示该病有一定的遗传易感性。患者年幼时，父母教养方式往往不良，其囤积行为的发生在很大程度上与心理创伤有关，可能是逃避心理痛苦的一种回避行为。

囤积障碍的临床表现不仅是不能丢弃无用或用坏的东西，也包括过分地收集财物，喜欢购买、收藏、囤积一切有价值的甚至无价值的东西，比如垃圾、不穿的衣服、旧报纸、废旧物品，流浪的小动物。一些患者可能花费大量的时间采购折扣物品，或整天在马路上寻找废物，自视为宝。由于物品放置杂乱无章，导致居所混乱不堪，因而影响了其家庭生活，如无法在厨房做饭，无法在床上睡觉等；也可能会影响到邻里关系。火灾、高空坠落，腐烂变质食物，接触灰尘花粉及细菌等，都是一些可能出现的健康风险，常将自己置于危险之中。患者收集物品是因为他们相信将来需要这些物品，或物品在将来会有价值等歪曲信念所驱使。他们还会强烈地依恋这些物品而难以丢弃。丢弃物品时，患者会感到巨大痛苦和悲痛。他们倾向于将所收集的物品赋予人格特质，感到“物品就是我的”。当然，患者并不能意识到其行为的问题。

诊断要点包括：①过分积攒物品，而不管其实际价值如何；②过度收集，表现为特征性反复出现的冲动或购买、偷窃、积聚物品行为，包括一些免费物品；③过度收集和难以丢弃物品，导致生活环境凌乱不堪、居住不便或带来安全隐患；④弃物困难，患者认为这些物品将来有可能会有用，或丢弃时非常痛苦；⑤症状引起患者明显的痛苦，或明显损害其个人、家庭、社交教育、职业等重要功能。

囤积障碍病程较长，治疗困难。通常起病于青少年时期，40～50 岁时方才求治。尽管囤积障碍与强迫症相似，但治疗强迫症有效的方法对于囤积障碍却收效甚微。认知行为疗法治疗有效率仅为 18%。药物治疗可选择 SSRI。

（二）拔毛障碍

拔毛障碍（hair-pulling disorder）是一种以反复出现的、无法克制的拔掉毛发的冲动，导致明显的头发缺少为特征的一种慢性疾病。旧称拔毛癖（trichotillomania），曾被认为罕见，现认为该病普通人群终生患病率为0.6%～3.4%，女性多见，男女比高达1∶10。拔毛障碍常与强迫症、焦虑障碍、抑郁障碍、进食障碍、抽动秽语综合征和多重人格障碍（尤其是强迫型人格、边缘型人格、表演型人格）共病。

拔毛障碍病因未明。患者往往是家庭独子或长子，可能与焦虑、抑郁等不良情绪有关，发病也可能与不良的心理因素有关，尤其是不良的母子关系。病前多有诱因，如父母分离、压力过大、童年时期管教过分严厉、缺乏亲情爱护等。

患者表现为反复地用手、铁夹或镊子等物件，将自己的毛发强行拔除。拔毛部位可涉及身体的任何长毛发的区域，以头皮最多见，眉毛、睫毛、腋毛或阴毛等亦可受累。同一患者的拔毛部位较固定，但不同患者拔毛部位各异。有些患者的拔毛区域可随时间而改变。患者拔发前通常有不断增长的紧张感，事后会有轻松感或满足感。由于反复拔除，头皮部常有大片脱发，形如斑秃，边界多不整齐，脱发处常有残存毛发及断发。拔毛可对毛发的生长或质量产生持久损害。患者常对他们的极度或失控行为感到羞愧，因而回避社交或其他公共场所，或以戴帽子、假发、画眉毛或者为头发做造型等方式来掩盖那些没有毛发的区域。估计35%～40%的患者会咀嚼或吞食其拔下的毛发，其中约1/3者可在胃肠道集结成团，导致贫血、胃部疼痛、恶心、呕吐，甚至肠梗阻或肠破裂。

诊断要点：①反复拔除自己的毛发而导致毛发缺失；②反复试图减少或停止拔除毛发；③引起患者具有临床意义的痛苦，或导致社交、职业或其他重要功能的损害。严重患者必要时，可行活体组织检测、血常规、胃肠道钡餐X线检查等。

治疗方式主要是认知行为治疗和药物治疗。药物以SSRI最常使用，以减轻拔毛的冲动。心理治疗要帮助患者学会习惯逆转技术，让患者以危害更小的方法来代替拔毛，如通过戴手套或帽子以阻止拔毛行为。

（三）皮肤搔抓障碍

皮肤搔抓障碍（skin-picking disorder，SPD）或皮肤抓痕障碍（excoriation disorder）以反复、强迫性地搔抓皮肤为特征，旧称病理性皮肤搔抓症。普通人群患病率为1%～5%，青少年精神病患者中约12%。女性多于男性。SPD的病程不尽相同，常起病于青春期，多数患者不能意识到治疗的必要性和有效性，求治率不足20%。SPD会引发患者痛苦，并影响其社会和职业功能，扰乱患者的学业和工作。

SPD病因尚无定论。心理易感因素多样。如焦虑、疲惫、愤怒、厌烦或压力过大等。原本就存在皮肤病者更容易罹患。遗传因素不可忽视，有限的证据表明SPD存在家族遗传性。动物模型研究表明脑内动机抑制过程存在潜在障碍，影像学提示脑白质损伤可能是该病的神经生物学机制之一。该病的核心症状是反复、强迫地搔抓皮肤，试图克制而难以自我控制，许多患者每天花费时间至少在1小时，甚至玩弄、吞咽抠剥下来的皮肤，有些患者是撕口唇黏膜或抠、咬指甲。脸是最常见的搔抓部位，手、手指、手臂、腿和躯干等亦可见。一系列的皮肤疾病可能是搔抓的诱因，如粉刺、老茧或痂痕等。多数患者使用指甲搔抓，或者用大头针、镊子等其他工具。其方式还有皮肤摩擦、挤压、切割或牙咬等。搔抓可带来严重的瘢痕、组织损害或躯体问题，如局部皮肤感染、败血症等。患者在搔抓皮肤或结痂时可出现满足感、放松感、快感，或减轻了皮肤的不规则感、身体不适感，可伴有焦虑、厌恶等各种情绪。搔抓行为可先于这些情绪，也可在尝试抵抗搔抓冲动时发生。

诊断要点：①频繁地搔抓皮肤，导致皮肤病变或损害；②反复尝试停止或减少搔抓行为；③引起患者具有临床意义的痛苦，或导致社交、职业或其他重要功能的损害。

全面的躯体评估对于SPD非常必要，包括病理检查和细菌培养等。目的有：①评估是否存在皮肤病或传染病及其严重程度；②评估抓伤的严重程度，以便于适当干预。

治疗常由药物治疗和认知行为疗法联合进行。认知行为治疗中的习惯消除和接纳强化行为治疗均能减少患者的搔抓行为。药物治疗主要以SSRI类药物为主。

（四）嗅觉牵涉障碍

嗅觉牵涉障碍（olfactory reference disorder）是以持续地认为身体存在臭味或其他令人不快的气味（如口臭）的先占观念为特征的强迫性疾病。而这些气味在他人看来微不足道或难以被察觉；气味即使存在，别人也不太关注。该症以男性和独居者居多，平均发病年龄25岁。先占信念通常包括坚信别人会注意、评价、议论等内容的自我牵连观念。一些患者会因其自我感知的体臭或口臭，在社交场合中出现明显的焦虑，担心被他人拒绝。因此会出现以下一些行为：①通过反复检查，以确认气味的存在或来源；②试图通过香水或除臭剂来掩盖气味；③试图通过洗澡、刷牙、更换衣物、回避进食某些食物来预防气味；④试图回避能增加刺激性体味痛苦的社交场合或诱发因素。许多患者有时对自己的想法和行为的不合理性缺乏自知力，甚至达到妄想程度。该信念贯穿全病程，且缺乏其他精神病性症状。精神病学史文献中，该障碍曾归属妄想性知觉的范畴。

该障碍的诊断取决于是否有证据能证实患者所陈述的臭味，往往需结合家人或其他体检医生的意见综合进行判断。某些躯体疾病（如三甲基胺尿症）会导致患者散发刺激性气味，颞叶癫痫、海马部位的肿瘤亦有体臭相关的主诉，需仔细评估以排除。如果有这类躯体疾病的患者对体臭或口臭的先占观念强度明显超出疾病本身（如坚信因其体味所有人都拒绝他），并伴随反复的检查行为，则可诊断为嗅觉牵涉障碍。

第二节　强迫及相关障碍的护理程序

一、护 理 评 估

（一）评估注意事项

强迫及相关障碍患者常常过于关注自身不适的感受，有时甚至有夸张的倾向，以达到引起医务人员关注的目的。而周围环境的信息报告虽然客观，但又可能简单、疏漏。因此，在对强迫及相关障碍患者的评估过程中，护士需要注意来自患者及周围环境两方面的信息，详细、全面地观察患者，可采用询问、量表测查、家访等方式进行联合评估。

（二）评估要点

1. 精神方面　评估患者是否有以下表现。

（1）强迫症表现：强迫症状的内容、频度、规律如何；患者情绪表现如何，情绪是否稳定，有无沮丧、烦躁、厌世等；强迫症状有无导致患者其他异常行为。症状方面：情绪是否稳定，有无焦虑、紧张不安、急躁等。

（2）躯体变形障碍表现：是否认为自身的外形有缺陷或丑陋，主要在哪些部位；患者行为有无异常，是否过度检查和修饰，频度、规律如何；情绪是否受到困扰，有无焦虑、抑郁、自卑等。

（3）其他强迫相关障碍表现：囤积障碍患者是否过分地收集物品和弃物困难，频度、规律如何；拔毛障碍患者的毛发是否完整，毛发缺失部位主要在哪里，有无其他异常行为；皮肤搔抓障碍患者有无反复搔抓皮肤，频度、规律如何，搔抓部位皮肤情况如何，情绪状态如何；嗅觉牵涉障碍患者是否存在反复检查自身的气味，尝试掩盖或消除气味的方式有哪些，频度、规律如何。

2. 躯体方面　有无运动性不安、肌肉紧张、自主神经功能紊乱等表现；是否有感觉过敏、异常、缺失、皮肤不适等；是否有躯体化症状，如胃肠道不适、泌尿、生殖器症状等；躯体功能是否正常，有无实质性的躯体疾病。

3. 心理社会方面　病前性格如何；近期有无生活事件，内容及强度如何；对应激的心理应对方式；社会背景、受教育程度如何；社交及人际关系是否受影响；家属对患者患病前、后的评价如何，患病后家属对患者的态度怎样，患者的社会关系如何，患病后有无改变；患者对住院所持态度怎样。

（三）评估工具

1. 强迫症的常见护理评估工具

（1）耶鲁-布朗强迫量表（Yale-Brown obsessive compulsive scale，Y-BOCS）：这是一种广泛应用的评估工具，用于评估强迫症状的严重程度和影响。它包括强迫思维和强迫行为的评分，以及评估强迫症状对患者日常生活功能的影响。

（2）强迫症症状检查表（obsessive-compulsive inventory，OCI）：这是一种自评量表，用于评估强迫症状的频率和影响。它包括多个项目，涵盖了各种强迫症状和相关的恐惧。

（3）儿童耶鲁-布朗强迫量表（children's Yale-Brown obsessive compulsive scale，CY-BOCS）：这是一种特别设计用于评估儿童和青少年强迫症状的工具。它类似于成人版本的 Y-BOCS，但针对儿童和青少年的特定需求进行了调整。

（4）蒙特利尔强迫症指数（Montreal cognitive assessment-obsessive compulsive inventory，MOCI-OCI）：这是一种常用的自评量表，用于评估强迫症症状的频率和严重程度。它包括多个项目，涵盖了强迫思维和强迫行为的不同方面。

2. 躯体变形障碍的常见护理评估工具

（1）耶鲁-布朗强迫量表（body dysmorphic disorder-Yale-Brown obsessive compulsive scale，BDD-YBOCS）：这是一种常用的评估工具，用于评估躯体变形障碍的严重程度和症状。它包括对自体检查、强迫行为、思维困扰等方面进行评分。

（2）躯体变形障碍外观量表（body dysmorphic disorder appearance scale，BDDAS）：这是一种用于评估躯体变形障碍的自评量表，旨在评估患者对自己外貌的认知、情绪反应和功能影响。

（3）躯体变形障碍问卷（body dysmorphic disorder questionnaire，BDDQ）：这是一种简明的自评量表，用于评估躯体变形障碍的症状和功能受损的程度。它包括多个项目，探讨了与外貌和心理健康相关的问题。

（4）自体感知外貌和一般印象测验（perceptual and general impression inventory，PAGII）：这是一种专门用于评估躯体变形障碍的工具，包括自我评估和他人评估两个部分，以获取患者对自己外貌的感受和他人对其外貌的印象。

3. 其他强迫相关障碍的常见护理评估工具

（1）囤积评定量表（hoarding rating scale，HRS）：这是一种广泛使用的评估工具，用于评估囤积障碍的严重程度和症状。它包括对囤积物积累、决策障碍、功能影响等方面进行评分。

（2）明尼苏达拔毛障碍评估量表（Minnesota trichotillomania assessment scale，MTAS）：这是一种广泛使用的评估工具，用于评估拔毛障碍的症状和严重程度。它包括对拔毛行为、拔毛触发因素、功能影响等方面进行评分。

（3）身体焦点反复行为量表（body-focused repetitive behaviors scale，BFRBS）：这是一种广泛使用的评估工具，用于评估身体-焦点反复性行为，其中包括皮肤搔抓障碍。它涵盖了不同方面的搔抓行为、自我控制能力、对搔抓的认知等进行评估。

（4）嗅觉牵涉障碍是一种与嗅觉和身体形象相关的心理障碍，目前并没有专门用于评估嗅觉牵涉障碍的护理评估工具。

二、常见护理诊断/问题

强迫及相关障碍的表现广泛，包括患者的主观感受和客观表现、精神症状和躯体不适，因此护理诊断涉及十分广泛，这里仅就其精神症状及具有共性的躯体症状方面提出如下护理诊断以供参考。

1. 生理功能方面

（1）睡眠型态紊乱：与强迫观念有关。

（2）皮肤完整性受损：与强迫洗涤、拔毛障碍、皮肤搔抓障碍有关。

（3）舒适度减弱：与疑病症状有关。

（4）进食自理缺陷：与紧张不安、担心出事的焦虑症状有关。

（5）潜在的或现存的营养失调（低于机体需要量）：与强迫性穷思竭虑导致的食欲差有关。

2. 心理功能方面

（1）焦虑：与强迫及相关障碍导致的焦虑有关。

（2）抑郁：与强迫及相关障碍导致的抑郁有关。

（3）自尊缺乏：与强迫及相关障碍导致的抑郁有关。

（4）自我形象紊乱：与躯体变形障碍、拔毛障碍有关。

（5）自我价值缺乏：与强迫及相关障碍导致的自我价值感缺乏有关。

（6）恐惧：与囤积障碍所致的物品分离有关。

（7）决策困难：与囤积障碍有关。

（8）潜在的或现存的自杀、自伤行为：与悲观和绝望感或在症状影响下可能采取的过激行为有关。

3. 社会功能方面

（1）社会交往障碍：与对社交活动的恐惧和回避有关。

（2）有孤立的危险：与担心发作而采取回避的行为方式有关。

三、护理目标

1. 短期目标

（1）患者症状减轻或消失。

（2）患者基本的生理及心理需要得到满足，舒适感增加。

（3）能正确认识疾病表现，以及与内心冲突的关系。

（4）能正确认识心理、社会因素与疾病的关系。

（5）能接受症状。

2. 长期目标

（1）能运用有效的心理防御机制及应对技巧处理压力和控制不良情绪，减轻不适感觉。

（2）能与他人建立良好的人际关系。

（3）家庭及社会支持提高。

（4）社会功能基本恢复正常。

四、护理措施

（一）保障患者安全

1. 密切观察患者情绪变化，对有抑郁情绪，自杀、自伤倾向的患者，注意防范患者发生自杀自伤的情况。

2. 做好安全检查，避免环境中的危险物品和其他不安全因素，以防止患者在症状影响下发生意外情况。

（二）满足生理需要，提高躯体舒适度

1. 提供基础护理，保证患者在饮食、睡眠、排泄等生理需要上的满足。

2. 对主诉躯体不适的患者，注意区别是心因性还是器质性问题，对于后者需要及时向医生反馈，遵照医嘱给予相应处理。

（三）心理护理

1. 建立良好的护患关系 良好的护患关系是实施心理护理的基础。如果不能与强迫及相关障碍患者建立良好的沟通和合作关系，心理干预技术则难以实施，从而难以达到干预的最佳效果。与患者建立良好护患关系的措施为：①主动接触患者：以真诚、友善的态度关怀、体谅、尊重患者；接纳患者的病态行为，不批评和指责；无条件地积极关注。②耐心倾听，不催促患者回答或打断谈话。③操作前耐心解释，以取得患者的合作，减少刺激。④运用非语言沟通技巧如静静陪伴、抚触、鼓励关注的眼神，以传达护士的关心和帮助。

2. 给予支持性心理护理 对急性期患者给予支持性心理护理，可使患者情感得到释放与疏泄，使其情绪尽快稳定，避免因回避和否认而进一步加重损害。 具体方法包括：①保持与患者密切接触：每日定时或在治疗护理中随时与患者交谈。②鼓励表达：鼓励患者倾诉疾病发作时的感受和应对方法。③认同接纳：对患者当前的应对机制表示认同、理解和支持。④合理解释、指导：对患者的症状进行解释，帮助患者认识疾病的性质，以解除患者的思想顾虑，树立战胜疾病的信心；对疾病的发生发展情况进行适当的讲解，帮助患者分析疾病症状和导致不良心境的原因和危害性，使患者认识到恶劣心境有害于身心健康；帮助患者分析病因和如何对待这些病因，如何处理和解决好这些应激源；鼓励、指导患者正确对待客观现实。⑤帮助宣泄：通过鼓励患者用言语描述、联想、回忆、表达及重新体验创伤性经历等，以达到让患者宣泄的目的；鼓励患者按可控制和可接受的方式表达焦虑、激动，允许自我发泄如来回踱步、哭泣等，但不过分关注。⑥强化疾病可以治愈的观念。⑦鼓励患者参加活动：根据患者承受能力，安排适当的活动，让患者多与他人交往以分散其对创伤体验的注意力，减轻孤独感和回避他人、环境的行为。

3. 帮助患者纠正负性认知 积极的、建设性的思维方式，可以用来改变自己对问题的看法并减轻应激与焦虑水平。当患者情绪稳定时，心理护理可进一步加强，采取认知治疗方法帮助患者了解自己的心理状态，纠正自己的负性认知，并建立积极的应对策略。①首先帮助患者找到自己的负性自动思维。通过提问、指导患者想象或角色扮演来探寻自身的歪曲认知，并要求患者归纳出其中一般规律，自己找出认知上的错误。②告诉患者其认知评价（即各种想法）是如何导致不良情绪反应和行为表现的。③指导患者通过与现实的检验，帮助患者发现自己的消极认知和信念是不符合实际的，从而矫正这些认知障碍。

4. 暴露和反应预防 护士在为强迫症患者提供暴露疗法和反应预防时，需要具备专业知

识、与患者建立积极关系、提供适当的支持和监督，并确保患者的安全和舒适性。需要注意以下几点：

（1）知识和专业背景：护士应该要有相关的知识和理解暴露疗法和反应预防的原理、技术和步骤。这包括了解患者的强迫症症状、个人病史和治疗目标，并且了解暴露疗法和反应预防的最佳实践。

（2）患者教育：护士应该向患者解释暴露疗法和反应预防的概念、步骤和预期效果。护士需要帮助患者理解这种治疗方法的原理，以及可能出现的不适感和挑战。

（3）设置合理目标：护士应该与患者共同制定实际和可实施的治疗目标。这样可以确保患者有一个明确的方向和目标，同时也能减少治疗中的不必要压力和焦虑情绪。

（4）渐进性暴露：护士应该引导患者进行渐进性暴露，逐步面对和应对他们的强迫症触发物。这种渐进性的方法可以帮助患者逐步适应和减少自身的不适感。

（5）支持和监督：护士应该给予患者充分的支持和鼓励，以及必要的监督和反馈。护士需要与患者建立良好的沟通和信任关系，及时解答患者的疑问并提供必要的指导。

（6）注意安全和舒适性：护士应该确保患者在进行暴露疗法时的安全和舒适性。他们应该密切关注患者的身体和情绪反应，并在需要时调整计划或提供额外的支持。

（7）细致记录：护士应该仔细记录患者的治疗进展、反应和任何重要信息。这将有助于评估治疗效果，并为其他医疗专业人员提供有关患者状况的详细信息。

5. 帮助患者学习应对技能

（1）教会患者管理焦虑的方法，以更好地应对。主要的方法有：放松训练（系统的肌肉放松）、呼吸训练（学习缓慢的腹式呼吸）、正性思维（用积极的想法替代消极想法）、自信训练（学会表达感受、意见和愿望）、思维阻断法（默念“停”来消除令人痛苦的想法）。

（2）指导患者通过模拟想象、实践、排演等方法，帮助患者学会运用以下步骤解决现实生活中的问题：①明确目前存在的困难和问题；②提出各种可能的解决问题的方法；③罗列并澄清各种可能方法的利弊及可行性；④选择最可取的方法，并立即做出决定；⑤考虑并计划具体的完成步骤或方案；⑥付诸实践并验证结果；⑦小结和评价问题解决的结果。

（3）帮助患者学会各种积极、有效的认知和行为技能，并在实际生活中运用。积极有效的认知行为技能包括：①选择性忽视：有意不去注意自己强迫观念，对这些观念不做出相应的行为反应。②选择性重视：重视自己的优点和成绩，以自己的长处比他人的短处。③改变原有的价值系统：用一颗平常心去看待事物，不计较得失、学会放弃。④降低自己的期望值：将自己的期望值降低，使之更符合现实。⑤转移刺激：用户外散步、运动、听音乐、看电视、与人交谈等方式，转移自己的注意力。

（4）帮助患者运用社会支持系统应对强迫及相关障碍：①帮助患者知道有哪些人现在或过去能关心、支持自己，以帮助患者寻求适当的支持系统或社会资源；②指导患者重新调整和建立社会支持，鼓励其调动一切可以利用的社会支持资源，以减轻症状，促进身心康复。

（四）家庭干预

有研究表明，短期或长期的家庭治疗对改善患者的人际关系十分有效。指导患者的配偶和亲友对患者的疾病应建立积极、关心、帮助的家庭气氛。

1. 帮助患者和家属学习疾病知识，使患者和家属对强迫及相关障碍的发生有正确的认识，消除模糊观念引起的焦虑、抑郁。

2. 帮助家属理解患者的痛苦和困境，做到既要关心和尊重患者，又不过分迁就和强制患者。

3. 指导家属协助患者合理安排工作、生活，恰当处理与患者的关系。

（五）药物护理

遵医嘱给予相应的治疗药物，如SSRI、抗精神病药等，帮助患者了解和自行观察药物的作用和不良反应，准确记录患者的用药情况、症状变化和不良反应等重要信息，以帮助患者更好地管理强迫症并获得最佳的治疗效果。

（六）定期复查和监测

定期评估患者的症状变化、功能改善和治疗效果，并根据需要调整治疗计划。

1. 定期安排复查 与医生协调，确定患者需要进行定期复查的频率和时间。根据患者的具体情况，可能需要每月、每季度或每半年进行复查。

2. 收集病史信息 在每次复查前，与患者交流并记录重要的病史信息，包括任何症状的变化、用药情况、不良反应以及日常生活中的困扰等。

3. 进行心理评估 针对强迫症患者的特点，可以使用标准的评估工具（例如Y-BOCS量表）进行心理评估，以评估患者症状的变化和治疗效果。

4. 询问症状变化 与患者讨论他们的症状是否有所改善或加重，症状出现的频率和严重程度等。这有助于评估当前的症状控制情况，并决定是否需要调整治疗方案。

5. 检查不良反应和副作用 与患者讨论是否出现了任何不良反应或副作用，如头痛、恶心、失眠等。如果有不良反应或副作用，护士可以与医生协商，确定是否需要调整药物剂量或更换其他药物。

6. 提供支持和教育 与患者交流，提供关于强迫症管理的支持和教育。回答患者的问题，提供应对焦虑和压力的技巧，并帮助他们理解并遵守治疗计划。

7. 记录和报告 在每次复查结束后，准确记录相关信息，包括病史、评估结果、治疗建议和患者的反馈。及时向医生报告患者的情况和治疗效果，以便医生做出相应的调整。

五、护理评价

1. 患者情绪是否稳定，有无焦虑、恐惧、紧张等不良情绪，可采用汉密尔顿焦虑量表（HAMA）、汉密尔顿抑郁量表（HAMD）等评估患者的焦虑、抑郁情绪。

2. 患者的安全和生理需要是否得到了满足，可通过询问、访谈来评价。

3. 患者能否正确认识强迫及相关障碍，是否学会正确应对方法，可通过强迫症知识问卷（obsessive-compulsive knowledge questionnaire，OCKQ）、强迫症教育量表（obsessive-compulsive education scale，OCES）来评价。

4. 患者是否接受了症状，是否能够顺其自然，带着症状生活，可通过询问、家访来评价。

5. 患者的社会功能是否有提高，可采用强迫症影响量表（obsessive-compulsive impairment scale，OCIS）、强迫症功能评估量表（obsessive-compulsive inventory-revised，OCI-R）、强迫症全球功能评定（global assessment of functioning，GAF）等评估患者社会功能的变化情况。

经验分享　　强迫症恢复期的护理

为了让强迫症患者在恢复期可以更好地接纳自己，可提供以下护理措施。①心理支持：为患者提供情感上的支持和理解，帮助他们应对焦虑、恐惧和困惑。②促进自我认知：帮助患者更好地了解自己的病情和治疗过程，提高对强迫症的认知水平。③建立健康的生活习惯：鼓励患者保持规律的作息时间，良好的饮食习惯和适度的运动。④药物管理：监测患者服药情况，并根据病情遵医嘱进行药物调整。⑤心理治疗：根据患者的情况进行认知行为疗法或暴露和反应预防等心理治疗。⑥家庭支持：建议患者家属提供支持和理解，参与治疗过程中的家庭教育和康复计划。

思 考 题

1. 强迫症的主要临床表现有哪些？
2. 躯体变形障碍的主要临床表现是什么？
3. 强迫症和躯体变形障碍的护理诊断有哪些？相应的护理措施包括哪些内容？

（王安妮）

第十二章　心理因素相关生理障碍患者的护理

学习目标

知识目标：通过对课程的系统学习能充分掌握神经性厌食、神经性贪食、失眠障碍的定义、临床表现和护理措施。

能力目标：能将所掌握的理论知识运用于病情观察、护患沟通、健康教育及各项护理操作中，为患者实施整体护理。

素质目标：培养学生树立为患者健康服务的信念，在护理过程中融入关爱、尊重和同理心等人文关怀，以创新理念和方法服务患者。

思维导图

思维导图请扫封底二维码。

情景导入及思考

张女士，18岁，汉族，学生，未婚。因“过度害怕肥胖、节食，消瘦1年”由父母陪同步行入院。入院时体温36.6℃，脉搏63次/分，呼吸20次/分，血压84/67mmHg，体重：37.4kg，身高：170cm，体重指数：12.94kg/m^2，体形显著消瘦，严重营养不良，面色苍白，皮肤干燥、体表汗毛增多，小便正常，大便1～2周一次。患者于1年前逐渐开始减少进食，不吃米面等主食或用少量小面包代替正餐，同时增加跳操、步行、慢跑等运动，逐渐出现进食后腹胀、恶心等不适体验，节食更为明显，只吃少量水果蔬菜、坚果、米糊等，正常饮水，维持每日5000步运动量，1年内体重减轻约40kg。因停经3个月到综合医院就诊，在医生建议下到专科医院就诊治疗。

思考：

1. 责任护士接诊时如何给患者进行全面的护理评估？
2. 针对患者的护理问题，责任护士需要实施哪些护理措施？

第一节　摄食与排泄障碍

摄食与排泄障碍是指以心理、社会因素为主要病因，以进食和排泄障碍为主要临床表现的一类疾病总称。摄食障碍主要包括神经性厌食、神经性贪食、暴食障碍和异食癖。排泄障碍主要是指儿童期常见的遗尿症以及不常见的遗粪症。青少年和成年早期人群，尤其是女性群体较易发生摄食障碍。

一、神经性厌食

（一）概述

神经性厌食（anorexia nervosa）是指个体对自身体象的感知歪曲，担心发胖而故意节食，导致体重显著下降为主要临床特征的一种进食障碍。多发生在青少年女性群体，发病年龄在13～20岁。

（二）病因及发病机制

神经性厌食病因及发病机制尚未完全阐明，可能与以下因素有关。

1. 社会文化因素　以“瘦”为美的现代社会文化观念，使女性为适应社会要求，对自身形体要求提高，易出现体象障碍。

2. 生物学因素　遗传易感与环境因素相互作用、神经递质、基础瘦素水平异常与神经性厌食的发生有关。

3. 家庭心理因素　家庭成员关系紧张、过度保护、缺乏解决冲突的技巧等不良因素与神经性厌食密切相关。内向、敏感、完美主义、刻板、强迫等个性特征与神经性厌食发病的心理因素有关。

（三）临床表现

1. 过度关注体形　病态恐惧“肥胖”患者过分关注自身形体和对“肥胖”的恐惧是神经性厌食的核心症状。不同患者可有不同表现，多数患者为自己制定了明显低于正常的体重标准，有些患者虽然无体重标准，但要求体重不断下降。有些患者虽否认有怕胖的心理，但即使自己体重已很低，仍不肯进食和改善健康状况。

2. 体象障碍　自行病理性减肥患者存在体象障碍，对自己身体体象认识歪曲，即使已骨瘦如柴，仍认为自己过于肥胖。患者为达到自己制定的体重目标，常通过严格限制自己饮食的量和食物、过度运动等方法以避免体重增加。运动强度多与体力极不相称，即使患者极度消瘦、虚弱，仍继续坚持锻炼。

3. 生理功能紊乱　长期热量摄入不足，出现营养不良、代谢和内分泌紊乱等躯体症状。轻者消瘦无力、皮肤干燥、脱发等，重者出现水电解质紊乱，严重营养不良，甚至死亡。性功能异常是常见症状。男性出现性欲减退。女性出现身材矮小、乳房发育不良、闭经等，常以治疗闭经为目的就诊。

4. 精神症状　患者常有抑郁、焦虑情绪和强迫症状，心境不稳定、易激惹以及社交退缩。约有 2/3 的患者合并有一种或多种情绪障碍。抑郁情绪最常见，约占 60%，部分患者有自杀倾向。

（四）诊断要点

1. 症状学及病程标准

（1）体重指数小于或者等于 17.5kg/m^2，或体重保持在低于正常的 15% 以上水平。

（2）有意减轻体重，采用拒食和过度运动、自我引吐、导泻、服用食欲抑制剂和（或）利尿剂等一种或多种手段。

（3）特异的精神病理形式的体象障碍，持续存在害怕发胖超价观念。

（4）下丘脑-垂体-性腺轴的广泛内分泌障碍，女性表现为闭经（至少持续 3 个月），男性表现为性兴趣丧失或性功能低下。

（5）可有间歇性发作的暴饮暴食。

（6）病程 3 个月以上，同时满足以上条件。

2. 排除标准

（1）躯体疾病：可以表现厌食和体重下降，但不会有怕胖的超价观念、故意限制饮食及体象障碍。

（2）抑郁症：可有食欲减退、进食减少，但没有对体重增加的过分恐惧。

（3）精神分裂症：可表现进食减少，但同时还具有明显的思维、情感和行为异常，社会功能损害明显，自知力常常不完整。

（五）治疗与预后

1. 治疗 治疗原则：首先应纠正躯体营养不良，同时或稍后开展心理治疗和药物治疗。最佳方案是多种方式联合应用。

（1）躯体治疗：急性期以营养支持治疗为主，恢复患者的营养状态，解除生命威胁，给予足够的能量维持生命，纠正水电解质紊乱。制订合理的营养治疗计划，逐渐恢复正常体重和身体健康。

（2）心理治疗：是神经性厌食的重要治疗方法，目标是使患者恢复理想体重和重建正常进食行为模式。主要方法包括支持性心理治疗、心理健康教育、认知疗法、行为治疗和家庭治疗等。

（3）药物治疗：目前尚无确切有效治疗进食障碍的药物。主要是应用小剂量抗抑郁药、抗焦虑药和少量抗精神病药来改善患者的抑郁、焦虑情绪、强迫和体象障碍等。

2. 预后 常为慢性迁延性，有周期性缓解和复发。

二、神经性贪食

（一）概述

神经性贪食（bulimia nervosa）是指反复发作的强烈的摄食欲望和难以控制的暴食行为，伴有惧怕发胖观念而采用各种方法减轻体重为主要临床特征的一种进食障碍。神经性贪食与神经性厌食可交替出现，发病年龄多在18～25岁。

（二）病因及发病机制

神经性贪食病因并不明确，与生物、家庭心理和社会文化等因素相关。

（三）临床表现

1. 不可控制的暴食 不可控制的发作性暴食是神经性贪食症的主要特征。不愉快情绪常诱发患者出现暴食行为，当暴食发作时，患者有无法自控的大量进食的强烈欲望，在短时间摄入大量食物，进食速度快，伴失控感。

2. 清除行为 患者非常关注自己的体形和体重，暴食后担心体重增加，会采用自己诱吐、导泻或过度运动等清除行为。由于经常用手指刺激咽壁，患者手背常有特征性损伤。

3. 精神症状 暴食前患者通常会有抑郁情绪或因进食冲动导致的紧张，暴食可以缓解这种紧张感，但过后患者会感到悔恨、内疚、抑郁。

4. 生理功能受损 长期持续的暴食与清除行为，患者易出现代谢紊乱、脱水、疲乏无力、心律不齐、月经紊乱，皮肤干燥发黄，牙齿和齿龈损坏、食管（或）胃黏膜损伤、胃扩张等一系列躯体并发症。

（四）诊断要点

1. 症状学及病程标准

（1）对食物有种不可抗拒的欲望，难以克制地发作性暴食。

（2）患者试图抵消食物的“发胖”作用，采取自我诱吐、滥用泻药、间断禁食、使用食欲抑制剂、甲状腺素制剂或利尿药等方法。

（3）患者对肥胖的病态恐惧，既往多有神经性厌食发作史。

（4）呈慢性病程，症状可迁延多年。

2. 排除标准

（1）精神分裂症继发的暴食以精神病症状为首发症状，患者体重常在正常范围内，患者有主动寻求帮助的意愿和求治。

（2）与间脑病变、颞叶癫痫等神经系统器质性病变所致的暴食相鉴别。

（五）治疗与预后

1. 治疗　主要是纠正营养状况，控制暴食行为，建立正常进食行为。治疗方法主要采取心理治疗和药物治疗相结合。

（1）心理治疗可采用认知疗法、行为疗法和生物反馈疗法，改变患者的认知，建立合理有计划的饮食行为。

（2）药物治疗可选择选择性5-羟色胺再摄取抑制剂和三环类抗抑郁药对症处理情绪障碍。

2. 预后　经治疗后症状可以缓解，常有反复发作，也有久治不愈者。

三、暴食障碍

（一）概述

暴食障碍（binge-eating disorder）是一种以周期性出现的暴食行为为特征的进食障碍。患者在短时间（一般在2小时以内）进食超出常人量的大量食物，发作时感到无法控制进食，进食后心里感到痛苦，一般不会出现代偿清除行为如引吐、导泻、过度运动等。

（二）病因及发病机制

暴食障碍病因和发病机制目前不清楚。可能与个体所处环境因素、压力、饮食文化、基因等有关。

（三）临床表现

1. 反复发作性暴食　暴食障碍与神经性贪食的暴食行为基本一致，与神经性贪食不同的是患者没有引吐、导泻、过度运动等清除行为。

2. 失控感　暴食发作时对进食不能控制，对吃什么吃多少难以控制。

3. 躯体症状　患者常有高血压、高甘油三酯血症、空腹血糖升高及代谢综合征。

4. 精神症状　会出现焦虑、抑郁等症状。

（四）诊断要点

1. 症状学及病程标准

（1）在一段固定的时间（任意2小时内）进食，进食量超出常人，发作时感觉无法控制进食。

（2）在没有饥饿感的前提下快速进食大量食物，进食后感内疚、自责，痛苦。

（3）不会出现自我引吐、滥用泻药、间断禁食、过度锻炼等代偿行为。

（4）在3个月内平均每周至少出现1次暴食。

（5）排除躯体疾病和其他精神障碍所致的暴食行为。

2. 排除标准　与神经性贪食的鉴别是不会出现自我引吐、滥用泻药、间断禁食、过度运动等代偿行为。

（五）治疗与预后

1. 治疗 治疗的基本原则是改善认知，降低暴食行为和减轻体重。心理治疗主要是认知行为治疗。躯体治疗主要针对心血管、2 型糖尿病以及代谢综合征的治疗。

2. 预后 与暴食发作的频率、严重程度、冲动及其他精神疾病共病及一系列的功能性后果有关。

四、异 食 癖

（一）概述

异食癖（pica）指儿童持续性地（超过 1 个月时间）进食非营养性、非食用性物质如泥土、颜料等。多发生于婴幼儿，随着年龄增长发病率逐渐降低。

（二）病因及发病机制

目前不清楚，可能与营养缺乏、贫穷、缺乏监管、忽视和虐待、情感剥夺等有关。

（三）临床表现

1. 进食非营养物质 如进食灰泥、油漆、纸张、动物粪便等。

2. 躯体并发症 有贫血、腹泻、便秘、寄生虫感染、弓形虫病、铅中毒、营养缺乏、肠梗阻等。

3. 精神症状 出现抑郁、人格障碍和物质滥用。

（四）诊断要点

1. 症状学及病程标准

（1）患者经常吃一些非营养物质。

（2）反复多次异食，至少 1 周 2 次，持续 1 个月。

（3）异食行为不被患者所处社会接受。

（4）可伴有贫血、寄生虫感染、铅中毒、营养缺乏、肠梗阻等并发症。

2. 排除标准 排除精神发育迟滞、孤独症谱系障碍、器质性精神障碍、精神分裂症出现的异食行为。

（五）治疗与预后

1. 治疗 主要是心理和行为治疗，同时积极治疗贫血、寄生虫感染、铅中毒、肠梗阻等并发症。

2. 预后 随着年龄的增长会逐渐缓解。

五、排 泄 障 碍

（一）概述

排泄障碍是指并非由器质性病变引起的儿童期常见的遗尿症以及不常见的遗粪症。遗尿症指年龄大于 5 岁的儿童反复出现不能自主控制的排尿，白天夜晚均可出现，以夜间居多。遗粪症指 4 岁以上儿童反复随意或不随意地在社会文化不认可的地方大便，一般多发生在白天。

（二）病因及发病机制

病因和发病机制并不明确，可能与遗传因素、排便训练不良、心理创伤、生物学因素有关。

（三）临床表现

1. 原发性遗尿和继发性遗尿　原发性遗尿多见。一般从出生一直持续到 5 岁从未间断过。继发性遗尿是指在完全自主排尿半年后再次出现遗尿现象。遗尿多发生在夜间睡眠的前 1/3 阶段。

2. 原发性遗粪和继发性遗粪　原发性遗粪指儿童 5 岁以后每月至少有一次遗粪。继发性遗粪指在完全自主控制大便 1 年以上后再次出现遗粪。多发生在白天。

（四）诊断要点

1. 症状学及病程标准

（1）遗尿症满足以下条件：①年龄≥5 周岁仍不能自主排尿。②遗尿每周至少 2 次，连续至少 3 个月。

（2）遗粪症满足以下条件：①年龄≥4 周岁仍不能自主控制排便。②遗粪每月至少 1 次，连续至少 3 个月。

2. 排除标准

（1）遗尿症排除标准：排除脊柱裂、泌尿系感染等器质性疾病及精神发育迟滞引起的遗尿。

（2）遗粪症排除标准：排除泻药、肠道感染性疾病或智力低下出现的遗粪。

（五）治疗与预后

1. 治疗　针对遗尿症可给予去氨加压素、抗胆碱能药和三环类药物。遗粪症合并功能性便秘者可给予大便软化、导泻灌肠治疗。合并焦虑、抑郁的儿童可给予小剂量抗焦虑、抗抑郁药物。

2. 预后　预后良好，随着年龄的增长逐渐消失。

六、摄食与排泄障碍的护理程序

（一）护理评估

从健康史、生理、心理、社会、文化等方面，采用问询、观察、身体检查、查阅病历记录及检验报告等进行全面的评估，需要特别关注躯体状况和自伤自杀风险的评估。

1. 健康史

（1）现病史：评估患病以来的进食、体重变化，有无清除行为、呕吐、使用减肥药、导泻剂、利尿剂及过度运动等。是否有就诊、心理或药物治疗等。

（2）既往史：评估既往健康、治疗及母孕期情况等。

（3）家族史：评估家族中有无抑郁、焦虑、物质滥用、进食障碍等。

2. 生理功能方面

（1）一般情况：评估意识、生命体征、肢体活动、大小便、睡眠等及神经系统有无阳性体征。

（2）全身营养状况：评估有无贫血、毛发稀松、皮肤干燥弹性差等；体重指数是否小于或者等于 17.5kg/m^2；是否存在胃痛、便秘、牙齿和齿龈损坏、性功能异常、月经周期不稳定或停经；有无电解质、激素水平紊乱及躯体风险。

（3）工具评估：可使用进食问题调查量表、进食障碍检查自评问卷、进食态度问卷等。

3. 心理功能方面

（1）人格特征：评估病前病后性格变化特点、生活能力、心理应对方式和心理防御机制等。可使用艾森克人格问卷。

（2）认知活动：重点评估患者有无体象障碍、意识障碍、怕胖的超价观念、强迫思维等；有无注意力、记忆力、智能、幻觉、妄想等症状。可使用症状自评量表。

（3）情感活动：评估患者是否存在情绪不稳、抑郁、焦虑、易激惹、敏感、挑剔等情绪障碍等。可使用焦虑自评量表、抑郁自评量表等。

（4）意志行为：评估患者有无出现拒绝进食、诱吐、导泻、过度运动等控制体重行为；是否存在自伤、自杀企图、冲动攻击、回避等行为。

（5）疾病认识：评估患者自知力及对疾病治疗的态度。

4. 社会功能方面

（1）评估患者经济、教育、学习或工作能力、兴趣爱好等。可使用自我感受负担量表。

（2）评估患者家庭成员的关系与互动模式、家属对患者疾病的态度、发病后的家庭关系、人际关系等。可使用社会适应能力、应对能力及社会支持系统的量表。

（二）常见护理诊断/问题

1. 营养失调：低于机体需要量 与限制或拒绝进食，或存在清除行为有关。

2. 营养失调：高于机体需要量 与强迫进食有关。

3. 体液不足或失衡的危险 与液体量摄入减少、自行诱吐、使用利尿剂或导泻剂有关。

4. 睡眠型态紊乱 与心理社会因素刺激、焦虑等有关。

5. 体象紊乱 与社会文化因素、心理因素导致对身体形象看法改变有关。

6. 家庭应对无效 与家庭关系矛盾有关。

7. 有感染的危险 与营养不良导致机体抵抗力下降有关。

8. 知识缺乏 缺乏进食障碍相关知识。

9. 有施行暴力的危险 与患者的应对方式不良有关。

10. 有自杀的危险 与疾病相关的抑郁、焦虑等情绪相关。

（三）护理目标

1. 患者体重逐渐增加，恢复到正常范围。
2. 患者能正确认识疾病的表现，以及疾病与心理社会因素的关系。
3. 患者能建立正确的体象认知，建立良好的饮食习惯。
4. 患者能运用有效的应对机制处理压力，能控制自己情绪。
5. 患者能建立良好的家庭关系和社会人际关系。
6. 患者社会功能恢复正常。

（四）护理措施

1. 生理护理 当患者出现营养不良、电解质紊乱，首要护理措施是保证患者的入量，维持水、电解质平衡。

（1）向患者解释治疗目的，讲解低体重的危害，以取得患者配合。

（2）由医生、护士、心理治疗师、营养师等组成多学科团队对患者饮食行为进行管理。帮助患者建立正常的行为模式。

1）监测饮食：根据患者饮食习惯、方式、文化及经济情况，制订每日饮食计划，从小量开始，从液体、半流食、软食、普食逐步过渡和缓慢增量，避免出现再喂养综合征。对不能配合进食的给予肠外营养。对于暴食者，定时定量单独进餐，餐后专人看护，控制催吐行为。告知患者就餐以 15～30 分钟为宜。准确记录患者每日出入量。

2）监测体重：与患者共同制订增加体重的计划，以每周增加 0.5～1kg 为宜，每日定时使用固定体重计测量体重，根据体重不断修改食谱及进食量。

（3）密切观察和记录患者的生命体征、出入量、心电图、实验室检查结果等，如有异常及时报告医生。

（4）根据患者的精神状态、体力、躯体状况等指导、协助患者做好生活护理。

（5）每天观察和记录大小便情况。

2. 安全护理 做好跌倒、噎食、窒息、自伤、自杀、伤人等风险评估，并采取相应的防范措施，预防再喂养综合征及不良事件发生。进食第 1 周重点监测生命体征、血电解质、血糖、出入量等指标。

3. 症状护理 注意患者情绪反应以及生理障碍背后隐藏的情绪冲动，帮助患者掌握切实可行的应对方式，严防冲动、自杀、自伤行为的发生。

4. 药物护理 认真执行服药制度，保证治疗顺利实施，密切观察患者用药后的治疗效果和不良反应，及时发现异常并报告医生及时处理。

5. 心理护理

（1）全程为患者提供支持性心理治疗，理解患者的病态行为，帮助患者分析、认识问题行为。

（2）建立良好护患关系：适时关心、倾听患者的真实想法，表达理解、支持和接纳；在采取干预措施时，及时清楚地表明只是想控制当时的行为，不带有惩罚的目的，取得患者的信任和配合；主动与患者交流美好和希望都是以生命持续为基础。

（3）重建正常进食行为模式：鼓励患者参与进食行为和增加体重的计划，激发患者治疗动机。帮助患者正确理解身材与食物的关系，说明低体重对健康的危险。提供安静、舒适的进食环境、适合患者口味的食物，时间限制在 30 分钟以内，进餐后 1 小时内无引吐行为。结合正强化和负强化的方法，帮助患者恢复正常的饮食行为模式。

（4）纠正体象障碍：评估患者对肥胖的感受和态度，鼓励患者表达对自己体象的看法，通过实际身材尺寸与其主观感受对比，帮助患者接受现实的自己。

（5）注重对患者抑郁、焦虑、强迫等情绪症状的评估，根据情况采取相应的护理措施。

6. 家庭干预 帮助家庭找到对患者疾病造成影响的不良因素并助其消除这些因素。对家属进行疾病知识宣教，以尊重平等的态度对待患者，减少控制，创造良好的家庭环境，使患者获得情感上的满足。

7. 康复护理 为患者及家属提供治疗、饮食行为管理方案，开展生活技能和社交技能训练，指导患者处理人际关系矛盾技巧、应对生活的策略。

8. 健康教育 对患者和家属采用书面、口头、视频等多种方式为患者提供个性化的饮食、营养、运动、康复、并发症预防等方面的健康教育。

（五）护理评价

1. 患者体重是否增加，是否恢复到正常范围。

2. 患者能否正确认识疾病的表现以及疾病与心理社会因素的关系。

3. 患者能否建立正确的体象认知，建立良好的饮食习惯。

4. 患者能否运用有效的应对机制处理压力和不良人际关系。

5. 患者能否建立良好的家庭关系和社会人际关系。

6. 患者社会功能是否恢复正常。

第二节　睡眠-觉醒障碍

睡眠-觉醒功能紊乱可导致心血管疾病、精神疾病的发生，免疫力低下，甚至死亡率的增加，睡眠障碍已经成为严重的公共卫生问题。本章主要介绍失眠障碍、嗜睡障碍、睡眠-觉醒节律障碍和异态睡眠。

一、失眠障碍

（一）概述

失眠障碍（insomnia disorder）是临床最常见的睡眠障碍，是指频繁而持续的睡眠启动和维持障碍导致睡眠质量不能满足个体需要的一种状况，常影响日间社会功能。

（二）病因及发病机制

引起睡眠障碍的因素众多，尚未有被广泛接受的病理机制。遗传、心理、社会、药物、环境、躯体疾病等因素均可影响睡眠。

（三）临床表现

1. 失眠症状

（1）入睡困难：是失眠障碍最常见的症状，主要表现为在适当的睡眠机会和环境下，入睡困难。

（2）睡眠维持困难：表现为睡眠不实、睡眠表浅、夜间醒后难以再次入睡、早醒、睡眠不足等。

2. 觉醒期症状　疲劳或全身不适感，日间困倦思睡，注意力不集中或记忆障碍，社交、工作或生活能力受损。

（四）诊断要点

1. 症状学及病程标准

（1）主诉是入睡困难，难以维持睡眠或睡眠质量差。

（2）睡眠紊乱每周至少发生 3 次并持续 1 个月以上。

（3）日夜专注于失眠，过分担心失眠的后果。

（4）睡眠质量的不满意引起患者的苦恼或影响了社会及职业功能。

2. 排除标准　排除其他躯体疾病和精神障碍症状导致的继发性失眠。

（五）治疗

针对病因，消除或减轻失眠的因素。治疗方法主要包括心理行为治疗、补充/替代性治疗和药物治疗。最常用的是综合治疗方案。

1. 心理行为治疗　改变患者失眠不良心理和行为因素，增强自我控制失眠障碍的信心。

主要包括睡眠卫生教育、刺激控制、睡眠限制、矛盾意念、生物反馈、放松、正念等方法，根据实际情况联合使用或单独应用。

2. 补充/替代疗法 锻炼、身心干预，按摩、针灸、穴位按压等中医治疗，经颅磁刺激、光照疗法等。

3. 药物治疗 个体化、按需、适量、间断给药。疗程一般不超过4周，超过4周应每个月动态评估。常用药物有苯二氮䓬类药物、镇静类抗抑郁和抗精神病药物等。

二、嗜睡障碍

（一）概述

嗜睡障碍（hypersomnolence disorder）是指白天睡眠过多或睡眠发作，或醒来时过渡到完全清醒状态的时间延长，影响工作、学习、生活及社会功能。本节主要介绍发作性睡病和特发性睡眠过多。

（二）病因及发病机制

目前病因不明，常与心理社会因素、精神障碍及躯体器质性疾病、家族遗传有关。

（三）临床表现

1. 发作性睡病 以难以控制的嗜睡、发作性猝倒、睡眠瘫痪、入睡幻觉以及夜间睡眠紊乱为主要临床特征。

（1）日间过度嗜睡和睡眠发作：日间不分场合甚至在需要十分清醒的情况下出现不同程度的嗜睡，并非由于睡眠时间不足、药物、酒精、躯体疾病或精神疾病等原因引起。

（2）猝倒发作：无力发作甚至猝倒为特征性表现，发作时意识清晰，常不超过2分钟。

（3）睡眠瘫痪：刚入睡或刚睡醒时，发生一过性全身不能活动或不能讲话的肌肉张力发作。发作时意识清晰，持续数秒至数分钟。

（4）入睡幻觉：由觉醒至睡眠的转换期出现的幻觉或梦境样经历体验。

（5）夜间睡眠紊乱：易醒多梦，醒后再入睡困难，夜间体动明显增多，早晨困倦而起床困难。

2. 特发性睡眠过多 以日间过度思睡但不伴猝倒为基本特征。患者白昼睡眠时间延长，醒转后常有短暂意识模糊，呼吸及心率增快，常影响工作、学习和生活。

（四）诊断要点

1. 症状学及病程标准

（1）白天睡眠过多或者睡眠发作，无法以睡眠时间不足来解释和（或）清醒时达到完全觉醒状态的过渡时间延长。

（2）每日出现睡眠紊乱，超过1个月，或反复的短暂发作，引起明显的苦恼或影响了社会职业功能。

（3）特发性睡眠过多缺乏发作性睡病的附加症状（猝倒、入睡前幻觉、睡眠瘫痪）或睡眠呼吸暂停的临床证据（夜间呼吸暂停、典型的间歇性鼾音等）。

（4）没有可表现出日间嗜睡症状的任何神经科及内科情况。

2. 排除标准 排除阻塞性睡眠呼吸暂停和器质性嗜睡障碍。

（五）治疗

1. 查明病因，对因处理。

2. 药物治疗遵循个体化原则 根据不同症状选择药物、剂量和服药时间，常用药物有莫达非尼、咖啡因、哌甲酯、匹莫林等。

3. 行为治疗 通过行为治疗克服白天过度嗜睡。

三、睡眠-觉醒节律障碍

（一）概述

睡眠-觉醒节律障碍（sleep-wake rhythm disorder）指睡眠-觉醒规律与常规不符合而导致的睡眠紊乱。

（二）病因及发病机制

发病与遗传因素、环境因素、个体生活节律失常和心理社会压力等有关。

（三）临床表现

睡眠-觉醒节律紊乱、反常是主要临床表现，常见有睡眠时相延迟和睡眠时段提前两种类型。

1. 睡眠时相延迟 为最常见的临床类型，通常延迟大于 2 小时，常在凌晨 2 时至 6 时入睡，觉醒时间在日间 10 时至 13 时，可保持 24 小时睡眠觉醒周期，睡眠时间及质量正常，常见于青少年和年轻人。

2. 睡眠时段提前 通常提前大于 2 小时，典型患者在晚上 6 时至 8 时入睡，凌晨 2 时至 5 时觉醒。下午或傍晚思睡或精神不振，难以正常参与学习、工作或社会活动，常见于老年人。

（四）诊断要点

1. 症状学及病程标准

（1）睡眠-觉醒节律与特定社会环境及大多数人所要求的睡眠-觉醒节律不一致。

（2）在主要的睡眠时间段内失眠，在应该清醒的时段出现嗜睡，几乎每天发生，至少持续 1 个月。

（3）患者对睡眠质量及睡眠时序感到苦恼或影响其社会职业功能。

2. 排除标准 排除躯体疾病或精神障碍导致的继发性睡眠-觉醒节律障碍。

（五）治疗

睡眠-觉醒节律障碍的治疗主要采用睡眠卫生教育及行为指导，调整患者入睡和觉醒的时间以恢复正常节律，按需服用催眠剂和促觉醒药物。

知识链接 **睡眠分期**

多导睡眠监测或睡眠脑电图显示，正常成人睡眠呈周期性，每个周期由非快速眼动（non rapid eye movement，NREM）睡眠及随后的快速眼动（rapid eye movement，REM）睡眠组成，以有无快速眼球运动为鉴别特征。在一夜的睡眠中，NREM 睡眠和 REM 睡眠交替出现，由一个 NREM 睡眠到另一个 NREM 睡眠或者由一个 REM 睡眠到另一个 REM 睡眠的阶段，称为一个睡眠周期。通常每晚有 4～6 个睡眠周期，每个周期持续 90～100 分钟。它由一个夜间时间及其对应的睡眠期组成，提供整夜睡眠模式的细节。其中 W 期为清晰期，R 期为 REM 期，N1 为 NREM 1 期，N2 为 NREM 2 期，N3 为 NREM 3 期。随着睡眠进程每个周期的睡眠结构有所变化，大部分的 N3 期睡眠出现在前半夜，REM 期睡眠持续在后半夜更长，所以睡行症和睡惊症大部分发生在前半夜，REM 睡眠期行为紊乱和梦魇障碍多在后半夜发生。

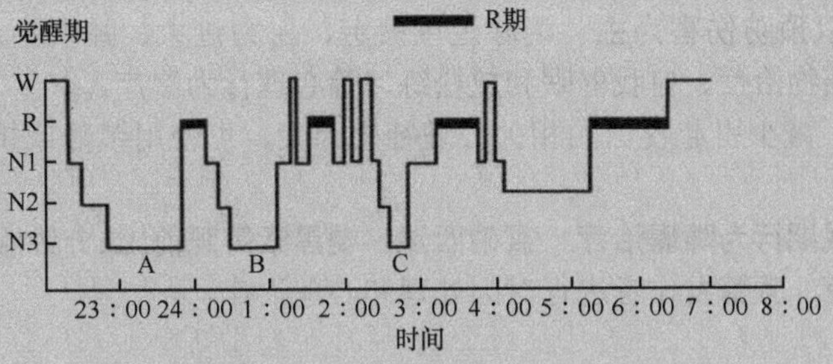

睡眠结构图

四、异态睡眠

（一）概述

异态睡眠（parasomnia）是指在睡眠过程或觉醒过程中发生的非自主性躯体行为或体验，包括睡眠相关的各种异常、复杂运动、行为、情绪、感知觉、梦境和自主神经系统活动认知过程的异常。

（二）病因及发病机制

目前病因及发病机制不清。

（三）临床表现

1. 睡行症 又称梦游症，是睡眠和觉醒现象同时存在的一种意识模糊状态。主要表现为患者入睡后不久突然从床上起来四处走动，双目凝视，不说话，询问不答，可有大小便、倒水、抽烟、吃东西、开抽屉、出门游荡、开车等行为，难以被唤醒，维持数分钟到数十分钟，自行上床或被人领回床上，再度入睡，醒来后对睡行行为完全遗忘。多发生在儿童，男孩多见。

2. 睡惊症 在夜间睡眠后较短时间内出现的极度恐惧和惊恐发作，伴有强烈的言语，运动形式和呼吸急促、出汗等自主神经系统的高度兴奋状态。发作持续约 1～10 分钟，难以唤醒，醒后可有意识和定向障碍，不能回忆发作过程。

3. 快速眼动睡眠期行为障碍 在 REM 睡眠期出现鲜活恐怖或暴力的梦境以及与梦境内容一致的伤人、毁物、演讲、唱歌、叫骂、大笑、哭泣、奔跑等异常行为，发作后无记忆。发作时双眼呈闭合状态。就诊原因通常为自身或同寝者受伤。

4. 梦魇障碍 在睡眠中被噩梦突然惊醒，醒后对梦境内容能清晰回忆，并心有余悸。通常在夜间睡眠的后期发作，梦境多是处于危险境地，使患者紧张、恐惧、害怕、惊叫或动弹不得直至惊醒，醒来即可清醒。

（四）诊断要点

1. 症状学及病程标准 依据病史和临床表现进行诊断，多导睡眠监测视频可协助诊断。

2. 排除标准

（1）睡行症注意与分离性障碍鉴别。

（2）睡惊症需排除器质性疾病、热性惊厥和癫痫发作等。

（五）治疗

对异态睡眠的治疗目标是减少发作次数和防止发作时意外事故的发生。

1. 睡行症治疗以预防伤害为主 消除过度疲劳、压力过大、睡眠不足等相关诱发因素。可选择苯二氮䓬类药物治疗、自我催眠和放松练习等心理行为治疗。

2. 睡惊症治疗 减少引起夜惊的相关心理社会因素，可使用镇静或抗抑郁药物及辅助心理治疗。

3. 快速眼动睡眠期行为障碍治疗 氯硝西泮、褪黑素等睡前 15 分钟服用。

4. 梦魇障碍治疗 频繁发作者进行对因处理和心理治疗。

五、睡眠-觉醒障碍的护理程序

（一）护理评估

通过访谈、观察、身体检查、查阅病史记录等方法，从健康史、生理、心理、社会等多层面、多维度收集资料。

1. 健康史

（1）现病史：评估起病诱因、主要表现、影响因素等，有无躯体不适、疲乏无力、心慌、胸闷、心悸、大汗等自主神经功能紊乱症状等。

（2）既往史：评估有无药物过敏史，既往健康、治疗情况等内容。

（3）家族史：评估家族中有无睡眠障碍。

2. 生理功能

（1）基本生理状况：评估生命体征、营养、运动、排泄等情况。

（2）睡眠相关因素：评估睡眠环境和习惯，失眠发生病程、形式、严重程度、日间功能受损程度等。可使用睡眠日记、匹兹堡睡眠质量指数（PSQI）、失眠严重程度指数（ISI）、多导睡眠监测（PSG）、多次睡眠潜伏期试验（MSLT）、体动记录检查等协助评估。

3. 心理功能

（1）人格特点：评估病前的性格，有无生活事件影响，有无酒精、香烟、咖啡因等滥用史等，可使用艾森克人格问卷。

（2）认知活动：评估患者的意识状态，有无注意力、记忆力、智能方面的改变；有无幻觉、妄想等症状，可使用症状自评量表。

（3）情感活动：评估患者的情感状态，是否存在情绪不稳、抑郁、焦虑、易激惹等。可使用焦虑和抑郁自评量表。

（4）意志行为：评估睡眠障碍对日常生活行为能力的影响，是否存在自伤、自杀企图等。

（5）疾病认知：评估对睡眠障碍问题的认知及对治疗的态度。可使用睡眠信念与态度量表。

4. 社会功能

（1）评估学习、工作能力和生活习惯，有无因睡眠障碍影响学习、工作以及生活等。

（2）评估日常的人际关系，有无人际关系改变。

（3）评估家庭、婚姻、子女关系和社会支持状况等。可使用社会适应能力、应对能力及社会支持系统的量表。

（二）护理诊断

1. 睡眠型态紊乱　与心理社会因素刺激、焦虑、睡眠环境改变、药物影响等有关。

2. 疲乏　与失眠、异常睡眠等引起的不适状态有关。

3. 焦虑　与睡眠型态紊乱有关。

4. 恐惧　与异常睡眠引起的幻觉、梦魇等有关。

5. 应对无效　与长期处于失眠或异常睡眠有关。

6. 有受伤的危险　与睡眠障碍中出现的异常行为有关。

7. 营养失调：低于机体需要量　与长期失眠引起的食欲减退有关。

8. 有自杀的危险　与失眠引起的抑郁、焦虑等情绪相关。

（三）护理目标

1. 患者睡眠时间增加，达到正常范围，睡眠质量改善。
2. 减少或消除过度嗜睡障碍、睡行症、睡惊症、梦魇障碍的发作次数。
3. 患者日间能保持清醒状态，感觉精力充沛。
4. 患者能建立适宜的应对方式及高质量的睡眠模式。
5. 患者焦虑、恐惧情绪显著改善。
6. 患者社会功能恢复正常。

（四）护理措施

1. 一般护理

（1）消除失眠诱因，创造良好的睡眠环境，保持病室空气流通，温度适宜，光线柔和；被褥干燥、清洁，使患者感觉舒适。

（2）规律作息，指导患者养成良好的睡眠习惯，如睡前泡脚、聆听轻松音乐、穿宽松的睡衣等；睡前2小时避免进行剧烈运动，睡前避免进食咖啡、浓茶、人参、酒精等使大脑细胞兴奋的物质，控制水、饮料的量，避免夜间起床如厕影响再次入睡，不在床上看电视、玩手机。

2. 安全护理　对异态睡眠患者主要保证症状发作时的安全，消除或减轻发病的诱发因素以及减少发作次数，并消除或减轻患者和家属的恐惧心理。

（1）提供安全的睡眠环境，清除环境中的障碍物和危险品，防止患者受到伤害或伤害他人，必要时加床栏或保护性约束，兴奋躁动者应安置于隔离室，做好安眠处理。

（2）定期巡视观察患者的睡眠情况，观察睡眠中有无鼾声、呼吸暂停、说梦话、腿动及异常行为等。

3. 症状护理　运用行为治疗，纠正不良习惯，重建规律、有质量的睡眠模式，掌握自我处理失眠的各种措施，强调行为习惯改变对睡眠障碍治疗的重要性。

4. 药物护理

（1）遵医嘱给药后，观察药物疗效和睡眠改善情况。用药后1～2小时内仍不能入睡而出现焦虑和紧张时，要做好心理疏导暗示，指导冥想放松，必要时报告医生处理。

（2）向患者宣教药物的相关知识，如药物的作用、副作用等。

（3）告知遵医嘱用药，缓慢停药，切忌突然停药，以免造成药物耐受或依赖。

5. 心理护理

（1）建立良好护患关系，让患者尽快适应病区环境，消除因环境引起的紧张、焦虑情绪。

（2）鼓励患者表达内心的感受，满足患者合理需求，消除失眠的诱因。

（3）运用支持性心理护理和认知疗法帮助患者正确对待失眠，缓解心理负担。

6. 康复护理与健康指导

（1）指导患者做好自我睡眠管理，学会运用计算睡眠效率的方法。

（2）教会患者提升睡眠质量的有效方法，每天坚持身体扫描正念放松训练，进行规律的体育运动等。

（3）采用角色扮演、情景演练等问题解决技术，帮助患者掌握问题解决的操作步骤，增强自行解决问题的能力，从容面对各类生活挫折和应激，降低压力事件对睡眠的不良影响。

（4）对因睡眠不足，活动无耐力的患者，与患者共同制订活动计划，循序渐进。

（5）为患者提供安静、舒适的睡眠环境和轻松的家庭氛围，不要过分关注患者的睡眠。

（6）指导嗜睡患者避免从事开车、高空作业和进行带有危险性的操作等。

学术创新

改善失眠新方法——“正念”减压疗法

正念（mindfulness）源于佛教禅宗，1979年由美国医学博士乔恩·卡巴金（Jon Kabat-Zinn）将其与心理学结合，发展出一种心理疗法——正念减压（MBSR）。从认知行为的角度来看，睡眠问题源于自动唤醒、功能失调以及相应的痛苦。失眠问题通常是过分担心自己的睡眠质量或睡眠时长而增加的精神压力，当人失眠时，会有强烈的睡眠渴望，有意识地去思考如何改善睡眠，这种思维方式将会阻止人进入正常的睡眠状态。正念治疗对在慢性失眠和思维反刍过程中常会出现的情绪反应进行管理，同时改善白天疲倦感。培养患者在系统的实践练习中，从一种非评判的角度来观察每时每刻的经历、想法和情绪，降低了兴奋的整体水平，从而提高睡眠质量，降低对睡眠的担心和焦虑程度。

（五）护理评价

1. 患者睡眠时间是否增加、是否达到正常范围，睡眠质量是否改善。

2. 是否减少或消除过度嗜睡障碍、睡行症、睡惊症、梦魇障碍的发作次数。

3. 患者日间是否保持清醒状态，感觉精力充沛。

4. 患者是否建立适宜的应对方式及高质量的睡眠模式。

5. 患者焦虑、恐惧情绪是否得到改善。

6. 患者社会功能是否恢复正常。

思 考 题

1. 简述摄食障碍各种类型的主要临床表现。
2. 如何做好神经性厌食症患者的饮食护理？
3. 如何做好睡眠-觉醒障碍患者的安全护理？

（覃凤琼）

第十三章　神经发育障碍患者的护理

学习目标

知识目标：通过对课程的系统学习能充分掌握常见神经发育障碍的临床特点和护理措施。

能力目标：能将所掌握的理论知识运用于病情观察、护患沟通、健康教育及各项护理操作中。

素质目标：树立为患者健康服务的信念，在护理过程中融入人文关怀，具有爱心、耐心、责任心等职业态度。

思维导图

思维导图请扫封底二维码。

情景导入及思考

患者，男，11岁，小学五年级学生。因好动、上课注意力不集中就诊。患者自幼活动多，喜欢与小朋友追逐打闹，不能安静看书或听故事，集体游戏不能耐心等待，时而参加时而退出。上小学后不能遵守课堂秩序，不能在座位上静坐，不停玩弄文具，摇桌转椅，大声说话，擅自离开座位，不能按时完成作业，学习成绩差。做题粗心大意，常看漏或看错题目。经常遗失学习物品或忘记各种通知。喜欢招惹同学，经常与同学发生争执，甚至打架。情绪不稳定，常因小事或需求未满足而发脾气。

思考：

1. 案例中患者的主要症状有哪些？
2. 针对该患者应该如何实施护理措施？

神经发育障碍（neurodevelopmental disorder）是指儿童在发育阶段（18岁以前），各种有害因素损害神经系统，导致儿童心理发展的各个方面不能遵循规律健康地发展，出现迟缓、倒退或偏离正常的现象，即心理发育实际水平不能达到相应年龄阶段的水平。这些发育问题影响儿童的社会功能。神经发育障碍包括智力发育障碍、孤独症谱系障碍、注意缺陷多动障碍、儿童交流障碍、特定学习障碍、抽动障碍、运动障碍等，本章简要介绍几种临床常见神经发育障碍的临床特点及护理。

第一节　智力发育障碍

一、智力发育障碍的临床特点

（一）概述

智力发育障碍（intellectual developmental disorder）发生在发育阶段，即神经系统发育成熟（18岁）以前，以智力和社会适应能力发育迟缓，未能达到相应年龄水平为主要临床表现。智力发育障碍者的智商在70以下或低于同人群均值2个标准差。社会适应性能力包括个人生活能力和履行社会职能能力两方面。社会适应能力低下者表现为认知、语言、情感、意志和社会化等方面能力显著落后于同龄儿童。

在不同国家和地区，因调查方法和诊断标准不完全一致，智力发育障碍的患病率有所差异。根据发展中国家的人口估计患病率为1.0%～1.5%，西方国家报道的时点患病率为1%～3%。男性患病率是女性的1.5倍。我国29个省市智力残疾调查显示智力残疾患病率为1.268%。全国8省市0～14岁智力障碍流行病学调查显示患病率为1.2%。

（二）病因及发病机制

智力发育障碍的病因广泛而复杂，多数还无法明确，从围产期开始到18岁以前影响中枢神经系统发育的因素都可能成为致病原因，主要包括遗传和生物学因素，以及环境中各种影响心理发育的因素。目前已明确的病因主要有以下几个方面。

1. 遗传及先天因素 包括染色体异常，如唐氏综合征、性染色体畸变等；基因异常，如苯丙酮尿症、半乳糖血症等；先天性颅脑畸形，如先天性小脑畸形、先天性脑积水等。

2. 围产期有害因素 母孕期感染、药物、毒物、放射线和电磁波等；妊娠期疾病和并发症，如糖尿病、严重贫血、先兆流产、妊娠高血压等；分娩期并发症，如前置胎盘、胎盘早剥、胎儿宫内窘迫等；母亲妊娠年龄偏大、营养不良、吸烟、饮酒，遭受强烈或长期的心理应激产生持续的情绪抑郁、焦虑等都可能与智力障碍有关。新生儿疾病，如未成熟儿、低出生体重儿、胆红素脑病、新生儿肝炎、新生儿败血症、胎儿颅缝早闭等。

3. 出生后不良因素 脑损伤，如中枢神经系统感染（脑炎、脑膜炎）、颅内出血、颅脑外伤、脑缺氧、甲状腺功能低下、重度营养不良等；听觉或视觉障碍；家庭和社会环境，如贫困、与社会隔离等因素使儿童缺乏接受文化教育或人际交往机会，影响智力发育。

（三）临床表现

智力发育障碍主要表现为不同程度的智力低下和日常适应能力缺陷。部分患者可伴有一些精神症状，如注意缺陷、情绪易激惹、冲动行为、刻板行为或强迫行为、自伤行为、幻觉等。有的患者同时存在一些躯体疾病的症状和体征。

根据智力低下程度和日常社会适应能力缺陷程度将智力发育障碍分为以下四个等级。

1. 轻度 智商为50～69，成年后智力水平相当于9～12岁正常儿童，在全部智力发育障碍中占85%。患者在幼儿期即可表现出智能发育较同龄儿童迟缓，如语言发育迟缓、词汇不丰富、理解能力和分析能力差，抽象思维不发达。就读小学以后学习困难，学习成绩经常不及格或留级，最终勉强完成小学的学业。患者能进行日常的语言交流，但对语言的理解和使用能力差。通过职业训练成年后能从事简单非技术性工作，获得简单生存技能和生活能力，大多可独立生活，但社会适应能力水平低，难以应对环境复杂的变化。

2. 中度 智商为35～49，成年以后智力水平相当于6～9岁正常儿童，在全部智力发育障碍中占10%。患者从幼年开始智力和运动发育都明显比正常儿童迟缓，语言发育差，表现为发音含糊不清，虽然能掌握日常生活用语，但词汇贫乏以致不能完整表达意思。计算能力为个位数加、减法水平。不能适应普通小学的就读。规范的特殊教育与训练可学会自理简单生活，完成简单体力劳动，但质量差、效率低，处于半独立生活状态。

3. 重度 智商为20～34，成年以后智力水平相当于3～6岁正常儿童，占全部智力发育障碍的3%～4%。患者在出生后即可出现明显的发育延迟，经过训练最终能学会简单语句，但不能进行有效语言交流。不会计数，不能在普通学校就读。患者动作笨拙，不灵活，经过长期的反复训练，可学会自己进食或简单的生活习惯，但日常生活需人照料。常伴随显著的运动功能损害、身体畸形，并可出现癫痫、脑瘫等神经系统疾病。情感反应不协调，易冲动。

患者不具有社会行为的能力，经过反复训练可在监管下从事极为简单的体力劳动。

4. 极重度　智商在20以下，成年以后仅能达到3岁以下正常儿童的智力水平，占全部智力发育障碍的1%～2%。完全没有语言能力，以哭闹、尖叫等原始性情绪，表达自己的需求和情感。生活不能自理，不会躲避危险，完全依赖他人帮助才能生存。常合并严重神经系统发育障碍和躯体畸形。

（四）预防与治疗

智力发育障碍一旦发生难以逆转，因此重在预防。做好婚前检查、监测遗传性疾病、做好围产期保健、避免围产期并发症、防止和尽早治疗中枢神经系统疾病是预防智力发育障碍的重要措施。

智力发育障碍的治疗原则以教育和康复训练为主，辅以心理治疗，仅少数患者需要对伴随的精神症状进行药物对症治疗。

二、智力发育障碍的护理程序

（一）护理评估

1. 健康史　患者发病原因，具体表现；既往健康状况；生长发育过程；家族成员中是否有精神障碍患者，是否有遗传性疾病等。

2. 生理功能　评估患者各项躯体发育指标、有无躯体畸形；饮食、二便情况；营养、睡眠情况等。

3. 心理功能　评估患者智力低下程度；有无幻觉等感知觉障碍；有无妄想等思维障碍；有无情绪不稳、易激惹、焦虑、抑郁等表现；有无刻板、强迫行为，有无暴力行为、自伤行为等。

4. 社会功能

（1）生活自理能力：评估患者生活自理程度，如能否独立进食、如厕、洗漱、换衣，能否独立外出等。

（2）环境适应能力：①学习能力：是否存在学习困难及程度。②语言交流能力：有无语言障碍，能否进行有效语言交流，是否能用语言较好地表达自己的感受与意愿。③自我控制与自我保护能力：有无自我控制能力、自我防卫能力下降及程度，有无伤害他人或被他人伤害的危险。④社交活动：有无人际交往障碍，是否合群，是否主动与人交往和参与游戏活动等。

5. 其他　患者家庭养育方式、家属对疾病的认知及态度、家庭关系是否融洽，接受特殊教育有无困难，有无可利用的社会资源等。

（二）常见护理诊断/问题

1. 语言沟通障碍　与智力发育障碍有关。

2. 社会交往障碍　与智力低下、语言交流能力低下及缺乏社会行为能力等有关。

3. 卫生/穿着/进食/如厕自理缺陷　与智力发育障碍有关。

4. 营养失调　与智力水平低下所致贪食、食欲减退及消化不良等有关。

5. 有受伤的危险　与自我防卫能力下降有关。

6. 父母角色冲突　与智力水平低下、需要照顾增多有关。

（三）护理目标

1. 患者语言能力逐步改善。

2. 患者的社交能力、学习能力逐步改善。

3. 患者的个人生活自理能力逐步改善。

4. 患者能维持正常的营养状态，体重维持在正常范围内。

5. 患者不发生受伤现象。

6. 患者父母角色冲突减轻或消除。

（四）护理措施

1. 生活护理 根据患者病情提供日常生活护理，作息规律。对有一定自理能力的患者，应指导、督促其养成良好的生活习惯，维持良好个人卫生，保证充足的睡眠。

为患者创造良好的饮食环境，进餐时保持情绪稳定。对生活自理能力低下的患者要加强自理能力的训练，使其学会自己进食，必要时协助进餐或喂食，保证营养摄入，避免营养不良。对暴饮暴食的患者适当控制食量，以免发生消化不良，纠正患者偏食行为。对苯丙酮尿症患者应给予低苯丙氨酸饮食治疗；半乳糖血症患者要避免食用乳类食品，并辅以多种维生素和无机盐。

2. 安全护理 为患者提供安全的生活环境，室内陈设尽可能简洁、实用，随时排查有安全隐患的物品和设施。注意患者活动安全，避免攀爬、打闹等。

3. 教育和康复训练 由学校教师、家长、康复训练师和心理治疗师相互配合进行。教师和家长的任务是使患者能够掌握与其智力水平相当的文化知识、日常生活技能和社会适应技能。心理治疗师可针对患者的异常情绪和行为采用相应的心理治疗。常用的有效方法是行为治疗。通过行为治疗能够使患者建立和巩固正常的行为模式，减少攻击行为或自伤行为。对家长的心理教育和家庭治疗能使患者的父母了解疾病的相关知识，减轻焦虑情绪，更有效地配合专业人员对患者实施教育和康复训练。

对患者进行教育和康复训练时，要根据患者的智力水平因材施教。不同程度智力发育障碍患者的教育和康复训练内容如下。

轻度智力发育障碍患者一般能够接受小学低年级到中年级的文化教育，最好在普通小学接受教育，如不能适应也可到特殊教育学校学习。教师和家长在教育过程中应采用形象、生动、直观的方法，同一内容反复强化。日常生活能力和社会适应能力的培养和训练包括辨认钱币、购物、打电话、到医院就诊、乘坐公共交通工具、基本的劳动技能、回避危险和处理紧急事件的方法等。当患者成长到少年期以后开始对其进行职业训练，教会一些劳动技巧，使其成年后具有独立生活、自食其力的能力。

对中度智力发育障碍患者着重康复训练，主要内容是生活自理能力和社会适应能力。如洗漱、换衣、人际交往中的行为举止和礼貌，正确表达自己的要求和愿望等内容，同时进行在人际交流中常用语言的训练。

对重度智力发育障碍患者的主要康复训练内容是训练患者与照料者之间的协调配合能力、简单生活能力和自卫能力。如进餐、如厕、简单语言交流，使患者能表达饥饱、冷暖、避免受伤。可采用将每一种技能分解成几个步骤，再逐步反复强化训练的方法。

对极重度智力发育障碍患者难以实施任何教育和康复训练。

4. 药物治疗的护理 遵医嘱给药。发药过程中，保证患者将药物服下。因患者语言表达能力差，用药期间应密切观察药物不良反应。

5. 健康教育 帮助家长正确认识疾病，使其了解疾病的性质和预后，认识到家庭教育训练的重要性。教会家长家庭教育训练的方法。对患者的点滴进步及时给予表扬，提高患者的学习兴趣和信心，切忌操之过急和歧视打骂。对患者寄予恰当的期望，目标是提高生活自理能力和掌握一定的劳动技能。告知通过教育训练，患者的能力可有不同程度改善。

（五）护理评价

1. 患者语言能力是否改善。
2. 患者的社交能力、学习能力是否改善。
3. 患者的个人生活自理能力是否改善。
4. 患者的营养状况是否改善。
5. 患者是否有受伤的情况发生。
6. 患者父母的角色冲突是否减轻或消除。

第二节 孤独症谱系障碍

一、孤独症谱系障碍的临床特点

（一）概述

孤独症谱系障碍（autism spectrum disorder，ASD），包含广泛性发育障碍中的孤独症、Asperger 综合征、未在他处注明的广泛性发育障碍。儿童孤独症是其中最常见、最具代表性的疾病，该病起病于婴幼儿时期，主要表现为不同程度的社会交往障碍、语言发育障碍、兴趣狭窄和行为方式刻板，多数患儿伴有不同程度的智力发育障碍，预后差。

近年来孤独症谱系障碍的患病率有明显增高趋势，多数研究报道在 1‰以上。2010 年及 2012 年美国疾病控制和预防中心的监测数据显示孤独症谱系障碍患病率均为 1/68。有研究报道我国孤独症谱系障碍患病率为 2.45‰。目前孤独症是导致我国儿童精神残疾的最大病种。

（二）病因及发病机制

孤独症谱系障碍的病因及发病机制非常复杂，既往研究提示该类疾病与脑神经发育相关。有关因素如下：

1. 遗传因素 无论家系调查、细胞遗传学研究，还是分子生物学研究，均显示儿童孤独症或孤独症谱系障碍与遗传因素关系非常密切，遗传度高达 80%～90%，是遗传因素和环境因素相互作用导致的疾病。但是遗传因素如何导致该类疾病，易感基因的功能及其表达异常对脑发育有何具体影响，与疾病的症状间存在何种联系，遗传因素与环境因素如何相互作用而导致该疾病，均有待于进一步研究探讨。

2. 脑结构和功能异常 脑结构研究显示，孤独症或孤独症谱系障碍患者存在小脑发育不良、脑干缩小、杏仁核缩小、胼胝体缩小、海马缩小、侧扣带回缩小、整个大脑体积增大、侧脑室扩大、尾状核体积增加等。随访研究表明，患者脑发育轨迹不同于正常对照。

3. 神经生化因素 有研究结果显示 5-羟色胺、多巴胺、催产素、γ-氨基丁酸等多种神经递质功能失调可能与孤独症谱系障碍有关，但研究结果尚不一致。

4. 免疫因素 研究显示部分孤独症患者存在免疫系统异常。患者脑脊液中免疫细胞、炎性细胞因子、自身抗体有不同程度升高。因此，有学者提出免疫炎性假说，即由于中枢神经的炎症，导致脑神经发育障碍，引发孤独症或孤独症谱系障碍。

5. 母孕期不利因素 是孤独症或孤独症谱系障碍的危险因素，包括：母孕龄高，母亲怀孕时父亲年龄大，母孕期有先兆流产、病毒感染、吸烟、服用某些药物、羊水的胎粪污染、胎位异常、情绪不稳、宫内窘迫，以及胎儿出生时有难产或早产、出生窒息、低出生体重等。

（三）临床表现

社会交往障碍，交流障碍，狭窄、刻板与重复的兴趣行为是孤独症谱系障碍的核心症状。

知识链接 **我国孤独症筛查中推荐使用的预警征**

年龄	预警征象	年龄	预警征象
3 个月龄	1. 对很大声音没有反应	18 个月龄	1. 不会有意识叫“爸爸”或“妈妈”
	2. 不注视人脸，不追视移动人或物品		2. 不会按要求指人或物
	3. 逗引时不发音或不发笑		3. 与人无目光交流
6 个月龄	1. 发音很少，不会笑出声	2 岁	1. 无有意义的语言
8 个月龄	1. 听到声音无应答	2 岁半	1. 兴趣单一
	2. 不会区分生人和熟人		2. 不会说 2～3 个字的短语
			3. 不会示意大小便
12 个月龄	1. 不会挥手表示“再见”或拍手表示“欢迎”	3 岁	1. 不能与其他儿童交流、游戏
	2. 呼唤名字无反应		2. 不会说自己的名字

1. 社会交往障碍 患者在社会交往方面存在质的缺陷，患者缺乏社会交往的兴趣、技巧和方法，情感交流和互动少，难以理解他人的情绪和思想，不能够根据社交情景和各种线索调整自己的社交行为。

不同年龄、不同轻重程度的患儿，表现会有所不同。婴儿期起病的患者回避目光接触，对呼唤、逗弄缺少反应，没有期待被抱起的姿势，或被抱起时身体僵硬，不愿与人贴近，对母亲等人的声音缺乏兴趣，对主要抚养者常常不产生依恋，对陌生人常常缺乏应有的恐惧。幼儿期患儿除上述表现外，还缺乏与其他儿童交往或共同玩耍的兴趣，主动回避其他儿童，或可能有一定交往兴趣，但是以不恰当的方式与其他儿童交往，不能与其他儿童建立伙伴关系。常不会与他人分享自己的快乐，遇到不愉快的事或受到伤害时也常常不会向他人寻求安慰，对他人的身体不适或不愉快也不会关心和安慰，不会玩各种想象性和角色扮演性游戏。学龄期后，患者上述症状会有所改善，但是仍缺乏主动与他人交往的兴趣和行为，或愿意与人交往，但交往方式仍然存在问题，对他人心理及情绪常常缺乏正确理解和反应，不能根据社交场合调整自己的行为，因而难以被他人接受，也难以建立友谊。成年后，部分患者对异性可能产生兴趣，但是因为缺乏交往技巧，对他人的兴趣、情感等缺乏适当的反应，对幽默等也缺乏相应的理解，难以建立恋爱关系和结婚。

2. 交流障碍 患儿同时存在言语和非言语交流障碍。其中，言语交流障碍更加突出，往往是引起父母注意并带患儿就诊的最主要原因。

（1）非言语交流障碍：患儿虽然会拉着大人的手，走向他想要的物品或用手指他需要的物品来表达需求，但是其他用于交流的表情、动作、姿势却很少。除了哭、笑等情感表达外，常常缺乏其他细腻的情感及其表达。常常不会用其他手势动作表示自己的想法，也常常不会用点摇头表达含义。

（2）言语交流障碍：患儿在言语发展和交流方面存在明显缺陷，具体表现在：①言语理解能力受损。病情严重的患儿言语理解能力非常有限，即使智力发育正常的患者，对幽默、成语、玩笑等的理解也常常存在缺陷。②言语发育迟缓。患儿言语发育迟缓或不发育，也有部分患儿 1～2 岁前曾有表达性言语，但起病后，言语逐渐减少，甚至完全消失。③言语形式及内容异常。对于有语言的患者，其言语形式和内容也常常存在明显异常。可能存在模仿言语、刻板重复言语。患儿语言组织能力差，语句之间可能缺乏联系，语法结构常常出现问题，难以描述一件事情，人称代词也常常分不清。④言语语调、语速等异常。患儿说话可能语调平淡，缺乏抑扬顿挫，可能都以问话的语调说话，可能语速很快或很慢，节律、重音等也可能存在异常。⑤言语运用能力受损。患儿常常不会使用已经学到的词汇表达自己的愿望，难以描述事情，有些患儿会用特定的自创短语表达特定的意思。少数患儿言语发育相对较好，能表达简单的愿望和要求，但也常常不会提出话题、维持话题，或仅靠刻板重复的短语进行交谈，反复询问或述说同一话题。

知识链接

孤独症谱系障碍患儿的异常饮食行为

由于疾病的特殊性，孤独症谱系障碍患儿较正常儿童有更严重的饮食行为问题，如挑食、拒绝新食物、咀嚼及吞咽困难等，因而是营养素缺乏和营养性疾病的高风险人群。据观察，孤独症谱系障碍患儿对食物的选择性不仅依赖于食物的外观、颜色、味道、气味及质地，还包括品牌、包装及温度等。挑食程度从轻度（比如正处于发育中的儿童会拒绝吃一些食物）到重度（仅吃 2 种或 3 种食物）。一些孤独症谱系障碍患儿仅吃一种类型的食物（例如炸薯条或某一品牌食物）或只接受一种质地的食物，例如泥状食品。此外，孤独症谱系障碍患儿还有一些进食行为问题，如很难一直待在餐桌旁直至用餐结束，咀嚼食物后吐出，每类食物都吃得较少，以上这些饮食习惯均会影响摄入食物的多样性和营养素水平，严重时会导致营养不良。

孤独症谱系障碍患儿异常饮食行为可能原因包括：刻板行为的泛化，味觉、嗅觉、触觉过度敏感，胃肠功能异常及过敏等。因此，除了进食行为习惯的纠正改善外，营养状况监测评估以及营养素补充干预也不容忽视。

3. 狭窄、刻板与重复的行为方式 患儿可能过度关注或痴迷于某一感兴趣的物品或活动，如车标、看天气预报、看转动的物品等，而对玩具、看动画片等正常儿童感兴趣的物品或活动缺少兴趣。对一些非生命物体，如纸盒、小瓶，可能产生强烈依恋，常拿在手中，如果被拿走，就会哭闹不安。患儿还会以同一方式反复做同一件事情，如反复开门，反复排列物品，坚持走同一条路线，坚持将物品放在固定的位置，长时间只穿固定的衣服。或只吃少数几种食品。如环境或日常生活常规发生变化，他们会烦躁不安。患儿对于各种感觉刺激或物品的一些非主要特征可能非常感兴趣，因此会斜眼看某个物品，聆听手指敲打物品的声音，摸光滑的表面等。患儿还常常会出现各种奇特怪异的行为，如重复蹦跳，将手放在眼前凝视，转圈，用脚尖走路等。

4. 其他症状表现 部分患儿存在听觉过敏、触觉过敏或痛觉减退现象。部分患儿情绪不稳定，烦躁哭闹，或出现自笑、多动、冲动、攻击、自伤等行为。患儿认知发展可能不平衡，部分患儿出现一些超出同龄儿童的能力，如文字记忆能力、计算能力等。

5. 共患病 患儿常共患其他精神障碍或躯体疾病。精神障碍方面，智力发育障碍是常见共患病之一，其他还有焦虑障碍、注意缺陷多动障碍、抽动障碍、心境障碍、睡眠障碍等。患儿还易共患各种躯体疾病或神经系统疾病，包括胃肠功能紊乱、癫痫、神经皮肤综合征、脑瘫、感觉系统损害等，还可能存在染色体异常。

共患病不仅使患儿的病情更为复杂，而且影响患儿的社会功能和预后，使患儿需要更多的干预和帮助。

（四）治疗与预后

1. 康复训练和教育 康复训练是公认的改善孤独症谱系障碍核心症状、提高患者社会适应能力和生活质量的最有效方法。训练目标是促进患者的语言发育，提高社会交往能力，掌握基本生活技能和学习技能。目前主要康复训练和教育方法有应用行为分析法作为理论基础的技术和方法、具有结构化教育特点的治疗和教育课程、人际关系发展干预法等。

知识拓展 **回合试验教学**

回合试验教学（discrete trial teaching，DTT）是应用行为分析法的核心操作方法。包括以下六个阶段：摸底—主体试验教学阶段—呈现教学阶段—随机轮换教学阶段—扩展试验教学阶段—维持阶段。训练的趋势和方向是递进的，前一阶段必然是进入下一阶段的基础。教学的基本形式，是干预者发出学习指令，观察学习者的行为（并辅以从高到低的辅助教学技术帮助学习者做出正确的行为或辅以从低到高的错误矫正程序帮助学习者矫正错误的行为反应），根据学习者的行为表现，干预者给予强化或者消退学习者的行为措施。

2. 药物治疗 尽管尚没有药物能够明确有效地改善孤独症或孤独症谱系障碍患者的社会交往障碍和交流障碍，但研究表明，精神药物能够有效改善患儿存在的情绪行为异常，如情绪不稳、易激惹、自语、自笑、过度活动、刻板重复行为、自伤及攻击行为等。因此，当患儿存在明显的情绪行为异常时，如行为治疗无效，应及时予以精神药物治疗，以改善患儿的情绪行为症状，同时也为教育训练创造更好的条件。

常用药物包括抗精神病药、抗抑郁药、治疗注意缺陷多动障碍药物、改善和促进脑细胞功能的药物等。

知识链接 **人际关系发展干预**

人际关系发展干预（relationship development intervention，RDI）是由史蒂文·葛斯丁（Steven Gutstein）博士在1996年提出的关于孤独症核心问题疗愈的方法，借由父母实施人际关系干预以改善孤独症患儿的核心症状、重塑患儿大脑的神经回路，适用于家有儿童、青少年孤独症的家长。借由每日生活活动让家长担任重要角色促进患儿情感、社交、元认知能力的发展。葛斯丁认为，RDI应被视为综合治疗方案的一部分，其中医师发挥临床管理作用，提供医疗和心理咨询。RDI顾问则是重塑专家，给医生提供正确的反馈，以及给家庭成员进行个别化的训练。RDI由认证过的顾问执行家庭咨询计划（family consultation program，FCP）（或课程），顾问通过网站工具协助父母在生活中对患儿进行重塑。针对每一个家庭学习的速度与特质打造个别化的方案。在训练中没有设置特定的RDI活动才体现了RDI把干预落实到生活中的真正精神。RDI是以父母为核心、采用认知发展取向，也就是主要照顾者在顾问的指导下利用每日生活事项挑战患儿的动态系统，并让其有成功的经验。

3. 家庭指导和支持 因孤独症或孤独症谱系障碍是一个长期慢性、对患儿社会功能产生严重影响的疾病，因此，加强家庭支持，同时使家长能够有能力在家庭中促进患儿的成长非常重要。为此，需加强以下工作：①家长的心理支持和指导。使家长能够面对现实，保持情绪稳定，以积极的心态生活。②疾病知识的教育。使家长了解本病，从而更好地理解患儿的症状，并对患儿所需的医疗、康复等服务有较为充分的认识，对患儿的预后有一个相对现实的期望，并能够正确地寻求各种资源对患儿进行治疗和训练。③教育训练等方面的指导。使家长掌握照管、教育训练患者及行为矫正的基本方法，从而能够与医生、老师较好地配合，使患儿在家庭中得到教育训练和行为治疗。

4. 预后　孤独症或孤独症谱系障碍预后不良。影响预后的因素包括：诊断和干预时间；早期语言交流能力；病情严重程度及智力水平；有无伴发疾病。因此，加强早期诊断和早期干预对患儿的预后具有重要意义。

二、孤独症谱系障碍的护理程序

（一）护理评估

1. 健康史　患儿既往健康状况；生长发育过程；是否患有躯体疾病；家族成员中是否有类似患者等。

2. 生理功能　评估患者各项躯体发育指标、有无躯体疾病；饮食、二便情况；营养、睡眠情况等。

3. 心理功能　评估患儿有无听觉过敏、触觉过敏或痛觉减退现象；患儿在言语发展和交流方面是否存在缺陷；智力水平如何；有无情绪不稳、易激惹、焦虑、抑郁等表现；是否过度关注或痴迷于某一感兴趣的物品或活动，是否强烈依恋某些物体，是否有重复刻板的行为、固定的生活习惯，是否有奇特怪异的行为，是否有冲动攻击行为等。

4. 社会功能

（1）社会交往：评估患儿有无目光对视，被爱抚时的反应，是否依恋父母，是否有与人交往的兴趣，能否分清亲疏关系，能否建立伙伴关系等。

（2）交流障碍：评估患儿用于交流的表情、动作、姿势等；言语发育情况，理解能力，是否存在模仿言语、刻板重复言语，语音语调、语速；能否表达愿望、描述事情，是否会提出话题、维持话题等。

（3）生活自理能力：评估患者生活自理程度，如能否独立进食、如厕、洗漱、换衣，能否独立外出等。

（二）常见护理诊断/问题

1. 社会交往障碍　与社会交往缺陷有关。

2. 语言沟通障碍　与言语发展和交流缺陷有关。

3. 营养失调：低于机体需要量　与重复刻板行为有关。

4. 有受伤的危险　与认知功能障碍有关。

5. 有暴力行为的危险　与情绪不稳、易激惹、焦虑等情绪有关。

6. 卫生/穿着/进食/如厕自理缺陷　与智力低下有关。

（三）护理目标

1. 患者的社交能力，学习能力逐步改善。
2. 患者的语言能力逐步改善。
3. 患者维持正常营养状态，体重维持在正常范围。
4. 患者不发生受伤现象。
5. 患者未发生冲动伤人行为。
6. 患者的个人生活自理能力逐步改善。

（四）护理措施

1. 生活护理 首先要保证患儿正常的生活需求，如睡眠、饮食及活动环境等。患者往往不会表达或表达自己的需求有困难，因此，要密切观察患儿的饮食、睡眠、二便等情况，并根据需求提供生活护理，保证营养和睡眠满足生长发育需要，保持良好的卫生状况。此外，应制定生活作息表，若有改变，应提前进行训练，并观察患者能否适应。

2. 安全护理 为患者提供安全的生活环境，室内陈设尽可能简洁、实用，随时排查有安全隐患的物品和设施。在护理过程中，护士一定要保持耐心、态度和蔼，避免激惹患者，减少对患者的不良刺激。密切观察患儿的活动内容及情绪变化，及时发现不安全的隐患，做到心中有数。必要时专人看护，控制活动区域，避免接触危险物品，减少不良刺激。若患者处于激动、兴奋状态时，要将其安置在安静的环境中，给予适当引导，转移其注意力。鼓励患者多参加有组织的活动。如出现不可避免的冲动和自伤情况，要及时给予保护性约束措施，避免伤害自己及他人。应及时了解患者兴奋冲动的原因，避免类似的事情再次发生。

3. 教育训练

（1）生活技能训练：首先，要制订训练内容具体明确，由简单到复杂，措施具有可行性、时间性的训练计划。每次实施后，要对患儿接受训练的情况进行记录。每一种基本生活技能分解成若干个小的动作单元，如洗手，分为打开水龙头、搓手、涂洗手液、再搓手、关水龙头、擦手等步骤。每日训练内容的多少，要根据患儿接受和掌握的程度而定。其次，训练过程中，要进行强化，对患儿每一个小小的进步都要及时地给予言语、行动、表情及物质上的奖励。鼓励患儿持续不断地完成每一项训练内容，直到患儿掌握并固定下来，且不能半途而废。

（2）语言能力训练：由于患儿所处的家庭及社会环境不同，患儿的个体差异较大，训练应个体化。根据患儿现有的语言水平，制订训练计划，从认物、命名到表述，从简单的音节到完整的句子。锻炼患儿用语言表达自己的需求，当达到一定程度时，让其参与语言交流的游戏，或带孩子到户外去感知事物，丰富其词汇和生活经历，增强对语言的理解。

（3）人际交往能力训练

1）训练注意：用一些患儿感兴趣的教材，要求患儿注意并正视说话人的脸，主动注视其目光，并逐渐延长注视时间，反复多次，并及时给予强化使患儿在“一对一”情况下，对对方的存在、言语、目光等有所注意。

2）模仿动作：让患者模仿动作，如广播体操等，使其意识到他人的存在。

3）姿势性语言的学习和表情动作的理解：帮助患儿学习姿势性语言，如点头、摇头等，给患者做出示范，要求其模仿，如何反复训练，直到能理解为止。此后可利用实际动作或镜子训练患者理解身体动作及表情，并对患者的正确回答及时予以强化，逐渐减少提示，直到能正确辨别和理解为止。

4）提高语言交往能力：可利用情景或患者提出要求时进行，反复训练使患者在想满足某种要求时，能用语言表达自己的愿望，可让患者进行传话训练，传话开始宜短，之后逐渐延长，如此训练将使患者能主动与他人建立关系，改善交往。

5）利用游戏改善交往：首先要与患者建立亲密关系，要观察和关心其兴趣、爱好，做他感兴趣的事给他看。以后逐步扩大患者交往范围，待患者能参加集体游戏时，游戏内容要逐渐注入购物、乘车等日常活动，让患者扮演不同角色，掌握各种角色的行为方式，学习各种社会规范，使他们逐渐学会如何与人交往，完成日常活动，为成年后的自立打好基础。

（4）行为矫正训练：可以用阳性、阴性强化法，系统脱敏，作业疗法等方法。训练时一定要有耐心，不能急于求成，步骤要由简单到复杂，方法要形象、具体、直观、生动。对患者的进步要及时给予表扬。应针对不同行为，采用不同的矫正方法。

1）发脾气和尖叫行为：应尽快找出原因，或带患者离开原环境，或采取忽视的态度，待患者情绪平息后，给予关心和爱抚，对其配合和进步给予强化。

2）刻板、重复行为或不良习惯：不要一味迁就，对患者的日常生活规律有意识地做一些小的变动，使其在不知不觉中，慢慢习惯常规生活的变化。培养患者正常合理的兴趣，积极从事一些建设性的活动，如写字、画画、做家务等。

3）自伤行为：应立即给予制止，如马上抓住患者的手，或给患者戴上手套或帽子等，并将患儿置于安全环境中，减少刺激，寻找原因进行相应的调整，帮助其建立健康的发泄方式，防止再次出现类似的行为。此外，还应给患者创造活动条件，让患者的生活丰富充实，减少自伤行为的发生。

4. 药物治疗的护理 遵医嘱给药。发药时要耐心劝导患者，服药后检查口腔，保证患者将药物服下。用药期间应密切观察药物不良反应，发现不良反应，及时请示医生处理，并安抚患者。

5. 健康教育 帮助家长认识疾病的性质、原因，减少对疾病的恐惧心理和对孩子生病的自责与内疚。正视现实，冷静、理智地看待疾病，树立信心，积极与专业人员配合，一起训练和教育孩子。任何训练内容都需要长期不懈地坚持，家长是最重要的训练员，要将训练方法、注意事项教授给家长，使家长能够独立操作。

（五）护理评价

1. 患者的社会交往能力是否有改善。
2. 患者的语言能力是否改善。
3. 患者的营养状态、体重是否正常。
4. 患者是否出现冲动伤人。
5. 患者是否发生伤害他人的行为。
6. 患者的生活自理能力是否改善。

第三节 注意缺陷多动障碍

一、注意缺陷多动障碍的临床特点

（一）概述

注意缺陷多动障碍（attention deficit hyperactivity disorder，ADHD）又称多动综合征，主要表现为与年龄不相称的注意力分散，注意广度缩小，不分场合地过度活动，情绪冲动并伴有认知障碍和学习困难，其智力正常或接近正常。ADHD 的患病率为 3%～5%，男女比例为（4～9）∶1。不同国家和地区、不同诊断系统，其患病率有差异。

（二）病因及发病机制

本病病因和发病机制尚不清，目前认为是遗传和环境因素共同作用所致的一种复杂疾病。可能与遗传，神经解剖学、神经生理学和神经生物化学异常，孕产期不利因素，铅暴露，轻微脑损伤等因素有关。

（三）临床表现

1. 活动过度 活动过度大都开始于幼儿早期，进入小学后因受到各种限制，表现得更为显著。患儿经常显得很不安宁，小动作多，在座位上扭来扭去，在教室或其他要求安静的场合擅自离开座位，到处乱跑，难以从事安静的活动或游戏，仿佛精力特别旺盛。喜欢招惹别人，常与同学发生争吵或打架；又因患儿好插嘴和干扰大人的活动，易引起大人的厌烦。

2. 注意集中困难 患儿易受环境影响而分散注意力，因而注意力集中时间短暂。在玩玩具或做游戏时，往往也显得不专心。上课时，专心听课时间短暂，常听不清作业，故做作业时常出现遗漏、倒置和解释错误。在活动中不能注意到细节，经常因为粗心发生错误。平时易丢三落四，经常遗失玩具、学习用具或其他随身物品，忘记日常的活动安排。

3. 情绪不稳，冲动任性 患儿由于缺乏克制能力，常对一些不愉快刺激，做出过分反应，以致在冲动之下伤人或破坏物品。要求必须立即满足，否则就哭闹、发脾气。情绪不稳定，会无故叫喊或哭闹，又无耐心，做什么事情都急急匆匆。

4. 学习困难 患儿的智力水平大都正常或接近正常。然而由于以上症状，仍给学习带来一定困难，学业成绩低于其智力所应达到的水平。

5. 共患其他精神障碍 常共患品行障碍、焦虑障碍、抽动障碍等。患儿进入青春期以后，各种心理障碍增加，青春后期这一情况更严重。

（四）治疗与预后

根据患者及其家庭的特点制定综合性治疗方案。药物治疗能够短期缓解症状，对于疾病给患者和家庭带来的一系列不良影响，则更多地依靠非药物治疗方法。

1. 心理治疗 主要采用行为治疗和认知行为治疗。行为治疗利用操作性条件反射的原理，及时对患者的行为予以正性或负性强化，使患者学会适当的社交技能，利用新的有效的行为来替代不适当的行为模式。认知行为治疗主要解决患者的冲动性问题，让患者学习如何去解决问题，预先估计自己的行为所带来的后果，克制自己的冲动行为，识别自己的行为是否恰当，选择恰当的行为方式。

2. 药物治疗 药物治疗能改善注意缺陷，减轻活动过多症状，在一定程度上提高学习成绩，改善患者与同学和家长的不良关系。ADHD 治疗药物种类繁多，大致分为中枢兴奋剂（哌甲酯等）和非中枢兴奋剂（托莫西汀、抗抑郁药等）。

3. 家长培训及学校干预 可采取单个家庭或多个家庭参与的小组形式，内容主要有给父母提供良好的支持性环境，让他们学习和掌握解决家庭问题、与孩子共同制定明确的奖惩协定、有效地避免与孩子之间的矛盾和冲突等技巧，掌握使用阳性强化方式鼓励患儿的良好行为，使用惩罚方式消除患儿的不良行为的正确方法。

教师需要针对患儿的特点进行教育，避免歧视、体罚或其他粗暴的教育方法，恰当运用表扬和鼓励的方式提高患者的自信心和自觉性，通过语言或中断活动等方式否定患者的不良行为，课程安排时要考虑到给予患儿充分的活动时间。

二、注意缺陷多动障碍的护理程序

（一）护理评估

1. 健康史 患儿既往健康状况；生长发育过程；是否患有躯体疾病；家族成员中是否有类似患者等。

2. 生理功能 评估患儿各项躯体发育指标、有无躯体疾病；饮食、二便情况；营养、睡眠情况；有无外伤等。

3. 心理功能 评估患儿是否易受环境影响而分散注意力，注意力集中时间长短。有无活动过多，是否无法从事需要安静的活动，行为是否易冲动，情绪是否稳定，智力发育水平如何等。

4. 社会功能 评估患者生活自理程度，如能否独立进食、如厕、洗漱、换衣，能否独立外出等。与老师、同学及其他人交往情况，是否喜欢招惹别人，与同学发生争吵或打架；是否好插嘴和干扰大人的活动。是否学习困难，学业成绩如何。

（二）常见护理诊断/问题

1. 有受伤的危险 与活动过度、情绪不稳有关。

2. 有暴力行为的危险 与情绪不稳、易冲动有关。

3. 营养失调：低于机体需要量 与活动过度有关。

4. 社会交往障碍 与活动过度、情绪不稳有关。

5. 卫生/穿着/进食/如厕自理缺陷 与活动过度、注意缺陷有关。

（三）护理目标

1. 患者不发生受伤现象。
2. 患者未出现对自己或他人的伤害。
3. 患者维持正常营养状态，体重维持在正常范围。
4. 患者的社交能力逐步改善。
5. 患者的个人生活自理能力逐步改善。

（四）护理措施

1. 生活护理 提供安静的住院环境，尽量减少可分散注意力的刺激源。观察患者饮食、二便、睡眠情况及身高、体重的等指标，根据存在的问题进行护理干预，保证患者的营养摄入和睡眠。适当限制患儿的活动范围和时间，合理安排作息，避免活动过多，培养良好的生活习惯。保持良好的卫生状况，根据患儿的生活自理程度，协助完成洗澡、修剪指甲等。

2. 安全护理 确保周围环境安全，病房设施简洁，随时检查有无危险物品或设施。避免做有安全隐患的活动。注意病情观察，了解患儿的心理状态，有无发生冲动的风险，帮助患儿有效应对心理压力。当患儿发生情绪激动、伤人毁物等冲动行为时，应及时制止，稳定其情绪，必要时进行保护性约束，保证患儿安全。情绪稳定时，鼓励患儿多参加工娱活动，但应避免参加竞争性较强或冒险的游戏，并向其讲解活动中存在的危险性。

3. 教育训练

（1）生活自理能力训练：除督促协助患儿完成晨晚间护理外，还应在生活自理能力方面给予指导和训练，如使患者严格遵守作息时间，保持个人卫生，培养良好卫生习惯等。

（2）注意力训练：通过游戏比赛等形式进行注意力训练，使集中注意力的时间逐渐延长，注意力涣散逐渐改善。如让患儿用积木搭建房屋，要求患儿按部就班，耐心操作，每做一个动作，就大声讲出来，集中注意力，学会自我控制，若搭建成功则给予表扬或奖励。

4. 药物治疗的护理 遵医嘱给药，密切观察患儿服药情况，以及服药后的效果和不良反应，如有心悸、头痛、胃痛、食欲下降、入睡困难等，应及时请示医生处理。

5. 健康教育 帮助家长了解疾病的性质，不要歧视、粗暴对待、打骂患者。但要严格管理，建立简单的规矩，培养良好的习惯。在生活学习中鼓励患者每件小事都要有始有终。让家长认识到药物治疗的重要性，按医嘱服药。要坚持不懈地训练患儿的注意力及自我控制能力。在训练过程中要有耐心，不断给予强化鼓励。要加强家庭和学校的联系，共同教育。

（五）护理评价

1. 患者是否发生受伤现象。

2. 患者是否发生对自己或他人的伤害。

3. 患者的营养状态、体重是否正常。

4. 患者的社会交往能力是否有改善。

5. 患者的生活自理能力是否改善。

第四节 抽动障碍

一、抽动障碍的临床特点

（一）概述

抽动障碍（tic disorder）是一种起病于儿童和青少年时期，以不自主的突发、快速、重复、非节律性、刻板的单一或多部位肌肉运动和（或）发声抽动为特点的一种复杂的、慢性神经精神障碍。包括短暂性抽动障碍、慢性运动或发声抽动障碍、发声与多种运动联合抽动障碍（也称抽动秽语综合征、Tourette 综合征）。抽动障碍经常导致患者缺乏自尊，家庭生活、社会形象、学校和工作表现受损及适应困难。所有形式的抽动都可因应激、焦虑、疲劳、兴奋、发热而加重，都可因放松、全身心投入某件事而减轻，睡眠时消失。

抽动障碍是儿童青少年中较为常见的一种障碍。5%～20% 的学龄儿童曾有短暂性抽动障碍病史，慢性抽动障碍在儿童青少年期的患病率为 1%～2%。

（二）病因及发病机制

抽动障碍的病因尚未明确。其中，以发声与多种运动联合抽动障碍的病因研究最多。该障碍病因复杂，可能是遗传因素、神经生理、神经生化及环境因素等相互作用的结果。

（三）临床表现

1. 短暂性抽动障碍 又称一过性抽动障碍、习惯性痉挛、暂时性抽动，是儿童期一种最常见的抽动障碍类型。男孩明显多于女孩。以单纯性或一过性肌肉抽动为特征，临床表现为突然的、重复的、刻板的一种或多种运动性抽动和（或）发声性抽动。但是，大多数表现为简单性运动抽动，少数表现为单纯的发声性抽动，最为常见的运动性抽动为面部、头颈及手臂的抽动，发声性抽动也很常见。病程中，抽动症状可以表现为时轻时重，通常在紧张、过度兴奋、疲劳等情况下症状加重。患儿常忽视自己的抽动症状，或是努力掩盖。儿童时期的短暂性抽动障碍病程短，最多不超过 1 年。一般不会造成严重后果。

2. 慢性运动性或发声性抽动 以病程长、抽动形式相对单一、持续、刻板为特点。通常起病于儿童早期，与其他抽动障碍一样，病程中，抽动症状也是时轻时重，症状严重程度波动较大，在紧张、过度兴奋、疲劳等情况下症状加重。主要临床表现为一种或多种运动抽动或发声抽动，但运动抽动和发声抽动并不同时存在。最为常见的抽动为运动性抽动，尤其是面部、头颈部和肢体的抽动。发声抽动明显少于运动抽动，并以清嗓、吸鼻等相对多见。慢性运动性或发声性抽动障碍症状相对不变，可持续数年甚至终生。

3. Tourette 综合征　是抽动障碍中最有代表性、临床表现最复杂、最严重、诊断和治疗最困难的一种类型。患者的始发症状通常在 5～8 岁出现。起初，其症状与短暂运动性抽动障碍相似，抽动较轻且持续时间较短，主要包括面部、头部和上肢的抽动。随着时间的推移，抽动症状持续存在且症状类型越来越多，分布范围越来越广，通常从身体的上部发展到躯干及腿部（从头到脚）。起初，其运动性抽动多为简单性抽动（如眨眼、皱鼻、甩手、摇头等），之后将出现大量的复杂性运动性抽动，如挤眉弄眼、拍打、触摸、旋转、跳跃等。通常在运动性抽动出现一两年后出现发声性抽动。但是也有一些患者首发症状即是简单发声性抽动。早期的简单发声性抽动多为简单性抽动，如唧唧声、清嗓声、咳嗽声等。此后将出现复杂的发声性抽动，如突然发出不合适的音节、单词、短语，以及重复言语、模仿言语等，说话的流畅性和节律性发声改变。虽该病被称为抽动秽语综合征，但是大约只有 1/3 的患者会出现秽语症状，且多在青春期左右出现。患者抽动形式的变化是多种多样的，抽动症状在数周或数月内可以时轻时重，甚至可能消失，或是被其他形式的抽动取代。抽动症状可以单独出现或是出现多种涉及身体诸多部位的复杂运动和发声抽动症状。抽动发作的频率波动范围也很大，有的表现为一周孤立地发作几次，而严重的可以表现为连续的抽动持续几个小时。抽动强度变化也很大，小的抽动只有患者自己才能感觉到，而严重的抽动可以使整个屋子的人都能察觉。

知识拓展　**感觉性抽动**

对患者进行仔细询问，可以发现大部分 Tourette 综合征患者抽动发作之前，常有感觉异常的先兆或是想要抽动的冲动。每次抽动发作到“恰到好处”后，这种感觉才会消失。有人将这种运动性或发声性抽动之前出现的身体局部不适感称为感觉性抽动（sensory tic）。通常是一种非局限性、无特征性的感觉。这种身体的冲动感，常被描述为一种强烈的驱动、紧张和渴望。努力控制这种冲动比抽动本身更容易让患者感到疲劳和困扰。因此，患者往往是通过产生抽动症状来试图减轻这种不适感。

4. 共病状态　抽动障碍常共患强迫障碍、ADHD、焦虑、抑郁、自伤行为、睡眠障碍等多种疾病。这些共患疾病造成的痛苦和损害往往比抽动症状本身更大。

（四）治疗与预后

治疗应以及时的综合治疗，包括药物治疗、心理治疗、饮食调整和环境治疗为原则。一般有躯体不适、社会及学校适应功能受影响时，应考虑使用药物治疗。常用药物有硫必利、氟哌啶醇、可乐定、非典型抗精神病药等。心理治疗是综合治疗的重要环节，是防止疾病复发和减少并发症的重要手段。常用心理转移和认知行为治疗。除药物和心理治疗外，还应注意妥善安排日常作息时间，避免过度紧张疲劳，适当参加一定的体育和文娱活动，使患儿尽量处于一种轻松愉快的环境之中。对患儿的食物应避免应用食物添加剂、色素、咖啡因等。

短暂性抽动障碍预后良好，患儿症状在短期内逐渐减轻或消失；慢性运动或发生抽动障碍的预后也相对较好，虽症状迁延，但对患儿社会功能影响较小；Tourette 综合征预后较差，对患儿社会功能影响较大，需较长时间服药治疗才能控制症状，但停药后症状易加重或复发，大部分患儿到少年后期症状逐渐好转，但也有部分患儿症状持续到成年，甚至终生。

二、抽动障碍的护理程序

（一）护理评估

1. 健康史 患儿既往健康状况；生长发育过程；是否患有躯体疾病；家族成员中是否有类似患者等。

2. 生理功能 评估患儿各项躯体发育指标、有无躯体疾病；饮食、二便情况；营养、睡眠情况；有无外伤等。

3. 心理功能 评估患儿抽动形式、频率及严重程度等情况；有无焦虑、抑郁、易激惹、强迫等症状，有无自卑心理；有无自伤行为。

4. 社会功能 评估患者生活自理程度，如能否独立进食、如厕、洗漱、换衣，能否独立外出等；与他人交往情况，是否存在沟通困难、学习困难等。

（二）常见护理诊断/问题

1. 长期自我贬低 与抽动症状导致患者低自尊有关。

2. 有受伤的危险 与运动性抽动有关。

3. 有暴力行为的危险 与自伤行为、因抽动症状与他人易出现矛盾等有关。

（三）护理目标

1. 患者能够正确评价自己。
2. 患者未发生受伤现象。
3. 患者未出现对自己或他人的伤害。

（四）护理措施

1. 生活护理 合理安排作息时间，培养良好生活习惯，保证患儿休息，避免因疲劳、兴奋导致抽动症状加重。做好晨晚间护理，保持良好的卫生状况，根据患儿的生活自理程度，协助完成洗澡、修剪指甲等。密切观察患者有无外伤，避免感染。注意患儿营养状况，保证营养和水分，避免摄入食物添加剂、色素和咖啡因等。

2. 安全护理 确保周围环境安全，病房设施简洁，随时检查有无危险物品或设施。避免做有安全隐患的活动。注意病情观察，必要时专人护理，适当限制患儿活动范围。当患儿出现自伤或伤人行为时，要及时制止。当与他人发生冲突时，要及时进行解释劝导。转移患儿注意力，改变环境，可缓解患儿情绪。必要时给予保护性约束。

3. 心理护理 以同情、包容的态度与患儿建立良好的护患关系，取得患儿的信任和配合。讲解疾病知识，使患儿对症状表现有正确的认识。以支持、肯定和给予希望的语言与患儿交流，帮助其树立信心，消除自卑心理。鼓励患儿多参加工娱活动，转移其注意力，减轻抽动症状。

4. 药物治疗的护理 遵医嘱给药，密切观察患儿服药情况，以及服药后的效果和不良反应。出现不良反应及时请示医生处理，并安抚患者。

5. 健康教育 向患儿及家属讲解疾病知识，使其对疾病有正确的认识，正确对待疾病症状，帮助患者消除因抽动导致的紧张和自卑。指导家长对患者正确教育和耐心帮助，不要批评、指责患者的异常动作，也不要过分关注与注意提醒出现的抽动症状。合理安排生活，注意营养和安全，增加抵抗力，保持情绪稳定。加强家庭和学校的联系，相互协作，正确对待患儿，帮助患者消除心理困扰。

（五）护理评价

1. 患者能否正确评价自己。

2. 患者是否发生受伤现象。

3. 患者是否发生对自己或他人的伤害。

思　考　题

1. 试述智力发育障碍的临床表现及分级。
2. 孤独症谱系障碍的临床表现有哪些?
3. 注意缺陷多动障碍的临床表现有哪些?
4. 抽动障碍的类型有哪些?

（张海娟）

第十四章 人格障碍及相关行为障碍患者的护理

学习目标

知识目标：通过对课程的系统学习能充分掌握人格障碍及相关行为障碍的临床表现和护理措施。

能力目标：能将所掌握的理论知识运用于病情观察、护患沟通、健康教育及各项护理操作中。

素质目标：以尊重、接纳的态度对待人格障碍及相关行为障碍患者。理解患者的痛苦、不适和安全风险，具备安全防范意识和能力。

思维导图

思维导图请扫封底二维码。

情景导入及思考

王某，男，26岁，未婚，无业。其父母共同经营一家饭店，忙于生意，对患者疏于管教。患者由保姆带大。患者从小挥霍无度、脾气暴烈。学习成绩差，不听老师管教，顶撞老师，旷课。和校外人员混在一起，欺负同学。和父母没有感情，经常顶撞父母，离家出走。就读职业学校1年后自动退学。因父母反对，女朋友提出与其分手，但患者经常守候在女方工作单位附近纠缠，并打电话威胁其父母。邻居劝阻患者不要将电动车电池带进楼内充电，以免引起火灾，患者不听劝阻，且在夜间用胶水封住对方家门锁。因多次赖账与小区超市老板发生冲突，并将其打伤。

思考：

1. 患者存在哪些护理诊断/问题？
2. 针对该患者应该如何实施护理措施？

第一节 人格障碍及相关行为障碍的临床特点

一、人格障碍

（一）概述

人格（personality）即个性，“personality”源于拉丁语“persona”，原意是指古希腊的喜剧演员在舞台上扮演角色所戴的假面具，它代表剧中人物的角色和身份，表现剧中人物的某种典型的心理。心理学借其含义，把人生舞台上的种种行为和心理活动都看作人格的表现，把人格看成是人与人区别开来的独特的心理特性。人格通过一个人固定的行为模式和日常待人处世的习惯方式体现，其发展变化是遗传和环境交互作用的体现。

人格障碍（personality disorder）是指人格特征明显偏离正常，并具有稳定和适应不良的性质。人格障碍通常开始于童年期及青少年期，并长期持续发展至成年甚至终生，其表现具有跨时间和情景的一致性。患者虽然没有智力障碍，但因为适应不良的行为模式难以矫正，仅少数患者在一定程度上有所缓解。

人格障碍可能是精神疾病的易感素质因素之一。在临床上可见某种类型的人格障碍与某种精神疾病关系较为密切，如精神分裂症患者很多在病前就有分裂型人格的表现，强迫症患者很多在病前就有强迫型人格障碍。

知识拓展

特殊性格

特殊性格或所谓的人格特征突出，指的是某些人具备一种突出的性格特征，成为典型人物、典型性格。常见的特殊性格有如下一些类型。

（1）孤僻（或孤独）性格：沉默寡言，回避社交，缺少热情，我行我素。

（2）敏感多疑性格：非常注意与重视他人对自己的看法，希望获得赞许、认可，更多的是怕别人误解、指责、造谣中伤，反复去做解释与辩白。

（3）焦虑、强迫性格：以穷思竭虑，优柔寡断，做事认真，谨小慎微，反复核对，不安全感，期待不幸，求全责备，生活有序，循规蹈矩，睡眠警醒，生怕迟到为性格或素质特征。

（4）嫉妒性格：胸怀狭隘，小气吝啬，对别人的成功感到痛苦，对别人的失败感到高兴，限制配偶或子女的社会交往，总觉得人心难测，世道不宁。

（5）疑病性格：过度关注自身健康状况，特别害怕狂犬病、性传播疾病、癌症、心脏病、有多种躯体不适感与慢性疼痛，反复就诊和化验检查，长期不离药物，无病呻吟，小病大养，反复病休。习惯于充当患者角色，在生活中依赖性强。

（6）抑郁性格：多愁善感，闷闷不乐，压抑自卑，对生活失去乐趣，对社交活动不感兴趣，对工作感到力不从心，觉得己不如人，甚至生不如死。

（7）偏执性格：争强好胜，能言善辩，主观武断，追求指挥、支配、操纵他人，并且一意孤行，总是有理，听不进不同的意见。生性多疑、心存敌意。

（8）冲动、攻击性格：脾气火暴，敢于出手，自制力差，对人易生敌意与仇恨报复情绪，缺少同情心，爱好冒险，赌博，有药品成瘾倾向难于维持固定职业和家庭生活。

（9）自恋或癔症性格：自我中心，富于幻想，乐于表现，言行夸张。希望吸引他人注意、他人同情，矫揉造作，不懂装懂；乐于社交，情绪波动，有同情心。

人格障碍流行病学研究的报道较少，而且患病率研究主要通过临床晤谈法和问卷评定法，不同方法之间一致性较差，得到的结果有高有低，但大样本研究的结果表明人格障碍的患病率为3%～10%。我国1986年进行的12个地区流行病学调查结果显示人格障碍患病率为0.13‰，可能与调查人员对人格障碍的认识不足和评定方法不当有关。

（二）病因及发病机制

人格障碍的病因及发病机制尚未完全阐明，一般认为是在生物学因素的基础上，遭受心理社会环境不良因素影响而形成。

1. 生物学因素　①遗传因素：家谱调查、双生子、寄养子及染色体分析等研究结果均认为人格障碍与遗传有关。人格障碍的发生率与血缘关系有关，血缘关系越近，发生率越高。同卵双生子比异卵双生子人格障碍发生的一致率更高。人格障碍患者的子女寄养在正常家庭中，人格障碍的发生率仍较高。②神经生化因素：人格障碍患者可能存在神经递质代谢的异常。去甲肾上腺素（NE）、5-羟色胺（5-HT）、多巴胺（DA）等代谢异常可能与人格障碍有关。③病理生理因素：人格障碍患者的脑电图常有慢波出现，与儿童脑电图相似，中年以后情况有所改善，因此有学者认为人格障碍是大脑皮质成熟延迟的表现。这在一定程度上说明其冲动控制和社会意识方面成熟延迟。大脑发育不成熟可能与母孕期及出生后发生的感染、中毒、营养不良等有关。

2. 心理社会因素 父母教养方式可影响儿童人格的发展，儿童时期的不合理教养，如粗暴凶狠、放纵溺爱和苛求都可以导致人格的病态发展。家庭环境亦至关重要，父母不和睦，经常争吵，甚至分居或离异，都会对孩子人格发展带来不良影响。重大的生活变故，如严重挫折打击、重大疾病或残疾等，常可改变一个人的生活，甚至人格形成。

人格障碍还与文化适应不良有关，不同的社会和文化塑造不同的性格。人格障碍的异常情绪和行为反应都是儿童成长过程中从环境中习得的，通过条件反射机制逐渐固定下来。另外，恶劣的生活环境也是人格障碍形成的原因之一。社会底层的弱势群体遭受失业、受歧视、居住拥挤、受教育机会少等，也会对儿童的心理发育造成不良影响。

知识链接 **人格障碍与人格改变**

一般而言，人格障碍没有明显的神经系统形态学病理变化，通常从儿童、青少年或成年早期出现，并可持续到成年乃至终生。成年后，部分人格障碍者的人格异常有所缓和。社会学习过程、社会化过程以及其他成熟过程可以促使患者的人格障碍特征性行为逐渐减少。

人格改变虽然也是一种持续性的人格障碍，但它是获得性的。患者既往人格正常，通常出现在成年期，在严重的或持久的应激、极度的环境剥夺、严重的精神障碍、脑部疾病或损伤之后发生。如能早期诊断，人格改变可以逆转。

（三）临床表现

人格障碍通常表现为人格特征偏离常态，有明显的社会功能障碍，常使患者和社会蒙受损害，影响正常的人际关系。一般特征如下：①人格障碍患者在认知内容、情绪体验、行为方式和人际关系等方面均显著偏离特定的文化背景和一般认知方式。②人格的异常表现相对固定，不因周围环境的变化而改变。③人格障碍起始于青春早期，往往在儿童期就初露端倪。④患者的行为明显损害社会功能，部分患者对此感到痛苦，多数患者若无其事。

知识拓展 **人格障碍的分类**

为了研究和临床实践的方便，通常把人格障碍分为若干类型。DSM-5的分类命名更符合交流表达的习惯，也很有代表性，它根据人格障碍的共同特征将其分为A、B、C三组。A组人格障碍，亦被称为奇怪或古怪组，患者的症状表现接近于精神分裂症，但不像精神分裂症患者那样完全脱离现实，患者在一定程度上保持着现实检验能力，包括偏执型、分裂样以及分裂型人格障碍。B组人格障碍以戏剧化、情绪化、怪癖行为为特征，亦被称为戏剧化情绪人格障碍，包括反社会型、边缘型、表演型和自恋型人格障碍。C组人格障碍包括回避型、依赖型和强迫型人格障碍，都以焦虑及相伴的行为异常为特点。

对社会和家庭影响较大的人格障碍有偏执型人格障碍、反社会型人格障碍和边缘型人格障碍。

人格障碍常见分类与临床表现：

1. 偏执型人格障碍（paranoid personality disorder） 无端的猜疑为其典型特征。常常不顾事实地认为别人很有可能对自己不利，总怀疑他人会欺骗、利用或伤害自己，并因此怀疑他人、朋友或配偶对自己不忠，难以与他人维持稳定的关系。在普遍猜疑的背景下，患者往往会对人际细节过度关注。人际交往中的一些细节，如眼神、手势甚至一些下意识的动作，都会被其恶意归因，如转移目光意味着瞧不起自己等。因为猜疑，患者常处于愤怒和不安中。有的患者会先下手为强，而攻击他人；有的患者可能为求自保，回避社交，出现社会退缩。因为倾向于对他人进行恶意归因，患者有控制周围环境的强烈欲望，常常表现得自负、容不得别人批评。在具体工作中经常表现得刻板、吹毛求疵、无法合作。

2. 分裂型人格障碍（schizotypal personality disorder） 患者存在与精神分裂症患者类似的缺陷，但症状表现更为缓和。如患者可能会觉得，转过楼道拐角时，似乎那里站着的每个人都在谈论他，但他自己也承认这种可能性不大。也就是说，患者虽然有一些精神病性症状的表现，但在一定程度上保持着现实检验能力。并且其他方面并不脱离于现实。患者常被认为是“古怪”或“奇异”的人，如他们可能认为自己能够透视或心灵感应等。常存在社交冷漠和明显的社交退缩。他们会回避一切社交场合，就算被迫加入，亦往往表现消极。他们很少能与人保持亲密关系，并表现出对人际关系的严重不适，往往存在社会隔离的情况。

3. 反社会型人格障碍（antisocial personality disorder） 对他人基本权益的广泛忽视或故意侵害为其典型特征。他们对社会和他人冷酷无情，对他人的痛苦或求助无动于衷，甚至会享受与他人的争斗或侮辱他人。袭击、强奸、谋杀等伤害他人的行为很常见，而这些行为仅仅是一时冲动。患者很少守信承诺、不服从社会道德、有暴力倾向，往往缺乏目标和计划、行为冲动，并因此而导致长期失业、婚姻问题、吸毒、酗酒及犯罪等。患者对建立和维持积极的人际关系缺乏兴趣，人际只是他们达到目的的一种工具，在需要的时候也会表现得优雅、令人愉悦，但一旦达到目的，立即就会恢复其傲慢无礼的特点。患者对危险情境的焦虑水平较常人低，缺乏罪恶感，行为冲动，习惯于冒险和追求刺激，不习惯于稳定的生活。

4. 边缘型人格障碍（borderline personality disorder） 患者在认知、情感和行为方面均表现出明显的不稳定。情绪方面，常常处于抑郁、焦虑或愤怒等负面情绪中。人际关系常常在极端亲密和极端对立之间剧烈变动，很难维持稳定的人际关系。患者还可能出现自我概念不清晰、身份认同紊乱、自我同一性混乱，甚至职业、性别取向模糊。但现实检验能力相对完整。患者对被抛弃十分敏感，常常处于真实或想象的被抛弃的恐惧中。患者在情绪控制、焦虑和承受挫折方面能力较差，常处于一种弥散的焦虑状态中。为了缓解焦虑，经常会做一些冲动性的行为，如酗酒吸毒、挥霍钱财、性滥交和自伤等。75% 以上的边缘型人格障碍患者曾出现自伤或自杀意向。

5. 表演型人格障碍（histrionic personality disorder） 以情绪过度和行为夸张为特征。患者的情绪和行为富于表演性，常对轻微刺激大惊小怪，情感反应随意，无规律，往往给人一种肤浅、没有真情实感和装腔作势的印象。患者通常有很强的自我暗示性，也容易受他人的暗示。好幻想，把想象当成现实。患者喜欢人际交往，喜欢他人的注意和夸奖。为达到被人关注和赞美的目的，经常采用各种方式去控制他人，例如：哭闹任性、说谎欺骗、献殷勤或自杀姿态等。以自我为中心，人际关系肤浅夸张，对他人有过度要求，不现实地看待他人，因此难以维持长期稳定的亲密关系。

6. 强迫型人格障碍（obsessive-compulsive personality disorder） 以对秩序、完美以及控制的先占观念为特点。患者在生活中过分谨小慎微、严格要求、完美主义，关注于细节，最终常无法完成重要的任务。由于对规范的过度强调，患者看起来严厉、冷酷、固执甚至专横。工作中过于拘泥，缺乏变通性，因为害怕出错，往往难于做出决定。同时，因为过于固守秩序，难以完成工作。在人际交往中，也希望能按照固定的流程进行，这使他们难于与人维持长期稳定的关系。

7. 回避型人格障碍（avoidant personality disorder） 以社交回避为典型特征。患者常常认为自己能力不济，对负性评价过度敏感，经常处于对人际的焦虑与恐惧中。在日常人际活动中瞻前顾后、难以决断。在社交场合总是选择沉默，不愿卷入任何与他人的交往中，常常逃避那些需要人际交往的社会性活动或工作。虽然也会渴望拥有亲密关系，但由于过分担心而难于与他人建立长久的人际关系。

8. 依赖型人格障碍（dependent personality disorder） 主要特点在于行为上对他人的过度依赖。患者往往对依赖对象过分顺从或黏着。他们似乎对分离有极度的恐惧，常担心自己的任何一种让他人不悦的行为都会导致对方毫不犹豫地抛弃自己。患者对人际交往充满恐惧。对批评极度敏感，充满着对被拒绝、被抛弃的恐惧；常因害怕被拒绝而被迫服从他人的要求，甚至答应一些过分的或伤害自己的事来取悦他人；他们不敢承担任何责任，一点小事也希望由别人来替自己做决定。

（四）诊断及鉴别诊断

人格障碍主要依据病史及临床表现进行诊断。临床上，通常采用临床访谈、诊断量表、自评问卷等辅助手段进行评估。目前常用的人格障碍测查工具包括人格障碍定式检查（SCID-II）、国际人格障碍检查（international personality disorder examination，IPDE）、DSM-4 人格障碍晤谈工具（personality disorder interview for DSM-4，PDI-4）及 DSM-5 人格量表（personality inventory for DSM-5，PID-5）、明尼苏达多相人格问卷（Minnesota multiphasic personality inventory，MMPI）等。诊断要点如下：

（1）病程：开始于童年、青少年或成年早期，没有明确的起病时间，不具备疾病发生发展的一般过程。

（2）病因：不是由于广泛性大脑损伤或病变以及其他精神障碍所直接引起的（不包括继发性人格改变），一般没有明显的神经系统形态学病理变化。

（3）行为模式：人格显著而持久地偏离了所在的文化环境应有的范围，从而形成与众不同的行为模式。这一异常的行为模式不局限于精神疾患的发作期，并且与个人及社会的多种场合不相适应。

（4）临床表现：主要表现为情感和行为的异常，个性上有情绪不稳、自制力差、与人合作能力和自我超越能力差等特征，但其意识状态、智力均无明显缺陷，一般没有幻觉和妄想，可与精神病性障碍鉴别。

（5）社会功能：一般能应付日常和生活，能理解自己行为的后果，也能在一定程度上理解社会对其行为的评价，会感到痛苦，或导致其人际交往、职业和其他重要功能受损。但不会为自己适应不良性行为焦虑，一般没有求治的愿望。

（6）治疗效果：各种治疗手段效果欠佳，再教育效果亦有限。

（五）治疗及预后

人格障碍的治疗是一项长期而艰巨的工作，是精神科临床治疗的难题。其主要治疗原则是通过心理治疗和药物治疗促进人格重建，使其重新适应社会。不同类型的人格障碍需要不同治疗方法的结合，需要在全面了解患者病情、成长经历、家庭环境、教养方式、社会和心理环境的基础上，制定个性化的综合治疗策略。这种个性化的综合治疗涉及社会、家庭、心理和生物等多方面。药物治疗、心理治疗以及合理的教育和训练是人格障碍治疗的三种主要模式。但目前尚无文献依据支持这些治疗方法有确切的疗效。一般认为，三者结合可能更有益于人格障碍患者。

1. 药物治疗 目前尚无对人格障碍有特效的治疗药物，临床实践证明，尽管药物不能改善人格结构，但在患者出现异常应激、情绪反应和短暂精神病症状时少量用药仍有帮助。苯二氮䓬类药物可用于治疗激越和焦虑，可用于减少回避型人格障碍患者的人际交往焦虑；小剂量抗精神病药可用于控制愤怒、敌对和短暂的精神病症状发作，也可用于治疗表演型人格障碍的现实感丧失和幻想；5-羟色胺能抗抑郁药能改善抑郁、焦虑情绪，也可能减少患者对拒绝的敏感性；抗癫痫药物可以用来控制冲动行为，特别是对于反社会型人格障碍脑电图有异常波幅的患者，也可以改善边缘型人格障碍患者的整体功能。β受体阻滞剂能缓解自主神经系统亢进，可用于治疗回避型人格障碍患者在恐惧状态下的情绪。但一般不主张长期应用和常规使用，因远期效果难以肯定。

2. 心理治疗 考虑到药物治疗的局限性，心理治疗成为目前人格障碍治疗的主要策略。人格障碍患者是自我协调的，一般不会主动就医，往往是在环境和社会适应遇到困难，出现情绪、睡眠等方面的症状时才寻求治疗。心理治疗一方面创造真诚、共情、积极关注的治疗关系，帮助患者重建心理社会环境；另一方面帮助其认识人格问题的根源和影响，鼓励改变适应不良的认知和行为模式，促进人格重建，提高社会适应能力。

心理治疗必须个体化对待，不能想象一种治疗对所有人格障碍和同种诊断的不同人均有效。不同类型人格障碍，甚至同一种人格障碍都需要根据患者的具体心理学资料进行不同的心理治疗。一般认为多种方法的结合可能更有益于患者的治疗。

3. 教育和训练 合理的教育和训练，对部分患者建立人际关系和人际互动有一定效果。但需要长期不懈的坚持和努力。

人格障碍是一种相当稳定的思维、情绪和行为的异常状态，在没有干预的情况下可长年保持不变，甚至持续终生。即使治疗，改变也并非易事，仅少数患者会随着年龄的增长而有所缓解。因此，人格障碍的治疗效果有限，预后欠佳。由于人格障碍一旦形成就很难治疗，预防至关重要。人格障碍形成于个体早年。因此，强调儿童早期教育、从幼年开始培养健全的人格对预防人格障碍的发生具有重要意义。良好的家庭教养方式、父母给予子女充分的关爱和呵护，避免家庭矛盾和破裂，为儿童创造良好的生活、居住、学习和人际环境，使儿童远离精神创伤，可很大程度上避免人格的不良发展。当儿童出现情绪和行为问题时，应及时了解、关心、进行矫正，不能漠不关心或任其发展，必要时应寻求专业医生的帮助。

二、对立违抗障碍和品行障碍

（一）概述

对立违抗障碍（oppositional defiant disorder，ODD）和品行障碍（conduct disorder，CD）属于破坏性行为和反社会障碍，以持续的行为问题为特点。对立违抗障碍是指一般在儿童发育过程中出现的，以持久的对抗、不服从、消极抵抗、易激惹、挑衅和敌对等行为为特征的一类障碍，多见于10岁以下儿童。品行障碍是指一般在儿童青少年时期出现的，反复、持续的反社会性、攻击性和对抗性等行为，这些行为侵犯他人的基本权利，违反了与年龄相适应的社会行为规范和道德准则，也影响了其自身的社交、学业和职业功能。对于两者的关系，既往有学者认为不能把两者分开，应视为一种精神障碍，因两者之间有许多共同的危险因素，如社会经济地位低、父母的反社会型人格障碍和不良教养方式等，且品行障碍患儿同时满足对立违抗障碍诊断的比例很高。然而近年来，学者们考虑到两者具体不良行为的发生、发展有明显不同，因而逐渐将两者分开。

由于不同国家、区域、社会风俗、人口、社会经济背景及所使用的定义和诊断标准、测量工具等不同，加之不同年龄段和性别差异，对立违抗障碍和品行障碍的流行病学资料存在较大差异。据 DSM-5 估计，对立违抗障碍的患病率为 1%～11%，平均患病率约 3.3%，青春期之前，男女比为 1.4∶1；品行障碍的患病率为 2%～10%，平均为 4%，青少年期患病率高于儿童期，男性高于女性。青少年起病的患者中，男性所占比例不如儿童期起病的高。

（二）病因和发病机制

病因尚不清，一般认为是生物学因素和社会心理因素相互作用所致。

1. 生物学因素 遗传、神经递质、脑结构和功能异常，以及智商低、围生期并发症等因素与对立违抗障碍和品行障碍的发生有关。

2. 社会心理因素 不良的家庭因素是重要病因，包括：父母患精神疾病、物质依赖、精神发育迟滞；频繁更换照顾者，父母与子女之间缺乏亲密情感联系，对待孩子冷漠或忽视、挑剔、粗暴，甚至虐待，或者对孩子过分放纵，不予管教；父母之间不和睦、经常争吵或打斗、分居或离异；父母有犯罪行为。社会环境方面的因素包括经常接触暴力或黄色媒体宣传，接受周围人的不正确的道德观和价值观，结交有吸烟、酗酒、打架斗殴、敲诈、欺骗、偷窃等行为的同伴等。

（三）临床表现

1. 对立违抗障碍

（1）消极、愤怒、易激惹的心境：情绪不稳定，时常感到无助，对挫折耐受力差，易激惹。敏感，有时曲解人意，别人一句善意的话也容易惹其恼怒。经常发脾气时怨恨他人，怀恨在心或心存报复，因而时常与父母、老师、同学产生冲突，甚至出现攻击行为。这种攻击行为是由于愤怒或挫折激发的冲动型攻击，过后又会内疚和悔恨。通常不认为自己有心理问题，而认为自己的行为是对无理要求或境遇的正当反应。

（2）争辩的、对抗的行为：很难服从管教，受到批评时，总是强调客观原因，经常与家长、老师等成年人争辩。不服从、不理解或拒绝成年人的要求或规定。行为受到批评、阻止时，会激发敌对情绪，对成年人不尊重，对同伴充满敌意，经常故意打扰、言语攻击，甚至违反校规或集体纪律，来惹恼他人。犯错或不当行为造成不良后果时，常常归咎于他人，甚至指责他人。对抗挑衅的行为是循序渐进地发展的。开始时，患者试探着通过不理睬指令或发脾气、争论，迫使父母改变家庭对其的“限制”。由于父母的退让，使其行为得到强化而愈演愈烈。

2. 品行障碍

（1）攻击性行为：经常攻击人或动物。幼儿期攻击行为表现为暴怒和吵闹，以后逐渐发展为违抗或拒绝服从成年的指令，推拉或动手打其他小孩。学龄期后，攻击性行为更加明显，常以言语伤人，扰乱课堂纪律；对抗老师，恃强凌弱，威胁或恐吓他人；索要或抢劫、敲诈财物，经常挑起打架，残忍地伤害、虐待他人和动物，使用棍子、砖块、刀等可能引起严重躯体伤害的武器；强迫他人与自己发生性行为。

（2）破坏性行为：破坏他人或公共财物。幼儿期多半出于好奇而摆弄、破坏物品，多破坏自己家中的物品。学龄期后表现为蓄意破坏家中或他人的物品，甚至蓄意纵火以造成严重的损失。

（3）欺诈或盗窃：经常说谎以获得物品或好处或规避责任。偷窃行为往往开始于学龄期，最初是偷拿家中的财物，逐渐发展为将别人的物品占为己有，少年期后主要表现是行窃，甚至入室盗窃，走向犯罪道路。

（4）严重违反规则：13 岁之前开始，经常旷课逃学、外出游荡不回家，甚至夜不归宿。逃学和离家外出游玩的刺激会给他们带来愉快和满足感，因而极易形成习惯。

品行障碍常常合并 ADHD、抑郁、焦虑、情绪不稳或易激惹，也可伴有发育障碍。

（四）治疗及预后

采用心理治疗以及家庭、学校和社区共同参与的心理社会干预为主的综合性个体化治疗方案。尽早发现家庭和社会的相关危险因素，积极干预，并持续足够长的时间，才能取得较好的效果，反之则疗效较差，预后不良。药物治疗仅用于共病其他精神障碍的患者。

1. 家庭治疗　围绕以下内容进行：协调家庭成员之间关系，特别是亲子关系；纠正父母对子女不良行为采取熟视无睹或严厉惩罚的处理方式；训练父母学习用适当的方法与子女进行交流，用讨论和协商的方法、正面行为强化辅以轻度惩罚的方法对子女进行教育；减少家庭内的生活事件及父母自己的不良行为。

2. 行为治疗　根据患者的年龄和临床表现，选用阳性强化法、消退法和游戏疗法等。治疗的目的是逐渐消除不良行为，建立正常的行为模式，促进社会适应行为的发展。

3. 认知治疗　重点在于帮助患者发现自己的问题、分析原因、考虑后果，并找到解决问题的办法。

4. 药物治疗　尚无特殊药物治疗，仅为短暂性对症治疗及对共患疾病的治疗。

对立违抗障碍发病越早，预后越差，早发者较晚发者最终发展为品行障碍的风险高 3 倍。随着年龄增长，共病 ADHD、焦虑、情感障碍也逐渐增多。

品行障碍预后差异较大。有的患者随着年龄增长，或经过适当的教育和治疗，可逐渐恢复。但有些患者的行为异常可以持续到少年期，甚至成年期，出现不良后果，致使成年期就业、婚姻、人际关系等方面困难。品行障碍预后的影响因素包括：①病情严重程度：轻者大部分完全恢复正常，重者多发展为慢性过程。②发病年龄：一般发病年龄越早，预后越差。③攻击型比非攻击型预后差，违法型比非违法型差，多动型比单纯型差，同时有多种反社会行为、多个场合存在紊乱性行为者预后差，有纵火、智力低下、神经系统受损体征、药物依赖和其他精神症状者预后差，而智商高和学业成就高者预后好。④家庭环境：家庭矛盾冲突多、缺乏家庭温暖及存在家庭暴力者预后差。

第二节　人格障碍及相关行为障碍的护理程序

一、护理评估

（一）健康史

评估患者母孕期及出生后是否有感染、中毒、营养不良等；生长发育过程；童年期是否有重大精神创伤；是否患有其他精神障碍或躯体疾病；家族成员中是否有类似患者。

（二）生理功能

评估患者意识状态、生命体征、饮食习惯、二便、睡眠情况等；各项躯体发育指标、有无躯体疾病；是否服用药物，是否吸烟、饮酒；有无外伤、感染；是否有躯体不适。

（三）心理功能

评估患者有无注意力、智力方面的障碍；有无敏感多疑、爱幻想、以自我为中心等；患者对自己的看法、认识和评价；有无焦虑、抑郁、恐惧、情绪不稳、愤怒、敌视、易激惹等异常情绪；有无自伤自杀、冲动伤人毁物行为，有无过分做作、夸张、操纵、控制、刻板、古怪行为等；遵守规则情况等。

（四）社会功能

评估患者生活自理程度，工作和学习是否存在困难及程度，与朋友、同事、上司的关系如何；有无亲密朋友，人际关系是否融洽和稳定；与他人发生冲突时是如何处理的；是否依赖他人，依赖程度。

评估患者的家庭状况，亲子关系，家长对患者的态度及看法。家长是否有能力对孩子进行教育和监督，教育方法是否有效。患者经常接触的人员及其行为的情况。

二、常见护理诊断/问题

1. 应对无效 与回避社交、难以适应社会有关。

2. 有对他人（自己）实施暴力的危险 与情绪不稳、行为冲动等有关。

3. 社会交往障碍 与人格异常、攻击行为等有关。

4. 自我认同紊乱 与自我评价低、敏感不自信等有关。

三、护理目标

1. 患者能用积极的应对方式应对压力。
2. 不发生冲动伤人、自伤及毁物行为，能合理控制情绪。
3. 患者能表达内心感受，并愿意参与社交活动，
4. 患者自信提升，能正确评价自己。

四、护理措施

（一）基础护理

一般来说，人格障碍、对立违抗障碍和品行障碍的患者生活可以自理。但是当患者伴有焦虑、抑郁情绪，自伤、自杀行为等情况时，会忽视个人的基本生理需要，因此，应保证患者摄入足够的营养、水分，充足的睡眠，密切观察生命体征。

（二）安全护理

为患者提供安静、安全的治疗环境，室内陈设尽可能简洁、实用，减少刺激，随时排查有安全隐患的物品和设施，防止患者将危险物品带入病房。主动向患者介绍环境、病友、工作人员及病房规章制度，使患者尽快熟悉环境，建立良好护患关系。加强巡视，定时清点患者人数，对有自伤、自杀、冲动等风险的患者心中有数。指导患者掌握积极的宣泄情绪方式。密切观察患者行为及情绪变化，当患者出现暴力行为征兆时，及时应用降级技术，并寻求其他工作人员的帮助。加强对保护性约束患者的巡视及生活护理。

（三）特殊症状护理

1. 自杀、自伤行为 将患者安置于重点房间，达成口头不自杀协议，进行安全检查，必要时安排专人看护。及时评估患者的情绪状态，鼓励患者倾诉内心感受。通过评估患者既往行为，观察患者的情感变化，早期识别患者不良心境的应对方式，并及时干预，避免意外的发生。当患者因人际交往等问题焦虑不安时，主动提供帮助，引导患者表达不良心境，并给予鼓励支持。患者情绪稳定时，鼓励患者参加集体活动、工娱活动。

2. 冲动、攻击行为 减少强光、噪声等环境刺激，必要时安排单人房间，适当限制患者活动范围，尊重患者个人空间，提前或推迟可能造成患者不安的治疗或护理项目。在患者情绪较为稳定时，与患者建立良好的护患关系，共同制定规则、达成共识，鼓励、引导患者语言、文字等其他方式表达情绪，帮助患者辨别病态体验。当患者出现暴力行为征兆时，保持冷静，避免激惹患者，及时疏散其他患者、清除周围环境危险物品，寻求其他工作人员的协助。及早采用降级技术，争取稳定患者情绪。当降级技术无效时，遵医嘱给予镇定药物、保护性约束等措施，并向患者进行解释。

（四）心理护理

支持性心理护理：要充分尊重患者人格特点，接纳患者，以真诚和耐心的态度和患者交流，帮助患者消除焦虑、抵触情绪，建立良好的治疗性护患关系。当患者出现敌视、攻击、依赖、自伤等行为时，接纳患者的情绪及行为反应，以公平、真诚的态度与患者进行沟通，避免破坏护患关系。鼓励患者参加工娱活动，建立个人爱好，丰富日常生活，弱化人际交往带来的负面情绪。有针对性地指导患者进行人际互动，教授人际交往及沟通技巧。鼓励患者通过恰当的方式表达情绪，寻求帮助。

常用的心理治疗方法有精神分析治疗、认知行为疗法、辩证行为治疗等。

精神分析治疗是人格障碍的传统治疗方法。近代精神分析理论认为人格障碍是位于神经症性障碍与精神病之间的边缘状态。自体心理学与客体关系理论被用于理解边缘状态的人格障碍患者的行为。自体心理学集中于对自恋型人格障碍的理解，而客体关系理论则更关注边缘型人格障碍。精神分析治疗强调在人格障碍治疗过程中与来访者的互动过程，特别是治疗师的反移情被认为是理解人格障碍患者的关键。同时，要考虑到来访者内心的不稳定性，逐步通过投射与认同的过程，帮助患者发生实质性的改变。因为患者无法清晰地意识到个体的精神边界，所以，在治疗中需要高度重视与患者边界的控制。

认知行为治疗（CBT）对人格障碍的治疗在近年来取得了长足进步。认知治疗认为，童年的不良认知图式是人格障碍患者非适应性情绪与行为的基础。认知理论的基本假设是人格障碍患者存在的特定认知偏见导致非适应性情绪与行为的延续。认知治疗能够集中于患者的对自己的不良信念，以及他们对被评价的担心，从而帮助依赖型人格障碍患者改善过度依赖的症状。

辩证行为治疗（DBT）是近年来发展起来的一种主要针对边缘型人格障碍的治疗方法。它整合了以 CBT 为核心的许多治疗方法，致力于帮助人格障碍患者学习情绪管理技能。治疗通过训练患者情绪管理的基本能力，从而减少自杀冲动、妨碍治疗的行为等；并逐步过渡到帮助患者减少创伤后应激反应，接受早期创伤的事实，减少自责以及创伤后应激反应症状；DBT 还帮助患者解决生活中的一些现实的情绪问题，并提高自尊。

（五）药物治疗的护理

向患者及家属解释药物治疗的必要性和可能的不良反应，消除顾虑。评估患者对服药的态度及应对方式，及时给予解释，保证药物治疗的顺利进行。密切观察患者服药后的效果及不良反应。出现不良反应，及时请示医生处理。对于拒药的患者，在服药后仔细检查口腔，避免藏药。对于有物质滥用的患者，密切关注患者的生命体征。

（六）健康教育

应重视儿童早期教育、从幼年开始培养健全的人格，为孩子创造和谐稳定的家庭氛围，尽可能为儿童提供良好的生活、学习和人际环境；使儿童远离精神创伤，当出现情绪或行为问题时，应及时予以关心和矫正，必要时寻求专业的帮助。

向患者和家属讲解疾病的相关知识。指导患者建立良好的行为模式，纠正不良习惯；进行社交技能训练，提高社交能力；正确应对挫折和压力，遇到不良刺激时，学会调整和适应，必要时积极寻求专业人员帮助。增强家属对患者的理解，不评价患者的情绪及行为，并对患者的积极转变给予鼓励和支持。帮助患者家属掌握正确的家庭教育方式，建立治疗信心。帮助家属辨别患者疾病症状，并与家属共同讨论帮助患者建立良好人际关系的措施，促进患者的康复。

五、护理评价

1. 患者能否运用积极的应对方式。

2. 有无冲动伤人、自伤及毁物行为的发生。

3. 患者能否表达内心感受，并愿意参与社交活动。

4. 患者能否正确评价自己。

思考题

1. 人格障碍的常见分类及主要临床表现有哪些？

2. 对立违抗障碍和品行障碍的临床表现有哪些？

（张海娟）

第十五章　精神障碍躯体治疗的护理

学习目标

知识目标：

1. 熟悉精神药物的分类、作用机制、常用药物名称及剂量。
2. 掌握精神药物常见不良反应及处理措施。
3. 掌握改良电休克治疗和经颅磁刺激治疗的适应证、禁忌证及护理操作技术。

能力目标：

1. 能将理论知识融入护理观察中，判断患者是否出现不良反应，遵医嘱实施干预及处理措施。
2. 运用治疗性沟通技巧，提高患者依从性，做好健康教育。
3. 能熟练运用相关护理操作技能为患者实施护理。

素质目标：

1. 培养职业使命感，乐于奉献，树立帮助患者解除病痛的信念。
2. 不歧视精神障碍患者，尊重、接纳患者的感受，耐心倾听患者对疾病的担忧和疑虑。
3. 建立治疗性人际关系，共同构建患者可接纳的治疗方案，减少复发，促进康复。

思维导图

思维导图请扫封底二维码。

情景导入及思考

夏女士，20岁，3年前出现凭空闻人语，听见有声音说自己的坏话，议论自己，情绪不稳，易激惹，诊断为精神分裂症。住院治疗后仍残存幻听症状，可与声音共处，出院后服药不规律，经常断药，病情逐渐加重。觉得被人"脑控"，存在被监视感，自言自语、自笑，称有人在控制自己，逼自己跳楼，因此不敢睡觉，觉得紧张、害怕。家属为进一步诊治，送患者住院治疗。起病以来，患者精神较差，睡眠差，食欲好，体重明显增加。

思考：

1. 患者目前存在哪些护理问题？
2. 针对这些护理问题应该如何实施护理措施？
3. 如何提高患者服药的依从性？

精神障碍的躯体治疗（somatotherapy）主要包括药物治疗和物理治疗。药物治疗是改善精神障碍，尤其是严重精神障碍的最重要的治疗手段。物理治疗是精神障碍综合治疗手段之一，在精神障碍治疗中越来越广泛地开展，尤其是改良电休克治疗、重复经颅磁刺激，由于疗效肯定，成为精神障碍治疗的重要手段。

还有一些目前在国内未进入临床应用尚处于试验阶段的物理治疗，因目前疗效尚不确定，仍处于探索过程中。

第一节 精神障碍的药物治疗与护理

精神障碍的药物治疗是指通过应用精神药物，控制精神病性症状及行为紊乱，改善和矫正思维，稳定心境及情绪，恢复患者的社会功能，预防和减少复发的一种治疗手段。由于精神障碍的病因尚未完全明确，病理机制未阐明，精神障碍的药物治疗仍然以对症治疗、经验性用药为主要特点。精神药物（psychotropic drug）按其临床作用分为：①抗精神病药（antipsychotics）；②抗抑郁药（antidepressant）；③心境稳定剂（mood stabilizer）或抗躁狂药物（antimanic drug）；④抗焦虑药（anxiolytics）。此外，还有用于儿童注意缺陷多动障碍的精神振奋药（psychostimulant）和改善脑循环和神经细胞代谢的脑代谢药（nootropic drug）。

在精神障碍患者的药物治疗过程中，护士在用药执行、副反应的观察及疗效评估上也发挥着重要的协同作用，医护密切配合，共同确保患者的治疗过程更安全、有效。

一、抗精神病药

抗精神病药（antipsychotics）主要用于治疗精神分裂症、躁狂发作和其他具有精神病性症状的精神障碍。20 世纪 50 年代，第一个治疗精神障碍的药物氯丙嗪（chloropromazine）问世，开创了现代精神药物治疗的新纪元。至今已有上百种抗精神病药先后应用于临床，目前较为常用的有二三十种。

（一）分类

1. 第一代抗精神病药（first-generation antipsychotics，FGA） 又称传统抗精神病药、典型抗精神病药。这类药物可以治疗幻觉、妄想等精神病性症状，但同时也导致锥体外系反应和催乳素水平增高。还可能产生或加重精神分裂症患者的阴性症状。

2. 第二代抗精神病药（second-generation antipsychotics，SGA） 又称非典型抗精神病药、新型抗精神病药。第二代抗精神病药治疗阴性症状的疗效较第一代好，较少产生锥体外系症状，还可以改善精神分裂症患者的认知障碍与抑郁症状。

（二）临床应用

抗精神病药的治疗作用主要包括：①抗精神病作用，即抗幻觉、妄想作用（治疗阳性症状）；②激活作用（治疗阴性症状和认知缺陷）；③非特异性镇静作用（控制激越、兴奋、躁动或攻击行为）；④巩固疗效、预防疾病复发。

1. 适应证 主要用于治疗和预防精神分裂症的复发，控制躁狂发作，还可以用于其他伴有精神病性症状的各类精神障碍。第一代抗精神病药以锥体外系反应多见。第二代抗精神病药中部分药物导致体重增加更为突出。对于依从性好的患者，以口服给药方式为主。而治疗依从性较差的患者，可以选择口腔崩解片、口服液或注射针剂、长效制剂。

2. 禁忌证 严重的心血管疾病、急性肝炎、严重肾病、严重感染、血液病、昏迷、抗精神病药过敏等。老年人、孕妇、儿童慎用。药物应用应严格参照药品说明书。

3. 维持治疗 抗精神病药的长期维持治疗可以显著减少精神分裂症的复发。有资料表明，持续 2 年的维持治疗可以将精神分裂症患者的复发率降至 40%。对于首发的、缓慢起病的患者，维持治疗时间至少 5 年；急性发作、缓解迅速彻底的患者，维持治疗时间可以相应较短。而反复发作、经常波动或缓解不全的精神分裂症患者则建议终生服药。最终，不足 1/5 的患者有可能停药。

长效针剂在维持治疗上具有一定的优势，肌内注射能保证药物完全进入体内，同时由于给药间隔时间长，使得维持治疗更简单和易于坚持，将有助于减少疾病复发。

（三）常用抗精神病药

1. 第一代抗精神病药

（1）氯丙嗪（chloropromazine）：可快速有效地控制患者的兴奋和急性精神病性症状，但同时也可引起全身多个系统的不良反应，以体位性低血压和锥体外系反应最为突出。

（2）奋乃静（perphenazine）：镇静作用较氯丙嗪弱，而对心血管系统、肝脏及造血系统的不良反应较轻。适用于老年或伴有躯体疾病的患者。主要副作用为锥体外系症状。

（3）氟哌啶醇（haloperidol）：抗精神病作用强、疗效好、显效快，对于改善阳性症状疗效显著，常用于治疗不协调性精神运动兴奋、幻觉、妄想、敌对情绪、攻击行为。最显著的不良反应为锥体外系症状。长效制剂锥体外系不良反应较口服用药轻。

（4）五氟利多（penfluridol）：为口服长效制剂，每周给药一次，可用于治疗不合作的患者。它的抗精神病作用强，作用时间长。主要不良反应为锥体外系症状。少数患者可发生迟发性运动障碍和抑郁。

（5）舒必利（sulpiride）：适用于阴性症状为主的慢性精神分裂症及精神分裂症紧张型。对木僵、缄默等症状有明显疗效。小剂量有助于改善患者的焦虑、抑郁情绪。主要副作用为高催乳素血症等，如体重增加、泌乳、闭经、性功能减退，锥体外系反应少见。

2. 第二代抗精神病药

（1）氯氮平（clozapine）：口服吸收快，具有明显的抗精神病作用，很少引起锥体外系反应。推荐用于治疗难治性、伴自杀或无法耐受锥体外系反应的精神分裂症患者。对阳性症状、阴性症状均有较好的疗效。较常出现的不良反应为体位性低血压、过度镇静，粒细胞缺乏发生率约为1%。

（2）利培酮（risperidone）和帕利哌酮（paliperidone）：利培酮有口服片剂、水剂及长效制剂。帕利哌酮有缓释片剂及长效制剂。这两个药物对精神分裂症阳性症状、阴性症状疗效均较好。主要不良反应为激越、失眠以及高催乳素血症等。

（3）奥氮平（olanzapine）：对精神分裂症疗效较好，对血象无明显影响。主要副作用为体重增加、嗜睡、便秘等，锥体外系反应少见。临床应监测体重、血糖和血脂。

（4）喹硫平（quetiapine）：对精神分裂症阳性症状的治疗作用相对较弱，对情感症状也有一定疗效，几乎不引起锥体外系反应。主要副作用是嗜睡、体位性低血压等。

（5）齐拉西酮（ziprasidone）：对精神分裂症疗效肯定，可能对精神分裂症阴性症状和情感症状的疗效略有优势。它几乎不引起体重增加，锥体外系反应少见。临床应用中应注意监测心电图QT间期，需与食物同服以提高生物利用度。

（6）阿立哌唑（aripiprazole）：是目前唯一用于临床的多巴胺D_2受体的部分激动剂。治疗精神分裂症的疗效与氟哌啶醇相当，有利于改善阴性症状和精神运动性迟滞，但用药初期易导致激越、焦虑的副作用。几乎不影响体重，极少发生锥体外系症状。

（7）氨磺必利（amisulpride）：低剂量可改善精神分裂症的阴性症状，高剂量对幻觉妄想等效果明显，但催乳素水平升高和心电图QT间期延长较多见。

（8）哌罗匹隆（perospirone）：可缓解精神分裂症的阳性和阴性症状，改善认知功能。不良反应有锥体外系反应和失眠、困倦等神经精神症状。

（9）鲁拉西酮（lurasidone）：对精神分裂症的阳性症状、阴性症状及认知症状有改善作用，且对情感症状效果较好。心电图QT间期延长相对少见。

（10）布南色林（blonanserin）：治疗精神分裂症的阳性及阴性症状，同时也产生显著的锥体外系不良反应。

（11）阿塞那平（asenapine）：改善精神病性阳性及阴性症状，躁狂及双相障碍混合发作。有过度镇静和头晕的不良反应。

（12）伊潘立酮（iloperidone）：能降低大脑边缘系统的多巴胺能活性而减轻阳性症状，也能增加前额叶皮质的多巴胺能活性，改善患者的阴性症状及认知缺陷。

（四）不良反应的观察及处理

由于抗精神病药作用于不同的靶点，具有药理作用的同时，不良反应也常常伴随而来（表 15-1）。治疗过程中，预防和减轻用药过程中的不良反应非常重要。

表 15-1　常用抗精神病药的主要不良反应

药名	锥体外系反应	催乳素升高	体重增加	血糖异常	血脂异常	QT 间期延长	镇静作用	低血压	抗胆碱作用
第一代抗精神病药									
氯丙嗪（低效价）	+	++	++	+	+	++	++	+++	+++
奋乃静（高效价）	++	++	+	+	+	0	+	++	++
氟哌啶醇（高效价）	+++	+++	0	0	0	0	0	+	0
第二代抗精神病药									
利培酮	+	+++	++	++	++	+	+	++	+
帕利哌酮	+	+++	++	+	++	+	+	++	+
齐拉西酮	+	++	+	+	0	++	+	+	+
氯氮平	0	0	+++	+++	+++	+	+++	+++	+++
奥氮平	+	+	+++	+++	+++	+	++	+	++
喹硫平	+	+	++	+++	++	++	++	++	+
氨磺必利	+	+++	+	+	+	++	+	0	0
阿立哌唑	+	0	0	0	0	0	+	+	+

注：0=可忽略或不存在，+=罕见，++=较罕见，+++=常见。

1. 锥体外系反应（extrapyramidal side effect，EPS） 是典型抗精神病药物治疗最常见的不良反应之一，主要临床表现有四种：

（1）急性肌张力障碍（acute dystonia）：是最常见的锥体外系反应早期症状。由于肌张力快速增高，个别肌群持续痉挛，出现突发的异常姿势，患者呈现不由自主的、奇特的表现。症状持续时间从数秒至数小时，多反复出现。常在首次用药后或治疗 1 周内发生，男性比女性常见，儿童常见。

症状观察：①面部肌肉痉挛，可表现为挤眉弄眼，似做鬼脸；②眼睛上翻，眼球向上凝视，即使尽力克服，稍后又会上翻；③卷舌，或似“大舌头”，吐词不清和吞咽困难；④颈部肌肉受累，可出现痉挛性斜颈，表现为多种姿势，头向一侧扭转，颈部前倾或后仰；⑤四肢与躯干扭转性痉挛，表现为全身扭转，脊柱前凸、后凸、侧弯，骨盆倾斜，角弓反张，呈现奇异姿势及步态，导致行走困难。当急性肌张力障碍出现时，常伴有焦虑、烦躁、恐惧等情绪，亦可伴有瞳孔散大、出汗等自主神经症状。

处理措施：立即安抚患者，报告医生，遵医嘱给予肌内注射东莨菪碱 0.3mg 或异丙嗪

25mg 可即时缓解。有时需遵医嘱减少药物剂量，加用抗胆碱能药如盐酸苯海索，或换用锥体外系反应低的药物。

（2）静坐不能（akathisia）：多发生在服药后 1～2 周，发生率约为 20%。表现为无法安静地坐着，患者控制不住地要站起，反复走动或原地踏步，伴随着激越不安。

症状观察：轻者主观感受心神不宁，腿有不安宁感，出现反复躺下坐起、来回走动，患者常诉说腿部有无法形容的不适感，甚至焦虑、易激惹、影响睡眠。少数出现激越、冲动性自杀企图。需注意与精神症状加剧状态鉴别，避免增加药物剂量而加重不良反应。

处理措施：安抚患者，报告医生，遵医嘱给予苯二氮䓬类药和 β 受体阻滞剂如普萘洛尔等。有时需遵医嘱减少抗精神病药剂量，或选用锥体外系反应低的药物。

（3）帕金森综合征（parkinsonism）：最为常见。发生率 50% 左右。女性、老年常见。

症状观察：①最初的表现为运动过缓，后发展为运动不能，自发活动少，可长时间保持一个姿势；②震颤：体征上表现为手足静止性震颤，以上肢远端多见，如手部的节律性震颤，患者生活自理困难；③肌张力增高：面部表情僵硬，呈现“面具样脸”，走路姿势不协调，呈“慌张步态”，严重者可出现吞咽困难、构音困难、肌肉僵直，类似木僵状态；④自主神经功能紊乱，流涎、多汗及皮脂溢出。

处理措施：遵医嘱给予抗胆碱能药物盐酸苯海索，抗精神病药的使用应缓慢加药或使用最低有效剂量。协助生活料理，做好防跌倒、坠床的措施。

（4）迟发性运动障碍（tardive dyskinesia，TD）：多见于长期应用抗精神病药后，出现异常不自主运动的综合征，主要表现为有节律或不规则、不自主的刻板式运动。

症状观察：迟发性运动障碍最早的体征常是舌或口唇周围的轻微震颤或蠕动。以口、唇、舌、面部不自主运动最为突出，称为“口-舌-颊三联症”，表现为吸吮、舐舌、鼓腮等。有时伴有肢体或躯干的舞蹈样运动或指划样动作，呈现出奇异和不协调的姿态，发作时体力消耗大。其严重程度波动不定，睡眠时消失、情绪激动时加重。

处理措施：处理疗效不肯定，重点在于预防。调整使用最低有效剂量或换用锥体外系反应低的药物。异丙嗪和银杏叶提取物可能具有一定改善作用。避免使用抗胆碱能药物。

2. 代谢内分泌的不良反应　体重增加及糖脂代谢异常等代谢综合征的症状，严重影响患者的治疗依从性，增加患心血管疾病和糖尿病的风险。第二代抗精神药比第一代抗精神病药更易引起代谢综合征。

症状观察：患者食欲增加，体重明显增长，女性患者可出现泌乳、闭经等，实验室检查可出现催乳素、性激素水平、血糖、血脂异常。

处理措施：预防为主，合理选择抗精神病药物；定期监测体重、血糖和血脂，观察动态变化；体重增加较多者，调整饮食结构和生活方式，增加活动量；必要时遵医嘱减药或换药。小剂量阿立哌唑有降低催乳素的作用。

3. 心血管系统不良反应

（1）直立性低血压：患者在快速站起的体位改变过程出现晕厥无力的症状。多发生在治疗初期，注射给药更易发生。使用氯丙嗪、氯氮平、奥氮平者容易出现。剂量增加过快、体质较弱、老年患者及基础血压偏低者也是易发因素。

症状观察：患者突然改变体位，如起床过快、蹲位直立时，出现头晕、眼花、心率加快、面色苍白、血压下降，可引起晕厥、跌倒、摔伤，严重时可出现休克。

处理措施：①预防为先：做好评估，询问有无心血管疾病史；做好健康宣教，告知患者改变体位时宜缓慢，每个动作停留 15 秒。②密切观察血压变化，发现异常应报告医生并遵医嘱减药或换药。③应急处置：患者出现晕厥跌倒时，就地将患者放平，取平卧或头低脚高位，同时判断意识状态，测量血压、脉搏，一般患者躺平后可逐渐恢复。查看患者有无受伤，必要时行相关检查，做好记录。患者血压未恢复，或出现意识障碍、休克时，应立即配合医生采取急救措施，遵医嘱使用去甲肾上腺素静脉滴注，注意严禁使用肾上腺素。④患者意识恢复后，做好心理疏导和安抚工作，监测生命体征的变化。

（2）心电图改变和猝死：抗精神病药物可引起心动过缓、QT间期延长甚至房室传导阻滞，增加室性心律失常和猝死的风险。老年人、拒食拒水、急性期兴奋激越的患者易发生。

症状观察：观察患者面色、神态有无异常，监测心率、血压，查看心电图检查结果有无异常，询问患者有无头晕、迟钝等不适感受，倾听患者主诉。

处理措施：对于有QT间期延长、显著心动过缓、电解质紊乱的患者建议使用心血管风险低的药物。治疗中进行电解质监测和心电监护，降低风险。协助生活照料，保证营养供给，或静脉补液，纠正电解质紊乱。

4. 过度镇静和激越 一些抗精神病药可产生过度镇静，这种镇静作用通常很快可耐受而消失。典型抗精神病药（如氯丙嗪、奋乃静）以及非典型抗精神病药（如氯氮平、奥氮平、喹硫平）可引起过度镇静。老年患者更易出现。舒必利、利培酮、阿立哌唑等药物可引起焦虑、激越。

症状观察：过度镇静时，患者的思维和行动迟滞，乏力，嗜睡，注意力不易唤起，对周围环境缺乏关注，睡眠过多，活动减少。严重者影响患者的生活质量和工作效率。激越时，患者表现为烦躁不安、情绪激惹、叫喊，甚至出现攻击行为。

处理措施：过度镇静较轻者可不予处理，随着治疗时间的延长，患者能够逐渐适应或耐受，重者则遵医嘱予以减药。嘱患者勿驾车及操作机器。激越患者尽量予以安抚，必要时遵医嘱使用药物，患者有攻击行为时可实施保护性约束。

5. 抗胆碱能的不良反应 多出现在服用抗精神病药的初期，抗精神病药联合抗胆碱能药物时易发生。抗胆碱能药物的不良反应多表现为口干、恶心、呕吐、食欲缺乏、视物模糊、排尿困难、便秘等。严重不良反应包括尿潴留、麻痹性肠梗阻和口腔感染。

症状观察：观察并询问患者有无口干、恶心、呕吐等胃肠道症状，观察进食情况，每天询问大、小便情况。

处理措施：多数患者在治疗过程中症状可自行消失，反应严重者，经减药或停药即可恢复。出现尿潴留时鼓励患者尽量自行排尿，或采取物理的方法诱导排尿，无效时遵医嘱行导尿术导出尿液。做好心理疏导，耐心安慰患者，消除紧张情绪。鼓励便秘患者多饮水，多进食蔬菜水果，增加活动以促进肠蠕动，养成定时排便的习惯，必要时遵医嘱使用缓泻剂或灌肠协助排便。

6. 恶性综合征（malignant syndrome） 是一种少见的、严重的不良反应。抗精神病药中几乎所有的药物均可引起恶性综合征，最常见于氟哌啶醇、氯丙嗪等。兴奋、拒食、营养状况欠佳、既往有脑器质性疾病的患者更易发生，男女无差异，各年龄均可发生。恶性综合征的发生率低，但死亡率高达20%以上。当患者出现高热、意识障碍、严重锥体外系症状时，需要警惕恶性综合征的出现。

症状观察：①高热；②严重的锥体外系症状（肌肉强直、运动不能等）；③意识障碍；④自主神经功能紊乱（多汗、流涎、心动过速、血压不稳）；⑤急性肾功能衰竭；⑥循环衰竭。

处理措施：目前对恶性综合征尚无有效治疗方法，主要是对症治疗，早期发现、及时处理是治疗原则。①遵医嘱立即停用抗精神病药物；②遵医嘱给予支持治疗，调节水、电解质及酸碱平衡，保证营养供给；③吸氧，保持呼吸道通畅，必要时人工辅助呼吸；④物理降温；⑤预防并发症的发生，防止发生压力性损伤、下肢静脉血栓和肺部感染。

7. 药物过量及中毒　精神分裂症患者有发生顿服过量的抗精神病药企图自杀的现象。

症状观察：最早的表现是激越或意识混浊。常有严重低血压以及心律失常、低体温。可见肌张力障碍、抽搐和癫痫发作。

处理措施：抗精神病药的抗胆碱能作用使胃的排空延迟，因此过量用药后都应洗胃。且由于多数抗精神病药的蛋白结合率较高，使得血液透析作用有限。主要的治疗措施是对症支持治疗。大量输液，注意保护体温。应用抗癫痫药物控制癫痫。使用升压药时选择间羟胺和去甲肾上腺素等升压，禁用肾上腺素。日常应做好宣教，妥善保管药物。

8. 其他不良反应　抗精神病药还有不常见的不良反应。氯氮平、氯丙嗪等可引起白细胞减少症（周围血白细胞计数低于 4×10^9/L），氯氮平发生率最高，在开始使用阶段，应每周检查血常规。

症状观察：白细胞减少症轻者仅有乏力、倦怠、头昏、发热等全身症状，严重时出现继发感染症状，如咽炎、支气管炎、肺炎、泌尿系感染等。丙氨酸氨基转氨酶升高时，轻者无自觉症状，重者可出现黄疸。皮疹患者可见四肢、躯干或全身性红色丘疹。

处理措施：此类不良反应多数无需特殊处理，继续服药或调整药物后可缓解。如未缓解可进行对症治疗。白细胞减少症的处理：①轻度减少：白细胞计数（3～3.5）$\times10^9$/L，可遵医嘱继续药物治疗，每周 2 次血常规检查，注意预防感染，并给予升高白细胞的药物。②中度减少：白细胞计数（2～3）$\times10^9$/L，应遵医嘱立即停药，每天监测血常规，白细胞计数正常后可再用药物，并注意观察，预防感染，给予升高白细胞的药物。③重度减少：白细胞计数 $<2\times10^9$/L，应立即停药，给予升高白细胞的药物，应用抗感染药物，每日监测血常规，直至白细胞总数及分类值恢复正常水平 2 周。

二、抗抑郁药

抗抑郁药（antidepressant）是一类治疗各种抑郁状态的药物，通常不会提高正常人情绪。临床上，这类药物不仅用于治疗各类抑郁障碍，也常用于治疗焦虑障碍、惊恐障碍、恐惧障碍、强迫症、进食障碍及慢性疼痛等疾病。

抗抑郁药根据化学结构及作用机制的不同分为以下几类：①选择性 5-羟色胺再摄取抑制剂（selective serotonin reuptake inhibitor，SSRI）；② 5-羟色胺去甲肾上腺素再摄取抑制剂（serotonin nor-epinephrine reuptake inhibitor，SNRI）；③去甲肾上腺素和多巴胺再摄取抑制剂（norepinephrine dopamine reuptake inhibitor，NDRI）；④选择性去甲肾上腺素再摄取抑制剂；⑤ 5-羟色胺阻滞和再摄取抑制剂（serotonin antagonist and reuptake inhibitor，SARI）；⑥ α_2 肾上腺素受体阻滞剂或去甲肾上腺素能及特异性 5-羟色胺能抗抑郁药（noradrenergic and specific serotonergic antidepressant，NaSSA）；⑦褪黑素能抗抑郁药（melatonergic antidepressant）；⑧三环类抗抑郁药（tricyclic antidepressant，TCA）；⑨单胺氧化酶抑制剂（monoamine oxidase inhibitor，MAOI）；⑩治疗抑郁的植物药和中成药。TCA 和 MAOI 属传统抗抑郁药物，由于其毒副作用应用受到一定限制。其他药物均归类为新型抗抑郁药，与传统药物相比疗效相当，且使用安全、毒副作用小。常用的抗抑郁药分类及剂量见表 15-2。

表 15-2 常用抗抑郁药的分类和剂量范围

分类和药名	起始剂量（mg/d）	剂量范围（mg/d）
选择性 5-羟色胺再摄取抑制剂（SSRI）		
氟西汀	20	20～60
帕罗西汀	20	20～60
舍曲林	50	50～200
氟伏沙明	50～100	100～300
西酞普兰	20	20～60
艾司西酞普兰	10	10～20
5-羟色胺去甲肾上腺素再摄取抑制剂（SNRI）		
文拉法辛	37.5～75	75～375
度洛西汀	60	60～120
米那普仑	50	50～100
去甲肾上腺素和多巴胺再摄取抑制剂（NDRI）		
安非他酮	150	300～450
选择性去甲肾上腺素再摄取抑制剂（NRI）		
瑞波西汀	4	8～12
5-羟色胺阻滞和再摄取抑制剂（SARI）		
曲唑酮	150	150～300
伏硫西汀	5～10	5～20
α_2 肾上腺素受体阻滞剂		
米安色林	30	30～90
米氮平	15	15～45
褪黑素能抗抑郁药		
阿戈美拉汀	25	25～50
三环类抗抑郁药（TCA）		
丙米嗪	25～50	100～300
氯米帕明	25～50	100～300
阿米替林	25～50	100～300
多塞平	25～50	100～300
马普替林	75	100～225
单胺氧化酶抑制剂（MAOI）		
吗氯贝胺	150	300～600

（一）新型抗抑郁药

1. 选择性 5-羟色胺再摄取抑制剂（SSRI） 目前临床上最常用的 SSRI 有 6 种：氟西汀、帕罗西汀、舍曲林、氟伏沙明、西酞普兰和艾司西酞普兰。

适应证包括抑郁障碍、强迫症、焦虑与恐惧相关障碍和进食障碍等。不良反应主要包括恶心、腹泻、失眠和性功能障碍，多数不良反应持续时间短、一过性、可产生耐受。

（1）氟西汀（fluoxetine）：适用于各种抑郁障碍、强迫症和贪食症等患者。半衰期最长，随剂量增加不良反应也有所增加。目前在我国没有获批用于治疗儿童青少年抑郁障碍的抗抑郁药。

（2）帕罗西汀（paroxetine）：对伴焦虑的抑郁障碍以及惊恐障碍较适合。撤药应缓慢。

（3）舍曲林（sertraline）：适用于各种抑郁障碍和强迫症患者。用药早期易产生焦虑或激越、惊恐。它很少与其他药物发生交互作用，因此伴心血管疾病患者可以酌情选择。

（4）氟伏沙明（fluvoxamine）：适用于各种抑郁障碍和强迫症患者。有一定的睡眠改善作用，性功能障碍发生较少。应注意药物配伍禁忌。

（5）西酞普兰（citalopram）和艾司西酞普兰（escitalopram）：适用于各种抑郁障碍或伴惊恐的抑郁障碍。几乎没有药物配伍禁忌，安全性较高。

2. 5-羟色胺去甲肾上腺素再摄取抑制剂（SNRI）

（1）文拉法辛（venlafaxine）：起效较快，中高剂量可用于治疗严重抑郁和难治性抑郁。低剂量可用于非典型抑郁。也可用于伴有明显焦虑、疼痛等躯体症状的患者。恶心是最常见的不良反应，其他还有性功能障碍、头痛、失眠、困倦、口干、头晕、便秘、乏力、出汗和紧张不安等。撤药反应常见，停药时应缓慢减量。

（2）度洛西汀（duloxetine）：适用于抑郁障碍、广泛性焦虑症、慢性疼痛、糖尿病性周围神经痛。主要不良反应包括恶心、口干、疲乏、头晕、困倦和性功能障碍等，可见撤药反应。慢性酒精中毒和肝功能不全者慎用，未经治疗的闭角型青光眼患者避免使用。

（3）米那普仑（milnacipran）：主要用于治疗抑郁障碍，同时也用于纤维肌痛的治疗，常见不良反应为头晕、多汗、面部潮红、排尿困难等。

3. 其他新型抗抑郁药

（1）安非他酮（bupropion）：主要适应证是抑郁障碍和戒烟。常见不良反应有失眠、恶心、口干、多汗、耳鸣和皮疹等。

（2）米氮平（mirtazapine）：除抗抑郁作用外，还有较强的镇静和抗焦虑作用。可用于伴有明显睡眠障碍的患者。主要不良反应有过度镇静、食欲增加、体重增加和口干等。

（3）曲唑酮（trazodone）：适用于伴有焦虑、激越、睡眠以及性功能障碍的抑郁障碍患者。主要不良反应为困倦、直立性低血压等。

（4）阿戈美拉汀（agomelatine）：是全新机制的新一代抗抑郁药。具有抗抑郁、改善睡眠和调整生物节律的作用。常见不良反应有头痛、头晕、困倦、嗜睡或失眠、胃肠道反应等。没有撤药反应。

（5）瑞波西汀（reboxetine）：适用于成人抑郁障碍，尤其是SSRI治疗无效者可选用。不推荐用于老年患者。主要不良反应有入睡困难、口干、便秘、多汗、头痛、直立性低血压、视物模糊、厌食、恶心、排尿困难等。

（二）传统抗抑郁药

三环类抗抑郁药（TCA）对抑郁障碍疗效确切，曾是临床上治疗抑郁症的首选药之一。由于耐受性和安全性问题，目前多作为二线用药。

（1）临床应用

1）适应证：抑郁障碍；焦虑障碍；惊恐障碍；氯米帕明还常用于治疗强迫症。

2）禁忌证：严重心、肝、肾病者，患有癫痫、急性闭角型青光眼者，TCA过敏者、12岁以下儿童、孕妇、老年人、前列腺肥大者慎用。

（2）不良反应处理和注意事项

1）中枢神经系统不良反应：TCA可引起谵妄和癫痫发作且与血药浓度密切相关。应常规监测血药浓度，尤其是老年患者、伴发痴呆或有癫痫发作史的患者。肌内或静脉注射毒扁豆碱可以治疗或缓解患者谵妄症状。TCA可导致细微快速震颤，减少剂量可改善症状。

2）抗胆碱能不良反应：包括口干、便秘、视物模糊、尿潴留、肠麻痹等。一般随着治疗的延长患者可以耐受，症状会逐渐减轻。处理措施：遵医嘱减少抗抑郁药物的剂量。

3）心血管不良反应：可引起直立性低血压、心动过速、心脏传导阻滞等。直立性低血压多见于老年人和有直立性低血压史的患者。所有TCA均可引起心动过速。TCA还可诱发心律失常、引起传导阻滞，心脏传导阻滞患者禁用。临床应用中应监测心电图。

4）其他不良反应：转氨酶轻微升高，应予以监测；急剧升高者，应停药。体重增加可能与组胺受体阻断有关。轻度皮疹可对症治疗；对于较严重的皮疹，应当逐渐减、停药物。偶有粒细胞缺乏发生，一旦出现应立即停药，且以后禁用。

5）过量中毒：超量服用或误服可发生严重的毒性反应，危及生命。死亡常源于心脏毒性，癫痫发作和中枢神经系统的抑制也可以导致死亡。临床表现为昏迷、癫痫发作、心律失常三联征，还可有高热、低血压、肠麻痹、瞳孔扩大、呼吸抑制、心搏骤停。处理措施：遵医嘱使用毒扁豆碱缓解抗胆碱能作用。及时洗胃、输液，积极处理心律不齐，控制癫痫发作。三环类药物过量服药后数小时，仍应采取洗胃措施。

三、心境稳定剂

心境稳定剂（mood stabilizer），又称为抗躁狂药物（antimanic drug），是治疗躁狂以及预防双相障碍的躁狂或抑郁发作，且不会诱发躁狂或抑郁发作的一类药物。心境稳定剂主要包括锂盐（碳酸锂）和抗癫痫药物卡马西平、丙戊酸钠、丙戊酸镁、拉莫三嗪、加巴喷丁等。

（一）碳酸锂

1. 适应证 主要适应证是躁狂发作，起效慢，需要在治疗早期合并镇静作用较强的抗精神病药（如氯氮平）或苯二氮䓬类药物。在治疗难治性抑郁障碍时，联合使用碳酸锂和抗抑郁药可以加强疗效，同时还可以预防复发。

2. 禁忌证 急慢性肾炎、肾功能不全、严重心血管疾病、重症肌无力、妊娠前3个月以及缺钠或低盐饮食者禁用。

3. 应用原则 小剂量开始，逐渐增加，饭后口服。锂盐的治疗窗狭窄，其中毒剂量与治疗剂量十分接近，故在使用中要密切观察药物的不良反应，监测血锂浓度。急性期治疗最佳血锂浓度为0.6～1.2mmol/L，维持治疗血锂浓度为0.4～0.8mmol/L。超过1.4mmol/L易产生中毒反应。

4. 不良反应及处理措施 不良反应与血锂浓度相关。一般发生在服药后1～2周。饮淡盐水可以减少锂盐蓄积和不良反应。早期不良反应表现为无力、疲乏、嗜睡、手指震颤、厌食、上腹不适、恶心、呕吐、稀便、腹泻、多尿、口干等。后期不良反应是持续多尿、烦渴、体重增加、甲状腺肿大、黏液性水肿、手指细震颤。粗大震颤提示血药浓度已接近中毒水平。锂中毒先兆表现为反复呕吐和腹泻，手细颤变为粗颤、无力，困倦或烦躁不安、轻度意识障碍，此时应警惕发生锂盐中毒，应立即停药。处理不及时，患者可出现共济失调、肢体运动协调障碍、肌肉抽动、言语不清和意识模糊，重者昏迷、死亡。

处理措施：①用药前评估：护士应全面询问患者的疾病史，既往有无罹患影响肝、肾功能的躯体疾病，认真查阅患者各项常规检查结果，做到心中有数。②用药中护理：护士应鼓励患者适当增加钠的摄入；密切观察患者的进食、日常活动及其用药后反应，及时识别早期先兆，发现异常情况及时报告医生并记录；向患者宣教碳酸锂中毒反应的早期表现及预防方法，督促患者主动配合服药。③服药后观察及处理：密切监测血锂浓度的变化，发现异常及时报告医生；对不良反应能耐受者可不做特殊处理，不能耐受者应遵医嘱减药或换药；一旦出现毒性反应需立即停用锂盐，大量给予生理盐水或高渗钠盐加速锂的排泄，或进行人工血液透析，一般无后遗症。

（二）丙戊酸盐

主要药物有丙戊酸钠和丙戊酸镁，用于治疗双相情感障碍的躁狂发作，特别是快速循环发作及混合性发作效果较好，对双相情感障碍有预防复发的作用。对碳酸锂疗效不佳或不能耐受的患者是较为理想的替换药物。孕妇禁用。丙戊酸盐空腹时吸收良好。不良反应发生率较低，常见的有恶心、呕吐、厌食、腹泻等，少数可出现嗜睡、震颤、共济失调、脱发等。偶见过敏性皮疹、异常出血或瘀斑、白细胞减少和中毒性肝损害。

（三）卡马西平

卡马西平用于急性躁狂发作的治疗，适用于锂盐治疗无效的、快速循环发作或混合性发作患者，效果较好。不良反应有视物模糊、眩晕、头痛、嗜睡、共济失调、口干、恶心、呕吐、腹痛和皮疹等。

（四）拉莫三嗪

拉莫三嗪可以治疗双相快速循环型及双相抑郁发作，以及预防双相抑郁的复发，也可作为难治性抑郁的增效剂。治疗期间可出现眩晕、头痛、复视、恶心和共济失调。药疹在5%～10%的拉莫三嗪治疗患者中出现，包括剥脱性皮炎和中毒性表皮坏死。

四、抗焦虑药

抗焦虑药（anxiolytic drug）是一类主要用于减轻焦虑、紧张、恐惧来稳定情绪，同时兼有镇静、催眠、抗惊厥作用的药物。包括苯二氮䓬类和非苯二氮䓬类。苯二氮䓬类是目前使用最广泛的抗焦虑药。

（一）苯二氮䓬类

苯二氮䓬类药物（benzodiazepine）的药理作用：①抗焦虑作用；②镇静催眠作用；③抗惊厥作用；④骨骼肌松弛作用（表15-3）。

表15-3　常用的苯二氮䓬类药物

药名	半衰期（小时）	作用	常用剂量（mg/d）
地西泮	30～60	抗焦虑、催眠、抗癫痫、酒替代	5～15
氯氮䓬	30～60	抗焦虑、催眠、抗癫痫、酒替代	5～30
氟西泮	50～100	催眠	15～30
硝西泮	18～34	催眠、抗癫痫	5～10
氯硝西泮	20～40	抗癫痫、抗躁狂、催眠	2～8
阿普唑仑	6～20	抗焦虑、抗抑郁、催眠	2.4

续表

药名	半衰期（小时）	作用	常用剂量（mg/d）
艾司唑仑	10～24	抗焦虑、催眠、抗癫痫	2～6
劳拉西泮	10～20	抗焦虑、抗躁狂、催眠	1～6
奥沙西泮	6～24	抗焦虑、催眠	30～90
咪达唑仑	2～5	快速催眠、诱导麻醉	15～30

（1）适应证：苯二氮䓬类药物既是抗焦虑药，也是镇静催眠药。常用于治疗焦虑与恐惧相关障碍、各类失眠以及各种躯体疾病伴随出现的焦虑、紧张、自主神经紊乱等症状，也可用于各类伴有焦虑、紧张、恐惧的精神障碍以及激越性抑郁、轻性抑郁的辅助治疗。还可用于癫痫治疗和酒精急性戒断症状的替代治疗。

（2）禁忌证：老年人、肝/肾功能衰竭者慎用，阻塞性呼吸疾病者、严重意识障碍者禁用。妊娠前 3 个月及哺乳期妇女避免使用。

（3）应用原则：苯二氮䓬类开始时可从小剂量开始，急性期患者开始剂量可稍大。不提倡两种以上的药物同时使用。长期应用易导致依赖性，因此不宜长期用药。对于病情迁延或难治性患者，应考虑采用抗抑郁药或丁螺环酮、坦度螺酮等长期治疗。

（4）不良反应及处理措施：苯二氮䓬类药物的不良反应较少，一般能较好耐受。常见的不良反应有嗜睡、头晕/眩晕、无力，剂量较大时可出现共济失调、吐词不清，严重时出现脱抑制表现，如失眠、出汗、心动过速、恐惧、紧张焦虑、攻击、激动等，甚至出现呼吸抑制、昏迷。长期使用者可引起记忆障碍，表现为长期记忆障碍和顺行性遗忘。苯二氮䓬类药物在突然停药时可产生不同程度的戒断症状（如焦虑、失眠、心动过速、血压升高、惊恐发作等），因此撤药应逐渐缓慢进行。苯二氮䓬类药物对胎儿、婴儿有明显影响，以地西泮最明显。

处理措施：避免长期使用，理想的持续时间不超过 1 个月，出现戒断症状应及时就诊。

（二）非苯二氮䓬类

丁螺环酮（buspirone）和坦度螺酮（tandospirone）是非苯二氮䓬类代表药物。抗焦虑作用明确，通常剂量下没有明显的镇静、催眠、肌肉松弛作用，也无依赖性问题。它主要适用于各种精神障碍所致的焦虑状态以及躯体疾病伴发的焦虑状态，还可用于抑郁障碍的增效治疗。不良反应较少，耐受性好，起效稍慢，作用弱于苯二氮䓬类药物。

五、精神药物治疗的护理

（一）护理评估

1. 病史评估 ①病程周期；②第几次住院；③是否接受过系统治疗；④既往服用过何种精神类药物；⑤患病的症状表现、严重程度；⑥现病史。

2. 药物依从性评估 ①对药物治疗的态度，积极的还是消极的；②有无拒绝服药、治疗等现象；③是否存在隐藏药物的想法或行为；④对药物不良反应有无担心或恐惧；⑤有无影响治疗依从性的精神症状，如被害妄想、命令性幻听、木僵等；⑥对药物治疗的信念和关注点；⑦对坚持服药的信心如何；⑧是否按时复诊。

3. 躯体状况评估 ①有何种既往疾病史，当前疾病状况，服用哪些药物；②当前的身体状况如何；③进食、营养状况如何；④睡眠状况；⑤排泄状况；⑥基础代谢状况；⑦肢体活动的状况。

4. 药物不良反应评估　①既往用药不良反应；②对不良反应的耐受性、情绪变化、是否缓解；③本次用药发生不良反应的可能性；④拮抗药物对于缓解不良反应的效果；⑤自我处理药物不良反应的经验；⑥哪些不良反应是患者无法接受的。

不良反应量表（TESS）可以作为精神药物治疗安全性评价工具，以反映患者多个系统的不良反应症状和实验室结果改变。量表将34项症状归纳为6组症状，包含：①行为的不良反应；②实验室结果异常；③神经系统不良反应；④自主神经系统不良反应；⑤心血管系统不良反应；⑥其他不良反应。见表15-4。

表15-4　不良反应量表（TESS）

项目	严重程度	处理	项目	严重程度	处理
行为的不良反应			自主神经系统不良反应		
1. 中毒性意识模糊	□	□	18. 便秘	□	□
2. 兴奋或激惹	□	□	19. 唾液增多	□	□
3. 情感抑郁	□	□	20. 出汗	□	□
4. 活动增加	□	□	21. 恶心、呕吐	□	□
5. 活动减退	□	□	22. 腹泻	□	□
6. 失眠	□	□	心血管系统不良反应	□	□
7. 嗜睡	□	□	23. 血压降低	□	□
实验室结果异常			24. 头昏和昏厥	□	□
8. 血常规异常	□	□	25. 心动过速	□	□
9. 肝功能异常	□	□	26. 高血压	□	□
10. 排尿异常	□	□	27. 心电图异常	□	□
神经系统不良反应			其他不良反应		
11. 肌强直	□	□	28. 皮肤症状	□	□
12. 震颤	□	□	29. 体重增加	□	□
13. 扭转性运动	□	□	30. 体重减轻	□	□
14. 静坐不能	□	□	31. 食欲减退或厌食	□	□
15. 口干	□	□	32. 头痛	□	□
16. 鼻塞	□	□	33. 迟发性运动障碍	□	□
17. 视物模糊	□	□	34. 其他	□	□

注：严重程度：0=无，1=可疑或极轻，2=轻度，3=中度，4=重度。

处理：0=无，1=加强观察，2=给予拮抗药，3=减少剂量，4=减少剂量并给予拮抗药，5=暂停治疗，6=中止治疗。

5. 药物知识评估　①对疾病和服用药物的关系是否了解；②对所服药物作用的了解程度；③对药物维持治疗重要性的认识；④是否做好服药的准备；⑤对坚持服药重要性的认识。

6. 社会支持评估　①患者的家属掌握精神药物知识的情况；②患者的主要照顾者对药物治疗的态度；③家庭支持力度；④家庭成员是否有时间和精力照顾患者的治疗和生活；⑤家庭经济能力能否支持完成服药疗程。

（二）常见护理诊断/问题

1. 不依从行为 与缺乏自知力、拒绝服药或不能耐受不良反应等因素有关。

2. 卫生/进食/如厕自理缺陷 与药物不良反应、运动障碍、活动迟缓等因素有关。

3. 便秘 与药物不良反应、活动减少等因素有关。

4. 睡眠型态改变：失眠/嗜睡 与药物不良反应、过度镇静等因素有关。

5. 有感染的危险 与药物不良反应所致的白细胞减少、过敏性皮炎等因素有关。

6. 有发生跌倒、坠床的危险 与药物不良反应所致的步态不稳、共济失调、直立性低血压等因素有关。

7. 焦虑 与知识缺乏、药物不良反应等因素有关。

8. 知识缺乏 与缺乏疾病、药物和预防保健相关的知识有关。

9. 有发生暴力行为的危险 与药物不良反应所致的激越、焦虑、难以耐受不良反应等因素有关。

10. 有发生下肢静脉血栓的危险 与药物不良反应所致的过度镇静、进食少等因素有关。

（三）护理措施

1. 服药依从性干预 依从性干预是指围绕提高精神障碍患者的药物治疗依从性而采取的综合形式的干预，即针对精神障碍患者，以动机访谈为基础的认知行为干预。这种干预基于健康信念模式，强调患者的参与和责任，能帮助患者客观地分析服药的利弊，纠正患者在服药过程中的错误认知，增强患者的服药信心，见表 15-5。

表 15-5 依从性干预实施表

阶段	内容
介入期	建立良好的治疗性沟通关系，讨论的焦点是“用药”
评估期	总结患者的治疗观，得到患者对服药重要性与服药信心的评分，评估患者存在哪些药物不良反应，患者既往处理药物不良反应的方式，以及患者对服药抱有哪些信念和习惯
干预期	提出服药过程中遇到的实际问题；回顾过去的治疗经历；检查过去负面的治疗经历；探讨服药与不服药的矛盾情绪；找出治疗的目标症状；进行合理的逻辑推论；讨论与药物相关的信念及关注点；引发联想——“如果……情况将有所不同”；解决与药物相关的问题；展望未来
评价期	患者对服药的信念是否转变，患者对服药重要性的认识及信心

2. 治疗用药护理措施

（1）发药前，护士备好一次性透明小药杯及温水。发药时，将药物置于药杯内递与患者，目视患者将药物送入口腔、喝水吞服，确保患者将药物服下，其间观察患者服药的动作及表情，严防患者将药物握入指尖、藏于舌下或颊部，或离开后弃药、藏药或吐药。已经发生过藏药、吐药行为的患者，应做好交接班，单独发药，服药后在护士视线下观察 30 分钟再离开。需注意长效缓释片或控释片一般不可掰开或研碎服用，使用前应详读药品说明书，根据说明书的要求用药。

（2）肌内注射时，须选择肌肉层较厚的部位，注射时进针应深，并要两侧交替，避开硬结，注射后勿揉擦。使用长效针剂者可选择“Z”字形注射法，减少药液外溢。

（3）静脉注射或输液给药时，速度适宜，年老体弱者应缓慢注射。

（4）治疗期间应密切观察病情，注意药物不良反应，倾听患者的主诉，发现问题及时与医生沟通。

（5）当患者处于兴奋冲动、意识障碍或者不合作时，不可强行喂药，可通知医生改变给药方式，以注射用药为宜，或选择口崩片或水溶剂，必要时可使用鼻胃管给药。

（6）患者药物已达治疗剂量而症状一直未见好转时，应警惕药物是否未按量服用，留心检查患者床单位及物品，是否有患者藏匿或丢弃的药物。遵医嘱检查药物浓度作为佐证来判断患者服药情况。

3. 密切观察并及时处理药物不良反应　精神药物的作用较为广泛，在发挥治疗作用的同时也会引起多种不良反应，护理人员要密切观察患者用药后的反应，尤其是初次和急性期用药的患者，还应特别关注老年人、体弱、营养不良、合并躯体疾病等特殊患者的反应。发现不良反应，应及时报告医生并采取相应的诊疗和护理措施，尽量缓解患者的不适，倾听患者的诉说，将疾病及药物相关知识适当解释和告知，消除患者的疑虑和不安。

4. 做好基础护理，预防护理并发症　由于精神药物带来的不良反应会使得患者习惯性的生活方式发生改变，护士应协助患者做好生活料理，预防并发症的发生。

（1）进食护理：患者因饮食习惯改变或药物不良反应而出现食欲下降、恶心、呕吐时，可指导患者少食多餐；对吞咽困难者，可缓慢进餐或遵医嘱给予软食、流食，必要时输液支持治疗或给予胃肠外营养。

（2）大、小便护理：每日询问和观察患者大小便情况，对生活自理能力差无主诉的患者，要定时检查患者腹部情况。12 小时未排尿的患者可采取诱导方法刺激排尿，必要时遵医嘱导尿；对于便秘患者，鼓励患者多饮水、多进食蔬菜水果、多活动，如 3 天无大便的患者，可遵医嘱应用缓泻剂或甘油灌肠剂，防止出现肠梗阻。

（3）下肢静脉血栓的预防：卧床时间较多的患者，安排适宜的活动，因体力原因无法活动者，指导患者在床上做踝泵运动，促进下肢血液循环。

（4）肺部感染的预防：每日做好病室的通风、消毒。对于睡眠较深、张口呼吸、口腔分泌物较多的患者，协助患者取侧卧位，或头偏向一侧，避免发生肺部感染。

5. 做好患者和家属的健康宣教　内容包括：①疾病的症状表现和复发的征兆；②患者治疗药物的作用、特点以及使用方式，与患者探讨出现的药物不良反应，讨论可行的缓解措施；③结合患者以往的治疗经历讲解疾病的转归、复发以及巩固治疗的重要性，提升患者坚定长期用药的信心；④按时门诊复查，在医护人员指导下用药，出现不适时及时复诊，切不可擅自停减药物。

第二节　改良电休克治疗与护理

改良电休克治疗（modified electro-convulsive therapy，MECT）采用了短脉冲（short pulse）电流治疗技术，使用诱导麻醉和肌松剂引起意识丧失和痉挛发作来治疗精神症状，在治疗中对脑电图、肌电图同步监测。MECT 控制精神症状的机制迄今尚未完全阐明，治疗过程中诱导出有效的全脑痫波发放是保证疗效的关键。该治疗通电后不发生抽搐，其安全性已被大量临床实践证实。

有数据显示，目前全世界每年 100 万～200 万人接受 MECT 治疗，且人数仍在增加。美、英等国家每年有 5 万余人接受 MECT，主要治疗严重抑郁症、躁狂兴奋、精神分裂症和神经性贪食。

一、适应证

MECT 的适应证包括：①严重抑郁，有强烈自伤、自杀企图及行为者，以及明显自责自罪者；②极度兴奋躁动、冲动伤人者；③拒食、违拗、紧张性木僵和典型精神病性症状者；④精神药物治疗无效或对药物治疗不能耐受者；⑤顽固性疼痛，如躯体化障碍、幻肢痛等。

《改良电休克治疗专家共识（2019 版）》中指出，选择 MECT 治疗应遵循的原则包括：①若患者存在有危及生命的精神症状时，应当首选 MECT；②药物治疗无效、效果不理想或不能耐受药物不良反应的精神障碍，可选择 MECT；③躁狂发作、紧张型精神分裂症、伴有强烈情感症状的精神分裂症、精神分裂症急性期等，可在药物治疗的同时，将 MECT 作为联合治疗的首选方案。

二、禁忌证

MECT 无绝对禁忌证，但掌握相对禁忌证可最大限度降低风险发生率。

MECT 的禁忌证包括：①脑器质性疾病：颅内占位性病变、脑血管疾病、中枢神经系统炎症和外伤。其中脑肿瘤或脑动脉瘤尤应注意，因为当抽搐发作时，易引起脑出血、脑组织损伤或脑疝。②心血管疾病：冠心病、心肌梗死、高血压、心律失常、主动脉瘤及心功能不全者。③严重的肝肾功能障碍、严重的营养不良者。④有视网膜脱落潜在危险的疾病，如青光眼。⑤出血、急性的全身感染性疾病、中度以上发热。⑥严重的呼吸系统疾病、严重的消化性溃疡、新近发生或未愈的大关节疾病。⑦利血平治疗者。⑧对静脉诱导麻醉、肌松药物过敏者，存在全身麻醉危险因素者。

三、治疗与护理

1. 治疗前准备

（1）治疗前期准备：①全面了解患者的现病史、既往史、药物史、过敏史、MECT 治疗史、家族史等。进行体格检查，完善实验室检查和辅助检查，如血常规、血生化、心电图、脑电图、胸部和脊柱摄片。②向患者及家属说明治疗方案，包括治疗过程和周期，获得知情同意，监护人签写知情同意书。在与患者交流时注意方式，勿使患者产生恐惧心理。③治疗前 8 小时停服抗癫痫药和抗焦虑药，或治疗期间避免应用这些药物，治疗期间应用的抗精神病药或抗抑郁药或锂盐，应采用较低剂量。④治疗前护士应告知患者及家属治疗时间，患者需在治疗前禁食、禁水 6 小时以上。

（2）治疗当天准备：①治疗护士准备仪器、设备及急救药品、器械，确保处于备用状态。②确认患者治疗前已禁食、禁水 6 小时以上。③治疗前测量生命体征及体重，如体温在 37.5℃以上、脉搏 120 次/分以上或低于 50 次/分、血压超过 150/100mmHg 或低于 90/50mmHg，或患者有咳嗽、咳痰、呼吸道分泌物较多，或女性患者在经期内且量较大时，应酌情考虑是否继续治疗。④通常于治疗前 15～30 分钟皮下注射阿托品 0.5～1.0mg，减少分泌物。如第一次治疗呼吸恢复不好，后续每次治疗前 15～30 分钟可皮下注射洛贝林 3.0～6.0mg。⑤到达治疗室前，嘱患者排空大小便，协助取出活动义齿，解开衣带、领扣，取下发卡等。

2. 治疗中操作

（1）治疗体位的摆放及保护步骤，由护士执行操作。①护士协助患者仰卧于治疗台上，四肢保持自然伸直姿势，在两肩胛间（胸椎中段处）垫沙枕，使脊柱前凸。②建立静脉通道，连接心电监护，吸氧，清洁局部皮肤。③电极片贴放于眉心1个、左耳后1个。④为防舌咬伤，用缠有纱布的压舌板放置在患者一侧上下臼齿间或用专用牙垫放置在两侧上下臼齿间。用手紧托下颌，防止下颌脱位。

（2）麻醉与肌松，由麻醉师执行操作。麻醉师按患者年龄、体重给予丙泊酚（1～2mg/kg）静脉推注，至患者意识消失、瞬目反射消失后，给予肌松药0.2%氯化琥珀酰胆碱0.5～1.5mg/ kg 静脉注射，注射琥珀胆碱后约1分钟可见患者眼面、口角及全身肌肉抽搐后肌肉松弛，自主呼吸停止，此时为刺激最佳时机。

（3）电极的安置和电量的调节，由医生执行操作。①将涂有导电冻胶或生理盐水的电极紧贴患者相应部位，按照MECT仪器的要求进行电压、电流、时间、刺激能量等参数设置，并测试电阻。②电量原则上以引起痉挛发作的最小量为准，一般通电时间为2～3秒，观察口角、眼周、手指、足趾的轻微抽动，持续30～40秒，为一次有效的治疗。③如未出现抽搐发作或发作不完全，多为电极接触不好或通电时间不够，应尽快检查并调整，在正确操作下重复治疗一次。如发作情况仍然不佳，应酌情增加电量或通电时间进行治疗。

【学术前沿】

MECT改进电刺激研究

右单侧、超短脉冲刺激对认知功能影响较小。通过对电极位置进行改进，使刺激更加集中，降低了认知缺陷及其他不良反应的风险。根据电极位置的不同，MECT形式主要有双额叶、双颞叶和右单侧刺激等，研究显示，3种形式临床效果相当，右单侧刺激对认知功能的影响较小，在早期阶段双颞叶MECT的症状改善更迅速。对于左利手患者而言，也可以进行左单侧刺激，左单侧刺激出现的言语记忆受损要重于右单侧刺激、轻于双侧刺激，视觉及非言语记忆障碍受损则最轻。有研究者对大脑13组电极位置通过电刺激进行了MRI扫描，探索不同位置MECT刺激引起的脑兴奋区域差异，结果显示，额顶叶右单侧刺激和上眶顶叶右单侧刺激要优于传统的右单侧刺激，可以强烈刺激对疗效起作用的大脑区域，同时保留与认知功能相关的区域，目前这种刺激模式对精神障碍的疗效尚未见文献报道。

3. 治疗后护理 患者抽搐停止、呼吸恢复后，在复苏室观察至少30分钟，专人护理，置患者于侧卧位或头偏向一侧。观察生命体征和意识恢复情况，预防跌伤或坠床。血氧饱和度在94%以下时，应查看呼吸道是否有分泌物，必要时给予吸痰、吸氧等。待患者意识清醒、生命体征平稳后，专人护送回病房继续休息，2小时后患者可酌情起床活动及进食。其间护士应密切观察并记录。

四、常见不良反应及处理措施

MECT不良反应较少，常见的并发症有头痛、恶心和呕吐、轻度焦虑、可逆性的记忆减退，个别患者治疗后可出现短时间的轻度发热。均无需处理，可自行缓解，必要时对症处理。

1. 头痛 患者出现头痛时，护士立即安抚患者，告知休息后会很快缓解，避免患者对治疗产生恐惧心理。提供安静、舒适、灯光柔和的房间，避免噪声、刺激的灯光而加重头痛不适，必要时给予止痛药以减轻头痛不适。

2. 恶心呕吐、发热 术后去枕平卧，头偏向一侧。症状一般可自行缓解，无需特殊处理，如症状持续，则对症支持治疗。给予清淡饮食。

3. 轻度焦虑 患者出现坐立不安、烦躁时，安慰患者，耐心倾听患者诉说，可采取呼吸放松、转移注意力等方式，必要时报告医生，遵医嘱使用药物缓解症状。

4. 认知功能障碍 ①年龄大、治疗期间应用具有抗胆碱能作用药物的患者，较易出现意识障碍（程度较轻，昼轻夜重，持续的定向障碍，可有视幻觉）和认知功能受损（思维及反应迟钝、记忆和理解力下降）。此时，应停用电休克治疗。死亡极为罕见，多与潜在躯体疾病有关。②有的患者表现出记忆力的减退，应向患者和家属交代，避免记忆减退造成不良后果。需要强调的是，MECT 引起的记忆力减退一般是可逆的，多数在治疗后 2 周至 2 个月内恢复，个别可持续 6 个月。

5. 麻醉意外 MECT 并发症的发生率较传统电休克治疗低，而且程度较轻。但可出现麻醉意外、延迟性窒息、严重心律不齐，应立即给予心肺复苏，做好应急抢救准备工作。

第三节 重复经颅磁刺激治疗与护理

经颅磁刺激（transcranial magnetic stimulation，TMS）是一种非侵入性的脑刺激疗法，由磁脉冲穿透颅骨，在大脑皮质产生感应电流，当感应电流超过局部神经组织的兴奋阈值时，大脑神经细胞发生去极化进而产生一系列生理学变化，从而达到疾病治疗和脑功能康复的效果。经颅磁刺激分类包括单脉冲、双脉冲、重复刺激、模式化刺激，临床上最常使用的是重复经颅磁刺激。

重复经颅磁刺激（repetitive transcranial magnetic stimulation，rTMS）是在头皮相应部位以固定频率重复施加磁刺激脉冲，低频刺激（≤1Hz）降低神经元的兴奋性，高频刺激（10～20Hz）提高神经元的兴奋性。rTMS 治疗不引起定向障碍和认知损害。

一、重复经颅磁刺激的临床应用

1. 适应证

（1）抑郁障碍：是首个被批准的 rTMS 临床治疗适应证。rTMS 是针对抑郁障碍、抗抑郁药物治疗抵抗或不能耐受患者的推荐治疗方案。治疗方案推荐使用高频刺激左侧背外侧前额叶皮质（DLPFC）或低频刺激右侧。急性期患者通常需要每天 1 次，每周 3～5 次的刺激治疗，20～30 次为 1 个疗程，根据患者病情和疗效，疗程可延长至 6 周。

（2）脑卒中后功能障碍：rTMS 可通过纠正患者脑损伤后适应不良，促进脑卒中患者的功能恢复。目前，rTMS 治疗在脑卒中后运动功能障碍、失语症患者中疗效肯定。

（3）焦虑障碍：DLPFC 是调节惊恐障碍的脑功能区域之一，研究发现使用 1Hz 频率的 rTMS 作用于患者右侧 DLPFC 两周后，焦虑症状得到显著缓解。

（4）创伤后应激障碍：Cohen 等应用 rTMS 刺激 PTSD 患者的右侧额叶皮质，结果患者的 PTSD 症状明显缓解。而且他们发现，在同样的刺激强度和治疗时间（80% 运动阈值，10 天）条件下，高频率刺激（10Hz）的疗效明显优于低频率（1Hz）刺激组。

（5）精神分裂症：rTMS 目前已经被应用于治疗精神分裂症的幻觉和阴性症状。低频率 rTMS 作用于左侧前额叶皮质、左侧颞顶区或者双侧颞顶区可以改善幻听症状，而高频率 20Hz 的 rTMS 作用于精神分裂症患者的双背侧前额叶可改善患者的阴性症状。

【学术前沿】

重复经颅磁刺激临床研究新进展

2021年，美国FDA批准了2项应用rTMS治疗的新方案。①强迫症。可采用H7型号深部线圈，以高频20Hz模式作用于患者的背内侧前额叶皮质和前扣带回。②戒烟。可采用H4型号深部线圈，以高频10Hz模式作用于患者的双侧前额叶皮质和脑岛。rTMS相关的临床研究不断提供证据，支持该技术在其他疾病领域的应用。对于轻度认知障碍患者，rTMS治疗联合认知训练可改善认知功能；高频rTMS干预右侧DLPFC可治疗创伤后应激障碍等。随着随机对照临床试验的开展，rTMS除在治疗抑郁症和其他精神障碍方面取得一定进展外，在治疗神经系统疾病方面也有一些进展。应用rTMS诱导神经可塑性可以改变脑梗死区域的微环境，保护神经细胞功能，促进脑梗死患者的神经功能恢复。高频双侧M1区rTMS刺激可以改善帕金森患者的运动功能。

2. 禁忌证 颅内有金属植入物者、内置脉冲发生器（脑起搏器、心脏起搏器）者、有耳蜗植入者及颅内压增高者禁用，有癫痫病史及癫痫病家族史的患者禁止使用高频强刺激。严重躯体疾病患者、正在使用降低癫痫发作阈值药物者、滥用酒精者、孕妇、婴幼儿和不能表达自己感觉的患者，建议谨慎应用rTMS治疗。

3. 治疗操作 规范rTMS的操作技术，合理选择参数及加强临床观察，对治疗效果和确保安全是非常重要的。

（1）治疗前告知和评估：rTMS治疗前，须向患者及其家属告知治疗方案、可能发生的不良反应及应对方案。临床医师须明确患者的病史和药物使用情况，核查心电图、脑电图、MRI等检查结果，排除禁忌证和可能存在的安全风险。

（2）治疗刺激强度及靶点定位：推荐使用运动诱发电位测量rTMS治疗强度。在10次磁刺激中能够至少引起5次靶肌肉50μV的运动诱发电位所需的最低刺激强度即为治疗阈值。通常采用80%～120%的运动阈值作为磁刺激的治疗参数。定位治疗靶点有3种常用方法：定位帽、标准“5cm法”、影像导航。

（3）治疗后观察与记录：完整记录rTMS治疗过程，含患者信息、治疗强度、治疗参数、治疗时间。记录每次治疗的不良反应情况，每周评估疗效，必要时调整治疗方案。

4. rTMS的护理

（1）治疗前护理：核对患者身份，询问排除禁忌证，取下金属配饰，录入患者信息。

（2）治疗中护理：请患者仰卧于治疗床上，身体放松，告知患者头部会感觉有敲击感，如有疼痛等不适及时告知护士。治疗过程中观察患者治疗中的反应，及时调整和处理。

（3）治疗后护理：询问患者治疗感受，告知患者适当休息，如有头晕、头痛等不良反应不必紧张，适当休息会自行缓解，避免患者过度担忧。

二、重复经颅磁刺激的不良反应及处理

（1）诱发抽搐发作：该反应为rTMS引起的最严重的急性不良反应。严格遵守rTMS安全指南，诱发癫痫的可能性极低。

处理：rTMS治疗室应制定意外抽搐发作的应急处理预案，并对操作人员进行相关培训。一旦发生抽搐：①立即停止治疗，移开刺激线圈，通知医生；②检查呼吸情况，清理呼吸道，以防误吸；③协助患者侧卧；④根据患者抽搐发作情况，判断是否需要实施药物干预；⑤保护患者，专人守护至抽搐停止；⑥记录抽搐发作的开始和结束时间；⑦停止rTMS治疗

方案；⑧患者抽搐发作结束且意识清醒后，予以解释和心理支持。

（2）晕厥：该反应发作短暂，较抽搐发作更为常见。先兆期，患者可有“我想躺下来”或“我透不过气”，以及视野变窄、黑视和感觉发热等主诉，并伴有心动过缓和脉搏缺失等支持循环性晕厥的体征；当患者出现循环性晕厥时，可主诉内脏不适、恶心、呕吐、头晕、面色苍白、出汗等。

处理：①患者发生晕厥，立即停止治疗，使患者平卧、双腿抬高；②安抚患者，告知患者晕厥是可能的不良反应，不会有后遗影响；③记录晕厥的持续时间和严重程度；④监测可能引起直立性低血压的相关药物的使用情况；⑤下次治疗前指导患者适当补充水分，测量患者血压、脉搏。

（3）疼痛：该反应较常见，多为一过性，与患者敏感程度、刺激方案有关。治疗前应告知患者可能会产生轻微疼痛不适。

（4）一过性精神症状：如躁狂、焦虑、激越、自杀意念和失眠等，较少见。

处理：若出现相关反应可暂时中止治疗并观察：①监测 rTMS 治疗可能诱发的失眠、焦虑、激越；②评估合并使用药物的作用；③评估治疗是否应终止。

（5）听力损失或耳鸣：rTMS 治疗产生磁刺激时的瞬间声音强度可超过听觉系统能承受的安全范围，建议治疗中采用听力保护装置（如耳塞）。应特别慎重应用 rTMS 对幼儿、耳部噪声导致听力下降或合并使用耳毒性药物的患者进行治疗。

处理：①评估听力损失程度、耳鸣持续时间和严重程度；②检查听力保护装置是否完好；③指导患者监测听力损失、耳鸣的情况，及时告知；④必要时建议患者咨询耳科专家。

思考题

1. 用于精神障碍治疗的精神药物有哪四类？列出 1～2 种代表药物。
2. 苯二氮䓬类药物的合理应用需注意哪些问题？
3. MECT 治疗与 rTMS 治疗的适应证及禁忌证有哪些？

（宫　璇）

第十六章 心理治疗及其在护理中的应用

学习目标

知识目标：能充分掌握心理治疗的基本原则和基本技术，危机干预的定义和步骤；熟悉认知重建技术及其他常用心理治疗技术，精神分裂症、抑郁障碍和焦虑恐惧相关障碍的心理治疗方法，危机干预的常用技术；了解心理治疗的形式和流派，心理危机的分类与结局。

能力目标：能将心理治疗和危机干预的知识、技术运用于心理护理、心理健康教育及临床护理工作中，能识别处于心理危机的个体并进行危机干预。

素质目标：能正确识别患者的心理问题和行为动机，在护理过程中融入人文关怀的理念，尊重接纳、积极关注患者，并真诚地关心、爱护患者。

思维导图

思维导图请扫封底二维码。

情景导入与思考

刘女士，女，49 岁，因“情绪低落伴紧张担忧 4 个月”入院。

患者于 4 个月前因为工作压力大，出现心烦、紧张担忧，注意力难集中，入睡困难。之后渐出现心情低落，高兴不起来、做事没有兴趣，自我评价低，早醒，饮食差。自发病以来，精神差，体重下降 4kg。既往身体健康，性格开朗，作息规律，工作能力强。

精神专科检查：神清，接触交谈合作，思维逻辑清晰，内心体验可充分暴露，存在明显的抑郁和焦虑情绪，遇事容易担忧紧张；高兴不起来，经常不明原因哭泣；兴趣减退，对什么事情都提不起兴趣；全身乏力，活动减少，不愿见人；食欲减退，夜眠差，早醒，有时凌晨 2～3 时醒来，醒来后难以再次入睡；愁眉苦脸；自知力部分存在，有主动治疗要求。

思考：

1. 刘女士最可能的诊断是什么？
2. 如何对刘女士进行心理治疗？

第一节 概 述

一、心理治疗的定义

心理治疗（psychotherapy）是一种以助人、治病为目的，由专业人员实施的人际互动过程。是医生、心理治疗师以与患者建立良好协调关系为基础，运用精神医学及心理学的原理和技术，通过谈话、非言语沟通及特意安排的情境，积极影响患者，改变其心理体验和行为甚至生理状态，达到减轻痛苦、健全人格、适应社会、治疗疾病、促进康复目的的治疗方法。

心理治疗与药物治疗一样都是精神科常用的治疗手段，所不同的是药物治疗依靠药物干预人体的病理生理过程取得疗效，而心理治疗的工具主要是语言。更广义的心理治疗，是指医护人员在临床工作中发挥“心理学的治疗效应”，即在与患者进行交流、互动过程中，不同程度上自觉地应用心理学原理和技术，举手投足间表现出良好的基本素养、专业精神与态度，展现对患者的尊重，敏锐觉察患者心理痛苦，并对患者心理问题及时地预防和干预，并产生积极的影响。

护士在心理治疗中起着不容忽视的作用。心理治疗成功或有效的关键是与患者建立良好的工作关系，护士作为与患者接触时间最久的医务人员之一，倾听、安慰、说服、解释、鼓励、支持患者是护士熟悉且擅长的，这些都属于广义心理治疗的一部分。护士可以与患者建立良好的治疗性关系，通过与患者交流、观察和记录等方式评估和监测患者的心理状态，开展有关心理健康和治疗方案的教育和辅导工作，提供情感支持和信息支持。另外，精神科护士可以应用心理治疗的技术为患者提供咨询和支持，并采取相应的心理护理措施对心理问题进行干预，以帮助患者恢复心理健康，提高生活质量。

心理治疗与心理咨询都是专业性的心理健康服务技术，都强调建立良好的人际关系，强调帮助工作对象成长和改变，二者在助人目的、机制、理论基础甚至技术上大同小异，但两者之间还是存在一定的差异。主要区别在于：①对象不同：心理咨询工作的主要对象主要是正常人，而心理治疗则主要针对患有心理障碍的人进行工作。②内容不同：心理咨询着重处理正常人所遇到的各种问题，如工作择业、人际关系、学业问题等；而心理治疗的工作范围主要为某些心理障碍、行为障碍和心身疾病等。③时长不同：心理咨询一般用时较短，而心理治疗用时较长，从几次至几十次不等。④目标不同：心理咨询工作目标是针对某些具体问题，而心理治疗工作不仅针对具体问题的改善，而且注重人格的成长。

二、心理治疗的分类

心理治疗种类繁多，有多种分类方法。

（一）按治疗对象分类

1. 个体心理治疗 一对一的心理治疗，是最常见的心理治疗形式。

2. 团体心理治疗 以多名有近似问题或对某一疗法有共同适应证的患者为单位的治疗。

3. 家庭心理治疗 是以家庭为单位进行心理治疗的方法。

（二）按理论流派分类

心理治疗技术是对应着关于疾病病因的理论假设而产生的，但精神障碍的心理病因学还没有形成普遍认同的理论，心理治疗至今已发展出几百种大小流派，而大多数可以纳入精神分析、行为主义、人本主义和认知主义这四大主干体系。

国家卫生与计划生育委员会以上述各种传统分类方法为基础，根据临床用途、实施范围、对治疗师的技术要求等主要指标，选取13种心理治疗技术作为首批适宜技术进行推广并实施规范化管理。

知识扩展

心理治疗的主要流派

流派	代表人物	流派特点	治疗技术	特定疗法
精神分析	弗洛伊德、荣格、埃里克森	分析意识和无意识过程的影响。强调童年期以及亲子关系，以及无意识对生活的影响	通过梦、自由联想、内心冲突和治疗关系中出现的移情来分析无意识过程	人际精神分析、关系精神分析、基于依恋理论的心理治疗
人本主义	罗杰斯、马斯洛	聚焦于个体自身的体验需要和个人成长。强调无条件的积极关注、真诚和同理心	创设一个积极的治疗情境，为患者提供支持以应对其所面临的困境，帮助患者认清其需要	格式塔疗法、交流分析、心理咨询、聚焦问题的治疗

续表

流派	代表人物	流派特点	治疗技术	特定疗法
行为主义	斯金纳	聚焦于行为及塑造行为的各种因素，如经典条件作用、强化和行为塑造	通过暴露、行为塑造和行为实验等方法改变行为，提升适应性	认知行为治疗、理性情绪疗法、接纳与承诺疗法、辨证行为疗法、聚焦图式疗法
认知主义	贝克、埃利斯	侧重于人们对事件及事件意义的解读	发现并挑战那些适应不良的思维过程或内在信念。发展更有适应意义的信念和思维过程	认知行为治疗、理性情绪疗法、接纳与承诺疗法、辨证行为疗法、聚焦图式疗法

三、心理治疗的基本要素和基本原则

（一）心理治疗的基本要素

科学心理治疗应具备如下基本要素：①由接受过医学或心理学的系统学习，通过考试或培训取得国家特定资质的人员实施，如医师、心理治疗师、临床心理学工作者等。②在专门的医疗机构、场所实施。③以助人、促进健康为目的，不损害患者身心健康和社会利益。④遵守技术规范和伦理原则，并符合法律的要求。⑤掌握适应证和禁忌证，不滥用、误用。⑥对治疗过程及其后果能够控制、查验、进行合理解释，能及时发现和处理副作用。⑦采用的方法有坚实的理论基础和循证研究依据，不使用超自然理论。

（二）心理治疗的基本原则

1. 帮助求助者自立原则 治疗者应明确心理治疗的目的是促进求助者的心理成长，避免扮演求助者人生导师的角色，不能替患者做任何决定。

2. 客观中立原则 治疗者在心理治疗过程中要保持客观中立的立场，避免将自己的世界观、价值观带入心理治疗工作中。

3. 尊重求助者的原则 治疗者应尊重每一位求助者作为人的权利和尊严，以真实、真诚的态度帮助求助者。

4. 保密和保密例外原则 保密原则指治疗者应尊重求助者的个人隐私权，在临床心理实践中要始终严格遵守保密原则。保密例外原则指在心理治疗过程中，一旦发现求助者有危害自身或他人安全的情况，必须立即采取措施防止意外事件发生，必要时应通知其亲属或向有关部门报告，但应将有关保密信息的暴露程度控制在最小范围。

5. 时间限定原则 治疗者在心理治疗过程中必须注意遵守治疗时间的规定，不得随意延长或更改治疗时间。

6. 关系限定原则 治疗者在心理治疗过程中应按照本专业道德规范与求助者建立良好治疗关系，不得与求助者发展心理治疗工作以外的关系。

四、心理治疗的基本过程

实际的心理治疗过程会因不同的患者而千变万化，但不管什么样的心理治疗都会按照一定的程序进行。虽然基于不同的心理治疗理论的目标、方法等有所不同，但实际操作的基本过程大致相同包括初期、中期和后期阶段，每个阶段各有不同的任务。

1. 初期阶段 初期的主要任务是建立治疗关系、收集信息、评估和确认问题及制定治疗方案。实施治疗的一个先决条件是激发患者的动机与治疗者建立相互信任的治疗关系，帮助患者认识到自己是治疗过程的积极参与者，有责任提供信息并完成治疗期间的作业与练习，以及共同来思考合适的治疗目标。

2. 中期阶段 中期阶段通常在心理治疗中占的时间最长。治疗者的主要任务是依据治疗方案采取适宜的治疗措施帮助患者解决心理问题，达到预期的治疗目标。所谓适宜的治疗措施，是指针对目标行为的、患者需要的并能接受的，治疗者能熟练使用的措施。

3. 结束阶段 治疗最后阶段的主要工作是对整个治疗的效果做一个总结性评价，同时终止治疗关系。患者可能会因为要与治疗者分离而感到难过、害怕，治疗者也可能出现分离性焦虑。治疗者应谨慎从事，既不要超越治疗的界限，也不要把结束作为联系的终结。治疗者应强调让患者做他自己的治疗师，延长治疗的间隔时间，偶尔通信联络、定期回访等会减轻对结束的恐惧，也为后续的评估提供了机会。

五、常用心理治疗技术

心理治疗技术是指为了实现心理治疗目标而使用的具体方法和程序。以下将主要介绍几种与护理工作相关的治疗技术。

（一）心理治疗的基本技术

1. 倾听技术 倾听是心理治疗的第一步，不仅是了解情况的必要途径，也是建立良好的治疗关系和给予患者帮助的有效手段。倾听并非仅仅用耳朵去听，更重要的是要用心去听，要设身处地地感受患者的体验。倾听不但要听懂患者通过言语、行为表达出来的信息，更要听出患者在交谈中所省略的和没有表达出来的，甚至患者本人都没有意识到的心理倾向。倾听不单是听，还要注意思考和感悟患者所讲述的事实、体验的情感和持有的观念等。

2. 提问技术 通常提问方式有两种：开放式提问和封闭式提问。开放式提问通常不能简单作答，而是需要患者组织语言做出解释、说明或补充。开放式提问常以“什么原因”“怎样理解”等形式发问。开放式提问应以良好治疗关系为基础，不然可能使患者产生一种被询问、被窥探、被剖析的感觉，从而产生心理阻抗。其目的在于了解和掌握与患者问题有关的具体事实、情绪反应、看法和推理过程等。封闭式提问是治疗者事先对患者的情况有一种固定的假设，而期望得到能印证这种假设正确与否的回答。封闭式提问通常以“是不是”“要不要”“能不能”等形式发问，而患者多以“是”“否”或其他简短地作答。其目的在于澄清事实、缩小讨论范围或集中探讨某些特定问题。另外，提问要注意问句的方式、语气语调，要由浅入深从易到难循序进行。

3. 鼓励技术 是指治疗者通过言语或非言语等方式对患者进行鼓励，促使其进行自我探索和改变的技术。其作用是表达治疗者对患者的接纳，对所叙述的事情感兴趣，希望按此内容继续谈下去。所用的技巧就是直接地重复患者的话或说出一些肯定、赞许的话，如“嗯”“好，讲下去”“还有吗”等和点头微笑强化患者叙述的内容。目的在于：①鼓励或引导患者表达；②营造促进沟通、建立关系、解决问题的氛围；③通过对患者所述内容的某一点或某一方面做选择性关注，引导其在该方面做进一步深入探索；④建立信任的沟通关系。

4. 内容反应技术 内容反应，也称释义或说明，是指治疗者把患者的言语与非言语的思想内容加以概括、综合与整理后，再用自己的言语反馈给患者。治疗者选择患者所表达的实质性内容，用自己的语言将其表达出来，最好是引用患者言谈中最有代表性、最敏感的、最重要的词语，例如，患者："我总是感觉鼻子不通畅，喘不上来气，曾去多家医院看过，医生都说鼻中隔偏曲，问题不大，但我确实很难受，也很苦恼。"治疗者："你感觉喘不过来气，很难受，但医生检查说没有大问题，是这样吗？"内容反应使患者有机会再次剖析自己的困扰，重新组合那些零散的事件和关系，深化谈话的内容。

5. 情感反应技术 情感反应是治疗者把患者用言语和非言语行为中包含的情绪、情感，加以概括、综合与整理后，再用自己的言语反馈给患者，以表达对患者情绪、情感的理解，促进沟通。它与内容反应很接近，不同的是内容反应着重于患者言谈内容的反馈，而情感反应则着重于患者的情绪反馈。例如，患者："我总是感觉鼻子不通畅，喘不上来气，曾去多家医院看过，医生都说鼻中隔偏曲，问题不大，但我确实很难受，也很苦恼。"治疗者："医生检查说没多大问题，但你很苦恼，也很茫然，是这样吗？"情感反应技术的作用是澄清事件背后隐藏的情绪，推动患者对感受及相关内容的讨论。

6. 面质技术 面质是治疗者通过语言描述患者的感受、想法和行为中存在的明显差异、矛盾冲突和含糊的信息，并当面质疑。面质的目的在于：①促进患者对自己的感受、信念、行为及所处情境进行深入思考。②激励患者消除有意或无意的防御、掩饰心理，直面自己、正视现实并进行有建设性的探索。③协助患者实现言语与行为、理想自我与现实自我的统一。④协助患者明确其自身潜在的能力、优势并加以利用。虽然面质是一种必要的治疗技术，但因其具有一定的威胁性，因此应谨慎使用。

7. 解释技术 解释指治疗者依据一种或几种理论、某方面的科学知识或个人经验对患者的问题、困扰、疑虑做出说明，从而使患者从一个新的、更全面的角度来审视自己，并借助新的观念和思想加深对自身的行为、思想和情感的了解，产生领悟，做出改变。

8. 非言语性技巧 心理治疗除了言语表达以外，还有非言语交流。治疗者可以通过对患者的非言语行为的观察和分析获得有用的信息，并运用非言语性技巧来影响患者。非言语交流的途径包括面部表情、目光交流、言语表情、躯体言语等。①面部表情是反映人的情绪状态自然特性的最重要的部位，在心理治疗中，从面部表情获得的信息量将近一半，通过面部表情所传递的情绪反应信息往往决定着交流的进程及方向。②目光交流是传递信息的重要手段，目光接触在心理治疗中具有重要的作用。目光是心灵的语言，人们相互间的信息交流常常以目光交流为起点，要注意患者用眼睛说话。③言语表情包括音质、音量、音调和言语节奏的变化等。言语表情既表现患者的个性特征和言语表达方式，也反映出患者当时的心情和情绪状态。治疗者要仔细留意患者讲话的声音特征，特别注意把握住声音特征的突然改变，这往往显示患者内心的秘密，提供真实的、有效的信息。④躯体言语主要包括手势、躯干姿势、腿脚的动作、点头或摇头等。躯体言语能很好地反映出患者的情绪、思想和情感。治疗者在观察患者形体动作时，应和所有的非言语行为一样，把形体动作结合其他信息放在具体环境中去理解。

（二）认知重建技术

认知疗法的主要理论假设是：个体的认知决定了人对特定事件的情绪和行为反应，如果要改变人的负性情绪，应该首先改变个体歪曲的认知。认知重建技术的焦点是找到并冲击患者的非理性信念，让其意识到当前问题与所持非理性观念有关；发展有适应性的思维，教会更有逻辑性和自助性的信念，鼓励患者身体力行，引导产生建设性的行为变化，并且验证这些新信念的有效性。认知重建的操作方法及程序为：

1. 识别与临床问题相关的非理性信念 识别各种心理障碍具有特征性的认知偏见或模式，

找到使患者产生不良的情感和行为的非理性信念。比如，有些患者喜欢用命令式的情态动词，如“应该”“必须”之类，使自己勉为其难地追求达不到的目标，不能容忍某些不幸情况的存在。

常见的非理性信念有以下几种：①“全或无”思维，对人对事的评价只用非黑即白、非此即彼两个范畴。②以偏概全，过度泛化，跳跃性地下结论，将孤立事件的意义作过分扩展，将以特殊事物为基础而产生的信念用于不同的情境。③选择性负面关注，对积极事物视而不见。④对事物作灾难性推想，或者相反，过度缩小化。⑤人格牵连，指问题发生后，即使没有牵扯，也将事件往人（包括自己）的主观原因上联系，自寻烦恼。⑥情绪化推理，以为自己的消极情绪肯定就是对真实事物的反映，宁可相信直觉，不愿接受事实。

2. 挑战非理性信念 挑战非理性信念的有效方式是寻找证据，与非理性信念进行辩论，并询问自己是否有证据支持这种想法。如果没有，尝试推翻这种想法。

3. 替换非理性信念 当识别到非理性信念和不合理思维模式时，尝试替换为更合理、更积极、更现实的思维方式。例如，从“我总是失败”变为“我偶尔会失败，但我也有成功的时候”。

4. 练习并巩固新的思维模式 指导患者将新的思维模式运用到生活中，不断练习和改进，加强对新思维方式的信心和自信，重新评价自我效能。

知识链接 **情绪 ABC 理论**

心理学家埃利斯认为，在环境刺激或诱发刺激 A 和情绪后果 C 之间有信念或信念系统 B。A 代表与情感有关系的诱发事件（activating event）；B 代表当事人对此产生的信念（belief），包括理性或非理性的信念；C 代表个人对诱发事件所产生的情绪与行为反应（consequence）。A 对于个体的意义或是否引起 C 受 B 的影响，所以造成问题的不是事件，而是人们对事件的判断和解释。ABC 理论后来又进一步发展，增加了 D 和 E 两个部分，D（disputing）指对非理性信念的干预和抵制；E（effect）指干预效果。以辩论为主要手段，运用 D 来影响 B，使认知偏差得到纠正，对异常行为的转归起着重要的作用。埃利斯的合理情绪疗法就是促使患者认识自己不合理的信念以及这些信念的不良情绪后果，通过修正这些潜在的非理性信念，最终做出理性的选择。

（三）行为疗法相关技术

行为疗法是建立在行为学习理论基础上的心理治疗方法。行为学习理论学者认为：患者的各种症状（异常的行为或生理功能）都是个体在生活中通过学习而形成并固定下来的。因此在治疗过程中可以设置某种特殊的情境和专门的程序，使来访者逐步消除异常行为，并通过学习、训练形成新的适宜的行为反应。该理论把治疗的着眼点放在可观察的外在行为上或可以具体描述的心理状态上。

行为疗法是整个心理治疗系统中的重要组成部分，主要包括放松训练、系统脱敏疗法、冲击疗法、厌恶疗法等。

1. 放松训练 是通过机体的主动放松使人体验到身心的舒适以调节因紧张反应所造成的紊乱的心理生理功能的一种行为疗法。常用的放松训练有渐进性肌肉放松训练、冥想和瑜伽等经典放松疗法。渐进性放松训练（progressive relaxation training）是让患者系统地对肌肉群进行紧张和放松的交替练习，并让他们体验两种不同状态下的感觉。具体方法是按一定的顺序（从手和前臂的肌群开始，依次转换到头面颈部、躯干、下肢和脚共 16 组肌群），让患者从头到脚逐一对肌群进行“收缩—放松—收缩—放松……”的交替训练，同时深吸气和深呼气，体验紧张与放松的感觉，如此反复进行多遍，每次训练需要20～30分钟。

2. 系统脱敏疗法 系统脱敏是由交互抑制发展起来的一种心理治疗法，又称交互抑制法，这种方法主要是诱导被治疗者缓慢地暴露出导致焦虑、恐惧等负性体验的情景，并通过心理的放松状态来对抗这种焦虑情绪，从而达到消除焦虑或恐惧的目的。系统脱敏治疗可以分为实景脱敏和想象脱敏，步骤为：

（1）教患者学会评定主观痛苦感觉单位量表（subjective units of distress，SUD）。

（2）放松训练：按前述方法进行放松训练。

（3）设计不适层次表：让患者对每一种引起紧张焦虑的刺激因素引起的主观不适进行评分（SUD），然后按其分数高低将各种刺激因素排列成表。

（4）系统脱敏：由最低层次开始脱敏，即对刺激不再产生紧张反应后，渐次移向对上一层次刺激的放松性适应。在脱敏之间或脱敏之后，将新建立的反应迁移到现实生活中，不断练习，巩固疗效。

3. 冲击疗法 又称为满灌疗法，与系统脱敏疗法一样均属于“治疗性暴露”技术。但满灌疗法刚好将上述脱敏程序颠倒过来，让患者直接面对引起强烈焦虑、恐惧的情况（实景或想象情境），让其体验最大限度的紧张焦虑，随着强烈的心理-生理反应自然减退、耗竭，或主动调节控制，进行放松训练而达到适应。治疗者并不给予安慰支持。如此对症状行为进行“反条件化”，使焦虑、恐怖反应及强迫症状逐渐减轻、消失。

4. 厌恶疗法 通过轻微的惩罚来消除适应不良行为。当某种适应不良行为即将出现或正在出现时，当即给予一定的痛苦刺激，如轻微的电击、针刺或催吐剂等使其产生厌恶的主观体验。经过反复实施，适应不良行为和厌恶体验就建立了一定的条件联系。为了避免这种厌恶体验，患者只有终止或放弃原有的适应不良行为。如对酒依赖的患者的治疗可使用阿扑吗啡（去水吗啡）催吐剂，但禁止使用可以导致明显心理和躯体损伤的过强刺激。

5. 行为塑造法 是一项通过强化而产生某种期望的良好行为的治疗技术。行为塑造法是根据斯金纳的操作性条件反射原理设计出来的，这种疗法主要是通过某种奖励系统，在患者做出预期的良好行为表现时，马上就给予奖励，使良好的行为得到强化，从而使患者所表现的良好行为得以形成和巩固，同时使其不良行为得以消退。奖励可以用不同的形式表示如用记分卡、筹码等象征性的方式。行为塑造法适用于恐惧障碍、多动症、神经性厌食症、肥胖症、物质依赖和酒依赖等疾病的矫治，也可用于孤独症儿童和精神发育不全儿童的行为问题的矫治。

6. 自我管理技术 是基于操作性条件反射和社会性学习理论，是教给个体处理问题情境时所需要的应对技能，并将之应用到日常生活中，从而改变个体的问题行为。自我管理技术主要包括自我监督、自我奖赏、自我契约、刺激控制和自我榜样。它不仅可以用于治疗患者，也可用于日常生活中实际问题的解决，如神经性贪食症、焦虑、抑郁、疼痛、药物滥用、自我健康管理等。

（四）人本主义疗法

人本主义治疗（humanistic therapy）是以罗杰斯和马斯洛为代表人物，于20世纪60年代出现的一类体现人本心理学思想的心理疗法的总称，主要包括患者中心治疗、存在主义疗法、完形疗法等。这类疗法倡导“以人为本”“以患者为中心”的思想，重视人的自我实现理想、需要层次，重视人的情感体验与潜能，提倡治疗者应该具有高度的同理心，以平等、温暖、关切、真诚和开放的态度对待患者。基于以上特点，人本主义理论和技术已经成为一般心理治疗的基础，而且也被其他心理治疗流派广泛采纳。

人本主义疗法强调人际关系的重要性，认为人与人之间的互动和支持是促进个人成长和自我实现的关键。建立良好的、助人成长的治疗关系，不但是心理治疗顺利开展的重要基础，也是临床有效护理的前提保证。人本主义理论认为需要形成以下要素：

1. 真诚一致（congruence） 在治疗关系的范围内，治疗者应该以“真正的我”出现，是个表里一致、真诚、统合的人，这是治疗的最基本条件。一方面，治疗者的真诚可信和尊重，可以为患者提供一个安全自由的氛围，让患者对治疗者产生信任感，从而知道自己可以坦白表露自己的软弱、失败、过错、隐私等。另一方面，治疗者本身的真诚坦白为患者提供了一个良好的榜样，患者可以因此而受到鼓励，以真实的自我和治疗者交往，坦然表达宣泄情感，也可能因此发现、认识真正的自我，从而发生建设性的改变和成长。

2. 共情（empathy） 也称同理心，是指治疗者能将心比心、设身处地地理解患者，正确地体验到患者的情绪感受并能与来访者交流。共情是一个不断回应患者，不断深入并产生治疗效果的过程：首先，治疗者先通过积极倾听觉察和理解患者内心的情绪、烦恼；其次，治疗者通过换位思考，尝试站在患者的角度看待问题，设身处地去体会患者是什么样的情绪和烦恼，进而对患者的情感、思想产生了更丰富的理解；最后，通过适当反馈，回应和引导患者从而产生治疗作用。治疗者将自己感知到的感受和理解真诚地传达给患者，让患者体验到治疗者的理解与接纳，表达的方式包括语言反应和非语言表达。如治疗者通过前倾的身体姿势，关切的眼神对患者说：“我能理解您目前这种担忧的心情，因为从来没有做过的事情对于您来说是挺棘手的。”

3. 无条件积极关注（unconditional positive regard） 治疗者无条件地从整体上接纳、尊重患者，不以评价的态度对待对方。每个人都有积极关注的需要，但成长过程中获得积极关注是有条件的，所以会形成价值条件。心理治疗要去除这些价值条件，治疗者就需要给患者提供一种无条件的积极关注，在没有任何要求就能获得积极关注的氛围中，患者更能朝着做真实自己的方向前进，自我越来越灵活，接纳、同化更多的经验，自我与经验也越来越和谐。

第二节 常见精神障碍的心理治疗

一、精神分裂症的心理治疗

精神分裂症患者由于存在认知功能和自知力损害，服药依从性不高往往导致病情复发、症状残留和慢性化，患者回归社会受阻，所以在药物治疗的同时，包括心理治疗在内的社会心理干预在精神分裂症的全程治疗中也显示出了它的特点和重要性。众多研究证据表明，心理治疗联合抗精神病药治疗可以提高患者对药物治疗的依从性，降低再住院率和复发率，减轻精神症状带来的痛苦，改善患者的生活质量，帮助患者更好地适应社会。

精神分裂症的临床症状复杂多样，每个患者的表现都有所不同，即使同一个患者在不同的疾病阶段，症状也可能会发生变化。此外，随着疾病的进展，患者的心理需求也会随之变化。因此，在治疗精神分裂症时，应该考虑到患者的不同病期、主要临床症状以及患者和家属的需求，选择合适的个体化心理治疗方法，以提高治疗效果和生活质量。

（一）精神分裂症不同时期的心理治疗特点

1. 急性期的心理治疗 由于精神分裂症急性期患者精神症状突出，感知觉、思维和行为往往处于混乱状态，此时进行结构化的心理治疗难度太大，且可能效果不佳。然而，此阶段是建立良好的治疗性关系的重要时期，对于赢得患者的信任和主动配合治疗尤其关键，因此，在急性期开展支持性心理治疗，与患者建立良好关系非常重要。同时，在急性期对家庭成员进行健康教育和心理支持也非常有必要，因为这会极大地影响家庭成员配合后续治疗的依从性，也会影响他们之后参与家庭心理教育的兴趣和意愿。

2. 巩固期的心理治疗 巩固期患者的精神症状大部分缓解或基本消失，自知力正逐步恢复，接触交谈好，能进行有效交流和学习。患者的心理需求明显增多，他们需要全面了解自己的疾病的治疗和预后，认识自己的精神症状和药物的作用等。此时，如给予患者有效的个体化的心理治疗将有助于疗效的巩固、减少疾病的复发。

3. 维持期的心理治疗 在维持期随着关注的重心慢慢转移到功能恢复和预防复发，许多心理干预开始与这个目标相关。它包括针对预防复发、减少残留症状和伴发症状影响的心理干预，以及与就业、学业、社会活动（如就业支持、社交和日常生活技能训练和认知缺陷的补偿性干预）有关的心理干预。对于患者来说，技能训练、健康教育和认知行为治疗对减少压力和预防复发是非常有益的；家庭心理干预也有助于同样的问题与家庭成员一起解决。

（二）常用于精神分裂症的心理治疗方法

1. 支持性心理治疗 正如对患有慢性疾病的人那样，支持性心理治疗对精神分裂症患者非常有帮助，适用于精神分裂症的各个时期。提供支持性心理治疗的人，可以是医生，也可以是精神科护士或者治疗小组里的助手。支持性心理治疗以医患关系为中心，干预的内容主要取决于患者此时此地（不是过去）具体的问题，主张积极地接纳患者，强调倾听共情、鼓励支持以及实用的建议，通过治疗者放松的身体语言、适当的语气和面部表情表达出来。通过支持性心理治疗可以取得患者的信任，激发患者的正向情绪，使患者重新树立信心、热爱生活，适应当前状况。支持性心理治疗是建立医患联盟所必需的，并且是其他心理干预成功的前提条件。支持性心理治疗与其他的心理治疗方法存在着重叠的部分，与心理健康教育类似，通过传授心理健康常识和疾病知识，消除患者的思想顾虑。

2. 认知行为疗法 认知行为疗法的治疗目标是在建立有效医患联盟的基础上，帮助患者认知正常化，并使之了解自身的精神症状，提高药物治疗的依从性，从而减少疾病痛苦及其对功能的影响。治疗者根据患者当前或既往的症状和（或）功能，监测他们的自身想法、感觉或者行为，教会患者特定的技能让患者学会识别症状复发的早期迹象，处理幻觉、妄想等特定症状，比如让患者去探索妄想背后的逻辑依据，或者讨论幻听可能的来源，记录幻听日记等。同时，通过分析患者治疗不依从的原因及可能的解决办法，列出可行的改善依从性的行为提醒策略，如提供清晰易懂的服药时间及剂量的书面说明等，共同制订服药计划，提高患者治疗依从性，从而限制或阻止症状的进展，预防疾病的复发。

另外，认知行为治疗的治疗目标还包括社会文化和人际关系方面的问题，对于这些问题，认知行为治疗也许能够提供比单独药物治疗更多的帮助，能让患者获得某些有目的的技能，改进患者的社会适应能力。基于学习理论，运用各种方式（如看录像、示范或角色扮演等）训练和提升患者的各种实用技能，如如何做决策、解决问题、处理人际关系、应对应激和不良情绪以及一些生活基本技能等。治疗者与患者协商合作，制订日常活动计划和任务，安排一些患者能完成的活动，活动的难度和要求随患者的能力和心情改善而提高。

3. 家庭干预 有研究发现家庭内部的高情感表达是精神分裂症发病和复发的有效预测因子。因此，家庭干预是精神分裂症治疗的一个重要环节。家庭干预的目标在于帮助家庭更有效应对患者的问题，为家庭提供支持和教育，降低痛苦水平，改善家庭沟通问题和处理问题的方式，并尽可能预防复发。家庭干预的对象应包括与精神分裂症患者共同居住或有密切关系的家庭成员，以结构化方式在患者家庭中实施。

家庭干预的内容包括心理教育、问题行为的解决、家庭支持及危机处理措施等。①心理教育：目的在于提高患者和家庭成员对疾病的理解，对高情感表达的家庭成员进行指导。②家庭危机干预：目的是指导患者及其家庭成员应对应激的方法，减少诱发患者精神病的应激源，提供避免或降低疾病发作的对策，从而减轻患者压力，预防疾病复发。③家庭为基础的行为治疗：指导家庭成员如何同患者相处，如何解决日常生活中所遇到的问题，如何强化与保持患者所取得的进步等。

二、抑郁障碍的心理治疗

（一）抑郁障碍心理治疗的特点和原则

尽管心理治疗的流派和种类各有不同，但具有治疗作用的核心成分具有共同之处，特别是抑郁障碍的心理治疗方法常具有以下共同特点：①目标为减轻抑郁的核心症状；②每种心理治疗都有各自特殊的设置；③心理治疗聚焦于患者当前的问题；④治疗者和患者都要求保持积极主动，后者通常有回家作业；⑤通常有症状的检测，一般为量表的评估；⑥一般都具有疾病心理教育的环节；⑦治疗是具有时间限制的，通常联用药物治疗。

抑郁障碍患者病情的严重程度、治疗的安全性和相对禁忌证是实施心理治疗前需要充分考虑的。如果抑郁症患者有严重的消极观念或者伤人行为，应首先考虑药物治疗，避免单用心理治疗，以防止患者发生意外。心理治疗适用于轻度到中度抑郁障碍、孕产妇和药物不耐受者等特殊抑郁障碍患者的治疗，尤其是对于有心理社会应激和心理因素的患者效果更好，心理治疗也可与抗抑郁药物治疗联合使用，适用于不同严重程度抑郁障碍治疗的各个阶段（包括急性期、巩固期和维持期）。

（二）抑郁障碍不同时期的心理治疗特点

1. 急性期的心理治疗 急性期的主要治疗目标是临床治愈，尽快减轻抑郁症状，以最大限度减少病残率自杀率和复燃复发风险。对于轻度抑郁障碍患者可单独使用心理治疗，中、重度抑郁障碍患者推荐心理治疗联合药物和（或）物理治疗。心理治疗在解决心理问题、改善人际关系方面的疗效较好，特别是那些存在心理社会应激源、人际关系困难等因素的患者。认知行为治疗和人际心理治疗可以作为急性期的一种治疗方法，精神动力治疗也可作为急性期的一种三线辅助治疗方法。

2. 巩固期的心理治疗 巩固期的心理治疗目标是防止复发。治疗者通过指导患者及家属识别抑郁复发的特殊症状，找出可能引起复发的诱因，如潜在的应激性事件、物质滥用、与抑郁相关的躯体疾病变化等，提高患者的治疗依从性，这些对预防复发很有帮助。认知行为疗法作为巩固期治疗的合并治疗，能有效降低复发风险。

3. 维持期的心理治疗 维持期的心理治疗目标是预防复发，改善患者与抑郁症状相关的功能损害。如果在急性期和巩固期治疗时应用过心理治疗，维持治疗可以考虑继续使用，可按需调整频率（比如每月 1 次）。目前认知行为治疗可作为维持治疗的一线推荐，人际心理治疗在特殊人群中有一定的预防复发的作用。

（三）抑郁障碍的心理治疗方法

1. 支持性心理治疗　通过倾听、共情、安慰、鼓励和解释指导等方法帮助患者正确认识和对待自身疾病，与患者建立良好的治疗性关系，使患者能够积极主动配合治疗。该疗法几乎适用于所有抑郁障碍患者，可配合心理健康教育等其他治疗方式使用。

2. 认知行为疗法　可作为抑郁障碍的一线治疗选择。认知行为治疗通过纠正抑郁障碍患者不合理的信念来减轻抑郁症状，鼓励患者在现实生活中改变不恰当的思维与行为。在认知行为治疗中，抑郁症患者需学会识别负性自动思维和纠正不恰当的认知模式，学习新的适应性认知模式和行为模式，让患者积极与所处环境互动并且增加其控制感和愉悦感。有效的行为治疗技术和方法包括有计划安排的活动、自控训练、社交技巧训练、问题解决、逐级加量家庭作业、安排娱乐活动、减少不愉快活动等。治疗的疗程一般推荐为平均每周 1 次，共 12～16 次，治疗初期可每周 2 次，以利于尽快减轻抑郁症状。

3. 人际心理治疗　用于识别抑郁的促发因素（包括人际关系丧失、角色破坏和转变、社会性分离或社交技巧缺陷等），处理患者当前面临的人际交往问题，使患者学会把情绪与人际交往联系起来，通过适当的人际关系调整和改善来减轻抑郁症状，提高患者的社会适应能力。人际心理治疗通常包括三个阶段共 16 次治疗，平均每周 1 次，治疗初期可每周 2 次。

4. 精神动力学治疗　目前推荐用于治疗抑郁障碍的精神动力学治疗主要为短程疗法。实施要点：在治疗者较少参与的前提下，让患者自由联想和自由畅谈，通过谈话中的某些具体实例去发现线索和问题，从中选择患者认可的某个需重点解决的焦点冲突，通过治疗让患者自我感悟和修通，对该问题和冲突提升认识，同时学会新的思考或情感表达方式。精神动力学的短程治疗一般为 16～20 周，每周 1 次或 2 次。

5. 婚姻家庭治疗　抑郁障碍患者常有婚姻和家庭方面的问题，这些问题可能是疾病引起的后果，也可能是增加疾病易感性的因素，还可能使患者的康复延误。婚姻治疗以促进良好的配偶关系为目标，治疗的重点是发现和解决夫妻之间的问题。家庭治疗是以家庭为对象实施的心理治疗，将焦点放在家庭成员的互动关系上，从家庭系统角度解释个人的行为与问题，改善家庭的应对功能。对于存在明显家庭或婚姻冲突的抑郁症患者，可考虑在药物治疗基础上合用家庭或婚姻治疗，可有利于降低复燃和复发的风险。

三、焦虑与恐惧相关障碍的心理治疗

（一）焦虑与恐惧相关障碍心理治疗的特点

焦虑和恐惧相关障碍的症状表现包括过度的焦虑、恐惧和相关行为紊乱等，这些症状会影响到患者个人、家庭、社会、教育、职业等多个领域，导致苦恼和功能损害。研究表明，心理治疗是治疗焦虑与恐惧相关障碍的有效方法。心理治疗与药物不同，不仅可以缓解焦虑和恐惧症状，还可以帮助患者找到产生焦虑和恐惧的原因，学习自我放松的方法和克服焦虑恐惧的有效工具，以及培养更好的问题解决技能。针对不同的症状和诊断，心理治疗可以单独使用或者联合其他疗法。治疗效果的长短取决于患者的病情及严重程度，一般来说，大多数患者需要进行 8～10 个治疗周期才能明显改善症状。

（二）焦虑与恐惧相关障碍心理治疗的方法

焦虑与恐惧相关障碍有多种亚型。支持性心理治疗、认知行为疗法、行为疗法和正念疗法等是比较常用的心理治疗方法。支持性心理治疗方法见上文表述，本部分对其他三种心理治疗方法做总体介绍。

1. 认知行为疗法 焦虑障碍常见的两类非理性信念：一是过高地估计负性事件出现的可能性；二是过分戏剧化或灾难化地想象事件的结果。认知行为疗法治疗焦虑障碍的策略包括心理教育，帮助患者认识焦虑症状，识别早期焦虑的触发源，探讨维持焦虑、担心的原因；采取认知重建帮助患者了解到他们的担忧可能适得其反，甚至是对平常事情的“过敏”反应，挑战并矫正个人的灾难化认知等非理性信念，进而提高患者应对焦虑和担忧的技巧，并发展问题解决和应对压力的技巧。认知行为治疗的治疗设置：每周一次的个体治疗，每次 50 分钟左右，共 12～16 次；每周一次的团体治疗，共 8～12 次。

2. 行为疗法 系统脱敏疗法、暴露疗法和放松训练等是治疗焦虑与恐惧相关障碍的常用技术。暴露疗法是通过一系列渐进的、自我控制的暴露于恐怖刺激的方式来帮助患者逐渐适应他们害怕的事物或情境，减少他们对这些事物或情境的恐惧反应和焦虑情绪。暴露疗法有多种形式，包括直接暴露、间接暴露和虚拟暴露等。在直接暴露中，患者会直接面对他们害怕的事物或情境，例如恐高症患者会被要求登上高处。在间接暴露中，患者会通过观看图片或视频等方式间接面对他们害怕的事物或情境。随着计算机技术的进步，虚拟现实的脱敏和暴露也开始在临床中应用。

3. 正念疗法 正念是一种在有注意的、有目的的、关注当下的、无评断的状态下而产生的觉知。正念疗法（mindfulness-based therapy）是一种基于正念的心理治疗方法，通常与冥想、呼吸练习和其他身体感知练习相结合，以帮助患者更好地关注当下，改善对内部和外部体验的注意力，以减轻情绪困扰和提高心理健康。正念疗法在焦虑障碍治疗中具有较高的应用价值。焦虑障碍患者通常存在过度的思考和忧虑，正念疗法可以帮助患者意识到这些负面思考和情绪，培养对当下的觉知和内心体验的接纳，从而减轻焦虑症状。

知识扩展 **正念疗法的分类**

正念疗法是对以正念为核心的各种心理疗法的统称，较为成熟的正念疗法包括正念减压疗法（mindfulness-based stress reduction，MBSR）、正念认知疗法（mindfulness-based cognitive therapy，MBCT）、辩证行为疗法（dialectical behavior therapy，DBT）和接纳与承诺疗法（acceptance and commitment therapy，ACT）。正念疗法被广泛应用于治疗和缓解焦虑、抑郁、强迫、冲动等情绪心理问题，在人格障碍、成瘾障碍、进食障碍、人际沟通、冲动控制等方面的治疗中也有大量应用。

第三节 心理危机干预

一、心理危机与危机干预的概念

心理危机（psychological crisis）是指超越个体或者群体承受力的事件或境遇导致个体处于心理失衡状态。也就是说个体在面临自然环境、社会环境或个人的重大事件时，由于无法通过自己的力量控制和调节自己的感知与体验，所表现出一种偏离常态的反应。危机往往是突发的、出乎预料的，对遭遇危机的个体而言通常危险和机遇并存。

一般来说，确定心理危机需要符合下列三项标准：①存在具有重大心理影响的事件。②个体有急性情绪紊乱或认知功能、生理功能和行为等方面的改变，但不符合精神疾病的诊断。③个体用平常解决问题的方法暂时不能应对或应对无效。

危机干预（crisis intervention）是对处于心理失衡状态的个体进行简短而有效的帮助，使他们度过心理危机，恢复生理、心理和社会功能。危机干预是一种短程、紧急的心理治疗，在本质上属于支持性心理治疗，是为解决或改善当事人的困境而发展起来的，以解决问题为主要目的，强调时间紧迫性和效果，一般不涉及当事人的人格矫正。

二、心理危机的类型及结局

（一）危机的类型

1. 发展性危机　在个体的成长和发展过程中出现的具有重大人生转折意义的事件，导致个体出现的异常反应，如就业、移民、退休等。发展性危机如果处理得当，可以成为重新认识自我和学习成长的发展契机。

2. 境遇性危机　个体遭遇异乎寻常的事件，常具有突发性、震撼性、强烈性和灾难性等特点，个体可产生强烈的情绪体验。如交通事故、空难、洪水、地震和火灾等。

3. 存在性危机　个体因自由、责任、生命意义及价值等重要哲学及心理问题，所导致的内心冲突和焦虑，这些往往是诸多心理困扰的深层次原因。

4. 环境性危机　根据生态系统的观点，当自然或人为的灾难降临到某人或某一人群时，这些人身陷其中，反过来又影响生活中的其他人。环境性危机包括自然灾害、传染性疾病的暴发、政治危机及经济危机等。

（二）危机的结局

危机的发生可能经过冲击、防御、解决及成长几个阶段。危机的结局可以分为：

1. 顺利度过危机　个体有效地应对、顺利度过危机并获得经验和成长。

2. 暂时度过危机　虽然个体暂时度过了危机，但并没有真正将危机造成的影响解决好，留下一些认知、行为或人格等方面的问题，影响个体以后的社会适应。

3. 心理、生理崩溃　个体经不住强烈的刺激，未能成功度过危机，成为创伤后应激障碍患者，或者出现物质依赖与滥用、自杀、自伤、攻击行为或精神障碍等。

三、危机干预的技术

危机干预是一种急救工作，是预防性的，必须在事件发生的短期内完成，其工作的形式可以是小组，也可以是个体。危机干预的技术主要包括以下几类：

1. 支持性技术　包括与当事人建立相互信任、沟通良好的治疗关系，应用倾听、共情、关注、接纳、鼓励、解释、保证等干预手段，使当事人感到被理解、关怀和温暖，减少绝望感，缓解当事人的情绪危机，而不是急于纠正认知错误或行为。帮助当事人理性面对危机事件。

2. 稳定化技术　通过引导想象练习，帮助当事人在内心世界中构建一个安全的地方，适当远离令人痛苦的情景，并且寻找内心的积极资源，激发内在的生命力，提高重新解决和面对当前困难的能力，促进对未来生活的希望。常用的稳定化技术有放松技术、保险箱技术、遥控器技术和安全岛技术等。

3. 心理急救技术　心理急救（psychological first aid，PFA）是指对遭受创伤而需要支援的个体提供人道性质的支持。PFA 包括以下的主题：在不侵扰的前提下，提供实际的关怀和支持；评估需求和关注；协助当事人满足基本需求；聆听倾诉，但不强迫交谈；安慰当事人，平复其情绪；帮助当事人获得信息、服务和社会支持；保护当事人免受进一步的伤害。

4. 危机事件应激晤谈技术 危机事件应激晤谈（critical incident stress debriefing，CISD）是对灾难危机干预最为有效的方式之一。该技术主要采取一种结构化小组讨论的形式，引导灾难幸存者谈论应激性危机事件。干预通常在危机发生后的1～2天内进行，每次需要大概2～3小时的活动时间。整个活动分为介绍阶段、事实阶段、感受阶段、症状阶段、辅导阶段及恢复阶段6个部分。

5. 问题解决技术 是指根据当事人的需要及可利用的资源，采用非指导性的、合作性或指导性的方式，让当事人找到应对危机和挫折的方法，帮助其度过危机，增强其适应力。该技术以改变当事人的认知为前提，可以采取以下步骤：①通过会谈帮助当事人疏泄被压抑的情绪情感。②协助当事人认识和理解危机发展的过程及与诱因的关系。③引导当事人学习问题解决技巧和应对方式。④帮助当事人建立新的人际交往关系。⑤鼓励当事人积极面对现实、关注社会支持系统的作用。

6. 哀伤处理技术 哀伤是一种涉及心理、行为和躯体感觉的整体感受。哀伤处理对于求助者重建心理平衡、恢复自我功能是极其重要的。哀伤处理过程包括接受丧失、经历痛苦、重新适应及重建关系4个阶段。

四、危机干预的步骤

尽管人类会遇到错综复杂、各式各样的危机，危机干预也没有一个统一固定的程序，但一些基本的步骤是共同的，吉利兰（Gilliland）和詹姆斯（James）提出的危机干预六步法，被专业咨询工作者和一般工作人员广泛应用于帮助许多不同类型危机的当事人。危机干预六步法的步骤如下：

1. 确定当事人的问题 进行危机干预的第一步是进行危机评估，使用有效的提问技术和积极的倾听技术设身处地地理解何事使当事人处于危机当中。评估时不仅要关注当事人的言语信息更要注意其非言语信息。

危机评估的内容：①认知状态：当事人对危机认识的真实性和一致性，解释的合理性，是否存在夸大，危机持续存在的时间，改变的可能和动机。②情绪状态：当事人情绪表现的形式和强度，情绪状态与环境是否协调一致，情绪表现的普遍性与特殊性，情绪与危机解决的关系等。③意志行为：当事人的社会功能、能动性水平、自控力、对自我及他人伤害的危险性。④应对方法、资源和支持系统：何种行动和选择有助于当事人应对危机，当事人可能采纳的行动是什么，其社会支持资源如何。⑤评价危机事件的影响：评估危机事件对当事人生活的影响，当事人在恢复过程中可能面临的问题。⑥既往经历：了解当事人以前是否有过类似的经历，当时的应对情况等。在了解上述情况后，回顾所有问题，判断什么是最重要的、什么是需要紧急处理的，为下一步干预做准备。

2. 保证当事人安全 在危机干预过程中应将保证当事人的安全作为首要目标，把当事人对自己和他人的生理和心理的危险性降到最低。干预人员在检查评估、倾听和制定行动方案的过程中都必须对当事人的安全问题给予足够的关注。

3. 给予当事人支持 危机干预强调与当事人沟通和交流，通过语言、语调和肢体语言让当事人认识到干预人员是完全可以信任并能够给予其关心帮助的人。

4. 向当事人提出并验证可变通的应对方式 在危机状态下当事人处于思维僵化阶段，看不到每个问题其实都有多种应对的方式。要帮助当事人探索可以利用的替代解决方法，促使当事人积极地搜索可以获得的环境支持、可用的应对方式，改变其思维方式。让当事人知道有哪些人关心自己，有许多可变通的应对方式可供选择。如对于无家可归的当事人，可建议其联系亲友，或向政府有关部门寻求帮助，以找到临时的居住场所。

5. 和当事人一起制订解决问题的计划　协助当事人制订现实的短期计划，确定当事人自愿的行动步骤。计划的制订应根据当事人应对能力，着重于切实可行地帮助当事人解决问题。制订计划的关键要使当事人感到没有剥夺他们的权利、独立和自尊，让其感到这是他自己的计划。

6. 得到当事人的承诺　让当事人复述所制订计划，并得到其会明确按照计划行事的保证。

尽管危机干预六步法是一种操作性很强的方法，但具体应用时干预工作人员的头脑不能完全程式化，这种方法只是为危机干预指出了一个切入点或提供了一个框架，因而不能生硬地将它们套用在充满流动性和未知性的心理干预过程中。

思　考　题

1. 心理治疗的基本要素和原则有哪些？
2. 抑郁障碍的常用心理治疗方法有哪些？
3. 危机评估的步骤有哪些？

（汪健健）

第十七章　精神障碍患者的社区护理及家庭护理

学习目标

知识目标： 通过学习精神障碍患者的家庭评估和家庭干预能对精神障碍患者进行系统的家庭评估。

能力目标： 通过掌握家庭评估技巧，能对社区精神障碍患者进行专业的家庭评估并为其提供个体化的社区康复护理。

素质目标： 通过树立为患者健康服务的信念，能在护理过程中融入人文关怀，以创新的理念和方法为精神障碍患者提供护理。

思维导图

思维导图请扫封底二维码。

情景导入及思考

周某，男，16岁，间断情绪不稳3年余，再发加重半年。上初一开始由于家庭关系不佳及人际关系敏感，感觉老是被针对、被调侃。经常会感觉情绪很低落、很伤心，哭泣，情绪波动很大。遇事有时会砸东西，晚上睡眠不好，注意力不集中，焦虑、心里经常会想一些事情，经常会想一些比较坏的结果。感觉胸口疼痛，很容易愤怒、敌对，容易吵架。去年上高中分班，感觉压力很大，敏感，觉得周围的人都在议论自己、关注自己，有时觉得自己的想法没有说出口就被别人知道，情绪很低落、感觉难过，对什么都没有兴趣，总是很疲乏，感觉焦虑、害怕，同时感觉情绪波动大，烦躁、有自残行为，有明显的消极念头。

思考：

1. 患者存在何种生理、心理、精神等问题？
2. 如何对患者进行全面的家庭评估？
3. 如何对患者进行社区康复和家庭干预？

第一节　概　　述

一、国内外社区精神卫生服务与护理的发展趋势

（一）国外社区精神卫生服务与护理的发展趋势

国外社区精神卫生服务与护理的发展呈现出个体化、康复导向、社会融入和数字化等趋势，促进社会对精神健康问题的关注和支持。

1. 个体化治疗　精神疾病被认为是高度个体化的，国外社区精神卫生服务越来越注重个体化治疗。通过运用基因组学、神经影像学和生物标记物等技术，可以帮助医务人员更好地了解患者的疾病特点，为其制订个性化的治疗方案，提高疗效。

2. 康复导向护理　是国外社区精神卫生服务的重要理念之一，强调将患者从被动的治疗对象转变为主动参与者，通过建立合作关系，共同制订康复计划，培养患者自我管理能力，增强患者的社会功能。

3. 社会融入　是指将社区资源整合到患者的治疗过程中。例如增加患者的就业机会、增强社会活动、健全康复设施等，帮助患者更好地融入社会，减轻患者的社会孤立感。

4. 数字健康和远程护理　随着数字化技术的发展，国外社区精神卫生服务越来越重视数字健康和远程护理的应用。通过智能手机应用、在线平台和远程监测设备，医护人员可以更加便捷地为患者提供指导和支持，也能更及时地了解患者的病情和康复进展。

（二）我国社区精神卫生服务与护理的发展趋势

我国社区精神卫生服务与护理趋势具有多元化、专业化、综合化和人性化的特点。通过不断完善服务网络和改善服务质量，我国社区精神卫生服务将会提供更全面有效的服务。

1. 多层次服务网络建设　国家卫生健康委员会等七部门2019年发布的《关于加强和完善精神专科医疗服务的意见》中明确要求各级医疗卫生机构要提高精神疾病的诊治水平，推动社区精神卫生服务向县域医疗机构延伸，确保患者得到及时、规范的精神卫生服务。目前我国正致力于建设多层次的社区精神卫生服务网络，包括完善服务设施，提高基层医疗机构对患者的诊疗水平，以及建立跨部门、跨领域的综合性社区精神卫生服务体系等，以实现社区精神卫生服务的全覆盖。

2. 强化康复导向　康复导向护理是一种以康复为核心目标的护理模式，通过积极参与和个性化护理，帮助患者更好地适应生活改变，提高生活质量，增强自信心，帮助患者更好地融入社会，适应家庭。在康复导向护理中，护士通过全面评估患者的身心状态和康复需求，制订个性化的护理计划。

3. 建设社区心理健康中心　2016年国家卫生计生委和国家中医药管理局颁布的《关于进一步规范社区卫生服务管理和提升服务质量的指导意见》中提到未来社区要加强居民的心理健康服务，推动心理健康知识进社区，建立社区心理健康服务机制，促进心理健康服务与精神卫生服务相融合。

近年来，我国社区心理健康中心的建设和发展不断增加。社区心理健康中心建设的加强，不仅需要政府出台相关政策，还需要具有专业知识和丰富经验的专业团队，包括心理医生、心理咨询师和护士等。同时，社区还应加大宣传力度，增加资金投入，与医疗机构、社会组织和学术机构建立合作网络，持续加强人员培训和学习，确保心理健康中心设施齐全，服务质量优良高效。

4. 多学科团队合作　多学科团队合作是指由不同专业领域的专家和专业人员组成的团队，共同合作为患者提供综合性的医疗和护理服务。专业领域涵盖医学、护理、康复治疗、心理学、社会工作等，团队成员通过协作和信息共享，多角度、多方面综合考虑患者的健康需求，为患者提供全面、针对性的治疗和护理。

我国政府也非常重视多学科团队合作，并发布了相关政策来促进发展。国家卫生计生委2014年发布的《关于推进和规范医师多点执业的若干意见》鼓励医师多点执业，培养全科医生和多学科团队，推动医疗资源的合理分布和利用，提高基层医疗服务水平。

随着医疗体系的不断完善和社区精神卫生服务的推广，越来越多的医疗机构开始引入多学科团队合作。在精神卫生领域，特别是社区精神卫生护理中，多学科团队合作尤为重要。精神疾病往往涉及多个方面，需要综合考虑患者的生理、心理、社会和康复需求，多学科团队合作使得不同专业的专家能够共享信息和资源，共同参与患者的治疗，为患者提供全面连续的护理。

随着多学科团队合作模式的推广，会有越来越多的患者受益于个性化的精神卫生服务。

5. 科技应用和远程医疗 随着信息技术的普及，我国的社区精神卫生服务通过在线心理咨询平台、手机应用程序和远程诊疗技术，扩大了服务的覆盖范围，并提供了便捷的心理在线咨询，提高了社区卫生服务人员的工作效率，还在一定程度上改善了患者的医疗体验。随着技术的不断创新和完善，科技应用和远程医疗将继续为我国社区精神卫生服务的发展带来更多的机遇和发展。

6. 社区参与和自助支持 社区参与和自助支持在我国社区精神卫生服务中起着重要作用。通过建立社区支持网络、开展自助支持小组和康复培训活动等策略，不仅患者可以得到同伴和社区的支持，增强自我管理和康复能力，还可以提高我国精神卫生服务的效果和覆盖率。

二、社区精神障碍患者的特点和护理特点

（一）社区精神障碍患者的特点

1. 多发于青壮年和老年人群 社区精神障碍患者以青壮年和老年人居多。青壮年人群是社区精神障碍患者的主要人群，年龄通常在18～44岁。老年人也是社区精神障碍患者的另一高风险群体，老年人中约有15%的人存在精神障碍。

2. 多样性 社区中的精神障碍患者具有多样性，包括不同年龄、性别、职业和文化背景的人群，也包括各种类型的精神障碍，如抑郁症、焦虑症、精神分裂症、双相情感障碍等。社区精神障碍患者的病情轻重程度不一，医护人员需要制定个性化的治疗方案和康复计划以促进社区患者的康复。

3. 社会功能受损 社会功能受损是指个体在日常生活中执行和履行社会角色和功能时出现的障碍或困难。这种障碍可能由心理健康问题、精神障碍、躯体疾病或其他因素引起。通常，精神障碍患者常常伴随着社会功能受损，如自理能力下降、工作效率降低、社交困难和学习问题。因此，社区精神障碍患者需要综合性的康复服务，从而提高患者的社会功能，帮助患者更好地适应社会角色和功能，提高生活质量。

（二）社区精神障碍患者的护理特点

在为社区精神障碍患者护理时，应充分考虑患者的多样性和个性化需求，提供综合性和康复导向的护理服务，还应该加强与家庭和社区资源的整合合作，以实现患者的全面康复和社会融入。

1. 个性化护理 社区精神障碍患者具有多样性的特点，护士需要为患者制订个性化的护理计划。在制订护理计划时，需要针对不同类型精神障碍患者采取不同的护理措施，还应根据患者的症状和功能受损程度，为患者提供个性化的支持和康复护理。

2. 综合性护理 社区精神障碍患者通常面临不同方面的健康问题，如躯体健康、心理健康、社交技能和日常生活自理能力等。护士应为患者提供综合性的护理，涵盖药物治疗、心理治疗、社交技能培训、生活技能训练等多个方面，全面帮助患者康复。

3. 家庭支持的整合 社区精神障碍患者的康复需要家庭的支持和理解。护士应与患者家属密切合作，及时为患者家属提供健康知识和照护咨询等服务，帮助家属理解支持患者。并确保连续的支持和教育，改善患者的生活质量，帮助患者减轻焦虑，提高社会功能，为患者回归社会提供及时具体的支持和指导。

4. 康复导向护理 社区精神障碍患者的康复是一个持续复杂的过程，护士应采取康复导

向的护理策略，鼓励患者积极参与康复活动，提升患者的自我管理和应对能力，促进患者逐步恢复社会功能并融入社区生活。

5. 早期干预和预防　社区精神障碍患者的早期干预和预防非常重要，护士可以通过开展心理健康宣传活动，提高社区居民对精神健康问题的认识，促进早期发现和干预，降低患者病情恶化的风险，改善患者的预后，降低医疗成本，减轻社会负担。

三、社区精神卫生护理工作范围

社区精神卫生护理通过康复和管理措施来减少精神疾病的复发和残疾，提高患者的生活质量，涵盖了从早期干预到康复支持的全过程，精神科护士在社区的精神卫生护理中发挥着重要作用。

1. 评估　精神科护士对患者进行评估时需要收集患者的病史、症状、家庭背景等信息，还要对患者的心理状况、日常生活功能、社交能力等进行全面系统的评估。

2. 制订护理计划　精神科护士应与医生、心理治疗师等专业人员合作，采取综合性的、个性化的方法，按照患者的特定需求和具体情况制订个性化的护理计划。护理计划应包括患者的药物治疗方案、心理治疗目标、康复支持计划以及危机干预措施等。同时，护士还应考虑到患者的家庭支持和社区资源，确保护理计划的可行性和可持续性。

3. 药物管理　是确保患者按时、按量、按医嘱正确服药的过程，这对于精神障碍患者的康复至关重要。在社区精神卫生护理中，护士应做到科学的药物管理，确保患者按时服药，监测药物疗效和不良反应，并配合医生进行有效的药物记录。

4. 心理治疗和支持　护士在社区精神卫生护理中扮演着心理治疗师的角色。护士应耐心倾听患者，为患者提供及时有效的心理教育，并教授患者情绪管理技巧，并在危机时进行有效及时的干预。对于急性发病期患者，社区护士无法妥善处理应对时，建议及时转介心理治疗师或包括精神科医生、心理治疗师、社会工作者和职业治疗师等在内的多学科团队，对患者进行及时恰当的干预和处理，确保患者得到全方位的照顾和支持，转介后护士应继续跟进患者的治疗进展，与治疗团队保持沟通，确保治疗方案的落实，并根据需要进行后续护理和支持。

5. 康复支持　是帮助患者实现自我管理、提高生活质量和社会融入的过程。社区精神卫生护理强调康复导向护理，护士协同医生、心理治疗师等其他医疗团队成员一同帮助患者提高自我管理能力，为患者提供全面的康复支持，帮助患者重返社会。

6. 危机干预　社区精神科护士是患者康复过程中的一线护理人员，需要迅速、有效地应对患者可能出现的危机情况。确保患者和他人安全是危机干预的首要任务。发现患者出现危机迹象时，护士应对患者的情绪状态、行为表现、自杀意念或行为等立即进行评估。如果危机状况超出处理范围或无法有效应对，应立即寻求专科医生或心理治疗师的帮助，及时与医疗团队合作，制订有效的危机干预计划，并持续跟进患者的状况，确保患者得到连续性的支持和护理。

7. 家庭支持和社区教育　护士在社区精神卫生护理中承担宣传和健康教育的工作。护士应为患者及其家属提供持续的支持和健康教育，帮助家属了解患者病情，指导家属掌握正确的照顾支持方式。社区还可以通过开展健康宣教、海报展示等活动，提高社区居民对精神健康问题的认知，减少疾病歧视和偏见。

【学术拓展】

《"健康中国 2030"规划纲要》强调"加强对抑郁症、焦虑症等常见精神障碍和心理行为问题的干预"。当前极端情绪危机的干预方式主要为热线和心理门诊。近年来，随着互联网的普及和社交媒体的发展，危机干预也从现场转向网络，开发人机互动系统，如计算机化认知行为治疗（CCBT）平台，以计算机为载体为用户提供系统和结构化的认知行为治疗课程，为情绪危机人群进行干预已逐渐成为发展趋势。CCBT 是指以认知行为治疗原理为基础，依托计算机交互界面或小程序（APP），通过设计清晰化操作步骤，以动画、视频、漫画、声音和游戏等高度结构化的媒介方式来呈现认知行为治疗。CCBT 在治疗抑郁症、焦虑症、精神分裂症等精神疾病中效果显著，英格兰和威尔士等城市的卫生服务指南推荐将其作为治疗抑郁症的选择方案。目前国内的 CCBT 处于起步阶段，在开发 CCBT 程序和平台时主要参考国外的经验和成熟的网站模式。同时，国内的 CCBT 系统多针对用户的整体认知问题，个性化、针对性和趣味性有待增强。

第二节　精神障碍患者的社区康复及护理

一、精神康复的原则及内容

（一）精神康复的概念

康复（rehabilitation）一词最早源于拉丁语，1981 年世界卫生组织医疗康复专家委员会把康复定义为："应用各种有用的措施以减轻残疾的影响和使伤残者重返社会。"

精神康复（psychiatric rehabilitation）是康复医学的一个学科分支，是一个综合性的概念，旨在通过综合性的治疗、支持和培训，帮助患有精神健康问题的个体实现最佳的生活质量和功能水平。它涉及综合性评估、个性化治疗计划、药物治疗、心理治疗、职业康复、社会技能培训、家庭支持与教育、社区支持服务和复发预防等多方面内容。其总体目标是通过提供综合性的治疗、支持和培训，使个体能够更好地应对和管理他们的精神健康状况，从而最大限度地恢复正常生活。

（二）精神康复的原则

1. 关注患者偏好　精神康复是围绕着患者的目标、选择和偏好进行的，强调患者在疾病管理和康复过程中的主要作用。通过将个人目标纳入整体康复目标，并提供相应信息，让患者对可能的康复方案做出知情的选择。

2. 着重解决实际问题　精神康复工作者需要与患者找出最迫切要解决的问题，康复项目也旨在增强患者的能力，以面对和适应日常生活，大多数精神康复的目标都是以解决日常生活中的实际问题为重点。

3. 鼓励患者发挥自身优势　基于优势的哲学证明每个人拥有的独特能力和潜力，患者除了在某些方面有障碍之外，在其他方面有潜能去发展。

4. 降低社会隔离　应努力消除社会对精神健康问题的歧视和偏见，并促进患者的社会融入和参与。主张患者不需与社会隔离，也不需要在特定的环境中接受治疗或被限制于某些特定环境，有权利在社区中自由地生活。

5. 保持服务连续性　精神类疾病大多属于慢性病，持续的支持和关注是精神康复成功的关键。康复应同时关注症状的缓解、关注预防复发和提供长期的支持和服务。

6. 社区整合 精神康复遵循正常化、规范化原则，促进患者疾病自我管理和社区角色正常化。

7. 多学科团队方法 多学科团队以整体的方式提供康复帮助时效果最佳。

（三）精神康复的内容

精神康复根据时期可以分为急性期和慢性期精神康复，根据地点可以分为医院精神康复、社区精神康复等，不同时间、不同地点康复内容不同。下列精神康复的内容按照由急性至慢性，由医院至社区的顺序列出。

1. 制订出院计划

（1）实施出院前评估：①药物治疗；②日常生活活动能力；③精神健康连续性护理状况；④住所；⑤躯体健康护理进展状况；⑥特殊的教育经历、经济状况或其他需要。

（2）制订出院计划并记录：①评估患者对护理措施的反应，治疗的反应及进展；②精神卫生和躯体健康问题的后续跟进；③出院指导；④对患者所进行的用药方面的教育，食物及药物的相互作用，药物之间的相互作用和特别的饮食指导等内容；⑤出院前评估的结果。

（3）向患者及家属详细介绍出院计划。

2. 预防复发

（1）复发的原因：自行停药、减药是精神障碍复发的主要原因。

（2）预防复发的措施：为有效预防和避免复发，可采取以下措施。①患者和家属充分理解疾病的症状；②指导患者和家属适应疾病带来的长期问题；③指导患者和家属认识疾病复发的早期症状；④指导患者和家属认识到药物治疗的作用及服从药物治疗的重要性；⑤教育患者和家属识别药物副作用并及时处理；⑥提供有关处理疾病方法的信息，如压力应对的方法等。

3. 日常活动能力训练 患者因长期住院，或因患病后受疾病症状的困扰，往往失去自我照顾能力，生活技能退化。护士设置实际的生活技能训练内容，将患者一天的活动安排好，让他们在护士督促、指导下完成各种活动。

4. 社交技能训练

（1）社会角色技能训练：通常可以用情景设置或心理剧来完成这方面的训练。

（2）人际交往训练：患者在重返社会时往往难以立即适应各种角色，因此需要教会他们各种社交技巧，使其能够重新适应环境，养成习惯，真正融入社会。

5. 心理康复训练 针对自信心缺乏、难以应对压力的患者，采用个体和小组治疗相结合的方法，进行认知矫正，调整情绪，提高应对挫折的能力。

6. 文娱治疗 鼓励患者多参加各种娱乐活动，通过多种参与性、学习性和竞技性的活动使患者活跃起来能唤起患者的愉悦感和满足感，这种轻松愉快的气氛可稳定患者情绪，转移患者的敌意和攻击性，对缓解病情及促进康复十分有利。

7. 居住环境的安排 安全、舒适并且可以负担得起的住所对精神障碍患者来说极其重要。

8. 就业安排及工作能力训练 职业康复（vocational rehabilitation）是一种在西方较为成熟的心理社会治疗方法。许多精神康复项目通过帮助出院后症状稳定的精神障碍患者创造和提供工作，来帮助患者训练工作和社会技能，增强自信和自我认同，提升生活质量，较好地回归社会。

9. 学习行为技能 精神障碍患者会出现学习技能的下降，主要表现为注意力不集中，不能较长时间专注一件事情，不能坚持完成作业以及不能学习新知识、不易掌握新技能。训练的目的在于帮助住院患者学会处理、应对各种实际问题的技能。

二、精神障碍的社区康复

（一）社区精神卫生护理工作的范围

精神疾病的防治分为三个层次，不同层次的预防，护理工作的范围不同。

1. 一级预防中护理工作的范围

（1）健康教育：面向群众宣传精神卫生促进与保健知识，包括不同年龄阶段的精神卫生，应对压力技巧的培养等。

（2）咨询：提供多种咨询服务，包括健康人群的发展咨询、存在心理问题者的健康咨询，以及重点关注精神卫生知识的咨询，涵盖焦虑、抑郁、应对压力、情绪管理、人际关系等方面的具体内容，帮助个体了解心理健康问题、应对挑战，并提供相应支持和建议。

（3）促进精神健康的工作：对社区的服务对象做各种能促进精神健康的工作，如普通人群的精神卫生保健，特殊应激事件后的心理干预，社会及环境精神卫生。

（4）特殊预防工作消除或减少致病因素，提高人群的抗病能力，保护高危人群等。

2. 二级预防中护理工作的范围

（1）早期发现精神障碍患者：通过定期的精神健康筛查、社区居民的自我评估与报告、家访巡视及咨询等方式及早发现和识别精神障碍患者。

（2）及时帮助和护理患者：如及时进行危机干预、及时督促患者就医、及时提供必要的医学干预、防止各种可能的意外事件的发生。对部分患者帮助家属联系会诊、转诊。

（3）确认与精神健康有关的因素：收集影响精神健康并造成精神障碍的危险因素，及时报告有关人员。

3. 三级预防中护理工作的范围

（1）防止病残：尽可能使患者恢复心理和社会功能，预防疾病复发，减少功能残疾和并发症。

（2）康复护理：做好康复护理，使患者早日回归社会。康复护理工作的主要内容包括功能性或调整性的心理康复，各种康复场所患者的护理与训练，健康教育与咨询等。

（3）日常生活指导：指导和协助家属调整患者的生活环境，指导和协助家属为患者安排合适的日常生活内容。

（4）督促巩固和维持治疗：定期家访，指导和督促患者的药物治疗和其他非药物治疗的执行，解答问题和帮助解决实际问题。

（5）做好管理工作：对康复机构，如康复之家、庇护工厂、各种职业与技能训练场所进行管理，如制定各种制度、布置环境、安装设施等，维护机构正常运行，减轻国家和家庭负担。

（二）护理人员在社区精神卫生中的角色

护理人员在社区精神卫生中的角色与三级预防的工作范围见表17-1。

表 17-1 社区精神卫生护理人员的专业角色与三级预防的工作范围

机构	社区精神卫生护理人员的角色	所属三级预防的工作范围
以医院为基础	居家护理人员	三级预防
	出院准备服务小组	二、三级预防
	日间留院护理人员	三级预防
	社区精神科或心理卫生科的档案管理员或疾病管理师	二、三级预防

续表

机构	社区精神卫生护理人员的角色	所属三级预防的工作范围
以医院为基础	参与门诊或心理卫生医疗团队，协助自杀、家暴及强暴受害个案的处置	一、二级预防
以社区为基础	社区卫生服务中心公共卫生科护士	一至三级预防
	社区精神卫生中心的个案管理员或社工	以一级预防为主，也可涵盖二、三级预防
	社区康复中心、康复之家以及精神科护理之家的机构负责人（管理者）或个案管理护士或主管护士	三级预防

（三）社区精神卫生的服务内容

1. 精神卫生医疗服务

（1）住院服务：当患者不能照顾自己或由于精神病性症状对自己或他人构成威胁时，社区精神卫生中心需要设置少量住院床位，供患者短期住院。

（2）门诊服务：为病情稳定的患者进行动态评估、解答咨询、提供处方药物，并为社区居民的心理健康问题提供筛查和转诊，还应向不愿或不能来诊的患者提供外展服务。

（3）日间治疗：是部分住院的一种形式，介于门诊和住院服务之间。患者既可以接受充分的治疗和康复服务，也能不脱离社区生活。日间治疗可以在专设中心，也可以在患者家中。治疗内容包括药物治疗、心理治疗和各种技能训练。

2. 精神卫生保健和康复服务　针对社区所有居民，普及精神卫生知识、创造健康生活环境、提高个体心理健康水平，培养良好社会适应能力；针对高危人群进行早期识别和早期干预；针对患病的人群，提供精神卫生康复服务。

3. 精神卫生社会服务　提供社区精神障碍患者的监护和管理，在住房受教育及就业等各机会方面提供公共服务，为患者生活减少阻碍。并为患者的家庭提供心理支持、信息咨询，倡导公众减少对患者的歧视与偏见。

4. 个案管理　帮助个体或家庭实现自我发展和自我管理，以保护患者的权利，最大限度地为患者联系及协调多项不同的服务，以确保他们之间能互相合作而达到所需效果。个案管理中，每位患者均有一位管理者，负责评估患者的需要，提出方案及进行护理计划等工作。

（1）个案管理目标

1）有效使用社区资源，可以从不同的方面度量目标是否达到，如住院次数是否减少，使用日间医院及急诊服务是否减少等。

2）减少危机的出现。

3）加强日常生活的独立性。

4）增强工作能力。

5）加强社交网络，包括家庭、朋友及其他支持体系。

6）达到患者制定的目标。

（2）个案管理的核心活动

1）发现个案，主动帮助：能够及时发现有潜在问题的患者，及时告知其可获取服务的方法，确保患者能及时得到所需服务。

2）评估：全面评估患者各方面的需要，包括心理、情绪、经济、医疗、教育、工作、社交及居住等。

3）制订服务计划，提供相关服务：综合性服务计划指导所有个案管理的活动，其目标是帮助精神障碍患者成功地投入社区生活，这需要能够对患者准确地进行评估，并需要患者及其家属参与计划的制订与实施。

4）监督并评价服务系统：①确保计划是否达到目标；②提供有用的信息，不断评价服务计划。

5）权利保护：个案管理者的关键责任是确保患者的权利得到充分尊重和保护。他们应积极倡导患者参与决策，提供全面的信息，促使患者在治疗和康复过程中能够做出知情选择。此外，个案管理者还应持续监督服务质量，确保患者获得的服务符合最高标准，并积极应对任何可能影响患者利益的问题。

（3）个案管理护理路径：护理路径是为照顾一组同类型患者的需要而制订的标准护理计划，护理路径可作为个案管理的工具，以有效地组织、安排及布置各项服务工作。护理路径这种标准护理计划将医疗团队给予患者的所有护理措施组织协调成一体，详述医疗团队中每个成员在照顾患者时的责任、护理措施、服务时限和护理措施的预期效果，指导护士为患者实施护理措施。

5. 主动式社区治疗（assertive community treatment，ACT） 是目前在世界范围内广泛应用的社区精神疾病管理与治疗模式之一。主动式社区治疗强调通过多专业团队合作，为患者提供综合性的治疗、康复及支持服务，使患者得到恰当的社区照顾，从而减少再入院的机会。

（四）精神障碍患者的社区护理措施

为了使精神障碍患者能在社区内正常生活，需要医护人员、患者及患者家属共同努力。作为护理人员应做好以下几方面：

1. 日常生活护理 协助患者合理安排日常生活。针对社区患者进行评估后，根据患者的实际情况，与医生、患者及患者家属共同制订个体化的治疗康复计划，包括定期家访、督导执行、评估疗效，并适时调整改进。

2. 安排康复场所 应安排患者进入中途宿舍、康复之家或庇护工厂之类的康复场所接受康复治疗，使其平稳过渡到正常的社区生活。

3. 指导社会功能康复 包括生活技能训练、职业技能训练、人际交往训练、应对应激技能训练、认知技能训练等。

4. 对特殊精神症状的护理 特殊精神症状主要包括幻觉、妄想、兴奋躁动、自杀等可能危害自身或他人安全的症状。基层医疗卫生机构要按照国家基本公共卫生服务规范要求为辖区内严重精神障碍患者建立健康档案。对于急性期和病情不稳定的患者，基层医疗卫生机构要及时转诊到精神卫生专业机构进行规范治疗，病情稳定后回到社区继续接受治疗和进行精神康复。

5. 健康教育 健康教育有助于提高患者对自身健康状况和治疗计划的认识，促进他们更好地管理精神健康问题，包括：①疾病认知教育；②治疗方案教育；③药物管理教育；④生活方式管理；⑤心理健康教育；⑥康复和社交支持；⑦家庭成员和照顾者教育；⑧自我监测技巧。

6. 对家庭的护理 ①对家属的健康教育；②定期家访；③构建并利用支持系统。

三、精神障碍的社区康复护理

（一）概述

社区精神康复旨在对本社区精神障碍患者提供终生服务，要做到“个体化、整体化、长期化”。社区精神障碍的康复工作应该结合每个患者的特点，制订合适的康复计划和措施；而对整个社区的精神障碍患者，应有整体的管理规划，组织和协调相关部门的力量，进行宏观调控；无论是个人服务还是整个社区康复规划，都应该是长期可持续的，尽管相关工作可以分阶段进行。

时间长廊

精神康复社会工作的概念和实践起源于欧美，20世纪50年代初，美国开始推行精神康复社会工作服务，以提高精神病患者的生活质量和社会适应能力为主要目标。

到了20世纪70年代，英国的精神康复社会工作也开始崛起。同时，世界卫生组织也相继在这一时期颁布了《精神障碍诊断与统计手册》等文件，推动了精神康复社会工作在国际上的发展和应用。

在中国，精神康复社会工作的历程从20世纪80年代开始。当时我国政府开始逐步把精神卫生工作的重心从集中医疗转移到社区卫生服务中心，并相应地开展了精神康复社会工作，例如，举办讲座普及相关知识、为精神障碍患者及其家属提供心理辅导、社会工作训练、康复住宿服务、社会支持网络建设等。到了21世纪，精神卫生法的颁布也为精神康复社会工作的规范化提供了法律保障。

（二）精神障碍社区康复的目的

1. 预防精神残疾的发生　早期发现患者并及时充分的治疗，结合全面康复措施，达到最好的治疗效果，使患者达到治愈和缓解，巩固疗效，防止复发，防止精神残疾的发生。

2. 尽量减轻精神残疾程度　对难治愈的患者，要尽可能防止精神衰退。对已出现精神残疾的患者，应设法逐步恢复患者的生活自理能力，减轻精神残疾程度。

3. 提高社会适应能力，恢复劳动能力　通过康复训练增强患者的情绪控制，最大限度地恢复其社会适应能力，使患者具有正常生活和工作的能力，使其尚存的能力得以充分发挥。

（三）精神障碍社区康复护理的服务原则

1. 功能训练应贯穿全程　早期功能训练能有效预防残疾的发生、发展及继发，后期功能训练能最大限度地保存并恢复机体的功能。

2. 注重与实际生活相结合　康复护理训练应注重实用性，将训练内容与日常生活活动相结合，帮助患者最大程度恢复自理，最终实现“自我康复护理”。

3. 重视心理康复　要注意观察患者的情绪变化，引导他们接受现实，通过积极的康复训练发挥残存功能，使其具备回归社会的能力，最大程度适应现在的生活，更好地融入社会。

4. 提倡协作精神　良好的协作关系是帮助患者取得最大康复疗效的关键，社区护士和康复团队的其他成员保持良好的协作关系。

（四）精神障碍社区康复护理的基本内容

1. 开展社区康复护理现状调查　社区护士应在社区范围进行调查，了解社区康复资源、康复护理对象数量、分布及康复护理需求，并做好登记，为社区康复计划的制订提供依据。

2. 指导和实施各种康复训练　有效的康复训练，如生活自理能力训练、社会交往技能训练、学习行为训练、职业技能训练、工娱活动训练等，可以为患者提供所需的支持，提高其社会与家庭的适应能力，改善生活质量。

3. 给予良好的心理支持　主要通过心理咨询和心理治疗实施。

4. 开展家庭康复　通过患者及其家庭情况评估，与家属一同制订和实施康复计划。主要帮助家属认识患者目前存在的问题和解决问题的方法，传授相关知识，在家庭中为患者康复创造条件。

5. 用药指导 针对不同患者采取不同方法避免患者藏药、扔药现象的发生，需注意观察用药的反应，在医师的指导下，适时调整服药剂量，使药物既显效明显，副作用又降到最低限度。

6. 协助社区康复转介服务 在康复服务的过程中，康复对象需求的多样性、康复诊断的复杂性及康复对象参与社会活动的全面性，决定了康复目标的实现需要社区内外多部门和多专业的横向及纵向转介。

知识拓展

WHO将康复的主要途径分为三类，分别是机构康复、上门康复服务和社区康复。①机构康复：包括综合医院中的康复医学科（部）、康复门诊、专科康复门诊及康复医院（中心）、专科医院（中心）以及特殊的康复机构等。有较完善的康复设备，有经过正规训练的专业人员，工种齐全，有较高专业技术水平，能解决病、伤、残者各种康复问题。②上门康复服务：康复人员到病、伤、残者家庭或社区进行康复服务，但服务数量和内容均有一定限制。③社区康复：依靠社区资源（人、财、物、技术）为本社区病、伤、残者就地服务，强调社区、家庭和个人的共同参与，以全面康复为目标，促进病、伤、残人员回归家庭和社会。

第三节 精神障碍患者的家庭护理

一、概 述

家庭是个体接触最密切、最长久的群体，是患者支持系统最主要的来源之一，稳定和睦的家庭气氛是患者康复的基础，而作为患者照料者的家庭成员的心理素质状况、护理技巧的好坏是提供良好支持的重要条件。家庭护理是以家庭系统为单位，把家庭看成一个整体，并在特殊环境中进行心理治疗、康复治疗及护理的过程。其具体做法是借助家庭内沟通与互动方式的改变，以护理人员为主体，直接实施和指导，协助患者家属实施对患者的护理，以帮助患者能更好地适应其生存空间。

二、家庭评估

家庭护理评估是为确定家庭健康问题而收集主、客观资料的过程。包括家庭成员的个人评估、健康状态、生活方式、家庭的结构与功能、家庭发展阶段及其发展任务、家庭健康需求及心理社会变化的评估。

（一）对患者的评估

1. 一般资料与健康史 患者的一般人口学资料、文化背景、工作经历、个人爱好、宗教信仰等；曾患有哪些急性或慢性躯体疾病；精神疾病病史等。

2. 生理功能 包括生命体征、营养状况、排泄情况、饮食睡眠情况、日常活动状况、意识状况、躯体功能状况、服药情况等。

3. 心理功能

（1）感知觉：有无感觉过敏和减退，错觉、幻觉及感知综合障碍等。

（2）思维：有无思维联想、连贯性、逻辑和思维内容等方面的障碍。

（3）情感：有无焦虑、抑郁、恐惧、喜怒无常、情绪不稳、易激惹或淡漠迟钝等异常情绪。

（4）认知功能：有无主、被动注意障碍，有无记忆和智能损害。

（5）意志和行为：有无病理性意志增强与减退，有无怪异行为、有无刻板、仪式化或强迫行为，有无攻击冲动、自杀自伤行为，有无对立违拗或品行问题等。

（6）自知力：对自身疾病有无认识能力，是否愿意接受治疗。

4. 社会功能

（1）生活自理能力：有无穿衣、吃饭、洗澡障碍，大小便不能自理等。

（2）环境的适应能力和学习、工作能力：①有无现存和潜在的学习或工作困难。②语言能力：有无语言交流和表达障碍，如有，程度如何。③自我控制与自我保护能力：有无现存或潜在的自我控制力、自我防卫能力下降而出现伤害别人或被别人伤害的危险，对压力的应对能力如何。④社交活动：有无人际交往障碍，是否合群，是否主动与人交往，有无社会退缩行为等。

（二）对家庭的评估

1. 家庭结构　家庭结构是否健全，每一个家庭成员在家庭中的位置、角色、承担的责任与权利，家庭系统运转的规则和价值观等。

2. 家庭功能　家庭功能是否健全，能否提供患者生存、成长等生理、心理、社会方面的基本需要。

3. 家庭环境　家庭的情感气氛如何，是否属于高情感表达家庭；家属对疾病的态度如何，有无误解和偏见；家属对疾病的治疗、护理计划的态度如何，有无无法实施既定的治疗方案的可能性存在；是否有不恰当的家庭养育方式；有无现存的或潜在的家庭矛盾和危机；家庭是否具有观察病情及预测病态行为的能力。

4. 家庭成员的精神健康水平　家庭成员的精神健康水平如何。

（三）评估工具和领域

1. 全面的家庭评估量表　家庭评估目的是收集与家庭健康、心理健康和社会功能相关的所有相关数据，以确定护士可以对此做出护理诊断。护士在长期照顾患者及其家属时，应当进行全面的家庭评估。可使用家庭评估问卷（表 17-2）进行评估。

表 17-2　家庭评估问卷

Ⅰ. 家庭成员		
姓名________	年龄________	关系________
________	________	________
Ⅱ. 身体健康状态		
成员________	疾病和目前的治疗________	
Ⅲ. 心理健康状态		
成员________	疾病和目前的治疗________	
Ⅳ. 精神疾病对家庭功能的影响		
描述由家庭成员的失调引起家庭发生的变化：________		

续表

Ⅴ. 家庭生活周期 描述家庭生命周期阶段和正在发生的任何转变：
Ⅵ. 沟通模式 根据通常的沟通时间（上午、晚餐等）来描述家庭的沟通模式，哪个家庭成员互相交谈，谁传达家庭规则，谁执行纪律。识别三角形消息。
Ⅶ. 应力和应对 确定当前的家庭压力事件和家庭应对机制。
Ⅷ. 解决问题技巧 确定是谁来解决家庭中的问题，家庭解决问题的能力能够解决大多数家庭问题吗？
Ⅸ. 家庭系统（从基因图来看） 家庭构成 健康和疾病模式 关系模式 社会功能模式 财务和法律地位 正式和非正式网络
Ⅹ. 护理诊断

2. 家系图（family genogram） 是以家谱的形式展示家庭结构和关系、家庭人口学信息、家庭生活事件、健康问题等家庭信息的图。根据家系图社区护士和其他医务人员能够迅速评估家庭基本情况、家庭成员构成、判断危及家庭健康的问题和家庭高危人员等。

3. 社会支持度 体现以服务对象为中心的家庭内、外的相互作用。连线表示两者间有联系，双线表示关系密切。社会支持度图有助于社区护士较完整地认识家庭目前的社会关系以及可利用的资源。

4. 家庭负担 家庭负担严重影响精神障碍患者及家庭成员的生活质量，是家庭评估的重要内容（表 17-3）。

表 17-3 家庭的主观及客观负担

主观负担	客观负担
●对未来的担心程度 ●因为家庭成员生病导致的忧虑 ●对要为生病的家庭成员提供照顾不满 ●感觉到的负担的程度 ●家庭成员感受到的患者下列行为的程度：苛求、不可理喻、操纵 ●情感影响：和患者的关系压力、家庭生活紧张程度 ●感到抑郁或焦虑 ●无望的程度 ●担心家庭成员的安全	●帮助患者处理日常生活需要的时间 ●监护患者需要的时间 ●照顾患者的实际工作强度 ●对家庭的影响，如经济损失、对健康、孩子和家庭日常生活的影响 ●照顾生病的家庭成员的任务 ●照顾者生活被打乱：时间、自己的工作、家庭琐事

三、家庭干预

（一）干预方式

1. 家庭访视（home visit） 是指在服务对象家庭里，为了维持和促进健康而对服务对象所提供的有目的的护理服务活动，是家庭护理的重要工作方法，是为服务对象提供的主要服务形式。社区护士通过访视服务对象的家庭，能了解和发现服务对象的潜在或现存的健康问题，掌握服务对象的家庭现状，了解服务对象的家庭环境、家庭结构、家庭功能和家庭成员的健康状况，为服务对象及其家庭提供全面的医疗服务，以帮助服务对象早日康复，维护和促进服务对象的家庭健康。

家庭访视综合评估中应包含的部分，一般必须在前两次家访时完成：

（1）家访对象对自身问题的看法以及需要哪些协助。

（2）家访对象的优势和个人习惯的信息。

（3）健康史，最近的变化，支持系统，生命体征，目前的药物，家访对象对药物的理解和药物治疗依从性，营养和排泄评估。

（4）日常生活活动能力（ADL）评估。

（5）物质滥用情况评估。

（6）神经系统评价。

（7）精神状态检查。

（8）对谚语（箴言）的理解。

（9）功能大体评定（GAF）量表评分。

2. 家庭治疗 主要包括三个阶段，即最初接触、治疗阶段和终止阶段。精神科护士通常也承担家庭治疗师的职责。

（1）最初接触：在初始的会面期间，治疗师必须评估及综合所有家属提供的信息，从而确立目标并制订计划及措施。

（2）治疗阶段：治疗阶段的目标是帮助家庭接受并适应家庭的变故。在此阶段，治疗师、患者和家属共同参与，一般每周 1 次，每次约 1 小时。

（3）终止阶段：如果家属已完成目标，并解决了存在的问题，便可适当地进入终止阶段。

3. 心理健康教育 有多种目的和功能，其中最重要的功能是传达信息、发展技能，其他功能包括：

（1）情感的宣泄和支持：新近被诊断为精神障碍的患者需要时间接受疾病，而家属亦需要处理自己的情绪，这对家庭和患者都是生活的巨大变化及危机。

（2）发展支持性网络体系：通过与同类疾病的患者和家属进行讨论，家属可以听到其他类似家庭的情况，同样的经历及感受可消除其孤独感，而共同讨论他们所面临的具体问题及解决方式，可增加彼此的了解及信任，以发展成一个相互支持的网络体系。

（3）分享信息：在心理健康教育中，小组成员可相互讨论疾病的知识及其处理方法，分享患者在社区的功能状态，有效或无效的应对方法，患者对药物或其他治疗的反应等信息。

（4）技能训练：心理健康教育需教授各种各样的生活技巧，常用的技巧包括自我表达训练、解决问题的技巧、日常生活的技巧、认知训练、沟通技巧、压力应对技巧。

（5）加强与社区的联系及资源的应用：有患者的家庭常感到被他人歧视而产生烦恼、内疚及羞耻感，家庭小组及工作培训场所可向家庭提供交流心得的机会，以减少家庭的隔离感，并帮助解决家庭遇到的实际问题。

（6）疾病症状的监测和自我照顾：患者和家庭学习如何认识精神障碍的病征，以便识别早期或先兆期的症状，以采取行动，防止病情恶化。

（7）健康教育：有效的健康教育是维持健康的关键，患者应意识到适当休息、饮食、运动及维持健康等方法的重要性。

（二）主要护理内容与措施

1. 日常生活的护理

（1）基本日常生活：督促或协助患者做好个人卫生；保证患者的进食量，注意营养搭配；为患者创造良好的睡眠环境，合理安排休息时间，按时起床。

（2）居室布置：患者的居室布置要力求安全、安静、简洁、大方。病情稳定，无攻击行为的患者，最好同亲人住在一起；室内不放可能造成自伤或伤人的危险品。

（3）安全防范：患者的行为受精神症状影响，所以必须注意安全防范，特别对有自杀自伤、伤人毁物倾向者应进行 24 小时不间断监护。

2. 用药的护理 药物维持治疗是预防某些重性精神疾病，如精神分裂症、情感障碍等复发的主要措施之一。长期服药会给患者的生活带来诸多不便，患者大多不愿意服药。因此，要教会家属有关药物治疗的知识，做好健康宣教工作，提高患者服药的依从性。遇到特殊情况，应及时求得医生的帮助。

3. 特殊症状的护理 对部分精神障碍患者而言，日常生活中经常行为异常，护理人员和家属不能以讽刺、讥笑和歧视的态度对待，否则，患者会产生伤感甚至厌世的念头和行为。

4. 心理护理 医护人员及家属要掌握一些基本的心理疏导方法，帮助患者克服心理危机。

（1）尊重、关心患者。

（2）给予表达情感的机会。

（3）教会一些处置的技巧，如学会自我解脱，正确处理负面情绪，树立正确的人生观和生活态度。

（4）鼓励参加社交活动。

5. 观察病情 是家庭监护的重要内容。注意以下几点，有助于正确判断病情：了解患者对疾病的认识情况，睡眠的情况，情绪状况，生活、工作、学习情况，精神症状复现情况，躯体不适情况。

6. 意外事件的紧急处理 部分患者的冲动、消极意念和行动是突如其来的。还有的患者会企图隐瞒，采取周密的、有计划的行动，意外事件难以避免。因此，家人还应了解意外事件的急救和处理技术。遇有意外事件时，通知急救站或附近医院或打 120 并迅速进行现场抢救。

（1）自缢是较为常见的意外事件。一旦发现，应立即抱住患者的身体向上托举，迅速解脱绳套，顺势将患者轻轻放下平卧于地，解开领扣和裤带，立即检查脉搏和呼吸情况。若呼吸、心跳微弱或已停止，应立即就地抢救，进行人工呼吸和心脏外按压。

（2）外伤：当发现患者外伤出血时，要检查出血的部位和种类，迅速采取止血措施后送医院进一步处理。

（3）吞食异物：发现此种情况时，安抚患者情绪，了解异物的种类，检查口腔和咽部有无外伤，异物是否卡在咽喉部。

（4）服毒：精神障碍患者服毒多为蓄意自杀，清醒的患者可进行催吐，并立即送患者到就近医院抢救，进行洗胃、解毒等处理。

7. 健康教育　通过多种方式，向患者及其家属提供一些有利于疾病康复的知识，消除他们对疾病的某些偏见与误解，使他们对治疗的态度从单纯的被动变为主动参与。

（三）照顾者的教育和服务内容

1. 症状的观察与管理　照顾者需要了解患者的症状、病因、诊断标准以及可能的治疗方法，观察患者的症状变化，并了解如何应对不同的症状表现，同时需要密切监测患者的症状和行为变化，以便及时发现任何异常或复发的迹象。

2. 药物管理　照顾者不仅要掌握常用于治疗精神障碍的药物知识，还要熟悉如何正确管理患者的药物治疗。确保患者按时、按量服用医生开具的药物，监督和管理药物的使用，避免漏服或过量使用，同时注意记录药物的副作用和效果。

3. 日常生活照料　照顾者需要对患者提供日常生活的照料，促进患者规律地生活，帮助患者建立和维持规律的生活节奏，包括规律作息、定时用餐、适量锻炼等，帮助其维持身心健康。

4. 应对危机　照顾者应该了解如何应对患者可能出现的危机和紧急情况，包括自伤行为、暴力行为等，学习正确的应急处理措施，并及时寻求专业帮助。

5. 提供心理支持　作为照顾者，应培养良好的沟通技巧，学习如何有效地与患者交流，倾听他们的感受和需求，理解他们的处境，并提供心理上的支持和理解，鼓励患者表达感受，倾听他们的需求，并尽量减少引发紧张和焦虑的因素。

6. 帮助社交　鼓励患者参与社交活动，促进与家人和朋友的互动，帮助患者减少孤独感和社交隔离。

7. 关注自身健康　照顾者要注意自己的身心健康，避免过度疲劳和情绪压力，寻求社会支持和心理辅导，确保自己能够持续为患者提供有效的照顾。

8. 教育和培训　首先，照顾者要了解精神障碍患者的康复过程，掌握如何帮助患者建立积极的康复目标，并学习自我管理技巧，包括应对压力、情绪调节等。其次，要不断学习关于精神障碍的知识和家庭护理技巧，以提高自身的护理水平。最后，照顾期间要与专业医疗团队密切合作，及时与医生、心理医生或康复专家沟通，获取专业的治疗建议和指导。

思　考　题

1. 精神障碍患者康复的原则是什么？
2. 精神障碍患者的医院康复和社区康复有何异同？
3. 抑郁症患者的家庭护理程序如何展开？

（杨冰香）

第十八章　精神科护理模拟教学案例及专科操作技术

学习目标

知识目标：通过系统学习和模拟精神科护理场景，能掌握各类精神疾病临床表现、护理措施及治疗性沟通技巧，有效建立治疗关系。

能力目标：通过将所掌握的理论知识和常见的精神科护理技术运用于实践，能够进行症状评估、沟通、药物和情绪管理、约束和危机干预。

素质目标：通过树立为患者提供贴心护理的信念，能够尊重理解患者，融入人文关怀，持续提升护理质量。

思维导图

思维导图请扫封底二维码。

情景导入及思考

谭某，女，18岁，高三学生。因“情绪低落、睡眠差、有消极自杀观念2周”入院。半年前遭遇校园暴力，4个月前起精神状态异常，表现为：上学住校期间时常晚上跟父母说自己不想活了，被父母接回家后暂未发现消极行为，近1周无法正常学习，兴趣缺失，情绪低落，时常低头落泪，整晚彻夜不眠，家人觉其异常，遂送至某精神卫生中心门诊就诊，门诊以“情绪障碍”收治入院。患者起病以来，饮食不规律，早醒，生活基本自理。无冲动、毁物、伤人行为，但存在消极言语。昨晚患者出院，利用上周外出机会购买的折叠式小剪刀躲在卫生间伺机割腕，后被及时发现阻止。目前情绪不稳，感到痛苦、绝望、紧张和不安，孤立感加重。

思考：

1. 患者存在哪些精神症状？
2. 如何针对该患者采取与危机及自杀干预有关的治疗性沟通技巧？
3. 针对该患者应该如何实施自杀危机干预？

第一节　精神科护理模拟教学案例

一、精神分裂症模拟教学案例

（一）名称

精神分裂症患者冲动与暴力行为的护理。

（二）目标

1. 恰当实施精神障碍患者的药物管理，向患者解释服药的目的、作用和必要性以及副作用的处理。

2. 在患者易激惹的情境下，恰当地运用治疗性沟通技巧预防冲动行为。

3. 识别患者的冲动与暴力先兆。

4. 针对患者的冲动行为，实施干预。

（三）流程

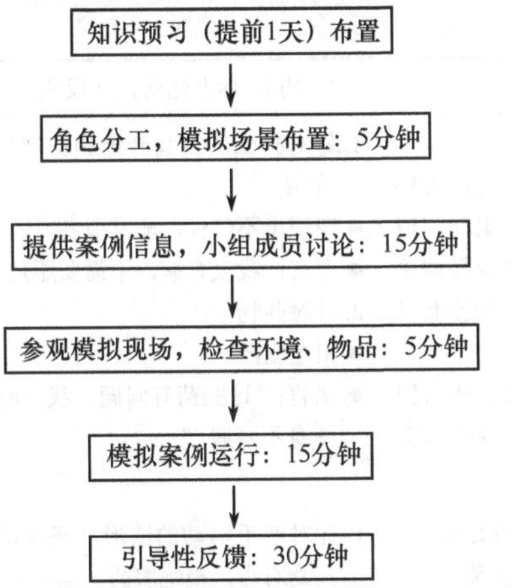

（四）准备

1. 阅读教材中的相关章节：精神分裂症的临床表现；精神分裂症患者暴力行为的防范与护理。

2. 复习治疗性沟通技巧的运用。

3. 复习药物管理相关知识以及抗精神病药的作用、副作用及处理。

4. 小组成员明确分工，确定模拟教学中各自的角色与任务。

（五）情景布置

1. 学生角色　1名责任护士、1名辅助护士、1名记录员、3～4名观察员。

2. 协助者（模拟实验室人员、学生或标准化病人）　病房医师。

3. 情景场所　精神科病房。

4. 标准化病人的准备　标准化病人，右手腕部戴上红色手腕带。

5. 所需用物　一般性防护设备，一次性口罩，治疗盘，听诊器，体温计，血压计，注射器，用于肌内注射的臀部模块，精神科专用的保护性约束带，装水的塑料水杯（置于床旁桌），床头卡，病历，各类化验单，记录纸，笔等。

6. 所需药物　氟哌啶醇、东莨菪碱。

7. 需要的设备和道具或标准病人外观　病员服。

（六）案例信息（模拟案例运行前15分钟提供）

1. 患者信息　患者，刘某，女，34岁，未婚，高中学历。因“无故发笑、自言自语、疑人害、冲动伤人2周”入院。

5年前首次被诊断为精神分裂症，在接受利培酮、舒必利等药物治疗后短暂好转。随后，因症状复发，曾2次再入院接受氯丙嗪等药物治疗。患者于2周前因觉得邻居在议论自己，想害自己，而砸了别人的抽油烟机，动手打邻居。患者主诉周围人的反应都是好像知道她是精神病，都用不好的眼神看她，知道她内心的想法。经常出现命令性幻听，导致焦虑和失眠。

入院 3 天以来，患者睡眠，食欲，排泄尚可，易疲倦，因药物副作用，双手颤动较为厉害。

2. 模拟情景 现在是上午 10:30。患者因为吃药后出现双手颤动，在集体服药时抗拒服药，护士前往病室给药并督促服药。在这一过程中，两位护士要运用恰当的沟通技巧向患者解释服药的目的、作用和必要性，预防并处理患者突发的冲动伤人情形。

（七）案例运行

时间分配	标准化病人情感及行为	病人/标准化病人（反应）	学生干预
0～3 分钟	初始状态： 1. 患者出现命令性幻听，表现为焦虑和恐惧，不断抠手、走动，情绪不稳，姿势紧张，缺少眼神接触；接触被动，回答问题难以切题 2. 对涉及药物的话题敏感，认为护士受人指使要伤害她，保持高度警惕	1. 针对护士的自我介绍和护理目的介绍 ● 表现出不信任，非常戒备 ● 语言：我没有病，不需要服药 2. 针对药物 ● 拒绝服药 ● 语言："这些药有问题，我一吃就浑身不舒服。"	1. 洗手，问候患者，核对患者身份信息 2. 自我介绍，介绍护理目的 3. 核对医嘱 4. 发放口服药，督促服药 5. 针对患者的戒备与怀疑做出恰当的反应 6. 向患者解释其双手颤动的原因，解释药物的作用及服药的必要性
4～6 分钟	患者在命令性幻听的声音的支配下： 1. 表现出环境警觉，不断张望 2. 嘴里念念有词，坚信护士企图伤害她，表现出敌意 3. 情绪激动，出现暴力先兆：走动加快，语调高亢，挥舞手臂等	1. 针对双手颤动的情形，坚持认为药物有毒，拒绝服药 ● 语言："（凑近药杯看了一眼）今天的药跟昨天的不一样，你们还变着法整我？" 2. 表露出妄想内容，认为护士是由坏人派来的 ● 语言："你是王小明派来的吧？"	1. 针对患者对药物的质疑，再次核对医嘱确认药物准确无误并澄清 2. 当患者情绪激动时，使用治疗性沟通技巧，保持放松的姿势，避免激怒患者，选择利于保护自己的位置准备呼救 3. 密切观察患者，识别冲动及暴力先兆，做好处理预案
7～11 分钟	1. 不听劝解 2. 患者突然扔掉药杯 3. 出现冲动行为：试图打一名护士 4. 约束过程中不停挣扎	● 语言："我就知道你们是王小明派来的，合伙起来害我。"	1. 寻求帮助，呼叫医生和其他工作人员 2. 医生给出口头医嘱（氟哌啶醇，5mg，肌内注射，立即执行）后复述核实医嘱后执行 3. 合理分工，实施保护性约束和隔离
12～15 分钟	患者用药 12 小时后出现急性肌张力障碍的表现：颈部肌张力增高，头偏向左侧	1. 患者要求解除约束 ● 语言："护士，我很难受，帮我解开吧。" 2. 患者要求喝水 ● 语言："护士，我好渴，我要喝水。"	1. 向医生汇报患者出现的急性肌张力障碍的情形 2. 医生开出医嘱后（东莨菪碱，0.3mg，肌内注射，立即执行）正确执行 3. 向患者解释约束的原因，持续时间 4. 在保护性约束及隔离的过程中，观察并记录，持续评估患者的状况 5. 当患者要求解除约束时，安抚患者 6. 保证患者安全的情况下满足其喝水的需求

备注：当学生未提供相应的干预措施时，标准化病人给予提示。

（八）引导性反馈

1. 疾病相关内容讨论：急性精神病性症状的表现有哪些？重点讨论命令性幻听和被害妄想。

2. 临床判断：哪些因素会触发患者的冲动反应？

3. 安全：如何选择站立位置以确保自身安全？在突发状况下如何保护自己、迅速离开并寻求帮助？

4. 药物管理：向患者解释药物的作用及服用的必要性，如何处理药物副作用（锥体外系副反应）？

5. 沟通：①如何使用同理心传达同理、真诚与接纳；②如何在沟通时做到：温和、冷静，避免刺激性言语，满足患者合理要求；③在突发状况时，如何使用语言和非语言行为使自己显得镇静，避免防御性反应和激怒患者。

6. 冲动及暴力管理：处理原则有哪些？保护性约束的注意事项有哪些？

7. 开放性问题：你对这次的模拟活动感觉怎么样？你从这次模拟练习中学到了什么？

二、抑郁症护理模拟教学案例

（一）名称

重度抑郁症患者的自杀危机干预。

（二）目标

1. 运用与自杀危机干预有关的治疗性沟通技巧实施护理。

2. 对患者进行自杀风险评估。

3. 采取安全管理措施，消除危险因素，确保患者安全。

4. 根据危机干预模型对患者提供护理。

（三）流程

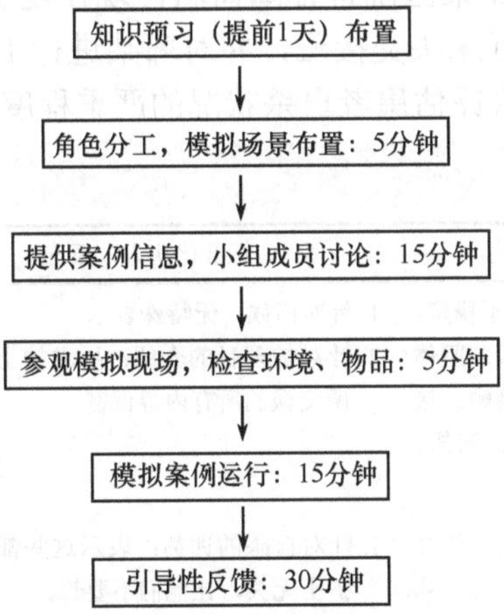

（四）准备

1. 复习教材中关于重度抑郁症的临床表现，复习饮食失调的促发因素。

2. 阅读教材中自杀和危机干预的章节，如自杀的危险因素和风险评估、危机干预的过程、重度抑郁症临床表现、护理等。

3. 复习治疗性沟通技巧。

4. 小组成员明确分工，确定模拟教学中各自的角色与任务。

（五）情景布置

1. 学生角色　1 名责任护士、1 名辅助护士、1 名记录员、3～4 名观察员。

2. 协助者（模拟实验室人员、学生或标准化病人）　无。

3. 情景场所 精神科病房。

4. 标准化病人的准备 标准化病人，右手腕部戴上红色手腕带。

5. 所需用物 一般性防护设备，一次性口罩，治疗盘，听诊器，体温计，血压计，医嘱中口服药物，水杯（置于床旁桌），床头卡，病历，各类化验单，记录纸，笔等。

6. 所需药物 盐酸舍曲林（左洛复），100mg，每日1次，口服；托吡酯（妥泰），50mg，每日2次，口服。

7. 需要的设备和道具或标准病人外观 在护士的督促下洗澡之后较为整洁和清爽；但是佩戴一较为尖锐的发卡。

（六）案例信息（模拟案例运行前15分钟提供）

1. 患者信息 患者，郭某，女，42岁，离异，高中学历，无业。因"情绪低落、睡眠差、有消极自杀观念2周"入院。

患者2年前离婚后因前夫债务问题于3个月前逐渐出现精神异常，表现为经常夜间联系父母，表达不想活的念头，已购买安眠药并要求家人照顾好儿子，尽管未采取消极行动。近1周无法正常工作，兴趣缺失，情绪低落，常流泪，整晚彻夜不眠。家人觉其异常，遂送至某精神卫生中心门诊就诊，门诊以"情绪障碍"收治入院。患者起病以来，饮食不规律，早醒，但能基本自理，无冲动、毁物、伤人、外跑等表现，一直存在消极言语。昨晚患者利用上周外出机会购买的折叠式小剪刀躲在卫生间伺机割腕，后被及时发现阻止。目前情感不稳定，存在较多负面情绪。

2. 模拟情景 患者目前住在某医院抑郁障碍科，现在是上午8:00。责任护士及昨晚阻止郭某自杀行为的辅助护士在进行床头交接班，并对郭某进行15分钟以内的干预；郭某对这两个护士均较为熟悉。两位护士将评估患者自杀状况的严重程度并提供初步的自杀危机干预。

（七）案例运行

时间分配	标准化病人情感及行为	病人/标准化病人（反应）	学生干预
0～1分钟	初始状态：患者情绪低落、不稳定。言语较少，双手交叉捏紧，躯体呈紧张姿态，缺少眼神接触；接触被动，回答问题缓慢、简短，信息量少	1. 针对问候：无特殊表示 2. 针对护理目的介绍：要求护士对所交谈的所有内容保密	1. 问候患者 2. 介绍此次护理目的 3. 实施晨间护理，尤其是安全检查
2～5分钟	交谈过程中较为被动，谈及过往经历时出现抽泣、落泪	1. 针对自杀的评估：表示这些都与护士无关，让他们不要管 若护士展现出同理等恰当的沟通技巧，则透露自杀意念和自杀计划	1. 评估自杀意念 2. 评估有无自杀计划 3. 评估自杀计划的具体细节
5～10分钟	逐步开始透露自身信息，较为合作 1. 诉说："发生昨天那件事情之后，我现在很混乱，感觉活着很糟糕，你们是不是认为我不值得活下去？" 2. 诉说：称自己头脑变得迟钝，称老公有赌博恶习，但自己一直浑然不知，与老公离婚后被高利贷追债，情绪低落，谈话时不停双手掩面痛哭，称都是自己的错，生活压抑，入睡困难，做事没劲，没食欲，觉得别人用异样眼光看自己，自己是失败者，是家里人的累赘，对不起父母和儿子。觉得活着没有意义，担心别人嘲笑她的过去，觉得自己不如别人，有自责和自罪感，产生了消极的自杀念头，甚至有了计划，想在院外吞药或跳楼自杀，经常回忆过去的痛苦经历		1. 使用同理心表述、不评判，强调当前的共同目标；做出适度的同理和澄清 2. 向患者灌输希望与自信；帮助其理性看待自己，并表达真实感受；告知患者再次失去控制感时如何平静以及可以利用的资源

续表

时间分配	标准化病人情感及行为	病人/标准化病人（反应）	学生干预
5～10 分钟	3. 诉说："自己反复被消极的念头和想法纠缠，总是想着不好的事情，不知道该怎么办？" 若护生以一种同理的方式向患者进行了澄清，则表示认同。否则不做出积极回应 称自己现在心情要好一点，也没有再去想家里的事情，只是很多事情闷在心里太久了 询问再次有自杀冲动时如何平静下来 针对护士给出的建议，进一步询问，了解细节		3. 探讨如何制订简单、明确、具体且可持续性的计划以促使生活发生积极、具体的变化 探讨接下来 2 天内如何降低社交孤立、增加令人愉快和健康的活动 鼓励当事人拟定"自我协议"
10～15 分钟	情绪逐渐恢复平静 姿态较为放松	1. 诉说："我现在没有什么要说的了，就是不知道下次再有自杀的想法该怎么办？" 2. 对于达成"安全、零伤害协议"表示不理解，存在一定抗拒。如护士较好地解释，则表示接受 3. 若护士以正性鼓励结尾则表示感谢	1. 教给患者一些促使自身平静下来的方法 2. 获得承诺，达成"安全、零伤害协议"（口头或书面的） 3. 澄清存在强烈自杀企图时将采取的进一步措施 4. 适度总结

备注：当学生未提供相应的干预措施时，标准化病人给予提示。

（八）引导性反馈

1. 疾病相关内容讨论：重型抑郁的临床表现有哪些？

2. 临床判断：评估结果告诉你什么？患者处于哪一个程度的风险等级？后续应该采取哪些护理措施？

3. 安全：如何进行环境及患者检查？如何确保患者不发生自杀自伤行为？

4. 沟通：①如何使用同理心的表述，传达同理、真诚与接纳；②如何运用治疗性沟通技巧；③如何寻求"表达同理、真诚与接纳"和"澄清将采取的进一步措施：如隔离等"之间的平衡。

5. 危机干预的原则有哪些？

6. 开放性问题：你对这次的模拟活动感觉怎么样？你从这次模拟练习中学到了什么？

危机干预六步骤模型

（1）明确问题：从求助者的立场出发探索和定义问题。使用积极倾听技术、开放式问题。

（2）保证求助者的安全：把患者对自己和他人的生理和心理伤害降低到最小的可能性。

（3）提供支持：强调与患者进行沟通与交流，积极、无条件地接纳患者。

（4）开发当事者的应对资源：帮助患者了解更多解决问题的方式和途径，充分利用周围资源，采用各种积极应对方式，使用建设性思维方式，最终确定适当的解决方案。使患者认识到情绪混乱的原因，危机管理的关键是使情景正常化，让患者知道所有问题都可以用正常方式解决。具体干预措施包括：①解释情绪反应是正常的；②鼓励表达当前感受；③鼓励讨论过去和现在；④帮助理性面对现实；⑤增进对现实的了解；⑥提供应对策略，建立新的支撑点；⑦强调行为和决定的责任；⑧鼓励签订自我协议（表 18-1）。

表 18-1 ××× 的自我协议

1. 我无法终止的状态是：对自身的身体形象抱有不恰当的认识。我知道这种状态可能要持续相当长的时间，并毁掉我的生活。
2. 我知道暴饮暴食并不能够最终解决问题，我可以使用其他更加积极的方法：听音乐、散步。

续表

3. 如果我死了，难过的人是：关爱我的父母、兄弟姐妹及所有关心我的人。 4. 我已经决定继续活下去，因为：我的人生才刚刚开始，有追寻到幸福和快乐的极大可能性。 日期： 署名：

（5）制订计划：在制订计划时，要充分考虑到患者的自控能力和自主性，与患者共同制订行动计划以克服其情绪失衡状态。为可能出现的情况做好准备，如出现负性思维怎么办，出现幻听、情绪低落怎么办，指导患者制定危机协议卡片，如下。

❖ 好，我开始感到焦虑了，我需要做一个深呼吸，然后放松，放松一下。

❖ 停，等一下，我正在往哪里陷？如果我手心出汗的话，那就意味着我需要回想和考虑一下，我的这种行为，到底使我在干什么？

（6）获得承诺：回顾有关计划和行动方案，并从患者那里得到诚实、直接的承诺，以便患者能够坚持实施为其制定的危机干预方案。与患者签订安全、零伤害协议书（表 18-2）。

表 18-2 ××× 的安全、零伤害协议书

我，×××，在解决我的问题期间，1 个月内我将不会伤害自己和他人。我不会没有事先与你商量就去试着自杀或杀人，不能以“我联系不上你”作为废除协议的借口。我会主动找当班的工作人员（出院后：打电话给危机干预热线）与他们交谈。如果上述措施都失败了，我会自愿要求专业帮助（出院后：自愿去专科医院接受检查）。 日期： 署名：

三、双相障碍模拟教学案例

（一）名称

双相障碍患者的躁狂发作管理。

（二）目标

1. 评估患者的主要症状。

2. 运用治疗性沟通技巧缓解患者躁狂情绪，避免激惹患者。

3. 向患者提供应对躁狂发作的技巧。

4. 促进患者日常生活的自我护理。

（三）流程

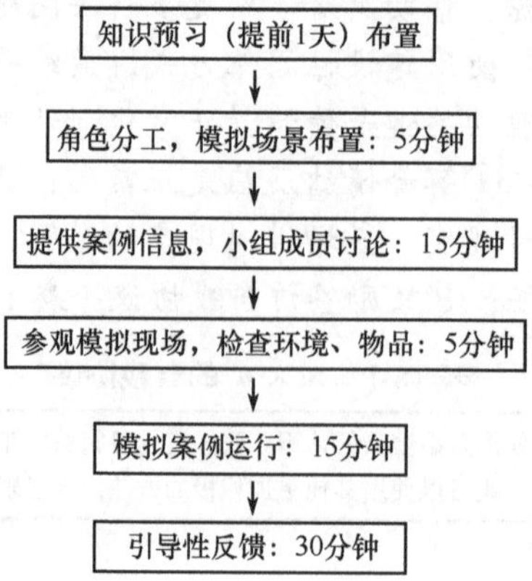

（四）准备

1. 阅读教材中的相关章节：双相障碍的相关的知识，如病因、临床表现、诊断、治疗、护理等内容。

2. 复习治疗性沟通技巧的运用，包括语言性和非语言性技巧。

3. 结合躁狂发作管理的方法，思考如何针对双相障碍患者进行躁狂发作管理。

4. 小组成员明确分工，确定模拟教学中各自的角色与任务。

（五）情景布置

1. 学生角色　1 名责任护士、1 名辅助护士、1 名记录员、3～4 名观察员。

2. 协助者（模拟实验室人员、学生或标准化病人）　无。

3. 情景场所　精神科病房。

4. 标准化病人的准备　标准化病人，右手腕部戴上红色手腕带。

5. 所需用物　一般性防护设备，一次性口罩，治疗盘，听诊器，体温计，血压计，水杯（置于床旁桌），床头卡，病历，各类化验单，记录纸，笔等。

6. 所需药物　无。

7. 需要的设备和道具或标准病人外观　衣衫不整、蓬头垢面。

（六）案例信息（模拟案例运行前 15 分钟提供）

1. 患者信息　患者，潘某，17 岁，未婚，高二学生。因“间断情绪不稳、自言自语、冲动、睡眠差 2 周”入院。

自初一起患者因家庭关系不佳及人际关系敏感，感觉被老师针对、被同学调侃，常有情绪波动，有时会砸东西，睡眠质量差，注意力无法集中，常感焦虑和预期恶化，担心自己无法承受，出现胸痛，容易愤怒、敌对，经常吵架。去年高中分班，压力加剧，感觉被人议论，有时言语增多，精力充沛，情感高涨，自我感觉良好，对人过分热情。后因学习压力大，病情波动，表现为整晚不睡、自语、无故发笑，反复背诵课文，跟家里人吹牛自己能力很大，能超过老师，家人觉得其病情波动送来我院治疗，门诊以“双相障碍-躁狂发作”收入我科。入院 3 天以来，患者自觉精力充沛，不用吃饭不用喝水也活得很好，进食进水较少，爱多管闲事，经常和其他患者发生冲突。

2. 模拟情景　现在是晚上 9:00。患者在房间里来回走动，滔滔不绝，觉得自己特别有本事，不断拉人与之攀谈，一旦有人拒绝或打断谈话则情绪激动，语音高亢。在这一过程中，两位护士要求按照结构式访谈的步骤，使用语言性及非语言性沟通技巧，综合评估患者的状况，采取适当的干预，教给患者躁狂发作管理的方法。

（七）案例运行

时间分配	标准化病人情感及行为	病人/标准化病人（反应）	学生干预
0～3 分钟	初始状态： 1. 患者情绪不稳定，语言增多，不停走动，缺少眼神接触，回答问题难以切题 2. 不断讲述自己不切实际的想法，夸大其词，浮想联翩	针对护士的自我介绍和护理目的介绍： 1. 打断护士说话，并将话题转移到自己身上 2. 拒绝洗漱、上床休息	1. 问候患者 2. 介绍此次护理目的 3. 实施晚间护理，确保环境舒适、安全 4. 运用恰当的沟通技巧建立信任、缓解紧张情绪

续表

时间分配	标准化病人情感及行为	病人/标准化病人（反应）	学生干预
4～6 分钟	1. 嘴里滔滔不绝，语调高亢，神情紧张，走动加快	1. 坚持表达自己的观点，意识到护士要打断其说话，表现出情绪激动，情感高涨	1. 评估患者的躁狂症状 2. 当患者情绪激动时，使用恰当的治疗性沟通技巧，降低语调，保持放松的姿势，耐心倾听患者诉说，不要武断地打断或指责患者的谈话，避免激怒患者，选择利于保护自己的位置
7～10 分钟	1. 如果护士表达友善及关心：变得较为配合，开始有较少的眼神接触，语速可（但仍高于正常速度），回答问题不再被动，愿意停止表达自己，但仍然呈兴奋状态 2. 若护士关注到患者的易激惹状态并采取措施鼓励患者放松：则开始身体放松并坐下 3. 若护士未表现出同理心、共情：则接触仍然被动甚至愤怒 4. 若护士做出评判甚至批评：则要求立即结束谈话，并表现出轻微攻击行为		1. 让患者描述内心想法，帮助患者进行基于现实的思考，正确认识疾病 2. 可委婉地指出患者的一些不切实际的想法，使其有正确的认知能力和判断能力 3. 当患者话语比较多时，采取引导或转移注意力的方式中断
11～15 分钟	姿态放松，意识到自己的状态是由发病所致，逐渐冷静下来	表示愿意听取护士的意见，并与护士一起探讨应对躁狂发作的技巧	1. 指导患者情绪激动、情绪高涨时的应对方法：指导患者参与有益的活动，发泄过剩的精力 2. 提供患者促进自我照护的方法，保证足够的日常活动、营养、卫生和休息；提供口头鼓励和认可来强化患者自我照顾的自主性；指导患者促进规律有质量的睡眠模式

（八）引导性反馈

1. 疾病相关内容讨论：双相障碍躁狂发作的临床表现有哪些？主要的护理措施有哪些？

2. 临床判断：通过评估，患者的躁狂状况处于何种水平？应采取哪些措施？

3. 治疗性信任关系的建立：在治疗性信任关系建立的初期，明确界限，识别移情、反移情及患者阻抗的表现。

4. 沟通：①如何使用同理心的表述，传达同理、真诚与接纳；②如何运用治疗性沟通技巧。

5. 躁狂患者兴奋状态时该如何处理？

6. 开放性问题：你对这次的模拟活动感觉怎么样？你从这次模拟练习中学到了什么？

四、边缘型人格障碍模拟教学案例

（一）名称

边缘型人格障碍患者的愤怒管理。

（二）目标

1. 使用同理心的表述，传达同理、真诚与接纳；运用愤怒有关的治疗性沟通技巧。

2. 评估患者的愤怒状况（频率、强度）。

3. 探讨患者对愤怒情绪的认识。

4. 在访谈过程中观察分析患者的反应，教授患者 1～2 种愤怒管理的方法。

（三）流程

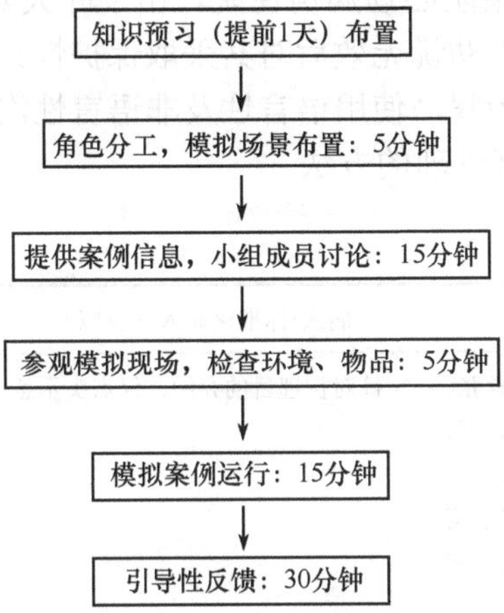

（四）准备

1. 阅读教材中的相关章节：边缘型人格障碍相关的知识，如病因、临床表现、诊断、治疗、护理等内容。

2. 复习治疗性沟通技巧；结构式访谈的步骤、方法。

3. 思考如何针对边缘型人格障碍患者进行愤怒管理。

4. 小组成员明确分工，确定模拟教学中各自的角色与任务。

（五）情景布置

1. 学生角色　1 名责任护士、1 名辅助护士、1 名记录员、3～4 名观察员。

2. 协助者（模拟实验室人员、学生或标准化病人）　病房医师。

3. 情景场所　精神科病房。

4. 标准化病人的准备　标准化病人，右手腕部戴上红色手腕带。

5. 所需用物　一般性防护设备，一次性口罩，治疗盘，听诊器，体温计，血压计，用于放松的道具，床头卡，病历，各类化验单，记录纸，笔等。

6. 所需药物　无。

7. 需要的设备和道具或标准病人外观　病员服。

（六）案例信息（模拟案例运行前 15 分钟提供）

1. 患者信息　患者，孙某，女，22 岁，未婚，大三学生。因“不安，情绪差 2 月余”入院。

患者自去年 9 月考研期间，情绪持续沮丧，感到活着没有意义，社交孤立，与人疏远，兴趣和动力下降。10 月底到某精神卫生中心门诊，诊断为抑郁症。11 月开始接受心理治疗并按医嘱规律服药，情绪仍波动，与父母关系紧张，在家无故发脾气，摔东西。12 月底自觉服药效果不佳，曾试图自杀，后自行停止。2 周前入住某心理医院，门诊以“双相情感障碍”收入。自发病以来，患者有冲动但无伤人行为，有毁物行为，有消极言行，曾试图自杀，并有过用刀割伤自己的行为，生理状况正常。目前诊断为“心境障碍；边缘型人格障碍”。

入院 2 周以来，情绪波动大，曾披着被子坐在走廊，但查房时表现平静，治疗期间表现配合。目前较适应病房生活，情绪尚稳定，夜间睡眠做梦较多，有时恶梦，仍与父母对抗，仍烦躁不安，但不会大吵大闹。小组治疗时仍表现出对父母的极大厌恶与痛恨。

2. 模拟情景 患者目前在某院心理病房住院。由于昨天其母亲未按约定到医院探望，非常生气，砸病房东西，当班护士劝说无效后对其采取保护性约束30分钟。在这一过程中，两位护士要求按照结构式访谈的步骤，使用语言性及非语言性沟通技巧，综合评估患者的状况，采取适当的干预，教给患者愤怒管理的方法。

（七）案例运行

时间分配	标准化病人情感及行为	病人/标准化病人（反应）	学生干预
0～2分钟	初始状态：情绪不稳定，紧张、焦虑；显得隔离，独自看书，听音乐。不愿搭理人，言语尚可，能对答、较被动，双手交叉捏紧，躯体呈紧张姿态，缺少眼神接触	1. 针对护理目的的介绍：仅点头示意	1. 问候患者 2. 介绍此次访谈目的 3. 布置访谈环境 4. 运用恰当的沟通技巧建立信任关系
3～6分钟	一问一答，仅透露基本信息	针对愤怒强度的评估 愤怒强度：昨日8，目前3 一直以来的频率及强度：存在习惯性愤怒	1. 评估患者的愤怒状况 2. 与患者探讨愤怒的特点，表现及对健康的影响 3. 与患者探讨愤怒与攻击的区别
7～12分钟	若护士表达友善及关心：变得较为配合，开始有较少的眼神接触，语速可（但仍低于正常速度），回答问题不再被动，愿意主动分享，但仍然呈紧张姿态 若护士关注到患者的紧张状态并采取放松措施：则开始松开拳头并调整坐姿 若护士未表现出同理、共情：则接触仍然被动甚至愤怒 若护士做出评判甚至批评：则要求立即结束谈话 对护士做出的任何鼓励均以积极的眼神注视回应 1. 针对两个步骤表示共鸣（经历的痛苦体验；促发愤怒） 2. 昨日生气的扳机想法（他们打破约定，别有用心，嫌弃自己）；惯常生气的扳机想法（泛化：他们总是这样，永远都不理解我；贴大标签：他们很自私） 3. 不知道如何具体进行深呼吸，但能听从指令进行 4. 能够配合练习反向陈述（什么事情都很糟糕——确实会有很多事情都不如意，只是我们要以积极的方式去看待） 5. 能够练习以非攻击性地说出需求性陈述、协商性陈述和自我照顾的方法		1. 与患者探讨愤怒产生的两个步骤，使其理解人为什么会生气，并讨论其昨日生气的原因 2. 指导患者识别产生愤怒的“扳机想法” 3. 指导患者进行深呼吸 4. 指导患者使用反向陈述替代“扳机想法” 5. 帮助患者理解并演示如何记忆3种主动“选择反应训练”（response choice rehearsal，RCR）。三种主动RCR的公开表述方式：a. 需求性陈述：我感到______，在这种情况下我需要/想要的是______；b. 协商性陈述：你建议我如何解决这个问题？c. 自我照顾的方法：如果这种情况继续的话，为了照顾我自己我必须______）
13～15分钟	姿态放松，愿意主动表达自身的感受和想法	1. 表示愿意配合今后的应对技能练习 2. 针对如何填写愤怒日志，提问一些问题：为什么要记录日志？什么是非理性陈述？	1. 告知个案今后如何练习应对技能（a. 引导放松，包括深呼吸、肌肉放松训练及意念想象——建立安全岛；b. 按照愤怒等级，以此想象低、中、高度愤怒情境的细节，并使用扳机想法激发愤怒；c. 消除此愤怒情境，练习使用放松及积极的自我陈述等技巧 2. 给患者布置家庭作业：填写愤怒控制日志（见表18-3） 3. 适度总结，预约下一次访谈

表 18-3　愤怒控制日志

日期	时间	情境	诱发愤怒的思维（扳机想法）	情感激惹（从 1～10 评分）	攻击性行为（从 1～10 评分）	积极自我陈述（反向陈述 Ellis ABCD）

（八）引导性反馈

1. 疾病相关内容讨论：边缘型人格障碍的临床表现有哪些，主要的护理措施有哪些？

2. 临床判断：通过评估，患者的愤怒状况处于何种水平？应采取哪些措施？

3. 治疗性信任关系的建立：在治疗性信任关系建立的初期，明确界限，识别移情、反移情及患者阻抗的表现。

4. 沟通：①如何使用同理心的表述，传达同理、真诚与接纳；②如何运用治疗性沟通技巧。

5. 愤怒的评估及干预措施有哪些？

6. 开放性问题：你对这次的模拟活动感觉怎么样？你从这次模拟练习中学到了什么？

五、应激相关障碍模拟教学案例

（一）名称

应激相关障碍患者的焦虑管理。

（二）目标

1. 恰当地运用治疗性沟通技巧缓解患者的恐惧和焦虑。

2. 评估患者的应激反应（症状、强度）。

3. 帮助患者理解并认识应激相关行为的存在，确认应激发生时的症状。

4. 帮助患者建立自我及有力的心理应激应对方式。

（三）流程

知识预习（提前1天）布置
↓
角色分工，模拟场景布置：5分钟
↓
提供案例信息，小组成员讨论：15分钟
↓
参观模拟现场，检查环境、物品：5分钟
↓
模拟案例运行：15分钟
↓
引导性反馈：30分钟

（四）准备

1. 阅读教材中的相关章节：应激相关障碍相关的知识，如病因、临床表现、诊断、治疗、护理等内容。

2. 复习治疗性沟通技巧。

3. 思考如何帮助应激相关障碍患者建立心理应激应对方式。

4. 小组成员明确分工，确定模拟教学中各自的角色与任务。

（五）情景布置

1. 学生角色 1 名责任护士、1 名辅助护士、1 名记录员、3～4 名观察员。

2. 协助者（模拟实验室人员、学生或标准化病人） 病房医师。

3. 情景场所 精神科病房。

4. 标准化病人的准备 标准化病人，右手腕部戴上红色手腕带。

5. 所需用物 一般性防护设备，一次性口罩，治疗盘，听诊器，体温计，血压计，床头卡，病历，各类化验单，记录纸，笔等。

6. 所需药物 无。

7. 需要的设备和道具或标准病人外观 病员服。

（六）案例信息（模拟案例运行前 15 分钟提供）

1. 患者信息 患者，张某，女，44 岁，已婚，高中文化，无业。因“心慌、恐惧、不安、反复梦魇 3 月余”入院。

6 个月前，张某在送 14 岁儿子去兴趣班途中遭遇严重车祸，导致儿子当场遇难，自己重伤。事故后，她出现了多种精神症状，包括定向障碍、情绪低迷、目光呆滞、情感迟钝、行为退缩、语无伦次、动作无序、对周围事物感知迟钝、偶见捶墙、砸物等冲动行为，对任何事失去兴趣，感到与世界隔绝。最近 3 个月，她频繁无法控制地回忆起事故的经历，尤其是通过梦魇，每周发生 2～3 次，常在夜间。一想到孩子们乘车或驾车，就会心跳加速、呼吸急促、出冷汗、手软。家人觉其异常，遂送至某精神卫生中心门诊就诊，门诊以“应激相关障碍”收治入院。

2. 模拟情景 现在是晚上 9:30。患者难以入睡，当听到外面有车辆行驶的声音时，不断